금리전쟁

金利戰爭

금리 전쟁

초판 1쇄 인쇄 | 2009년 9월 5일
초판 1쇄 발행 | 2009년 9월 10일

글쓴이 | 김학렬
펴낸이 | 김학민
펴낸곳 | 학민사

등록번호 | 제10-142호
등록일자 | 1978년 3월 22일

주소 | 서울시 마포구 대흥동 150-1번지 (우편번호 121-809)
전화 | 02-716-2759, 702-3317
팩시밀리 | 02-703-1495

홈페이지 | http://www.hakminsa.co.kr
이메일 | hakminsa@hakminsa.co.kr

ISBN 978-89-7193-193-6 (03320), Printed in Korea

ⓒ 김학렬, 2009

• 잘못 만들어진 책은 구입하신 서점에서 바꿔드립니다.
• 저자와 출판사의 허락없이 내용의 일부를 인용하거나 발췌하는 것을 금합니다.
• 책값은 표지 뒷면에 있습니다.

금리전쟁

金利戰爭

전환기 통화신용정책을 둘러싼
한국은행과 재경부의 대립과 갈등

지은이 **김학렬**

학민사

프롤로그

필자가 한국은행 워싱턴 주재원으로 근무하던 1990년대 중반 미국의 중앙은행인 연방준비제도를 접하면서 몇 번 놀란 적이 있는데 지금도 그 때의 기억이 새롭다. 먼저 미 연준에 대한 국민들의 신뢰가 워낙 높다는 점은 놀라움 바로 그 자체였다. 당시 미국경제는 서브 프라임 모기지 부실사태에 의해 위기가 촉발되기 훨씬 이전으로 그린스펀 의장의 탁월한 리더십에 힘입어 장기간 안정적 성장을 구가하고 있었다. 그의 말 한 마디에 미국 금융시장이 흔들흔들하는 등 미 연준의 위세가 하늘을 찌를듯하던 시기였다. 당시 한국은행 독립을 소망하며 절치부심하고 있었던 한국은행 직원들에게 미 연준은 가히 경이로운 탐구의 대상이었다.

다음으로 필자가 놀랐던 것은 미국에서 연준을 다룬 책들이 워낙 많이 출간되고 있다는 사실이었다. 미 연준의 역사와 통화정책에 관한 책들이 다수 발간되어 오고 있음은 물론 폴 볼커나 앨런 그린스펀 등 전현직 연준 의장들의 일대기 등도 출판되고 있었다. 이것은 미 연준이 미국에서 차지하는 높은 중요도를 반영하는 것이었지만, 다양한 분야에 대해 깊이 있고 폭 넓게 연구하는 미국의 풍요로

운 학문적 풍토와도 연관되어 있다고 생각되었다.

미국과는 대조적으로 한국에서는 아직도 중앙은행인 한국은행에 대한 연구가 활발하지 못하다. 한국은행을 소재로 하여 출판된 책들도 손으로 꼽을 만큼 희귀한 편이다. 이렇게 된 데에는 무엇보다 우리나라의 황량한 지적 풍토가 주요 원인이겠지만 오랫동안 통화정책에 대한 최종 책임이 정부에 있었기 때문에 독립적인 주제로 다룰 만큼 한국은행이나 한은의 통화정책에 대한 관심이 그리 높지 않았던 데에도 기인하는 것이 아닌가 생각된다.

그러나 1997년 말의 한국은행법 개정으로 통화정책의 최고의 사결정기구인 금융통화위원회의 의장이 기획재정부장관(구 재경부장관)에서 한국은행 총재로 바뀐 지도 벌써 11년 이상이 흘렀다. 그동안 한국은행의 위상도 크게 높아진 게 사실이다. 그렇기 때문에 한국은행의 통화정책 등을 비판적 시각에서 조감하고 평가하는 작업을 수행하기에 적합한 시기가 이미 도래했다고 판단할 수 있겠다.

개인적으로는 대학교나 연구기관, 또는 언론계에서 활약하는 분들이 통화정책 등 한국은행의 활동 전반을 정리하고 비평하는 일을 맡아 주었으면 좋겠다고 생각하지만, 과문의 소치인지는 몰라도 아직까지 그러한 기미가 감지되고 있지 않다. 이에 한국은행에 장기간 근무하였던 필자가 용기를 내고 직접 이 작업에 나섰음을 밝힌다.

이 책은 외환위기 직후인 1998년 초부터 2002년 초까지 4년간 우리나라의 중앙은행인 한국은행의 통화정책 등을 둘러싸고 전개되었던 파란만장한 이야기들을 정리한 것이다. 여기에는 한국은행, 행정부 및 국회의 공식 문서와 신문 기사·논설은 물론 그간 알려지지 않았던 비화들이 씨줄과 날줄이 되고 있다.

이 이야기들의 중심에는 고(故) 전철환 총재가 자리 잡고 있다. 진보적인 경제학자였던 그는 1998년 3월 총재에 취임하여 4년간 한국은행을 이끌었다. 필자는 전 총재 재임 기간인 4년 내내 한국은행 비서실장으로 근무하면서 한국은행이 외환위기 직후의 험한 파고와 격랑을 어떻게 헤쳐 나갔는지를 현장에서, 또는 현장과 비교적 가까운 위치에서 관찰할 수 있는 귀한 기회를 가졌다. 부수적인 결과이지만 개인적으로는 한국은행 역사상 최장(最長) 비서실장이라는 기록도 지니게 되었다. 이 기간은 필자에게 특별한 의미가 있지만, 다음과 같은 점에서 한국경제와 한국은행에도 매우 중요하고 기록할 만한 기간이었다.

먼저 이 기간은 외환위기 직후 한국경제의 격변기였다. 따라서 한국은행은 이때 외환위기를 극복하기 위하여 통화정책의 효율적 수행을 통해 외환시장을 안정시키고 외화유동성을 원활히 확보하고자 혼신의 노력을 기울였다. 또한 인위적인 초저금리체제를 장기간 유지하려는 정부에 맞서 한국경제가 중장기적인 안정성장 궤도를 순항할 수 있도록 경제안정에 걸맞은 통화정책을 수행하기 위하여 부단히 노력하였다.

또한 이 기간은 한국은행으로서 독립성이 강화되는 방향으로 한국은행법이 개정된 직후의 전환기였다. 당시 한국은행은 법상 독립성이 강화되었음에도 불구하고 정부의 잦은 통화정책 간섭에 시달렸다. 더욱이 법 개정으로 한국은행은 1950년 설립 이래 줄곧 맡고 있었던 은행감독권을 신설 금융감독원으로 넘긴 직후여서 그 기능이 크게 위축되어 있던 터였다. 따라서 이 기간 중 한국은행은 실질적으로 독립된 위상을 확보함은 물론 한국은행의 활로를 개척하기 위해 고뇌하고 몸부림쳤다. 그 결과 한국은행은 통화정책 수행과정에서 정부와 대립하고 갈등하면서도 이를 힘겹게 이겨 나갈 수 있었다.

그런데 1997년 말 외환위기 이후 4년간 우리나라에서는 외환위기 극복을 위해 금융 및 기업 구조조정 등이 국정 최우선과제로 추진되었다. 이에 따라 이 시기에는 구조조정을 주도한 정부의 역할은 지나치게 부각된 반면 한국은행의 활동은 상대적으로 소홀히 다루어진 측면이 없지 않았다. 그렇기 때문에 필자는 당시 한국은행에서 일어났던 중요한 일들을 소상하게 정리하여 기록으로 남김으로써 국민들에게 그 실상을 제대로 알림은 물론 후대 사람들이 여기서 교훈을 얻을 수 있도록 하는 것이 바람직하다는 생각을 하게 되었다.

이 책을 집필함에 있어서 다음과 같은 점들에 주안점을 두었다.

첫째, 당시 통화정책 수행과정에서 있었던 정부와 한국은행 간의 대립과 갈등에 초점을 맞추었다. 통화정책에 간섭하였던 정부의 행태가 어떠한 의도에서 비롯되었는지를 짚어 보고, 이러한 간섭이 한국경제에 미친 부정적 영향을 보여주려고 노력하였다. 아울러 당시 정부가 한국은행의 입장을 존중하고 그 의견에 귀를 기울였다면 한국경제의 안정적 성장에 훨씬 더 도움이 될 수 있었음을 입증하려고 애썼다. 이 책의 발간을 계기로 이 책에서 집중적으로 분석되고 있는 기획재정부(구 재경부)와 한국은행 간의 갈등이 종언을 고하고 상생과 협력의 관계를 발전시켜 나갈 수 있기를 고대한다.

둘째, 정부와 한국은행과의 관계 이외에 한국은행과 국회, 언론 등과의 교호작용에 대해서도 살펴보았다. 의원들의 발언이나 언론의 각종 보도가 한국은행의 통화정책 등에 어떻게 영향을 미쳐 왔는지를 추적하고, 여기에 엄정한 잣대를 들이대어 시시비비를 가리려고 노력하였다. 이 책의 출간이 앞으로 국회와 언론이 한국은행의 의견을 더욱 경청하는 한편 보다 신중하고 사려 깊은 자세로 한국은행의 통화정책 등을 비판하도록 유도하는 데 이바지할 수 있기를 기대해 본다.

셋째, 이 책이 한국은행의 입장을 일방적으로 옹호하는 책자가 되지 않도록 공정하고 불편부당한 자세로 시시비비를 가리려고 노력하였다. 이것은 그렇게 하는 것만이 필자가 한국은행에서 31년 가까이 근무하면서 받은 다대한 혜택 중 극히 일부분이라도 국민들에게 되돌려 드릴 수 있는 길이라고 생각하였기 때문이다. 아울러 이 책이 한국은행으로 하여금 앞으로도 더욱 투철한 역사의식을 가지고 오직 경제적 판단에만 입각하여 막중한 통화정책 등의 업무를 수행해 나가는 데에 미력이나마 보탬이 될 수 있기를 기대한다. 설혹 정부나 여론으로부터의 압력이 거셀지라도 역사에 의해 평가받겠다는 자세로 과감히 이를 뿌리치면서 경제안정을 위한 고독한 길을 힘껏 달려 나갈 수 있는 환경을 조성하는 데 이 책이 일조할 수 있기를 바란다.

이 책이 나올 때까지 한국은행과 한국은행 직원을 비롯한 많은 분들로부터 도움을 받았음을 밝힌다. 한국은행 홈페이지에 수록되어 있는 전철환 총재의 연설문 및 강연 내용, 금융통화위원회 의사록, 각종 조사연구자료와 보도자료 등은 이 책의 집필에 결정적인 토대가 되었다. 이 자료들이 없었다면 활용할 수 있는 정보의 양이 매우 제한되어 집필 자체가 어려웠을 것이다.

전 총재의 연설문 및 강연 내용 초안과 기타 자료들은 당초 한국은행 주요 부서 직원들이 작성하였던 것이다. 그런 의미에서 이 책은 이들 자료들을 생산하는데 헌신하였던 한국은행 직원들과 필자의 협동작업의 소산이라고 해야 함이 타당할 것이다. 이밖에도 한국은행 당국은 필자가 한국은행 홈페이지에 수록되어 있는 방대한 양의 자료를 편리하게 이용할 수 있도록 도움을 주었다.

고(故) 전철환 총재의 사모님과 한국은행의 전현직 임직원들께서는 오래 전에 그분들이 언론에 기고하셨던 옥고들을 이 책에 전재토록 하는 데 기꺼이 동의해 주셨다. 이분들의 배려와 너그러움에 깊이 감사드린다.

필자가 한국은행에 재직하는 동안 비서실, 국제협력실, 경제교육센터, 조사국 등에서 함께 일했던 많은 직원들이 원고를 읽고 유익한 코멘트를 해 주었다. 특히 이헌승 팀장, 이병찬 차장, 박찬호 차장, 오금화 차장, 민준규 과장, 정일동 과장, 정삼선 과장 등은 처음부터 끝까지 숙독하여 줌은 물론 비판적인 시각에서 건설적이고 창의적인 제안을 많이 해 주었다. 경제교육센터에서 근무했던 최희주 양과 인턴 과정을 밟았던 경희대학교 유병호 군은 각종 자료들을 찾아 정리해 주는 힘겨운 일을 기꺼이 담당하여 주었다. 이들 모든 분들에게 깊이 감사드린다. 그럼에도 불구하고 혹시 이 책에 남아 있을지 모를 오류 등에 대해서는 전적으로 필자의 책임이다.

채산성이 의심되는 이 책을 출간키로 결정해 준 학민사 사장님께도 감사의 말씀을 드린다. 원고의 편집과 교정과정에서 많은 노력을 기울여주신 학민사 편집실 관계자들에게도 감사드린다.

끝으로 5남2녀 자식들의 행복과 건강을 위해 평생토록 고생만 하시고 지금도 아침저녁으로 자식들을 위해 열심히 기도하고 계신

어머님께 감사드린다. 이 책을 집필하는 동안 부족한 남편을 항상 인내하며 지켜봐 준 아내, 격의 없는 대화를 통해 필자의 상상력에 불을 지펴주었던 오랜 친우들에게도 고마움을 전한다.

2009년 8월
고양 꽃우물 동네에서
저자

C**O**NTENTS

금 리 전 쟁

金利戰爭

Chapter 1

외환위기의 극복과 통화정책

외환시장 안정을 고려한 신중한 금리 인하

우려되는 외환시장의 불안정

1998년 3월 6일 전철환 교수가 한국은행 제21대 총재로 취임하였다. 그는 충남대 경제학과 교수로 재직하면서 1983년부터 1989년까지 금융통화운영위원을 역임한 바 있으며, 특히 1987년 이후 전개되었던 한국은행법 개정 논의 과정에서 일관되게 한국은행의 독립을 지지하였던 진보적인 경제학자였다.

그가 한은 총재로 취임하였을 때 한국경제에는 1997년 말의 외환위기에 따른 어두운 그림자가 짙게 드리워져 있었다. 한국경제는 IMF 등 국제금융기구와 선진국의 지원에 힘입어 국가부도의 위기를 가까스로 모면한 터였다. 그러나 국내경제는 아직도 외환위기의 충격에서 벗어나지 못하고 있었다. 한국경제에 대한 해외로부터의 신뢰도 원활한 대외거래가 재개될 수 있을 정도로 충분한 수준까지는 회복되지 못하고 있었다.

환란 또는 제2의 6.25사변으로까지 일컬어지는 위기상황이었기 때문에 외환위기의 조기극복이 국정의 최우선 과제였다. 따라서 한국은행의 새로운 수장으로 취임한 전철환 총재의 어깨에는 통화신용정책의 효율적 수행을 통해 외환시장을 안정시키고 외화유동성을 원활하게 확보하는 중차대한 과제들이 맡겨져 있었다.

이날 대미 달러 환율은 1,635원으로 장을 마감하였다. 외환위기 와중에서 원화가치가 가장 떨어졌던 날은 1997년 12월 23일이었고, 이날 환율은 1,962원이었다. 환율이 최고점이었던 이때와 비교하면 3월 6일의 원화가치는 20.0%가 절상된 수준이었다. IMF 등 국제금융기구와 선진국 등으로부터 우리나라가 자금지원을 받는데 합의한 데다 뉴욕에서 진행되어 온 단기외채의 만기연장 협상도 원만하게 마무리되어 외환시장은 빠른 속도로 안정되고 있었다.

그렇더라도 환율이 여전히 높은 것만은 사실이었다. 한국에 외환위기가 닥칠 기미가 감지되지 않았던 1997년 1월 3일 환율이 843.4원이었던 것을 생각하면 아직도 환율 안정을 위해 갈 길은 멀었다. 더욱이 금융기관들이 필요로 하는 외화를 조달하는 외화자금시장 사정은 아직도 어려운 형편이었다. 따라서 정부와 한국은행은 외환시장과 외화자금시장을 조속히 안정시켜 환율을 적정 수준까지 내리는 한편, 해외로부터 외화자금이 안정적으로 유입될 수 있도록 하는 데에 모든 정책역량을 쏟아 붓고 있었다. 그렇기 때문에 시장상황을 주시하면서 한 시도 마음을 놓을 수가 없었다.

당시는 이처럼 외환시장의 안정과 외화유동성의 원활한 확보가 긴요했기 때문에 한국은행의 통화신용정책도 이들 과제를 효율적으로 추진하기 위한 수단의 일환이 될 수밖에 없었다. 특히 외화유동성을 원활하게 확보할 수 있도록 IMF와의 협정을 통해 환매조건부 채권(RP) 금리를 높은 수준으로 유지키로 되어 있었다. 따라서 한국은행으로서도 RP금리를 조절하려면 외환시장과 외화자금시장 상황을 고려해야 했을 뿐만 아니라, IMF와 긴밀하게 협의하지 않으면 안 되었다. 한 마디로 IMF체제 하에 있었기 때문에 한국은행 통화신용정책의 자율성은 크게 제약을 받고 있었다.

개정 한국은행법 발효 직후 통화신용정책 운용상의 특징

1998년에도 한국은행의 주요 통화신용정책은 지금과 마찬가지로 금융통화위원회가 결정하고 있었다. 그러나 IMF체제라는 한계가 있었던 데다 금융통화위원 전원이 한국은행에서 상시 근무하는 상근체제[1]로 바뀐 직후여서 세부적인 통화신용정책 수행에는 다음과 같은 몇 가지 특징이 있었다.

먼저, 금통위는 통화신용정책 기본방향을 분기 단위로 의결하였다.[2] '월중 통화신용정책 방향'은 금통위가 정해준 분기별 기본방향의 범위 내에서 한국은행 집행부가 구체적인 내용을 정하여 운영하였다.[3] 이러한 운영체제는 대략 1998년 8월 말까지 지속되었다. 금융통화위원회는 1998년 8월 6일 회의에서 그때까지 한국은행 집행부가 결정하여 금융통화위원회에 보고만 하였던 '월중 통화신용정책 방향'을 9월부터 금통위에서 논의한 후 직접 결정키로 하였다. 이에 따라 금융통화위원회는 1998년 9월 3일 회의에서 처음으로 '1998년 9월중 통화신용정책 방향'을 의결하여 발표하였다. 매월 결정하는 '월중 통화신용정책 방향'이 지니는 중요도가 증대되고 있음을 고려한 적절한 조치였다.

다음으로, 금통위는 1998년 9월, 처음으로 '월중 통화신용정책 방향'을 의결하였지만 그 내용은 기본 방향을 제시하는 데 한정되었다. 다시 말하여, 의결된 정책방향 범위 안에서 공개시장조작 금리의 결정 등 세부적인 정책 수행업무는 한은 집행부에 위임되어 있었다. 이것은 지금과 현저히 다른 점이었다. 즉 당시에는 공개시장조작 금리인 RP금리를 월중 언제 얼마만큼 인하하느냐 하는 시기 및 폭에 관한 결정권을 금통위가 월초에 미리 한은 집행부에 위임하였다는 말이다.[4]

이것은 외환위기 하의 비상상황에서 격변하는 대내외 여건 변화에 신속하게 대응하면서 통화신용정책을 기동성있게 운영할 필요성이 컸던 데 주로 기인하였다. 아울러 당시 한국은행의 통화신용정책이 개정 한은법에 따라 물가안정목표제를 채택하면서도 IMF와의 협정 때문에 결과적으로 통화량과 금리를 동시에 중시하는 체제를 취하게 되어 한국은행이 RP금리 조절이 지니는 중요성을 충분히 인식하지 못하고 있었던 데에도 일부 기인하지 않았나 생각된다.

1　1998년 4월 1일 발효된 개정 한국은행법 제13조 제4항에 "금융통화위원회 위원은 상임으로 한다"라고 금통위원들의 상근을 규정하였다. 개정 한은법이 발효되기 이전 금융통화위원회의 명칭은 금융통화운영위원회였으며, 위원 9인중 당연직 의장인 재경원장관과 한은 총재를 제외한 7인의 금융통화운영위원들은 모두 비상근이었다.

2　금융통화운영위원회는 1998년 1월 8일 회의에서 '1998년 1.4분기중 공개시장조작의 기본방향'을, 1998년 3월 19일 회의에서는 '1998년 1.4분기중 공개시장 조작규모 변경'을 의결하였다. 개정 한은법이 발효된 4월 1일 이후 첫 번째 열린 1998년 4월 16일 금통위 회의에서는 '1998년 2.4분기중 공개시장조작의 기본방향'을 의결하였고, 1998년 7월 12일 회의에서는 종전 금융통화위원회가 별도로 의결하였던 '공개시장조작 방향'을 '분기중 통화신용정책 방향'에 포함하여 '1998년 3.4분기 통화신용정책 방향'을 의결하였다.

3　당시 '월별 통화신용정책 방향'은 금융통화위원회에 대한 보고 안건이었다.

4　예를 들어 금융통화위원회가 9월 3일 회의에서 의결하였던 '1998년 9월중 통화신용정책 방향'은 다음과 같은 내용으로 되어 있다. "9월 중에도 시장금리의 하향안정화 정책기조를 견지. 이를 위해 공개시장 조작금리를 인하하여 콜금리 하락을 유도하되, 내외 금리차, 자본유출입 등 외환시장 동향을 면밀히 살펴가며 신중하게 추진. 본원통화는 콜금리의 점진적 하락을 유도할 수 있는 방향으로 공급".

　　1998년 4월 들어 외환시장이 점차 안정을 되찾는 등 위기가 한 고비를 넘게 됨에 따라 금리인하 향방을 둘러싸고 관심이 높아지기 시작하였다. 1998년 4월 21일 전철환 총재는 세종로 정부청사에서 열린 외교통상부 재외공관장회의에서 '금융시장 안정을 위한 과제'라는 제목으로 강연을 하였다. 이 자리에서 그는 신속한 구조조정의 추진을 역설함과 아울러 고금리정책의 유지 필요성을 신중하게 강조하였다. 전 총재는 "명확한 기준에 의해 건전 금융기관과 회생 불가능한 금융기관을 가려내어 신속하게 정리한다면 금융시장에 미치는 충격을 최소화하면서 실추된 신뢰를 되찾을 수 있다"고 하면서 금융기관의 신속한 구조조정을 주장하였다.

　　또한 "고금리가 장기간 지속되면 우리 경제는 적지 않은 피해를 입게 되지만 다른 한편으로 고금리는 외자유입에 도움을 줄 뿐 아니라 부채가 많은 기업의 시장 퇴출이나 기업의 재무구조 개선을 촉진하는 바탕이 될 수 있다"고 밝혔다. 그는 고금리정책의 폐해를 충분히 알고 있었지만[5] 당시 경제 상황에서 외화유동성을 확충하고 당면과제인 구조조정을 원활하게 하기 위해서는 어느 정도 고금리를 감수할 수밖에 없다고 생각하였던 것이다.

　　따라서 "아직 우리 경제에 대한 해외의 신뢰가 완전히 회복되지 못한 상황에서 금리를 서둘러 인하할 경우 국내에 유입된 자금이 유출되어 외환시장의 불안이 재연될 우려도 있기 때문에 금리인하 문제는 조심스럽게 다루어야 한다"고 밝혔다. 이어서 그는 "앞으로 신뢰회복을 위한 우리의 노력이 점차 결실을 맺어 가면 고금리 문제

5　1998년 6월 5일 서울경제신문과 가진 인터뷰에서 "구조조정을 빠른 시일 내에 강도 높게 하기 위해서는 오히려 일정 수준의 고금리를 유지하는 게 바람직하다는 주장도 적지 않다"는 기자의 견해에 대해 전 총재는 "고금리를 유지해야 한다는 주장은 구조조정과 함께 외환불안 해소를 위해서도 필요하다는 것이다. 하지만 문제는 이로 인해 자칫 효율적이고 생존 가능한 기업까지 도산할 가능성이 크다는 점이다"라고 답변하였다.

도 자연스럽게 해결될 것"으로 기대한다고 피력하였다. 인위적으로 금리를 급속하게 인하하기보다는 구조조정을 신속하고 과감하게 추진함으로써 시장의 자율조정 기능에 의해 금리인하를 유도해야 한다는 점을 분명히 했던 것이다.

그런데 전철환 총재가 강연을 했던 그 날 이규성 재경부장관도 프레스센터에서 외신기자들과 간담회를 가졌다. 이 장관은 이 자리에서 기업 도산 및 실업자 급증 문제 등을 들며 IMF 처방에 따른 고금리정책을 비판하고 저금리정책으로의 전환 필요성을 처음으로 시사하였다.[6]

정부는 4월 15일부터 IMF 측과 1998년 2.4분기 협상을 진행하고 있었다. 당시 재경부차관으로 이 협상에 깊이 간여했던 정덕구 전 산자부장관은 IMF가 이때 "환율이 1,300원에서 1,500원 사이 수준에서 안정된다면 콜금리를 시장금리 수준으로까지 인하해도 된다고 용인했다"고 술회하였다.[7] IMF가 한국 정부의 요청을 받아들여 한국의 과감한 금리인하 정책을 인정하였다는 말이다.[8]

따라서 이규성 장관의 발언에는 당시 정부 협상팀의 협상진행 상황을 계속 보고받으면서 금리정책의 자율성을 금명간 되찾아올 수 있을 것이라는 재경부 나름의 자신감이 반영되어 있었던 것이 아니었나 추정된다.[9] 언론은 한은 총재와 재경부 장관의 발언 내용을

---

6 서울신문, 1998. 4. 22자.
7 정덕구, 『외환위기 징비록』, 삼성경제연구소, 2008, pp. 543~44.
8 정부가 IMF와 1998년 5월 2일 제6차 정책협의에서 합의한 금융·재정정책에 따르면, 금리정책은 "환율의 움직임에 따라 신축적이고 대칭적(flexible and symmetric) 방법으로 운용. 외환시장의 안정유지 목표 아래 콜금리는 시장여건에 맞추어 계속 인하함"이라고 되어 있었다(이규성, 『한국의 외환위기 발생·극복·그 이후』, 박영사, 2007, pp. 363~64).
9 정부와 IMF는 1998년 3.4분기 정책협의에서 금리정책과 관련하여 "콜금리는 원화의 명목실효환율의 안정 정도에 따라 계속 인하함. 보다 일반적으로, 금리정책은 필요에 따라 오르고 내리는 신축적 방법에 의한 운영이 지속될 것임"이라고 합의하였다(이규성, 앞의 책, p.497). 이것은 사실상 한국이 금리정책을 자율적으로 수행할 수 있게 되었음을 뜻하였다.

비교하면서 한국은행은 금리인하를 너무 서두를 필요가 없다는 입장인 반면, 재경부는 가능한 한 빨리 금리를 낮추는 게 바람직하다는 견해를 보이는 등 앞으로의 통화정책을 두고 두 기관 간에 이견을 보이고 있다고 보도하였다.[10]

한국은행은 IMF와의 정책협의 결과 등을 고려하면서 외환시장과 환율이 안정되는 추이에 맞추어 꾸준히 RP금리를 낮추어 나갔다. 외환시장 및 환율 불안을 부추기지 않을 범위 내에서 RP금리를 인하해 나갔다는 점에서 당시의 통화정책은 신중한 정책이었다고 볼 수 있으나 일정 기간의 RP금리 인하 폭을 기준으로 살펴보면 과단성 있는 정책이었다고도 평가할 수 있겠다.

현재의 잣대로 볼 때, 예를 들어 한국은행이 RP금리를 일거에 1%포인트 인하하는 것은 매우 이례적인 조치라고 평가된다. 한국은행을 포함해서 세계 중앙은행들이 평상시 금리를 인하하거나 인상할 때에는 0.25%포인트나 0.5%포인트씩 나누어 조금씩 금리를 조정하고 있기 때문이다. 그러나 당시는 외환위기를 조속히 수습하기 위하여 가능한 한 모든 수단을 동원해야 하는 비상상황이었다. 정책효과를 극대화하기 위해서 평상시와는 다른 특단의 조치가 필요한 시기였다. 더욱이 RP금리를 몇 % 포인트 정도 큰 폭으로 인하하는 권한도 한은 집행부에 위임되어 있었기 때문에 한국은행은 비교적 짧은 기간에 큰 폭의 RP금리 인하조치를 취할 수 있었다.

이것은 실제로 외환위기 직후부터 한국은행이 RP금리를 인하해온 실적을 보면 쉽게 이해할 수 있다. 외환위기 직전인 1997년 10월 말 13.5%였던 RP매각금리는 외환위기 직후인 1997년 말에는

---

10   서울신문, 1998. 4. 22자.

35.0%까지 인상되었다. 한국은행은 외환시장의 안정 추이를 감안하면서 RP금리를 꾸준히 인하하였다. 이를 기간별로 나누어 보면 1998년 1.4분기 중에는 12.0%포인트, 2.4분기 중에는 8.55%포인트가 인하되었다.[11]

구조조정과 경기부양의 우선순위를 둘러싼 논란

환율 및 외환시장이 현저히 안정되는 추세를 보인 반면, 고금리로 기업 도산이 이어지고 실업자가 급증하는 등 경기침체가 심화되어 감에 따라 앞으로의 경제운용 방향을 둘러싸고 논쟁이 가열되고 있었다. 한쪽에서는 한국경제가 선진경제로 도약하기 위해서는 무엇보다도 구조조정을 일관성있게 추진하는 것이 긴요하다는 견해가 제기되었다. 다른 쪽에서는 선진경제도 기업이 살아남아야 달성할 수 있으므로 경기부양이 우선시되어야 한다고 주장하였다. 한국은행은 당시의 신용경색현상을 해소하기 위해서도 구조조정이 우선시되어야 함을 일관되게 주장하였다.

전철환 총재는 1998년 6월 12일 한국은행 창립 기념사에서 "최근 엔화 약세나 동남아시아의 불안에도 불구하고 환율 안정세가 지속됨으로써 추가적인 금리인하 여건이 조성되고 있다"고 말하고 "통화를 신축적으로 공급함으로써 시중금리를 계속 낮추어가겠다"고 선언하였다. 그러면서도 그는 "금융 및 기업의 구조조정이 이루어지지 않은 상황에서는 통화공급의 확대를 통해 콜금리를 인하하

---

11   RP금리는 1998년 7~8월 중에는 6.07%포인트 인하되었다. 후술하는 대로 한국은행이 9월 30일 RP금리를 1%포인트 인하한다고 전격 발표함에 따라 RP금리는 9월 말에는 8월 말 대비 1.28%포인트 인하되었다.

더라도 이것이 시중금리의 인하 및 기업금융 부담의 완화로 반드시 이어지리라고 기대하기는 어렵다"고 덧붙였다.

구조조정의 신속한 추진을 역설하는 그의 발언은 7월 1일 국방대학원에서 '통화정책과 금융산업의 구조조정' 이라는 제목으로 행한 강연에서도 이어졌다. 그는 '통화정책 방향' 에 대해 언급하면서 "우리 경제가 하루 빨리 대외신인을 회복하고 정상궤도에 진입하려면 정부, 기업, 금융 등 경제 전부문의 구조개혁을 과감하고 신속하게 추진하는 것이 중요한 과제"라고 강조하였다. 그러면서 구조조정기 한국은행의 역할과 관련하여 "금융산업 구조조정과정에서 발생할 수 있는 금융시장의 불안정이나 부분적인 경기회복으로 인한 자금수요 중대 등에 대해서는 유동성 공급확대를 통해 탄력적으로 대응"하겠다고 말했다.

금리정책과 관련해서는 "앞으로 환율, 외자유출입 등 외환시장 동향과 실물경제여건을 종합적으로 보아가며 금리인하를 유도해 나갈 계획" 이라고 밝혔다. 그러나 "무리하게 큰 폭의 금리인하를 추진하거나 해외로부터의 충격 등으로 환율이 불안정함에도 불구하고 금리를 인하할 경우 오히려 외환수급의 불안을 야기하는 등 부작용이 우려되므로 금리인하의 속도 및 폭에 있어서는 신중을 기하여 추진"하겠다고 분명히 선을 그었다.

전 총재는 이 강연에서 당시 심화되고 있었던 신용경색 현상의 원인과 해소방안에 대해서도 입장을 밝혔다. "현재의 신용경색은 시중의 유동성 부족에 기인하기 보다는 기업들의 신용불안이 지속되는 가운데 은행들이 BIS 기준 자기자본비율 유지 및 부실채권 발생우려 등으로 여신 취급을 억제하고 있는 데 주로 기인"하고 있다고 분석하였다. "따라서 신용불안을 해소하고 금융중개 기능을 회복하기 위해서는 무엇보다도 기업 및 금융산업의 구조조정을 일관성있고 과감하게 추진하는 것이 긴요하다"고 말했다.

한국은행은 7월 13일 배포한 「최근의 통화공급 확대 주장에 대한 검토」라는 보도자료에서 통화공급 확대를 통한 인플레이션 유도 정책을 정면으로 비판하였다. 다시 한 번 구조조정의 완료가 급선무임을 주장한 것이다. 이 보도자료는 조사부 통화금융실 명의로 되어 있었지만, 여기에는 총재를 비롯한 한국은행의 기관 의중이 반영되어 있었다.

한국은행은 먼저 당시와 같은 불황에서는 통화증발이 물가상승으로 이어질 가능성이 크지 않으므로 통화공급을 늘려 인플레이션 정책을 펴는 것이 필요하다는 주장이 일부에서 제기되고 있음을 소개한 후 이에 대한 반론을 전개하였다.

한국은행은 인플레이션이 발생하면 기업은 자신의 노력 없이도 실질채무부담이 경감되고 매출액이 증가하여 수익이 개선되므로 경쟁력없는 사업을 포기하지 않을 뿐 아니라 종래의 차입에 의한 확장 위주 경영행태를 유지하게 된다고 주장하였다. 따라서 인플레이션 정책은 일시적으로 문제를 덮어두는 것에 불과하며, 중장기적으로는 오히려 고비용-저효율 구조를 심화시킬 우려가 크므로 구조조정의 수단이 될 수 없다고 반박하였다.

또한 한국은행이 본원통화 공급을 늘리면 금융기관의 자금사정이 좋아져 이들이 주로 참여하는 시장금리[12]는 하락하지만 대다수 기업들의 금융비용 부담을 낮추는 방향으로 작용하지는 못한다고 주장하였다. 시장금리가 하락하더라도 금융기관들이 신용도가

12 　콜금리, CP금리, 회사채수익률 등.

낮은 기업에 대해서는 높은 부도 위험을 보전하기 위해 대출금리를 낮추지 않는 데다 기존의 고금리 예금상품이 많아 대출금리를 내리기가 쉽지 않기 때문이라고 설명하였다.

학계에도 구조조정이 우선시되어야 한다고 생각하였던 학자들이 상당수 있었다.[13] 그러나 한은이 경제 비상상황을 직시하지 못하고 구태의연함에서 벗어나지 못하고 있다고 비판하는 목소리도 있었다. 한국일보는 한국은행의 '중앙은행다움'이 도를 지나쳐 마치 예외가 용납되지 않는 '신앙'인 양 외환위기 이전이나 이후나 똑같은 얘기만을 반복하고 있다고 비판하면서, 비상시국 동안만이라도 한은은 중앙은행 교과서를 덮어야 한다고 충고하였다.[14] 한국경제신문도 사설에서 현재의 경제상황에서는 통화공급을 늘려도 한은이 우려하는 지속적인 인플레이션이 발생할 확률이 낮으므로 기업들이 구조조정을 늦출 이유가 없을 것이라고 주장하였다.[15]

특히 KDI는 8월 들어[16] 한국경제가 디플레이션에 빠질 가능성을 본격적으로 제기하면서 한국은행이 확장적 통화정책을 수행할 것을 제안하였다. KDI는 6월 30일 「1998년 2.4분기 경제전망」을 발표할 때까지만 하여도 '구조조정 추진'을 최우선 정책방향으로 제

---

13 조윤제 칼럼, '무너져야 다시 산다', 한국일보, 1998. 8. 20자.
14 한국일보, 1998. 7. 22자.
15 한국경제신문, 1998. 7. 15자.
16 KDI가 기관 의견으로서가 아니라 연구원 개인 의견 차원에서 구조조정과 경기부양의 동시 추진을 주장하기 시작한 시점은 1998년 6, 7월 경이었던 것으로 추정된다. KDI 홈페이지에 수록된 「KDI 경제전망, 1998년 2.4분기」에 부속자료로 첨부되어 있는 「신용경색의 분석적 이해 및 대응방향」은 "물가상승률 절대수준이 1998년 3월 이후 소폭 하락하고 있는 점, 내수 격감과 자산가격 하락, 그리고 임금상승 가능성이 거의 전무하다는 점 등을 고려할 때 인플레이션보다 오히려 디플레이션이 우려된다"고 한국경제의 디플레이션 가능성을 강조하였다. 그 결과 구조조정 추진에 따른 신용경색 심화 등 어려움을 완화할 수 있도록 RP금리를 낮춰가면서 본원통화 공급을 확대해 나갈 것을 주장하였다. 그런데 KDI 홈페이지에는 보고서 「KDI 경제전망, 1998년 2.4분기」를 1998년 6월 30일에 발행한 것으로 등재하고 있으나 조선일보(1998. 7. 15자)는 「신용경색의 분석적 이해 및 대응방향」 보고서가 1998년 7월 14일에 발표되었다고 보도하였다.

시하였다. 그러나 3.4분기 경제전망[17] 발표 시에는 최우선 순위의 정책방향을 '구조조정과 디플레 정책의 병행 추진'에 두는 쪽으로 선회하였다.[18]

이와 함께 KDI는 통화정책과 관련해서는 "인플레보다 디플레가 우려되는 상황이므로 향후 통화공급은 신축적으로 운영될 필요"가 있음을 강조하였다. 이를 위한 구체적인 방안으로는 "IMF와의 합의 내에서 본원통화를 신축적으로 공급하되 외환시장의 동향과 본원통화의 환류현상에 대한 변화를 주시하면서 RP금리를 단계적으로 하락시킬 것"을 주장하였다. 이른바 'RP금리의 3단계 인하방안'이었다.[19]

KDI는 "선험적으로 '적정금리' 수준을 결정하기에 여전히 불확실성이 많이 남아있는 현 상황에서는 시장을 통한 금리/통화정책을 고려해 볼 수 있다"고 하였다. 따라서 1단계로 "RP 및 통안채 금리를 하향 조정하면서 시장이 이들 안전자산에 대해서 어느 정도의 금리를 요구하고 있는지, 다시 말해서 금융기관이 어느 정도의 금리 수준에서 RP 매입을 중단할 것인지 확인"할 것을 주장하였다. 즉 금융기관들이 환매조건부채권(RP) 매입을 중단할 정도까지 RP금리를 신속히 내려 '균형금리'를 찾아내라는 것이었다.

2단계로는 "이와 같은 일종의 '안전자산 균형금리'가 확인된 후에는 이보다 소폭 낮은 수준으로 RP금리를 유지하면서 IMF와 합의된 상한 이내에서 본원통화 공급을 신축적으로 확대"할 것을 주

---

17   KDI 홈페이지에는 이 발간물의 발행일이 1998년 9월 30일로 되어 있으나 이 내용이 그 이전에 보도되었던 점 등에 비추어 실제 집필과 대외 발표는 1998년 8월 중에 이루어졌던 것으로 추정된다.
18   KDI, 「1998년 3.4분기 경제전망」, 1998. 9. 30.
19   이 방안은 「KDI 경제전망, 1998년 3.4분기」에 첨부된 부속자료 「거시경제 상황에 대한 이해와 정책방향」에 상세히 소개되어 있다.

장하였다. 본원통화 공급을 늘려 RP 균형금리에서 1~2%포인트를 더 내리라는 주장이었다. 3단계로는 "이 과정에서 단기적으로는 환율 및 금리 동향을 주시하고, 중기적으로 인플레/디플레 압력을 점검하면서 신중한 통화공급을 유지할 것"을 주장하였다.

KDI는 이보다 한 달 앞서 발표한 「신용경색의 분석적 이해 및 대응방향」이라는 보고서[20]에서 이미 "긴축적인 통화정책 기조가 신용경색 현상을 심화시키는 한 요인으로 작용하고 있는 것으로 판단된다"고 주장한 바 있었다. 한 마디로 RP금리가 아직도 높기 때문에 시중에 풀린 돈이 다시 한국은행으로 환수되는 결과 본원통화 공급이 늘어나지 못하고 있다는 것이었다. 이것은 당시 신용경색의 원인에 대해 한국은행이 내렸던 진단과 판이하게 달랐다.

8월 24일 이진순 KDI 원장이 전철환 총재를 방문하였다. KDI 원장의 한은 방문은 이례적인 일이었다. 전철환 총재는 이날 오후 3시부터 1시간 15분 동안 이진순 원장을 만났다. 한국경제신문은 "이 원장의 방문은 지난 주말 재경부와 KDI가 경기부양 필요성에 대한 입장을 정리한 뒤 이루어진 것이어서 주목된다"고 보도하였다.[21]

이때 KDI는 한국은행에 대해 어떤 내용의 정책 건의를 하였을까? 여러 가지 정황에 비추어 볼 때 적극적인 통화공급 확대와 금리인하를 통한 경기부양을 촉구하면서 통화공급 확대 방안으로 'RP금리의 3단계 인하방안'을 제시했을 것으로 추정된다.

이진순 원장은 8월 28일 매일경제신문이 마련한 매경 데스크 포럼에서 "돈을 풀면 신용경색도 풀린다"고 주장하였다. 그는 이 자

---

20   KDI 홈페이지에 수록된 「KDI 경제전망, 1998년 2.4분기」에 부속자료로 첨부되어 있다.
21   한국경제신문, 1998. 8. 26자.

리에서 "금융기관들이 한국은행에 돈을 맡길 수 없을 정도로 환매채(RP) 금리를 낮추면 은행은 기업들에게 대출해 주게 되고 수신금리도 떨어진다. 그러면 가계는 부동산과 주식시장에도 돈을 쓸 것이고, 자산관리공사가 인수한 부동산이 팔리게 된다"며 당시 KDI가 주장하였던 정책 처방을 소개하였다.[22]

한국경제의 디플레이션 가능성이 우려된다고 했던 KDI의 주장은 정치경제적으로 상당한 반향을 불러일으켰다. 당시 일본은 부동산 및 주가가 폭락함은 물론 소비자물가마저 상승세가 멈춰버린 디플레이션 때문에 불황이 장기화되는 '잃어버린 10년'을 보내고 있었다. 일본이 겪고 있었던 심대한 고통과 좌절에 대해 국민들은 잘 알고 있었다. 따라서 한국경제가 디플레이션에 빠질 수도 있다는 KDI의 경고는 그 어떤 수사보다도 경기침체의 심각성을 부각시키는 데 효과적이었다.

언론들도 KDI의 디플레이션 경고와 정책제안을 비중있게 취급하였다. 그렇기 때문에 경제정책의 축을 구조조정에서 경기부양으로 돌리는 데에 영향을 미치지 않았을까 생각된다.[23] 후술하는 바와 같이 KDI의 정책 제안이 있은 지 얼마 지나지 않은 9월, 정부의 경제정책은 구조조정과 경기부양을 균형 있게 중시하는 방향으로 전환되었다.

KDI의 정책 제안은 한국은행의 통화정책에 어떤 영향을 미쳤을까? 당시 한나라당 서상목 의원은 국회 재정경제위원회에서 한국은행의 통화정책이 크게 선회한 배경에는 KDI의 역할이 있었다고

---

22 매일경제신문, 1998. 8. 31자.
23 이규성 전 재경부장관의 『한국의 외환위기, 발생·극복·그 이후』에는 당시 정부의 경제정책이 구조조정과 경기부양의 동시 추진으로 바뀐 배경에 대한 서술에서 KDI의 정책 제안이 언급되고 있지 않다.

발언하였다. 이 발언은 1998년 10월 16일 한국은행이 국회 재경위에 통화신용정책을 보고하는 자리에서 이루어졌다.

그는 "IMF 사태 이후에 한국은행이 상당히 IMF 쪽을 지지하는 것 같다고 많이 느꼈다. 그러다가 KDI 원장이 총재를 방문해서 지금 경제가 심각하므로 금리를 낮추어야 된다고 하였다. 이런 일이 있은 다음부터 통화정책이 방금 한국은행이 설명했던 방향으로 간 것 같다"라고 발언하였다.[24] 전철환 총재는 서 의원의 발언에 대해 구체적인 답변을 하지 않았다.

따라서 KDI의 정책 제안이 한국은행의 통화정책에 어떤 영향을 미쳤는지 공식적으로 확인할 길은 없다. 그러나 후술하는 바와 같이 한국은행은 9월 30일 전격적으로 RP금리를 1%포인트 인하하였다. 한은의 이 금리인하 조치는 KDI의 정책 제안 등에 따라 정부의 경제정책 기조가 구조조정 및 경기부양을 함께 중시하는 방향으로 전환되었던 직후에 단행되었다. 이런 사실을 고려할 때 서상목 의원의 발언에는 어느 정도 객관적 타당성이 있었지 않았나 생각된다.

한국경제의 디플레이션 가능성에 대한 한국은행의 견해

한국은행은 당시 KDI의 디플레이션 우려에 대해서 어떻게 평가하였을까? 1998년 10월 28일 한국은행에 대한 국회 국정감사에서 상당수의 의원들이 한국경제의 디플레이션 가능성에 대한 한국은행의 견해를 물었다.

24　제198회 국회 재정경제위원회 회의록 제2호(1998. 10.16), p. 21.

  장재식 의원은 한국경제가 디플레이션 초기상태에 진입하였다는 주장에 대한 총재의 견해를, 이중재 의원은 한국경제의 디플레이션 발생 가능성 및 대책 등에 대한 총재의 견해를 각각 물었다. 전 총재는 이들 질문에 대하여 다음과 같은 근거를 제시하면서 한국경제가 디플레이션 국면으로 진입하고 있는 것으로 단정하기는 어려우며, 디플레이션 국면으로 진입하게 될 가능성도 크지 않다고 답변하였다.[25]

  첫째, 최근의 물가안정세는 환율급등으로 일시에 크게 올랐던(overshooting) 물가가 3월 이후 외환위기의 충격이 가시면서 새로운 균형점으로 수렴하고 있는 과정으로 보인다. 둘째, 디플레이션은 유효수요의 만성적인 부족으로 가격이 하락하는 현상을 가리키는데, 최근 물가는 수요보다는 환율, 임금, 국제 원자재가격 등 비용측 요인에 따라 변동하고 있는 것으로 분석된다. 셋째, 우리나라의 경우 총수요에서 수출이 차지하는 비중이 높기 때문에 소비, 투자 등 내수 위축으로 물가가 하락하게 된다면 이는 다시 수출상품의 가격경쟁력을 제고하게 되어 수출증대를 통한 총수요 회복 효과가 있을 것으로 판단된다.

  전 총재는 "다만 아시아, 러시아 및 남미제국의 경제가 침체를 지속하고, 미국도 경기하강기에 접어들어 전 세계적인 불황이 도래할 경우에는 수출수요 위축에 따른 장기적 경기침체의 가능성도 배제할 수 없다"고 밝혔다. 따라서 "한국은행은 실물경제가 지나치게 위축되지 않도록 외환시장의 안정을 저해하지 않는 범위 내에서 그 동안 시중금리 및 은행 대출금리의 하락을 지속적으로 유도해 왔으며, 총액대출한도를 증액한 바도 있다" 며 한국은행이 취해 온 정책조치를 소개하였다.

돌이켜 볼 때 1998년에 제기되었던 디플레이션 우려에는 다소 과장된 측면이 있었던 것으로 생각된다. 1998년중 마이너스 6.7%였던 경제성장률은 1999년에는 10.7% 플러스 성장으로 돌아섰다. 전도시소비자물가도 1998년에는 7.5%, 1999년에는 0.8% 상승하였다. 물론 한국경제가 그러한 성과를 거둔 데에 1998년 9월 이후 추진된 경기부양대책이 기여하였음을 부인하기는 어렵다. 그렇더라도 우리 경제의 대외의존도가 현저히 높은 상황에서 물가안정에 따른 수출경쟁력 강화 요인과 해외경제여건의 호전이 수출에 미칠 긍정적 영향 등이 디플레이션 가능성을 주장하였던 KDI의 경제전망에 충분히 고려되지 못했던 것은 아쉬웠던 점이다.

실제로 한국은행 연차보고서에 따르면, 1999년중 세계경제는 대체로 국내경제의 회복에 유리한 방향으로 전개되었던 것으로 평가되고 있다.[26] 원유와 국제원자재 가격이 상승하였지만 미국을 중심으로 세계경제의 성장세가 확대되고, 일본 엔화가 하반기 들어 강세를 유지하였다. 이와 같은 대외경제여건의 호전에 힘입어 1999년중 우리나라 수출(통관기준)은 전년대비 8.6% 증가함으로써 경제성장을 견인하는 데 큰 힘이 되었다.

---

25   한국은행에 대한 국회 국정감사(1998. 10. 28), 재정경제위원회 회의록(부록), pp. 59~ 60 및 pp. 96~97.

26   한국은행, 「1999년 연차보고서」, p. 3.

구조조정과 경기부양책의 동시 추진, 한은의 주장이 꺾이다

이규성 재경부장관은 8월 29일 김대중 대통령에게 러시아 사태가 세계경제에 미치는 파장과 외국환평형채권 가격폭락[27] 등 국내외 경제현황과 대처방안을 보고하였다.[28] 이 보고에는 국내외 여건이 생각하는 것보다 훨씬 어렵다는 것과 상황 악화를 막기 위해서는 특단의 대책이 필요하다는 정책 건의 등이 포함되어 있었다.[29]

김 대통령은 보고를 받은 후 "경제장관들이 구조조정을 조속히 매듭짓고 성장잠재력을 회복하는 방안을 마련하라"고 지시하였다.[30] 서울경제신문은 박지원 청와대 대변인의 말을 인용하여 김대중 대통령이 이날 국민신당 인사들을 면담한 자리에서 "지금은 살아남는 것 자체가 힘들며 어떻게든 살아남아야 비약을 준비할 수 있다"며 "외국학자들은 한국이 적극적인 정책을 쓰기를 권유하고 있다"고 발언하였다고 보도하였다.[31]

김대중 대통령의 지시에 따라 경제장관들은 일요일이었음에도 8월 30일 오후 은행회관에서 회동하였다. 이 자리에서 전철환 총재와 경제부처 장관들은 재경부가 초안으로 작성한 경기부양책을 중심으로 향후 각 부처가 취할 조치들에 대하여 논의하였다.[32]

---

27   주말이었던 8월 28일 뉴욕 등 국제금융시장에서 외평채 가격은 러시아 사태 이후 개발도상국 채권에 대한 수요 감소로 폭락을 거듭하였다. 외평채 5년 만기물의 가산금리가 전날보다 0.75%포인트 오른 10.02%(유통수익률 15.3%)를 기록함으로써 사상 처음 10%를 넘어섰으며, 10년 만기 외평채 가산금리는 전날보다 0.14%포인트 오른 9.64%에 달하였다.
28   서울경제신문, 중앙일보, 1998. 8. 31자.
29, 30   중앙일보, 1998. 8. 31자.
31   서울경제신문, 1998. 8. 31자.
32   중앙일보는 1998. 8. 31자에서 이 회의에 이규성 재경부장관, 박태영 산업자원부장관, 진념 기획예산위원장, 이헌재 금융감독위원장, 강봉균 청와대 경제수석이 참석하였다고 보도하고, 전철환 한은 총재는 거명하지 않았으나 전 총재도 당일 오후 4시부터 6시 30분까지 계속된 이 회의에 참석하였다.

한국은행은 재경부가 중심이 되어 제기하여 온 경기부양책에 맞서 힘겨운 싸움을 벌이고 있었다. 지난 몇 개월 동안 통화공급 확대와 인위적인 금리인하가 가져올 여러 가지 부작용에 대해서 정부 당국자들을 설득하려고 애를 썼다. 그러나 크게 나빠진 국제경제여건과 급속히 악화된 국내경제[33] 등으로 인해 종전의 입장만 고수하기가 어렵게 되었다.

한국은행은 고민하였다. 외환위기 극복이 절체절명의 과제로 부각되어 있는 난국인 데다 해외 여건까지 악화되고 있었다. 건설적인 대안을 제시함이 없이 정부에 계속 저항하고 어깃장을 놓는 것은 중앙은행으로서 할 도리도 아니고 합리적이지도 않았다. 그렇다고 정부가 압력을 넣고 있는 통화공급 확대 및 금리인하와 관련된 정책 패키지를 그대로 수용할 수는 없다고 판단하였다.

한국은행은 정부가 의도하는 것과 같은 정책 효과를 내면서도 부작용이 작은 대안을 제시할 필요가 있다고 판단하였다. 다시 말해 정부의 경기부양 노력에 화답하면서도 국민경제에 부작용이 작고 신용경색 해소에도 즉시 효과가 나타날 수 있는 방안을 찾으려고 노력하였다. 한국은행은 시중 은행들을 통해 중소기업들에 대한 상업어음 할인 및 무역금융 등을 지원해주는 총액한도대출에서 그 답을 구할 수 있었다. 한국은행은 8월 31일 임시 금융통화위원회를 개최하여 총액한도대출 금리를 연 5%에서 3%로 크게 낮추고, 대출한도도 5조 6천억 원에서 7조 6천억 원으로 2조원을 확대키로 하였다.

당시 한국경제는 전체 유동성이 높은 증가세를 유지하고 있었

33　전철환 총재는 8월 26일 르네상스 호텔에서 서울이코노미스트클럽 초청으로 열린 조찬 강연회에서 1998년 상반기중 경제성장률이 마이너스 5%대에 이를 것으로 추정된다고 밝혔다. 실제로 1998년 상반기중 GDP 성장률은 마이너스 5.5%로 추계되었다.

으나 또한 신용경색 현상이 두드러지게 나타나고 있어 중소기업들의 어려움이 컸다. 이런 점을 고려할 때 한국은행의 조치는 시의적절한 것으로 평가되었다. 중소기업에 직접 자금이 지원되는 총액한도대출이 확대됨과 아울러 이 자금에 적용되는 대출금리가 인하된 것이다. 그 결과 중소기업의 금융비용 부담이 경감되고 중소기업에 대한 대출이 확대되어 신용경색 현상이 완화될 것으로 기대되었다.

한국은행이 구조조정을 강조하던 종전의 입장에서 물러서지 않으려고 절치부심했던 사실은 전철환 총재가 총액한도대출의 증액 조치 등을 발표하는 기자간담회에서 했던 발언을 통해서도 알 수 있다. 그는 "이번 조치가 적극적인 부양책이라고 보지는 않으며, 심각한 실물경제의 위축을 다소 완화시키고 금융산업의 원활한 구조조정을 지원하는 두 가지 목적을 가지고 있다"고 밝혔다.[34] 한은의 조치가 당면과제인 구조조정을 후퇴시키는 것이 아님을 분명히 했던 것이다.

한국은행이 임시 금융통화위원회 개최 일자를 8월 31일로 잡은 데에도 뜻이 있었다. 9월 2일에는 청와대 경제대책조정회의가 예정되어 있어 이틀 전에 임시 금융통화위원회를 개최했던 것이다. 임시 금통위 회의 결과도 전 총재가 한국은행 기자실에서 직접 발표하였다. 이것은 청와대 경제대책조정회의 이후 한국은행이 금통위를 열어 총액한도대출의 증액과 금리인하를 발표할 경우, 금융통화위원회가 정부가 결정한 정책을 추인하는 기관으로 비쳐질 수 있음을 고려한 조치였다. 한국경제신문은 한국은행이 8월 31일에 취한 일련의 조치와 발표를 '한은의 독립선언'이라고 명명하고 취재기자 칼

---

34 서울경제신문, 1998. 9. 1자.

럼을 게재하였다. [35]

한국은행, RP금리를 대폭 인하하다

8월 31일 한국은행이 취한 총액한도대출의 확대와 금리인하에도 불구하고 통화공급 확대 및 금리인하에 대한 정부측 공세는 계속되었다. 9월 7일 삼청동 총리공관에서 열린 제6차 고위당정회의에서는 경제회생대책, 실업대책 및 수해복구대책 등이 폭 넓게 논의되었다. 정부와 여당은 내수증진을 통해 성장잠재력을 견인할 수 있도록 8월 말 현재 18조 5천억 원인 본원통화를 IMF와 합의한 수준인 25조 4천억 원 범위 안에서 신축적으로 공급하여 금리를 지속적으로 내리기로 했다고 발표하였다. [36]

9월 16일에는 김종필 국무총리가 전철환 총재와 금융통화위원 전원을 삼청동 총리공관으로 초청하여 한국은행이 신축적인 통화공급과 함께 시중 실세금리의 인하를 위해 보다 적극적으로 나서 줄 것을 당부하였다. 이 자리에는 이규성 재경부장관 등도 참석하였다. [37]

9월 28일 김대중 대통령이 취임 후 첫 경제기자회견을 가졌다. [38] 김 대통령은 한국 경제가 구조조정 와중에 극심한 내수침체

---

35 한국경제신문은 1998년 9월 1일자 칼럼에서 "금통위 결정을 발표한 전 총재의 표정에는 비장감마저 서려 있었다"고 보도하였다. 또한 한은 직원이 "마치 지금의 경제위기가 한은이 돈을 풀지 않아서 초래된 것처럼 몰아붙이지 않았느냐"고 반문하고 "각종 회의에 참석하면 사방에 온통 적뿐이다"라고 털어놓으면서 전 총재의 이런 변화를 당연한 것으로 받아들인다는 한은 내부의 기류를 전하였다.
36 서울신문, 1998. 9. 8자.
37 한겨레신문, 1998. 9. 17자.
38 회견 내용은 내외경제신문(현재 헤럴드경제이며 이하 동일, 1998. 9. 28) 및 조선일보(1998. 9. 29) 기사를 인용하였다.

까지 겹친 데다 세계경기의 위축으로 유일한 버팀목인 수출까지 뒷걸음치는 어려운 상황이라며 현재의 위기상황을 솔직하게 인정했다. 김 대통령은 이어 "불경기와 실업을 극복하기 위해 금리인하, 재정지출 확대, 통화공급 확대 등의 경기부양책을 지속적으로 펴나가겠다"면서 "경기부양책이 효과를 발휘하면 내년에는 플러스 성장으로 돌아설 수 있을 것"이라고 말하였다. "시중에 돈이 풀리면 금리가 낮아지고 금리를 1% 낮추면 기업이 8조원의 덕을 본다"고도 덧붙였다.

언론은 정부와 IMF가 통화확대 및 금리인하에 의견 일치를 본 상태라고 보도하였다. 김 대통령의 기자회견 기사는 '돈 풀어 경기 살리겠다'는 제목 아래 '금융, 기업, 노동, 공공부문 구조조정 신속 매듭', '금리 한 자리 수 인하, 재정적자 대폭 확대' 등을 소제목으로 달고 있었다.[39] 호주의 일간지 「디 오스트레일리언」은 대통령의 경제기자회견이 있기 전날인 9월 27일 김대중 대통령과 가졌던 회견 내용을 보도하였다. 동아일보에 따르면, 김 대통령은 개혁 프로그램을 원칙적으로 지지하지만 IMF가 한국에 부과한 가혹한 긴축과 고금리 등 몇몇 정책은 적절치 못하다고 판단하여 관련 정책을 전환하고 있다고 밝혔다.[40] 외국 언론과의 회견에서 이미 경기부양을 위해 경제정책 방향을 선회할 방침임을 천명했던 것이다.

김대중 대통령이 통화공급 확대와 금리인하 방침을 구체적으로 밝힌 후 한국은행이 움직이기 시작했다.[41] 9월 30일 한국은행은

---

39 내외경제신문, 1998. 9. 28자.
40 동아일보, 1998. 9. 28자.
41 매일경제신문은 1998년 9월 30일자로 그 동안 재정경제부 등 관계 부처와 한국은행 간에 통화공급을 확대해 경기를 살린다는 '통화확대론'이 큰 논란이 돼 왔으나 9월 28일 김대중 대통령의 경제기자회견 이후 한국은행이 신축적인 자세를 보이고 있다고 보도하였다.

RP(환매조건부채권) 매각금리를 8%에서 7%로 1%포인트 인하함으로써 8% 수준인 금융기관간 콜금리를 7% 내외로 낮추기로 했다고 발표하였다. 한국은행은 금리를 인하하는 배경으로 실물경제의 침체가 지속되는 가운데 기업의 수익성 및 현금흐름이 악화되고 있어 기업의 금융비용 부담을 완화할 필요가 있음을 설명하였다. 또한 미 연준이 목표금리를 내림에 따라 금리인하를 위한 대외여건도 개선되었다고 밝혔다.[42] 다시 말하여, 미국의 금리인하로 한국 등 신흥개도국에서 미국으로의 자본이탈 현상이 완화되면서 환율안정이 기대된다는 설명이었다.

언론은 한국은행이 금리를 낮춰 국내경기를 살리는 쪽으로 정책방향을 선회했다고 보도하였다. 금리인하 조치를 한은이 경기부양에 동참하겠다는 의지를 표명한 것으로 풀이하기도 하였다. 정부 차원에서는 김대중 정부가 경기부양에 돌입했음을 공식 선언하는 결정이라고 해석하였다.[43]언론은 왜 한국은행의 RP 매각금리 인하 조치를 정부가 본격적으로 경기부양에 나서는 신호탄으로 간주하였을까?

첫째, 한국은행이 김대중 대통령의 취임 첫 경제기자회견에 뒤이어 신속하게 조치를 취함에 따라 김 대통령 기자회견의 후광(後光) 효과가 있었다.

둘째, 한국은행이 RP금리를 종전의 8%에서 7%로 1%포인트 인하하겠다며, 처음으로 구체적인 RP금리의 목표치와 인하폭을 발표하였기 때문이다. 이전까지 한국은행은 금통위가 향후 통화정책 방

---

42   미 연준은 9월 29일(현지시각) 연방기금 금리를 0.25%포인트 인하하였다.
43   조선일보, 1998. 10. 1자.

향을 의결한 내용을 발표하면서 금리정책의 방향만을 명시하였다.[44] 그런데 이번에는 한국은행 통화정책이 목표로 하는 RP 금리 및 콜금리 수준을 구체적으로 적시한 것이다.[45] 따라서 국민들에게는 금리정책 변경의 효과가 매우 큰 것으로 부각되었다.

셋째, 그 동안의 RP금리 인하 조치로 RP금리 수준이 균형 수준 또는 적정 수준에 접근하고 있었던 점을 들 수 있다. 그 결과 9월 30일의 금리인하 조치에 국민들이 종전보다 더욱 큰 관심을 보이게 되었다. 1997년 말 35%까지 인상되었던 RP금리는 8월 말에 8% 수준으로 낮아졌다. RP금리가 30%대, 20%대, 10%대 등 높은 수준에 있을 때, 국민들은 외환위기가 왔기 때문에 일시적이거나 짧은 기간 불가피하게 금리가 높은 수준에 달한 것으로 생각하였다. 그와 같은 높은 금리는 이례적이고 비정상적인 것이기 때문에 오래 지속되지 못할 것으로 받아들였다는 뜻이다. 국민들은 그렇게 높은 금리로는 돈을 빌릴 엄두도 안 나고 장사하기도 어렵다고 생각하던 터였다. 그런데 한국은행이 RP금리를 7%로 낮춘다는 소식이 들려온 것이다. 국민들은 이제 생활 속에서 부딪치면서 고민해야 할 생생하고 현실적인 금리 수준을 갖게 된 것이다. 그래서 그만큼 국민들의 관심도 높을 수밖에 없었다.

일부 언론은 이러한 한국은행의 RP금리 인하를 일관성 없는 조

44　당시 금통위의 통화신용정책 의결사항 발표문에는 "…국공채매매조작금리는 …당분간 높은 수준에서 운용", "…국공채매매 조작시 내정수익률은 …점진적으로 인하" 공개시장 조작금리…는 …콜금리의 점진적 인하를 유도하는 방향으로 결정" 또는 "공개시장 조작금리를 인하하여 콜금리 하락을 유도…" 등으로 통화정책의 방향만이 명시되어 있었다.

45　이런 점에서 1998년 9월 30일의 금리 인하 조치는 내용 면에서 향후 1개월간의 콜금리 또는 기준금리의 목표수준을 일정 폭 변경하거나 종전 수준으로 유지하는 것을 골격으로 하는 한국은행의 현행 통화정책 수행 방식의 원시적 형태라고 평가할 수 있다. 그러나 형식면에서는 한은 집행부가 금융통화위원회의 위임을 받아 결정하였다는 점에서 현재 금융통화위원회가 직접 결정하고 있는 의사결정 구조와 큰 차이가 있었다.

치라고 비판하였다.[46] 한국경제신문은 한은이 그 동안 정부의 통화 공급 확대와 금리인하 주장에 대해 정면으로 반대하는 입장을 취해 오다가 정책 변경의 근거를 확실히 제시함이 없이 갑자기 180도 태 가 돌변하였음을 지적하였다.[47] 조선일보도 한은이 보도자료까지 내면서 재경부와 KDI가 제시한 저금리와 경기부양 정책에 극구 반 대하다가 무슨 곡절이 있었는지 며칠 못 가서 '독자적인 결정이라 는 주장 아래' RP 금리를 1%포인트 내렸다고 비판하였다.[48]

언론의 지적대로 한국은행이 통화정책의 기조를 변경하는 데 에는 면밀한 사전 검토가 전제되어야 한다. 아울러 시장이 놀라지 않도록 치밀한 계획을 세워서 충분히 시간을 두고 꾸준히 알려주려 는 노력이 선행되어야 한다. 한국은행은 재경부 등 경제부처들의 통 화공급 확대와 금리인하 주장을 논리적 설득을 통해 뿌리치기도 하 고, 한편으로는 변용된 형태로 일부 수용하기도 하면서 힘겹게 제어 하여 왔다. 그러나 국내외 경제여건이 악화되고 있어 종전의 입장만 을 고수하기가 어려웠다.

김대중 대통령의 기자회견 발언도 한은의 통화정책 기조 전환 에 어느 정도 영향을 미치지 않았을까 생각할 수 있겠다. 김 대통령 은 6.25동란에 버금가는 국가적 위기상황의 극복을 위해 혼신의 노 력을 기울이고 있었다. 국민들은 위기 속에서 희망을 잃고 전전긍긍 하고 있었다. 생각컨대 이럴 때 국민들에게 직접 약속하는 형태로 이루어진 대통령의 발언은 한국은행이 정책 결정에 고려해야 할 변

---

46 국민일보는 1998. 10. 1자 보도에서 "이러한 중요한 정책 변경이 금융통화위원회에 상정도 하 기 전에 전격 발표되었고, 금융통화위원들은 다음 날인 10월 1일 열린 회의에서 이 내용을 통보 받는데 그쳤던 것은 금통위 운영과정에서의 문제가 드러난 것"이라고 비판하였다. 그러나 당시 RP금리의 조정권한은 한국은행 집행부에 위임되어 있었다.
47 한국경제신문, 1998. 10. 2자.
48 조선일보, 1999. 1. 13자.

수였을 수 있다.

이러한 비판에 대해 한국은행은 어떤 입장이었을까? 10월 16일 국회 재정경제위원회가 열렸다. 한국은행의 통화신용정책을 보고받기 위한 자리였다. 이중재 의원은 먼저 한국은행이 지난 7월 발표한 「통화공급 확대 주장에 대한 견해」라는 보고서에서와 같이 신용경색 해소를 위해서는 통화공급 확대보다는 구조조정이 선행되어야 한다고 주장해 왔음을 환기하였다. 그런데 9월 이후 정부의 경기부양 조치의 일환으로 한국은행은 총액한도대출을 확대하고 공개시장조작(RP) 금리를 인하하는 조치를 취했음을 지적하였다.

이중재 의원은 "이는 그 동안 한국은행의 주장과 논리가 잘못되었다는 점을 인정하는 것인지, 아니면 대통령의 경기부양 기자회견 이후 즉각 반응하는 전철환 총재의 한국은행 총재로서의 반응인지, 불과 두 달 만에 신뢰받는 중앙은행으로서 통화신용정책의 일관성 확보 면에서의 입장과 정책 변경의 근거가 분명하지 않다"고 하고, 이에 대한 한은의 견해를 밝혀줄 것을 요청하였다.[49]

진 총재는 이중재 의원의 질의에 대해 한국은행은 구조조정의 중요성과 시급함을 강조하였던 당초 입장에 변화가 없다고 답변했다. 다시 말해 "지난 7월의 통화공급 확대 주장에 대한 견해에서 주장했던 대로 구조조정이 충분히 진전되지 않아서 소비 및 투자심리 위축, 신용경색 등이 지속되는 상황 하에서는 경기부양책을 펴더라도 큰 효과가 없고 제한적일 수밖에 없을 뿐만 아니라, 외환시장 불안, 구조조정 지연, 경상수지 악화 등 여러 가지 부작용을 초래할 가능성이 있다고 본 견해는 지금도 변함이 없다"고 답변하였다.

49　제198회 국회 재정경제위원회 회의록 제2호(1998.10.16), pp. 7~8, 28~29.

이어서 "그러나 구조조정 과정에서 경기가 지나치게 침체되거나 신용경색이 심화되어 회생 가능성이 있는 기업까지 도산하고 실업이 급증하는 등 부작용이 커지는 것은 바람직하지 않다"고 밝혔다. 전날인 9월 29일 미 연준의 금리인하 조치가 있었음도 강조하였다. 그는 9월 30일의 RP금리 인하조치는 미 연준 등의 금리인하조치에 맞추어 취한 것으로, 구조조정 과정에서의 과도한 경기침체를 방지하기 위한 불가피한 조치였음을 설명하면서 의원들의 이해를 구하였다.

전 총재는 이중재 의원이 대통령 기자회견과의 연관관계를 제기하였음에도 불구하고 대통령의 발언에 대해서는 일체 언급하지 않았다. 이때로부터 12일 후의 한국은행에 대한 국정감사에서도 의원들은 9월 30일 한국은행의 RP금리 인하 조치를 집중 추궁하였다. 의원들은 한국은행이 통화정책의 기조를 갑자기 변경한 것이 대통령의 기자회견 때문이 아닌지를 따져 물었다. 이때에도 그는 의원들의 거듭되는 추궁에도 불구하고 한국은행의 독자적인 판단에 의한 조치였음을 누차 강조하였다.

한은의 금리인하에 힘입어 이날 자금시장에서 콜금리가 사상처음으로 7%대로 떨어졌으며, 회사채 유통수익률 등 다른 실세금리들도 하락세를 나타내었다. 은행들도 일제히 대출금리를 낮추기 시작하였다. 이에 따라 한국은행은 그 동안의 시장금리 하락이 경제에 미치는 영향을 면밀히 관찰할 필요가 있다고 판단하여 11월 말까지 RP금리와 콜금리를 7% 수준에서 유지하였다.

그러나 한국은행은 12월 3일 열린 금융통화위원회에서 제반 경제지표에 비추어 시장상황이 안정되고 있는 만큼 경기활성화를 뒷받침할 수 있도록 금리를 하향 안정화시켜 나가기로 결정하였다. 그 결과 1998년 말 RP금리는 11월 말보다 1.0%포인트 낮은 6.0%, 콜금리는 11월 말보다 0.6%포인트 낮은 6.5%를 기록하였다.

'한국은행은 IMF 처방에 호의적', 국회의 비판

한국은행은 9월 30일 RP금리를 1%포인트 인하하기 이전까지 줄곧 신중한 금리인하를 강조해 왔는데, 이러한 통화정책 기조와 관련하여 국회에서 논란이 제기되었다. 재정경제위원회 소속 의원들은 전 총재의 발언을 인용하면서 IMF가 한국에 부과하였던 고금리 처방을 한국은행이 지지하고 호의적으로 수용하지 않았느냐고 비판하였다.[50]

나오연 의원은 한국은행에 대한 국정감사에서 "IMF의 금융긴축정책과 고금리정책이 우리의 산업 기반을 무너뜨리고 경제를 아주 나쁘게 하는 데에 많은 잘못을 범했다고 생각한다"고 주장하고, 한국은행이 그 동안 이 정책에 어떻게 대응했는지 답변해 달라고 요구하였다.[51] 같은 날 박명환 의원은 전철환 총재가 외교통상부 재외공관장 회의에서 행했던 강연 내용을 인용한 후 전 총재가 현재는 어떤 견해를 갖고 있는지 밝힐 것을 요구하였다.[52]

한국은행이 통화신용정책을 어떻게 수행했기에 이처럼 여러 의원들이 한국은행이 IMF 처방에 호의적이었다는 비판을 제기하게 되었을까? 그렇게 된 배경을 몇 가지로 나누어 살펴보기로 하자.

첫째, 당시 한국은행이 무엇보다도 외환시장의 안정 추이를 고

---

50 10월 16일 국회 재경위에서는 이중재, 서상목, 나오연 의원 등이, 10월 28일 한은에 대한 국정감사에서는 나오연 의원과 박명환 의원 등이 이 문제에 대해 질의하였다.
51 한국은행에 대한 국정감사(1998. 10. 28), 재정경제위원회 회의록, p. 23.
52 위 회의록, p. 59.

려하면서 금리를 인하하였기 때문이다. 1998년 1.4분기는 물론 2.4분기에 들어서도 우리나라는 가능한 한 빨리 외환위기의 수렁에서 빠져나오는 것이 경제정책의 최우선 과제였다. 이를 위해서는 외환시장 안정이 긴요하였다. 따라서 한국은행이 RP금리를 조절하는 기조도 외환시장 안정에 초점을 둘 수밖에 없었다.

다시 말해서 이때 한국은행은 환율 및 외환시장 안정이 담보될 경우에만 금리를 낮추어 왔다. 이런 조건이 충족되었다고 판단될 경우 앞에서 살펴본 대로 한국은행은 RP금리를 과단성있게 인하하였다. 그럼에도 불구하고 환율 및 외환시장 안정에 최우선 순위를 두고 운용하였던 금리인하 정책은 보기에 따라 한국은행이 IMF 처방에 호의적이지 않느냐는 인상을 줄 수 있었다.

둘째, 전철환 총재는 1998년 4월 21일 외교통상부 재외공관장 세미나와 1999년 6월 12일 한국은행 창립 기념사에서 구조조정의 신속한 추진을 강조하는 내용의 발언을 하였다. 7월 13일에는 통화공급 확대 주장을 반박하는 보도자료를 배포하였다. 한국은행은 대략 1998년 9월까지 전 총재의 강연이나 연설과 보도자료 등을 통해 일관성있게 한국경제의 구조조정을 강조하였다. 한국은행은 외환위기를 계기로 한국경제가 몇 단계 업그레이드할 수 있으려면 구조조정이 제대로 추진되어야 한다고 판단하였다.

근본원인이 어디에 있었든지 간에 당시 우리나라는 안정적인 경제운용에 실패한 결과 IMF로부터 가혹한 고금리정책을 처방받았다. 한국경제가 회생하려면 IMF 처방을 준수하는 것 말고 다른 방도가 없었다. 이를 지켜야만 IMF 및 선진국으로부터 외화유동성을 도입하여 국가 부도를 막을 수 있었기 때문이다. 경제학자들도 우리나라가 IMF체제를 잘 활용함으로써 전화위복의 기회로 삼아야 한다고 주장하였다. 그런데 구조조정의 요체는 경쟁력있는 기업들은 살리되 부실기업들은 과감하게 퇴출하는 것이다. 시장경제원리에 의거 구조조정을 추진하려고 할 때 어느 정도의 고금리는 유효한 잣대를 제공해 줄 수 있다.

셋째, 여기에 더하여 한국은행이 IMF 처방에 호의적이라고 비판받았던 데에는 전철환 총재의 처신에도 관련이 있지 않았나 생각된다. 그는 3월 6일 한은 총재로 취임한 이후 단 한 차례도 IMF의 고금리정책을 비판하거나 이에 회의적인 견해를 피력한 바 없었다. 어떻게 보면 고금리정책은 물론 IMF의 전반적인 조치에 대해 본인의 생각을 한 마디도 내지 않으려고 조심하였다.

이것은 정부 관계자들과 일부 학계 인사들의 행보와는 대조되는 것이었다. 일례로 이규성 재경부장관은 1998년 4월 하순 IMF의 고금리정책을 공개적으로 비판한 바 있다. 이런 마당에 한은 총재는 IMF 고금리 처방에 대해 한 마디도 하지 않았던 것이다. 따라서 외부에서 보기에 한국은행은 금리인하를 서두르지 않으며, 더 나아가 IMF의 처방에 암묵적으로 동조하는 것처럼 비쳐졌던 것이 아닌가 생각된다.

왜 전철환 총재는 IMF가 부과하였던 고금리정책에 대해 비판적인 견해를 피력하지 않았을까? 전 총재가 신중하게 처신하였던 데에는 다음의 두 가지 원인이 있었기 때문이 아니었나 생각된다.

먼저 IMF가 부과한 고금리정책이든, 정부가 희망하였던 저금리정책이든 모두 금리정책에 관한 사항이다. 그런데 금리정책은 한국은행 소관업무이다. 한은 총재가 자기 소관 사항인 금리정책을 언급하면서 고금리정책을 비판하는 것은 시장참가자들에 대해 한국은행이 앞으로 지속적으로 금리를 인하하겠다고 예고하는 것과 다름이 없다. 대학교수가 고금리정책을 비판하는 것과는 그 영향력이나 파급효과가 전혀 다른 것이다. 글로벌 경제 아래에서는 대내외 경제 여건이 어떻게 달라질지 아무도 모른다. 특히 외환위기 직후 취약한 한국경제 여건에서는 환율이나 외환시장 여건에 따라 갑자기 금리를 인상하는 쪽으로 정책을 선회할 수도 있는 일이었다.

한국은행은 총재가 나서서 고금리정책을 비판하는 것은 향후의 지속적인 금리인하 방침을 공개적으로 대내외에 천명하는 것과 같기 때문에 적절치 못한 일이라고 판단하였다. 고금리정책에 문제가 있다면 IMF와 내밀하게 교섭에 나서서 IMF를 논리적으로 설득하여 동의를 얻어낸 후 한국은행이 정책을 통해 금리를 인하하면 된다고 생각하였다.

한은 총재가 고금리정책을 비판할 경우 가계, 기업, 금융 등 경제주체들은 이를 한국은행의 지속적인 금리인하 신호로 받아들이고 여러 가지 경제활동을 할 수 있다. 그런데 만에 하나 대내외 여건이 급속하게 변화함에 따라 한국은행이 오히려 금리를 인상한다면 경제주체들의 경제활동에는 주름이 가고 금융시장 혼란이 초래됨은 물론 한국은행의 신뢰도도 여지없이 추락할 것이 명약관화하다. 따라서 전 총재는 금리정책을 책임진 중앙은행 수장으로서 IMF 및 IMF의 고금리정책에 대한 발언을 자제하였던 것이다.

다음으로, 그가 시종일관 IMF의 고금리정책에 대해 신중한 입장을 견지했던 것은 한은 총재로 취임하기 전에 재야의 진보적인 경제학자로 평가받았던 데다 대학교수 시절 IMF를 직설적으로 비판했던 글을 쓴 전력(前歷)이 있었기 때문이 아니었나 생각해 본다.

정통 관료나 보수논객이 나서서 IMF를 비판하면 우국충정의 발로라고 칭송받을 수 있다. 그러나 진보적인 색채가 강한 그가 한은 총재직에 있으면서 IMF를 비판했다면 어떤 이야기들이 나왔을까? 국제 금융 정세에 어두운 진보인사가 어떻게 한국은행 총재를 맡게 되었느냐? 이 엄혹한 IMF시대에 IMF와의 원활한 교섭을 통해 최대한 국익을 이끌어내야 하는데, 진보논객이 중앙은행 총재로 적합하냐? 전 총재는 본인이 IMF 정책을 비판하면 과거 전력이 가미되어 그러한 비판과 우려의 소리가 나올 수 있음을 걱정했던 것은 아니었을까?

특히 과거 그가 기고했던 글을 의원들이 미리 읽을 기회가 있었다면 그에게 IMF 처방에 대한 견해를 물을 필요가 없었을 것이다. 그는 지나치게 솔직할 정도로 IMF에 대한 속내를 드러내 보였기 때문이다. 이 글은 전철환 총재가 충남대 경제학과 교수로 재직 중이었던 1998년 1월에 발표되었다. 그러니까 한국은행 총재로 임명되기 2개월 전이었다. 발표 지면도 공교롭게 한국은행 내부 소식지인 「한은소식」이었다. 칼럼의 제목은 '한국 지성인의 회한' 이다.[53]

한국 지성인의 회한

작년 11월 말부터 우리 국민의 말머리[話頭]는 온통 'IMF시대' 이다. 그러나 IMF는 우리의 희망도 비전의 상징도 아니다. 오직 1989년 사회주의 체제 붕괴 이후 "갑자기 커진 국제투기·금융자본의 첨병이며, WTO체제 하의 개방과 자율화로 통합된 새로운 세계질서를 지배하는 국제 경제 권력의 대명사"

---

53 전철환, 「경제학자를 울린 농부의 편지」, 지식산업사, 2002, pp. 44~47. 당초 이 글은 「한은소식」(1998년 1월호)에 게재되었으며, 전 총재 퇴임 후 '솔뫼 경제수상 모음' 으로 발간된 위의 책에 수록되었다.

(J. 스티글리츠)일 뿐이다.

훗날의 역사에는 IMF시대가 경제 예속의 수치시대였다기보다 대도약의 계기였다고 기록될지 몰라도, 지금은 경제적 주권과 자존심을 내팽개친 채 사활을 걸고 금융지원을 요청해야 하는 대상일 뿐이다.

그래서 필자는 이 나라의 지성(知性), 그것도 IMF시대와 직접 관련된 경제학 분야를 공부해온 학자의 한 사람으로서, 사태를 미리 예견하고 대응하는 데 무력했던 무지와 무능 때문에 부끄러움과 책임을 통감하지 않을 수 없다. 다만 필자가 직접 IMF시대를 야기한 정책 당국자도 아니고 경영주체도 아니며, 더구나 정치권과 관변을 어슬렁거리며 필설을 휘둘러댄 영향력있는 학자도 못 되었다는 변명 사유가 있을 뿐이다. (중략)

그러나 사적 이해에 직접 관계가 없는 학자 집단이야말로 가장 냉철하게 현실을 살펴야 하는데, 어찌해서 이 나라 지성은 이렇게 현실에 둔감하고 무지했을까? 그것이야말로 두고두고 오늘을 사는 지성인의 회한으로 남을 수밖에 없다. (이하 생략)

이 글에 나온 대로 전철환 총재는 IMF의 성격과 그 한계에 대해 파악하고 있었다. IMF는 기본 구조상 선진국 및 국제금융자본의 이익을 중시할 수밖에 없게 되어 있어 우리나라 등 신흥개도국의 이익을 대변하는 데 제약이 있음을 잘 알고 있었다. 그런데 이러한 성격이 내재된 IMF를 끌어들인 것은 바로 우리가 아니었던가? 그는 한국의 지도층이 사태를 미리 예견하고 대응하지 못했기 때문에 IMF

시대를 맞게 된 것이라고 지식인의 한 사람으로서 자책하였다.

그리고 지금은 우리나라가 IMF에 매달려 필사적으로 도움을 요청하는 처지에 있음을 직시하였다. 우리가 잘못하여 고금리 처방을 받았는데, 이제 와서 그게 싫다고 공개적으로 앙앙불락대는 게 마땅치 않다고 생각하였을 수도 있다. 전쟁에서 진 처지에 국내 정치하듯이 국민과 언론을 상대로 IMF를 공개적으로 비판해 보아야 IMF와의 협상에서 득이 될 게 없다고 판단하였을 수도 있다.

전철환 총재는 의원들의 질의에 대해 어떻게 답변하였을까? 그는 매우 절제되고 실무적인 내용으로 대하였다.[54] "외환시장 안정 기조가 다져질 때까지 고금리정책을 통한 환율 안정에 중점을 두고 통화정책을 운용하는 것이 당시 상황으로서는 불가피했다고 생각하고 있다. … 이러한 차원에서 IMF가 요구했던 긴축재정 통화정책 기조의 유지는 통화가치 안정과 경제 구조조정 촉진을 위해서 우리 스스로가 취해야 할 방향과도 대체로 부합했던 것으로 인식하고 있다"고 답변하였다.

"그러나 지난 2.4분기부터는 경상수지 흑자와 외자유입 등에 힘입어서 외환위기의 고비를 어느 정도 넘긴 것으로 평가되고 구조조정도 상당 부분 진행됨에 따라서 한국은행은 IMF와의 협의시 실물부문의 회복을 위한 금리인하의 필요성을 여러 차례 강조해 왔다"고 소개하였다. "IMF도 2.4분기 이후에는 정례협의시 통화정책에 관한 한국은행의 입장을 대부분 수용하여 분기별 통화목표를 설정하는데 동의하였다"고 덧붙였다. 결론적으로 그는 "이처럼 IMF의 통화 및 외환정책은 우리의 금융·경제사정을 감안하면서 대처

54　제198회 국회 재정경제위원회 회의록 제2호, pp. 31~32 ; 한국은행에 대한 국정감사(1998. 10. 28), 재정경제위원회 회의록, p. 81.

해 온 것으로 평가하며, 앞으로도 한국은행은 우리 경제의 현황을
IMF측에 충분히 이해시킴으로써 IMF측이 우리 의견을 좇아서 적절
한 정책판단을 내리도록 계속 노력하겠다"고 답변하였다.

IMF는 한국에 부과하였던 고금리정책이 잘못되었다고 시인하였나?

1998년 당시 일부 의원은 물론 지금도 많은 국민들이 IMF가
외환위기 수습을 위하여 한국에 부과하였던 고금리정책이 잘
못되었다고 과오를 시인한 것으로 알고 있다. 그러나 여기에는
사실관계를 다소 오해한 부분이 있다고 생각된다.

카라술루 IMF 서울사무소장은 2008년 4월 30일 매경이코노
미와 가진 인터뷰에서 "IMF가 한국의 외환위기 극복을 위해
한국에 부과하였던 고금리정책은 옳은 것이었다"고 말하였다.
카라술루 소장은 이 인터뷰에서 다음과 같이 강조하였다.

"당시 한국 외환위기의 본질은 유동성이었다. 한국은 더 이
상 외국에서 자금을 빌려올 수 있는 상황이 아니었고 설상가상
외국인들은 한국에 투자한 자금마저 모두 회수하려는 움직임
을 보였다. 환율을 높이고 이자율을 높여 이들 자금이 빠져나
가지 않게 막는 것만이 위기를 해결할 수 있는 유일한 방책이
었다."

다만 IMF 관련 현안을 객관적이고도 독립적으로 평가하기
위해 2001년 7월에 설립된 IMF독립평가실(IEO)은 외환위기 당

시 한국에 대한 고금리 정책의 효과가 제한적이었다고 2003년 7월 진단한 바 있다.[55] 그러나 이러한 평가를 IMF가 공식적으로 과오를 인정한 것으로 해석하는 것은 지나친 비약이라고 하겠다. IMF의 공식 의견은 상설 의사결정기구인 IMF 이사회가 결정하여 발표하는데 2009년 4월 현재 IMF이사회에서는 한국의 외환위기시 행했던 정책 처방이 잘못되었다고 인정한 바가 없기 때문이다.

---

55 IMF 독립평가실(IEO)은 IMF가 인도네시아, 한국, 브라질의 외환위기와 관련해 수행한 정책 결과를 평가한 보고서(IMF and Recent Capital Account Crises: Indonesia, Korea, Brazil)를 2003년 7월 28일 발표한 바 있다. 여기에서 한국에 대한 고금리정책과 관련 "원화환율 상승과 이에 따른 물가 압력에 대응해 고금리정책을 채택했으나 이에 너무 의존했다"고 밝히고, "당시의 선결과제는 외화유동성 부족을 해결하는 것이었지만 해외 자금조달 경로가 거의 차단된 상황에서 고금리정책의 효과는 제한적이었다"고 진단하였다(연합뉴스, 2003. 8. 31자).

제 2 절

금리인하를 멈추다

한은 총재가 상정한 콜금리 관련 의안, 금통위에서 부결

전철환 총재는 1999년 1월 2일 신년사를 통해 1999년에는 경기회복을 뒷받침하면서도 물가불안을 야기하지 않도록 통화를 적정수준에서 관리해 나가야 함을 강조하면서 통화정책에 임하는 한국은행의 고민을 토로하였다. 지난 해에 이어 새해에도 통화가 많이 풀릴 것으로 예상됨에 따라 경기가 회복될 하반기에는 점차 물가상승압력으로 나타날 가능성이 있다고 우려한 것이다.

전 총재는 시장금리가 외환위기 이전보다 낮은 수준에 있다는 점도 지적하였다. 1996년 말 12.6%였던 회사채(3년) 금리는 외환위기 와중이었던 1997년 말에는 30.9%까지 치솟았으나 이미 1998년 10월에 한 자리 수로 낮아졌고, 1998년 말에는 8.0% 수준에 머물렀다. 한국은행은 금융시장에 가까이 있어 생리적으로 돈의 속성과 흐름에 밝다. 그렇기 때문에 이미 금리가 외환위기 이전보다 크게 낮아진 상황에서 시중 부동자금이 어디로 향할 지에 대해 벌써 걱정하고 있었던 것이다.

한국은행 조사부의 1999년 경제전망도 한국은행의 고민을 깊게 하였다. 1999년중 한국경제가 3.2% 성장할 것으로 전망되었기 때문이다. 성장률 3.2%는 정부의 공식 전망치인 2%는 물론 여타 관변 및 민간 연구기관의 전망치를 웃도는 높은 수치였다. 한국은행은 한국경제가 전년 4.4분기에 저점을 통과해 회복 국면으로 접어들었으며, 1.4분기에는 2.3% 플러스 성장할 것으로 전망하였다.

전철환 총재는 이와 같은 경제동향 및 향후 전망 등에 대해 간부 직원들과 숙의를 거듭한 끝에 그 동안 지속되어온 콜금리 인하 행진을 멈출 시점이 가까워졌다고 판단하였다. 향후 전개될 대내외 여건변화를 보면서 신중하게 금리를 조절해 나가야 할 임계점에 도달한 것이다. 그 동안 계속 완화기조로 일관해 왔던 통화정책 기조를 중립기조로 전환하기 위한 시점이라고 판단했다는 뜻이다. 문제는 정부가 아직도 흔들림없이 금리 하향안정 기조가 지속되어야 함을 일관되게 주장하고 있었다는 사실이다. 금융통화위원들 중에서도 아직 경기회복에 대해 반신반의하는 위원들이 다수 있던 터였다.

전 총재는 고민 끝에 집행간부들과 의논하여 1월중 통화정책 방향으로 '콜금리를 탄력적으로 운영할 것'을 제안키로 결정하였다. 콜금리를 현 수준에서 동결하는 내용의 의안을 상정할 경우 금융통화위원들이 100% 동의해 줄 지 확신이 서지 않았던 데 따른 고육지책이었다. 콜금리를 탄력적으로 운영하는 것으로 금융통화위원회에서 의결을 받은 후 금융시장 여건 등을 고려하면서 콜금리를 1998년 말 수준인 6.5% 정도에서 끌고 나갈 속셈이었던 것이다. 그러한 방향으로 통화정책을 끌고 가려면 이 상황에서 '탄력적'이라는 표현처럼 적합한 단어는 없다고 생각하였다.

1999년 1월 7일, 1월중 통화정책방향을 결정할 금융통화위원회가 열렸다.[56] 이례적으로 정덕구 재경부차관도 이 회의에 참석하였다. 통화정책을 담당하는 부총재보가 '1999년 1월중 통화정책방향'에 대한 제안설명을 하였다. 통화정책방향의 마지막 단락은 당초 계획했던 대로 "1월중 공개시장조작은 외환시장 및 금융시장 여건을 보아가며 콜금리를 탄력적으로 운영"하는 것으로 보고되었다. 계속하여 국내외 경제동향, 외환 국제금융동향, 그리고 금융시장 동향에 대한 보고가 이어졌다.

이때 조사부에서는 국내외 경제동향에 관한 종합적인 평가를 통해 "경기회복 움직임이 가시화되고 있는 상황에서 경기부양에 초점을 맞추어 통화정책을 (계속) 운용할 경우 경상수지 흑자 및 물가안정 기조가 저해될 우려가 있다"고 판단하였다. 따라서 "현 단계에서는 실물경기 상황, 자산가격 및 금융·외환시장 동향 등을 면밀히 점검하여 그때그때의 상황에 맞게 통화정책을 탄력적으로 운용해 나갈 필요가 있을 것"이라는 의견을 개진하였다. 1월중 통화정책 방향으로 제안된 '금리의 탄력적 운영'을 뒷받침하는 경제논리가 제시되었던 것이다.

관련 부서의 보고 후 금통위원들이 토의에 들어갔다. 그러나 토의가 시작된 지 얼마 지나지 않아 어떤 금통위원이 의견을 개진하였다. 그는 금리인하의 이점을 길게 설명하였다. "금리 하락이 기업의 금융비용을 경감시킴으로써 구조조정과 경쟁력 향상, 물가안정, 임금안정 등에 도움이 되고, 기업이윤의 증가를 통해 재무구조를 개선하는 등 우리 경제에 좋은 효과를 보이게 될 것"이라고 발언하였다. 금리 하락에 따른 증권시장 과열 및 부동산시장의 문제 등은 공급확

56　이하 금융통화위원회에서의 보고 및 토의 내용은 한국은행 금융통화위원회 의사록(1999년도 제1차 회의, 1999. 1. 7)에 따른 것이다.

대 등의 정책을 통해 조정이 가능하다고 했다. 특히 1998년 중 경제성장률이 마이너스 6%에 달하는 등 매우 위축된 상황이었기 때문에 자본시장 및 부동산시장도 어느 정도까지는 활성화시킬 필요가 있다고 하였다. 마지막으로 그는 정책을 투명하고 분명하게 한다는 측면에서 의결사항의 마지막 문단 중 '콜금리를 탄력적으로 운영'을 '콜금리를 약간 하향 운영'으로 수정하자고 제안하였다. 한은 총재가 의안으로 상정한 '콜금리의 탄력적 운영' 안에 반기를 든 것이다.

이에 대해 금통위원 두 사람이 반론을 폈다. 통화총량이 과잉상태에 있어 경기가 회복 국면으로 들어서면서 인플레이션 압력으로 작용할 우려가 있고, 인플레이션이 현재화(顯在化)되고 나면 이에 대처하기에는 너무 늦게 되므로 그럴 가능성에도 대비해야 한다고 주장하였다. 그러나 다른 금통위원 세 사람이 계속 발언권을 얻어 '콜금리의 하향 운영'으로 수정할 것을 지지하는 입장을 폈다.

이들은 "환율전망 등을 고려할 때 금리인하가 불가피하고 일반의 기대도 그렇다면 금리의 하향 조정 방침을 분명하게 밝혀 국민들의 합리적 행동을 유도해야 함"을 그 논거로 제시하였다. 아울러 "증권시장에서의 자금조달을 통한 기업의 부채비율 감축을 뒷받침할 수 있도록 증권시장의 활성화를 지원하는 측면에서도 금리의 하향 조정이 필요하다"고 주장하였다.

정덕구 재경부차관이 발언을 했는지에 대해서는 기록이 없다. 참여자 중 한 사람이 발언한 것으로 되어 있는데, 한은 부총재, 부총재보 및 부장들도 재경부차관과 같이 참여자로 분류되기 때문에 정 차관이 발언을 했다고 단정하기는 곤란하다. 더욱이 '콜금리의 탄력적 운영'에 찬성하는 취지의 내용이었던 점에 비추어 한은 부총재 또는 부총재보 중 1인이 발언했을 것으로 추정된다.

한편 회의 경과를 요약 정리한 의사록에 따르면 당초 제시했던 의안에 대해 표결 처리했다는 기록은 없다. 대신 "대다수 위원들이 의견을 같이 하였으며 원안을 수정하는 것으로 의견이 모아졌다"고 기록되어 있다. 의사록의 발언을 분석해 보면 금통위 의장인 총재를 제외한 6인의 금통위원 중 총재가 제안한 '콜금리의 탄력적 운영'에 찬성한 위원은 두 사람 뿐이었고, 나머지 네 사람은 '콜금리의 약간 하향 운영'에 찬성했던 것으로 보인다. 표결에 붙이더라도 당초 상정한 의안이 3대 4로 부결될 것으로 판단됐기 때문에 전 총재가 표결을 생략하지 않았을까 짐작된다.

결과적으로 전철환 총재는 1999년 1월중 콜금리를 탄력적으로 운영하는 것을 골자로 하는 의안을 상정하였으나 이를 관철시키지 못하는 사태를 맞게 되었다. 총재가 제안한 의안을 표결에 부쳤으나 부결된 것과 다를 게 없었다. 한은 총재가 졸지에 소수파 위치로 밀린 셈이었다. 당시 정부는 계속적인 금리인하를 통해 경기를 활성화해 나가려는 의지가 확고하였다. '콜금리의 하향 운영'을 지지하였던 금통위원들의 발언에는 이러한 정부의 분위기가 반영되어 있었다.

물가안정을 지상과제로 삼고 있는 한국은행의 금통위원이 금리를 비용 측면에 중심을 두어 파악함으로써 금리인하가 물가안정에 도움이 되고 있다고 부끄럼없이 발언하였다. '어느 정도까지'라는 단서를 달긴 했어도 주식시장과 부동산시장의 활성화 필요성을 강조하기도 하였다. 이런 상황에서 전 총재와 한은 집행부가 이들 금통위원들을 설득하는데 실패했던 것은 어떻게 보면 자연스러운 결말이었다.

1월 7일 회의에서 전철환 총재가 제안한 '콜금리의 탄력적 운영' 의안이 사실상 부결되었던 데에는 전철환 총재의 리더십이 정부에 의해 계속 흔들리고 있었던 상황적 요소가 일부 반영되지 않았을까 추측해 본다. 당시 한국은행과 재경부는 통화정책은 물론 한은의 내부경영에 이르기까지 사사건건 대립하고 있었다. 두 기관 간의 관계가 최악의 상황에 놓여 있었다고 해도 과언이 아니었다. 제4장에서 후술하는 바와 같이 한국은행은 외환은행에 직접 출자토록 정부가 압박하여 오는 데 대해 힘겹게 버텨오고 있었다. 금통위가 열리기 2주일 전이었던 1998년 12월 23일 재경부는 한국은행이 재경부에 승인을 요청한 1999년도 한국은행 예산안을 예산총액 기준으로 무려 19%를 깎아 되돌려 보낸 터였다.

전철환 총재가 1999년 1월 28일 금통위에서 밝힌 바에 따르면, 재경부는 한국은행의 의사결정과정에 있는 사람들을 개인적으로 또는 수명씩 접촉하여 정부 의사를 관철시키고자 하였다. 한은의 고위 인사들에게 전 총재가 외환은행 직접 출자를 단행토록 설득해 줄 것을 요청하였던 것이다. 이것은 달리 보면 재경부가 '분할통치'(divide and rule) 방식으로 한국은행 수뇌부를 분열시키고 이간시키려 했던 행위라고 오해를 살 수도 있는 일이었다.

당시 사람들은 전 총재가 외환은행 출자 문제를 둘러싸고 정부와 저항하다가 본인 의견을 관철시키지도 못한 채 결국 사표를 쓰게 될 것이라는 얘기를 하기도 하였다. 정부와 첨예하게 대립각을 세우고 있어 곧 총재 수명이 다할 수 있을 것이라는 관측이었다. 특히 이날 금통위 회의에는 재경부차관까지 열석하고 있었다. 이런 점들 때문에 일부 금통위원은 이런저런 정황을 고려하면서 전 총재가 제안한 콜금리의 탄력적 운영 방안에 그리 무게를 두지 않았을 수도 있었을 것이라는 얘기다.

미 연준 이사회에서 소수파로 몰렸던 볼커 미 연준 의장

미 연준 볼커 의장도 지역 연준들이 재할인율을 7.5%에서 7.0%로 인하토록 승인해 줄 것을 요청[57]한 건과 관련하여 연준 이사회 내에서 1999년 1월 7일의 전철환 총재처럼 소수파의 입장에 놓인 적이 있었다.[58] 1986년 2월 24일 금요일 오전, 미 연준 이사회는 지역 연준이 요청해 온 재할인율 인하에 대한 승인 문제를 심의하고 있었다. 볼커 의장은 재할인율 인하에 대한 승인을 당분간 미루어줄 것을 연준 이사들에게 요청하였다. 일본 및 독일의 중앙은행들과 아직 정책 조율이 끝나지 않았기 때문이었다.

일본, 독일과 공동 보조를 취하지 않고 미 연준만 단독으로 재할인율을 인하할 경우 국제금융시장에서 미 달러화가 일본 엔화 및 독일 마르크화에 대해 약세를 보일 가능성이 우려되었다. 따라서 주요국 통화시세의 안정을 통해 국제금융시장 안정을 확보할 수 있도록 3국간 긴밀한 정책 공조가 요구되는 상황이었다. 그러나 당시 연준 이사회 구성원 중에서 연준 의장 자리를 넘보고 있었던 밀러 부의장과 볼커 의장의 독선적인 지도력에 불만을 품고 있었던 이사들이 사전에 의견을 조율하여 표결에서 찬성한 결과 재할인율 인하는 승인되었다.

그런데 볼커 의장은 이날 회의가 종료된 직후 재무부장관과 정례 오찬을 갖기로 사전에 약속이 되어 있었다. 미 연준 이사회 회의를 끝낸 후 볼커 의장은 예정대로 재무장관과의 정례 오찬에 참석하였다. 이 자리에서 볼커 의장은 연준 이사들이 연준 의장이 하는 일에 반기를 들어 일을 못하겠다는 이유를 들면서 사표를 제출하겠다고 통고하였다. 당시 볼커 의장은 국내는 물론 국제금융시장에서도 막강한 영향력을 지니고 있었다. 볼커 의장이 갑자기 임기 도중에 사임한다면 미국 달러화의 폭락은 불문가지였다. 재무장관은 이를 우려하여 사태 수습에 나섰다. 행정부와 가까웠던 연준 부의장과 이사들에게 전화를 걸어 볼커 의장에게 협조할 것을 당부하였다.

연준은 이날 오후 다시 연준 이사회를 개최하여 오전에 승인하였던 재할인율 인하 문제를 다시 다루었다. 그리고 당초 볼커 의장의 요청대로 재할인율 인하에 대한 승인을 미루기로 다시 의결하였다. 연준 이사회가 이처럼 재의결한 시각은 당초 연준 이사회 의결사항을 기자들에게 발표하기로 예정된 시간을 45분 남겨둔 시점이었다. 이날로부터 12일 후인 3월 7일 미 연준은 일본 및 독일과의 조율을 거쳐 재할인율을 7.5%에서 7.0%로 0.5%포인트 인하하였다.

그렇다면 미 연준은 지금도 위의 사례와 같이 금리인하 등 통화정책 방향을 의결한 직후 다시 회의를 소집하여 조금 전에 의결했던 통화정책 방향을 변경하여 의결할 수 있을까? 한 마디로 이제는 100% 불가능한 일이라고 생각된다. 앞에 소개된 얘기는 1986년에 일어났던 일이었다.

그때나 지금이나 미 연준에는 기자실이 없다. 더욱이 당시에는 이메일이나 팩스가 보편화되어 있지 않았기 때문에 기자들이 직접 미 연준 건물 입구에 있는 우편함에서 보도자료를 픽

업하거나 재무부 기자실로 보내온 보도자료를 토대로 취재하여 기사를 썼다. 그렇기 때문에 위의 사례처럼 외부에 노출되지 않은 채 같은 날 다시 회의를 열어 새로 의결할 수 있었다.

그러나 지금은 미 연준도 회의 종료 후 바로 의결문을 발표하고 있는 것으로 알고 있다. 특히 회의 개최 사실 등이 미리 공지되는 등 미 연준의 통화정책 수행을 둘러싼 투명성이 크게 제고되었다. 그러므로 이제는 과거와 같은 해프닝이 일어날 소지가 거의 없다고 하겠다.

그렇다면 한국은행은 어떨까? 한국은행은 금통위 개최 날짜와 시간은 물론 한은 총재가 기자실에 내려가 갖는 기자간담회 시간을 사전에 공지하고 있다. 한국은행 내에 기자실이 있어 많은 인원의 기자들이 상주하고 있으며, 금통위 회의가 개최되기 전 사진기자들의 사진 촬영까지 허용하고 있다. 워낙 많은 기자들이 한국은행에 진을 쳐서 겹겹이 금통위 결과를 예의주시하고 있다. 과거 미 연준에서 일어났던 일은 한국에서는 호랑이 담배 피우던 시절 다른 나라의 얘기로 치부할 수 있겠다.

---

57 미국에서 연방기금(Federal Funds) 금리의 변경은 공개시장위원회(FOMC)의 권한인 반면 지역 연준의 재할인율 변경에 대한 승인은 연준 이사회의 권한으로 규정되어 있다.

58 미 연준 볼커 의장이 연준 이사회 회의에서 소수파로 밀렸던 사례(Volcker was outvoted)는 David M. Jones가 저술한 *The Politics of Money: the Fed under Alan Greenspan*(New York Institute of Finance)의 제4장에 박진감 넘치게 서술되어 있으며, 여기서는 그 내용을 요약하였다.

1999년의 경제전망에 대한 논쟁

1월 7일 금융통화위원회에서 1999년에 한국경제가 3.2% 성장할 것으로 전망하여 보고했던 사실이 알려지면서 연초부터 경기 논쟁이 벌어졌다. 한겨레신문은 1월 12일자 기사에서 한국은행이 이처럼 높은 경제전망 수치를 제시함과 아울러 한국경제가 1998년 4.4분기에 이미 저점을 통과해 회복 국면으로 접어들었다는 진단을 내렸다고 보도하였다. 아울러 한국은행이 이런 점을 들면서 경기부양 일변도 정책을 지양해야 한다는 견해를 밝히고 있다고 하였다.

한은이 경제성장률 전망을 상향 조정한데 대하여 재경부는 즉각 민감한 반응을 보였다. 한겨레신문은 재경부 담당 국장이 "벌써부터 물가상승을 우려하는 것은 지나친 시기상조"라고 말하였다고 보도하였다. 아울러 취재원을 밝히지 않고 "금리는 계속 하향 안정 기조를 유지하겠다는 것이 재경부 방침"이라고 덧붙여 전하였다.[59] 중앙일보도 1월 12일자에서 재경부가 "최근 새로운 경제지표가 발표되지도 않았는데 한은이 갑자기 성장전망을 상향 수정한 것은 금리인하 등 정부의 경기부양책에 '반기'를 들기 위한 불순한 의도"라는 반응을 보였다고 보도하였다.

이규성 재경부장관도 한은의 3.2% 경제성장률 전망에 대해 예민한 반응을 나타내었다. 이규성 장관은 1월 15일 대한매일신문[60]과 가진 인터뷰에서 한은의 경제 전망을 그대로 받아들이기 어렵다는 입장을 밝혔다. 그는 기자 질문에 "한은이 기준으로 삼는 모델이 있고 재경부의 모델이 따로 있다. 재경부로서는 여전히 신중한 입장

---

59 한겨레신문, 1999. 1. 12자.
60 현재 서울신문이며 이하 동일.

이다"라고 단호하게 답하였다. 기자가 "일부에서는 거품을 우려하는 소리가 높다"라고 묻자 "그럴 단계는 아니다. 현재 상황은 디플레를 우려해야지 인플레를 우려할 상황이 아니다"라고 대답하였다.

이규성 재경부장관은 3월 9일 국민일보와 가진 기자회견에서도 여전히 2% 성장에 대한 확신을 표명하였다. "올해 성장은 어느 수준이 될 것으로 전망하는가? 일부에서는 4~5% 성장도 가능하다는 견해를 제기하고 있다"라고 질문하자, 그는 "불확실성이 많지만 이런저런 사정을 감안할 때 2% 정도의 성장세를 유지하는 것이 적절하다"고 대답하였다.

연초부터 한국은행과 재경부가 경제전망, 금리와 통화정책, 외환은행에 대한 한은의 출자 문제, 재경부의 한은 예산 삭감 등으로 갈등이 심화되자 언론이 이를 우려하기 시작하였다. 두 기관간의 해묵은 감정 싸움이 최근 다시금 곪아터짐에 따라 주요 경제정책 현안들이 풀리지 않고 있다는 것이다. 언론은 '재경부·한은 곳곳 충돌, 경제운영 차질 우려'[61] 등의 제목으로 보도하였다.

청와대가 서둘러 정책조율에 나섰다. 재경부와 한은 간 대립이 건설적 차원의 정책 토론에서 벗어나 갈등 국면으로 심화되는 조짐이 있다고 판단했기 때문이다. 강봉균 청와대 경제수석은 1999년 1월 14일 다산포럼 강연에서 신년 경제정책의 최우선 과제를 구조개혁의 완결로 재확인하면서도 내수진작을 통한 경기부양을 강조하였다. 즉 구조조정과 경기진작은 별개의 축이 아니며, 한국경제를 하루 빨리 정상궤도로 진입시키기 위한 동일한 축으로 해석했던 것이다. 국민일보는 그의 발언이 재경부와 한은의 입장을 적절히 고려한

---

61   내외경제신문, 1999. 1. 11자.

것으로서, 앞으로도 논란이 계속될 경우 가만히 있지 않겠다는 경고성 메시지가 깔려 있다고 분석하였다.[62]

한국은행, 금리 하향화 정책 종결

한국은행은 1999년 2월 1일 금융통화위원회에서 1999년 통화신용정책 운영계획을 의결하였다. 한국은행은 실물경제의 회복을 뒷받침하고 외환시장의 안정을 도모하기 위해 당분간 콜금리의 하향 안정기조를 유지하기로 하였다. 그 결과 한국은행은 2월부터 4월까지 대체로 콜금리 인하 기조를 견지하였으며, 이에 따라 1월 말 6.0%였던 콜금리는 4월 말에는 4.75% 수준으로 낮아졌다.

한국은행은 2월 1일 1999년 통화신용정책 운영계획을 의결할 당시 1999년 중의 콜금리 하향 안정 기조를 천명하면서도 향후의 인플레 조짐 등에 기민하게 대응할 수 있도록 통화정책 기조의 변경을 위한 근거도 함께 명기해 두는 것이 좋겠다고 판단하였다. 이를 위해 이 계획의 금리정책 부분에 단서조항으로 "앞으로 경기회복세가 본격화되고 자금수요가 증대될 경우에는 적정 통화 유지를 위해 금리의 자금수급 조절기능을 최대한 활용키로 했음"을 명기하였다. 경기회복이 가시화되고 자금 수요가 커질 경우 금리를 바로 올려 통화를 적정 수준으로 유지하겠다는 속내를 드러낸 것이었다.

전철환 총재는 2월 8일 한국은행 확대연석회의에서 위의 단서와 동일한 내용의 발언을 하였다. 이에 따라 언론은 하반기에 한국은행이 금리를 인상할 수 있음을 시사하였다고 보도하였다.[63] 여하

62　국민일보, 1999. 1. 14자.
63　조선일보, 매일경제신문, 1999. 2. 9자.

튼 한은으로서는 앞으로 경기회복이 본격화되면 금리를 올릴 수 있음을 처음으로 천명한 셈이었다.

4월 들어 한국은행은 1999년 경제성장률 전망치를 3.8%로 상향 조정하여 발표하였다. 1월에 3.2%로 전망한 이후 3개월 만에 성장 전망을 바꾼 것이다. 주요 민간연구소들이 당초의 경제전망을 3~4%로 연이어 높이는 가운데 한국은행이 이에 가세함으로써 경기 낙관론이 힘을 얻기 시작했다. 연초에 한국은행이 1999년 경제성장 전망치를 올렸을 때 미심쩍게 생각했던 재경부도 연간 성장률 전망치를 3.0~3.5%로 상향조정할 계획임을 밝혔다.[64]

전철환 총재는 4월 15일 한국금융연구원 주최 금융기관 최고경영자 조찬모임에 참석하여 2000년 이후 우리 경제는 구조조정이 마무리되고 대외경제여건에 큰 마이너스 요인이 없다면 위기상황에서 벗어나 연 4~5%대의 안정적인 저성장 궤도에 진입할 것이라고 전망하였다.

4월 중에도 한국경제에는 계속 청신호가 켜졌다. 외환시장에서는 경상수지의 흑자 및 외국인 직·간접 투자자금의 유입 증가로 외환 공급우위 기조가 지속되어 환율이 큰 폭으로 하락하였다. 금융시장에서도 풍부한 유동성과 기업의 외부 차입수요 둔화로 장단기 시장금리와 은행 여수신금리가 3월에 비해 낮아졌다. 더욱이 경기회복 속도가 빨라지고 기업의 수익성도 개선될 전망인 데다 세계증시도 호조를 지속함에 따라 주가가 큰 폭으로 상승하였다.

이에 따라 더 이상 금리인하나 경기부양은 바람직하지 않다는 목소리가 높아지기 시작했다.[65] KDI는 4월 25일 발표한 「1999년

---

64   매일경제신문, 1999. 4. 13자.
65   한국일보, 1999. 4. 26자.

1.4분기 경제전망」을 통해 금리인하에 치우쳤던 통화정책 기조를 중립으로 전환할 것을 제안하였다.[66] KDI는 이 자료에서 "금리인하 정책이 과도하게 추진될 경우 궁극적으로 인플레 압력으로 작용하게 되므로 금년에는 조급한 경기회복을 위한 추가적 경기부양은 자제"할 것을 촉구하였다. 아울러 "당분간 현재의 금리 수준을 중심으로 금융시장의 안정을 유도하여 실물경제 회복을 지원하되, 경기를 overshoot 시키지 않도록 단기적으로는 자산가격을 주시하고 중기적으로는 인플레 압력을 점검"해야 할 것이라고 주장하였다.

한국은행 내부에서도 금리인상의 필요성을 강조하는 견해가 표면화되었다. 매일경제신문은 5월 1일 금융통화위원회의 한 위원이 기자들과 만난 자리에서 "경기회복 속도가 예상보다 빠른 데다 주식시장이 속도 조절을 받을 만큼 과열 양상을 보이고 있다"면서 "5월 6일 열리는 금융통화위원회에서 금리인상안을 공식 제기할 것"이라고 말했다고 보도하였다.

장기간 지속되어 온 저금리정책 기조가 달라질 기미가 보이자 금융시장에서는 장기금리가 가파르게 상승세를 보였다. 서울 채권시장에서 3년 만기 국고채 유통수익률은 4월 20일 6.04%를 저점으로 상승세로 돌아서면서 5월 4일에는 7.08%까지 뛰었다. 국고채 유통수익률이 보름 만에 1%포인트 이상 오른 것이다. 시장 관계자들은 이를 매우 이례적인 일이라고 평가하였다. 3년 만기 회사채 유통수익률도 4월 20일 7.23%를 바닥으로 5월 4일에는 7.91%에 달하였다. 이에 따라 5월 6일 개최될 금융통화위원회를 앞두고 시장의 관심이 한국은행으로 집중되었다. 금융시장이 한국은행과 금통위의

---

66   KDI, 「1999년 1.4분기 경제전망」, 1999. 3. 31.

움직임에 관심을 기울이기 시작한 것이다.[67]

　　금통위를 앞두고 정부의 생각은 어떠하였을까? 정부는 여전히 저금리정책에 집착하고 있는 것으로 보도되었다. 국민일보는 5월 1일 "재경부는 금리를 올릴 경우 상승세를 타기 시작한 실물경기가 위축될 것을 우려하고 있기 때문에 기본 입장은 저금리 정책의 유지다"라고 보도하였다. 조선일보도 5월 5일자에서 "오는 5월 6일 금융통화위원회를 앞두고 한국은행은 재정경제부로부터 금리 하향기조를 유지하라는 압력을 받고 있지만 '더 내리기는 곤란하다' 는 것이 한은의 전반적인 분위기"라고 보도하였다.

　　이날 자그마한 해프닝이 있었다. 5월 6일 금융통화위원회가 열리던 바로 그 날, 이규성 재경부장관은 '최근 경제동향과 향후 정책방향' 이라는 제목으로 국방대학원에서 특강을 하였다. 이 장관은 향후 경제정책 방향으로 먼저 '구조개혁의 지속적 추진' 을 꼽고, 다음으로 '경제활력의 회복' 에 대해 언급하였다. 아울러 "상반기에는 재정정책, 하반기에는 금융정책을 통해 실물부문의 활력 회복"을 추진하겠다고 말하면서 "금융부문의 정상화가 예상되는 하반기에는 신축적인 통화공급, 금리 안정 등을 통해 경제 활력이 지속토록 하겠다"고 밝혔다.[68]

　　공교롭게도 이 장관의 특강은 금융통화위원회가 열리는 시간에 맞추어 이루어졌다. 자연히 언론들은 이규성 장관의 특강 내용과 금융통화위원회 종료 후 전철환 총재의 기자간담회 내용을 함께 보도하였다. 내외경제신문은 5월 6일 이규성 장관이 기자와 만난 자

67　　매일경제신문, 1999. 5. 5자.
68　　재정경제부,『경제위기 극복과 재도약을 위한 정책구상』, 이규성 재정경제부장관 연설문집, 1999. pp. 304~10.

리에서 "현재의 금리수준은 적정하다고 본다"며 "경제회복을 위해 금리가 현 수준에서 안정적으로 움직이는 것이 바람직하다는 데 대해 정부와 통화당국 간에 이견이 없다"고 밝혔다고 보도하였다.

매일경제신문은 재경부가 재경부장관의 국방대학원 특강에 앞서 강의내용을 언론에 미리 공개하면서 금통위 결정사항을 암시하는 듯한 태도를 보인 것을 비판하였다. 재경부가 서서히 자리를 잡아가는 한국은행과 금융통화위원회에 또 한 번 '쇼크'를 가했다는 것이다.[69]

5월 6일 한국은행은 금융통화위원회를 열고 그 동안의 금리 하향안정화 정책을 수정, 콜금리 목표를 당분간 현 수준에서 유지하기로 결정하였다.[70] 한 마디로 콜금리를 동결한 것이다. 한국은행은 발표문에서 "그 동안 실물경제의 회복을 위한 금리하향 안정화 정책의 효과가 가시화되고 있으므로 현 수준을 중심으로 콜금리를 안정적으로 운용하면서 실물경제 회복 속도를 면밀히 지켜볼 필요가 있다"고 밝혔다. 당시 콜금리는 4.75%였는데, 결과적으로 이 금리수준은 한국은행이 2000년 2월 콜금리를 0.25%포인트 인상할 때까지 유지되었다.

전철환 총재는 기자 설명회에서 "실물경기 회복속도가 예상보

---

69 매일경제신문, 1999. 5. 7자. 매일경제신문은 재경부측이 "장관의 연설문은 관례에 따라 언론에 배포된 것이며 금통위 결정을 의식한 것은 전혀 아니었고, 강연 날짜도 국방부에서 먼저 통보해 온 것이었으며, 실제 이 장관의 강연은 연설문 내용과는 다르게 진행됐다"고 해명했음을 함께 보도하였다.

70 한국은행의 통화정책 체계상 금융통화위원회는 다음 통화정책 방향을 결정할 때까지 목표로 하는 콜금리 수준, 즉 '콜금리 목표'를 정하고 한국은행 금융시장국은 실제 콜시장에서 결정되는 콜금리 수준을 금통위가 정한 목표수준으로 맞추기 위하여 환매조건부 채권매각(RP) 조절 등을 실시한다. 따라서 실제 콜시장에서 사후적으로 결정되는 콜금리는 금융통화위원회가 미리 결정한 콜금리 목표 수준과 다소 괴리가 있을 수 있다. 그러나 보통 '콜금리 목표'를 간략하게 '콜금리'라고 부르고 있는 실정을 감안하여 이 책에서는 '콜금리 목표'라는 말과 '콜금리'라는 말을 구별하지 않고 함께 사용토록 하겠다.

다 상당히 빨라 올해 경제성장률 전망치가 4월에 발표한 3.8%보다 더 높아질 가능성이 커졌다. … 주가 상승속도가 지나치게 빠르고 일부 부동산 가격이 동요하고 있는 상황 등을 고려하여 금리 하향 안정화 기조를 유보하기로 했다"고 밝혔다. 전 총재는 또한 최근 재정경제부 등에서 금리 하향기조 유지방침을 밝힌 데 대해 "유관기관이 의사표시를 할 수는 있지만 최종적인 통화신용정책의 결정권은 법에 규정된 한국은행의 소명"이라고 유감의 뜻을 밝혔다.[71]

당시 콜금리 동결 결정에 참여하였던 문학모 전 금융통화위원은 그의 비망록에서 금통위의 의결 내용이 다음과 같은 두 가지 점에서 매우 역사적이었다고 술회하였다.[72]

첫째, 처음으로 금통위 의결문에 콜금리의 목표 수준을 '현 수준'이라고 명시함으로써 목표변수로서의 콜금리 성격을 한 걸음 더 발전시켰다. 그때까지는 콜금리를 중시하면서도 금리수준을 구체적인 계수로 의결문에 공표하지는 않고 한국은행 내부에서 정책수단 목표변수로 활용하여 왔다. 둘째, 당시의 금리수준이 적정 균형금리 수준에 어느 정도 접근한 만큼 앞으로 당분간은 금리인하가 없을 것이라는 메시지를 시장에 밝혔다.

정부가 저금리정책의 지속을 일관되게 강조하던 상황에서 한국은행이 콜금리를 현 수준에서 동결키로 의결한 것은 매우 의미있는 일이었다. 외환위기 직후 30% 이상 수준으로 인상됐다가 이후 계속 인하되어 오던 콜금리가 숨고르기에 들어간 것이다. 5월 6일의 콜금리 동결은 이제 당분간 콜금리 인하는 없으며 여건이 성숙되

---

71 조선일보, 1999. 5. 7자.
72 문학모, 「외환위기 극복 후 10년–한국은행 통화신용정책의 역할」, 2007. p. 6. 이 비망록은 한국은행 홈페이지의 '통화정책– 통화정책의 이해'에 상재되어 있다.

는 대로 한국은행이 금리인상에 나설 수 있음을 선언한 것이었다.

언론은 금통위의 의결 내용과 그 의의를 비중있게 다루었다. 한국은행의 콜금리 동결 조치가 "경기회복의 속도조절 필요성을 제기하면서 저금리정책의 지속에 대해 수정 가능성을 시사한 것"이라고 평가하고 "한은이 행정부와 차별되는 '자기 목소리'를 내기 시작한 점도 중앙은행의 독립성 측면에서 볼 때 주목된다"고 보도하였다.[73] 일부 언론은 재경부가 이번 금통위를 앞두고서도 금리정책에 계속 개입하려는 행태를 보인 것을 비판하였다.[74]

전철환 총재, 하반기중 금융긴축 시사

전철환 총재는 1999년 6월 12일 한국은행 창립 49주년 기념사에서 통화정책 방향을 시사하는 중요한 언급을 하였다. 그는 "그 동안 신용경색현상 등으로 금융권에 머물던 여유자금이 경기회복과 함께 실물부문으로 본격 유입되면 수요증대 압력으로 나타날 수 있는 데다 국제유가의 불안정, 임금상승 조짐, 공공요금 인상 움직임 등 비용면에서의 물가불안요인도 잠복해 있다"고 지적하였다. "특히 부동산가격이 회복되면서 수도권 일부 지역을 중심으로 거품현상의 재현가능성에 대한 우려도 있어 경계를 늦출 수 없는 형편"이라고 우려하였다. 따라서 "금리는 안정적으로 유지하되 실물경제 상황을 면밀히 주시해 인플레이션 조짐이 감지될 경우에는 선제적으로 대처할 것"이라고 밝혔다.

이러한 발언에는 경제가 본격적인 회복세로 돌아서서 과열로

---

73   조선일보, 1999. 5. 7자; 내외경제신문, 1999. 5. 10자.
74   중앙일보, 매일경제신문, 1999. 5. 7자.

치달을 기미가 보일 때에는 선제적으로 금리를 올림으로써 경제가 안정성장 궤도를 벗어나지 않도록 하겠다는 의지가 담겨 있었다. 그러니까 각 경제주체들도 이에 맞추어 소비 투자는 물론 자금수급 및 자산운용 계획 등을 합리적으로 수립, 미리 잘 대처할 필요가 있음을 강조한 것이었다. 한국경제신문은 전 총재의 기념사가 "내년 초 물가불안이 우려되면 금년 하반기에 금리를 올릴 수도 있다"는 의미라고 해석하면서 한국은행이 금융 긴축에 나서는 시기를 '1999년 하반기'로 예측하여 보도하였다.

전 총재는 7월 5일 한은의 확대연석회의에서 다시 한 번 하반기 중의 금융긴축 가능성을 시사하였다. 이처럼 한국은행이 금리인상을 통한 금융긴축에 비중을 두기 시작했던 것은 국내 경제상황이 예상과 달리 빠른 속도로 호전되고 있었기 때문이다.

한국은행은 7월 7일 열린 금융통화위원회에서 콜금리를 현 수준에서 동결하였으나 발표문에서는 향후 인플레이션 가능성을 강한 톤으로 경고하였다. "단기 부동화된 자금의 흐름과 임금, 주가, 부동산가격 등 인플레이션 관련 지표의 움직임을 주의 깊게 관찰할 필요가 있음"을 강조하였던 것이다. 한편 한국은행은 이날 1999년 GDP 성장률을 3.8%에서 6.8%로 대폭 상향 조정하여 발표하였다. 이 전망치는 국내외 기관들의 성장률 전망치중 가장 높은 것이었다.[75]

공교롭게도 같은 날 강봉균 재경부장관[76]이 대한상공회의소 주최 조찬모임에서 강연하였다. 이 자리에서 그는 하반기 경제정책 방향의 일환으로 '경기회복세의 지속을 통한 일자리 창출'을 들면서

---

75   동아일보, 1999. 7. 8자.
76   김대중 대통령은 5월 24일 17개 부처 각료 중 11명을 교체하는 등 국민의 정부 출범 이래 15개월 만에 대폭 개각을 단행하였으며, 이때 재경부장관에 강봉균 청와대 경제수석을 임명하였다.

여전히 저물가·저금리 기조의 유지를 강조하였다.[77] 이처럼 같은 날 전 총재와 강 장관의 발언은 물가안정을 토대로 안정적 성장이 지속되어야 함을 강조하는 한국은행과 경제성장을 중시하는 정부의 입장 차이는 물론 경제를 보는 인식의 격차를 나타내주었다.

한은 내 콜금리 인상의 목소리가 높아지다

7월 중순에 들어와 1999년 2.4분기 경제성장률이 당초 예상을 훨씬 뛰어넘는 10%선에 육박할 것이라는 전망이 보도되었다. 이에 따라 3년 만기 회사채 수익률이 7월 12일 8.24%를 기록하였다. 하루 만에 0.25%포인트 오른 것이었다. 이처럼 경기회복세가 본격화되고 경기과열이 우려됨에 따라 한국은행 내에서 콜금리를 인상해야 한다는 목소리가 높아지기 시작했다.

미국의 경우 연준의 통화정책을 주도면밀하게 관측하는 이코노미스트 등 연준 관찰자(Fed Watcher)들은 연준 의장, 부의장, 이사, 지역 연방준비은행 총재 등 연방기금금리 결정권을 가진 연준 수뇌부 한 사람 한 사람이 인플레이션에 대해 보이는 태도를 기준으로 매파(hawkish)와 비둘기파(dovish)로 분류한다. 인플레이션 억제에 지고의 가치를 부여함에 따라 물가불안의 기미가 있을 경우 바로 금리인상으로 대처하려는 성향을 가진 당국자는 매파로 분류된다. 반대로 물가안정도 중요하지만 경제성장을 중시하는 당국자는 비둘기파로 분류된다. 비둘기파의 특징은 물가불안이 감지되더라도 금리를 바로 올릴 경우 이제 갓 피어오르는 경기 호전의 불씨가

---

77   재정경제부, 「IMF 위기를 넘어 디지털 경제로」, 강봉균 재정경제부장관 강연집, 2000, p. 55.

꺼질 것을 염려하여 선제적인 긴축정책에 상대적으로 소극적인 태도를 보인다는 점이다.

1999년 7월 한국은행에 근무했던 임직원들을 매파와 비둘기파로 분류해 보면 어떤 결과가 나올까? 언론에 보도되었던 다음의 몇 가지 에피소드들이 이 질문에 대한 열쇠가 될 수 있을 것 같다. 당시 부총재, 부총재보, 국실장 등 집행부 간부들 중에는 매파라고 분류될 인사들이 많았지 않은가 생각된다. 가능한 한 빨리 금리인상의 방아쇠를 당겨야 한다고 주장했던 사람들이 두드러지게 많았던 것으로 짐작되기 때문이다.

#에피소드 1

한국경제신문은 7월 13일 '한은, 금리인상 신중 검토'라는 제목의 기사를 내보냈다. 한은 고위 관계자가 "2.4분기 경제성장률이 예상보다 높을 것으로 추정된다"며 "주식 등 자산가치 상승과 경기회복에 따른 물가상승 압력을 해소하기 위해 금리인상 문제를 검토할 예정"이라고 밝혔다는 것이다. 이 신문은 이날 회사채 수익률이 8%를 훌쩍 뛰어 넘어섰으나 한국은행이 사실상 이를 묵인하는 듯한 태도를 보였다고 지적하고, 이를 통해 금리정책의 변화 가능성을 엿볼 수 있다고 주장하였다.

석간인 문화일보는 같은 날, 한은 고위 관계자가 한국경제신문이 오전에 보도한 내용을 부인하였음을 전하면서도 같은 기사에서 앞으로의 금리인상 가능성이 큼을 오히려 강조하였다. 또한 이 신문은 한은 관계자가 "지난해 후반기부터 지금까지 한은이 저금리정책을 취해왔을 때에는 정부나 기업, 주식투자자 등 모두에게서 박수를 받았으나 앞으로는 사방에서 돌멩이를 맞을 각오를 해야 할 지도 모른다”고 말하였다고 보도하였다.

#에피소드 2

이처럼 금리 조정 문제가 시장에서 예민한 이슈로 대두된 가운데 7월 14일 한국은행은 보도자료를 발표하였다.[78] 이 자료에서 한국은행은 일본은행이 1995년 이래 단기금리를 1% 미만 수준으로 유지하는 초저금리 정책을 실시해 왔으나 일부 전문가들이 그 유효성에 회의적인 시각을 나타내고 있다고 소개하였다. 일본은행의 초저금리 정책에도 불구하고 일본에서 내수침체가 지속되는 가운데 경기회복 기미가 보이지 않고 디플레이션 압력이 상존하고 있기 때문이었다.

한국은행은 일본의 사례를 인용하면서 “구조조정이 마무리되지 않은 상황에서 재정지출을 늘리고 저금리를 유지하는 것은 실효성이 없다”며 “재정·통화정책 등 거시경제정책이 효과를 나타내려면 구조조정 문제가 선결되어야 한다”고 주장하였다. 언론은 한국은행이 일본의 사례를 빗대어 저금리정책을 우회적으로 비판하는 등 “한은이 평소 하고 싶었던 말을 보고서 형식을 빌려 완곡하게 내비친 것으로 보인다”고 보도하였다.[79]

#에피소드 3

매일경제신문은 7월 20일 로이터 통신을 인용하여 “한국은행이 인플레이션을 막기 위해 긴축정책으로 선회할 것임을 강력하게

---

78 한국은행 정책기획국, 보도참고자료 「일본의 초저금리 정책 내용과 정책적 시사점」, 1999. 7. 14.
79 한국경제신문, 동아일보, 1999. 7. 15자.

시사했다"고 보도하였다. 이 신문은 전철환 총재가 기회 있을 때마다 인플레이션을 경계하면서 금리인상 가능성을 시사해 왔음을 함께 기술하였다. 이런 보도들의 영향으로 이날 자금시장에서 3년 만기 회사채금리는 전주 말보다 0.38%포인트가 오른 9.01%에 달함으로써 1999년 2월 9일의 8.89%를 넘어 연중 최고치를 기록하였다.

로이터 통신이 어떻게 보도했기에 시장이 떠들썩했을까? 7월 19일 오전 11시 13분 로이터 통신이 전 세계에 타전한 기사에서 익명의 한국은행 고위 간부가 "회사채 수익률이 9% 이상으로 치솟아도 현재로서는 막을 계획이 전혀 없다"고 밝혔다는 것이다.[80]

금융시장이 불안정한 모습을 보임에 따라 한국은행은 바로 해명에 나섰다. 한국은행은 이날 「최근의 장기금리 상승에 관하여」라는 설명자료를 통해 "한국은행이 7월 7일 발표한 7월중 통화정책방향에서 현재의 금리 수준을 유지하겠다는 방침을 밝힌 바 있으며, 이 방침에는 지금도 변함이 없다"고 발표하였다.[81] 한국은행은 이 자료를 통해 최근 장기금리가 상승세를 보이는 것은 예상보다 빠른 경기회복과 주가급등에 따른 금리인상 우려 등 시장불안심리 때문인 것으로 판단된다고 분석했다.

정부는 이러한 금리인상론에 대해 시기상조라는 반응을 보였다. 문화일보는 7월 13일 재경부 고위 관계자가 인플레 압력이 거의 없다는 점을 들며 "물가안정을 바탕으로 한 저금리기조 유지 입장에는 변화가 없다"고 말했다고 보도하였다. 언론들은 금리인상론에 대해 엇갈린 태도를 나타내었다. 일부 언론은 사설을 통해 아직 금

80　매일경제신문, 1999. 7. 20자.
81　한국일보, 한겨레신문, 동아일보. 1999. 7. 20자. 그러나 한국은행 홈페이지의 보도자료 및 보도해명자료 난에는 이 자료가 수록되어 있지 않다.

리를 올릴 때가 아니라고 주장하였다.[82] 그 근거로는 실업률이 높고
상당한 규모의 유휴설비가 있는 등 공급 측면에서 여유가 많은 데다
경기회복이 전 산업에 확산되고 있지 못해 물가상승 압력이 낮은 점
등이 제시되었다. 기업의 부채 규모가 아직도 높은 점이 지적되기도
하였다. 그러나 금리인상에 비교적 호의적이라고 해석할 수 있는 칼
럼(한국경제신문)이나 사설(동아일보)도 있었다. 이러한 글들은 경
제의 안정적 성장을 강조하는 한편 경기와 증시가 급속하게 되살아
나 과열양상을 보이고 있음을 우려하였다.[83]

#에피소드 4

언론이 취재원을 명확하게 밝히지 않고 모호하게 '한은 관계
자'를 인용하면서 금리인상 가능성을 보도하고, 이로 인해 시장금리
가 오름세를 보이는 일이 잦아짐에 따라 한국은행 내부에서도 이 문
제를 심각하게 인식하기 시작하였다. 한은법상 금리정책을 비롯한
통화정책은 금융통화위원회의 고유 권한이다. 한국은행 총재는 한
국은행을 대표할 뿐 아니라 금융통화위원회 의장이므로 통화정책의
효율적 수행을 위해 향후의 통화정책 방향에 대해 언급할 수 있다고
양해되고 있었다. 이밖에 6명의 금융통화위원들도 통화정책에 대해
발언할 수 있다고 이해되었지만, 이들은 최고의사결정기구 구성원
이라는 특수성을 인식하여 언론과 거리를 두는 터였고, 기자들도 관
행상 이를 존중하고 있었다. 따라서 자연히 금리인상 등을 발설한
의심의 눈초리는 집행부 간부들에게 쏠릴 수밖에 없었다.

1998년 4월 금융통화위원들이 상근을 시작한 지 1년 이상 지나

82　한국경제신문, 1999. 7. 14자; 서울경제신문, 1999. 7. 21자.
83　한국경제신문, 1999. 7. 14자; 동아일보, 1999. 7. 23자.

면서 금융통화위원회도 내실을 갖추면서 체계적으로 운영되고 있던 터였다. 금융통화위원회에서 콜금리를 6월과 같은 수준으로 유지키로 의결하였던 것이 7월 초의 일이었다. 금융통화위원회의 의결문에 잉크가 채 마르기도 전에 '한은 관계자'의 입을 빌어 금리인상 얘기가 나오니 그냥 넘길 수 있는 일이 아니었다.

더욱이 시장에 잘못된 신호를 줌으로써 혼란을 야기하고 있지 않은가. 만에 하나 통화정책 결정에 책임과 권한이 없는 한은 집행간부나 국실장들이 통화정책 방향을 언급하였다면 이는 금융시장을 교란시킴은 물론 결과적으로 금융통화위원회의 권능을 침해한 셈이 된다. 언론이 끝까지 취재원을 보호하기 때문에 누구한테서 문제 발언이 나왔는지는 규명할 수가 없었다. 다만 이러한 문제가 제기됨에 따라 한국은행은 기자들을 만나거나 전화를 받는 등 언론 취재에 응할 때 더욱 신중을 기하기로 방침을 정했다. 금리정책 관련 발언에 대한 내부 통제를 강화하기 시작했던 것이다.

이처럼 뜬금없이 한국은행 관계자를 인용하면서 금리정책 방향에 관한 내용이 연이어 보도되자 한국은행은 매우 곤혹스러웠다. 이코노미스트지는 당시 강형문 정책기획국장이 금리 관련 발언에 따른 시장 혼란을 막을 수 있도록 "앞으로 금리 기사를 쓸 때 '한국은행 관계자'라는 말을 쓰지 말 것"을 기자들에게 요청하였다고 보도하였다.[84] 언론이 한은총재 외외의 사람이 말한 의견을 인용할 때에는 그 사람의 이름을 밝히든지, '금융시장 관계자' 또는 '한은 내 일부 관계자'라고 표현해 달라는 요청이었다. 한국은행 내부에서 이 문제를 둘러싸고 벌어졌던 신경전을 미루어 짐작할 수 있게 하는 이야기다.

---

84   이코노미스트, 1999. 8. 3자.

Chapter 2

정부의 통화정책 간섭

통화정책에 대한 정부의 간섭과 한은의 대응 | 제 1 절
언론의 관심과 비판 | 제 2 절

통화정책에 대한 정부의 간섭과 한은의 대응

통화정책에 대한 정부의 간섭은 어떻게 시작되었을까

정부는 1998년 6월 초 김대중 대통령이 미국 방문을 마치고 귀국한 것을 계기로 한국은행을 대상으로 통화공급 확대 및 급속한 금리인하를 위해 과감한 드라이브를 펼치기 시작하였다. 돌이켜보면 가히 군사작전을 방불케 하였던 '금리인하 작전'은 대략 이때 시작되어 1999년 5월 6일 한국은행이 콜금리 목표를 4.75% 수준에서 동결키로 의결할 때까지 지속되었다.

개정 한국은행법이 1998년 4월 1일 발효됨에 따라 재경부장관이 통화신용정책에 간여할 법적 근거가 소멸되었음에도 불구하고 재경부는 이 기간 중 통화신용정책에 대한 예전의 통제력을 유지하기 위하여 부단히 애를 썼다. 재경부는 정부의 구상과 계획에 맞추어 통화량을 확대 공급하고 금리를 단기간에 큰 폭으로 인하하기 위하여 다양한 전략을 구사하였다. 금리정책의 방향에 대해 끊임없이 언급함으로써 여론을 선점하여 재경부의 금리정책 방향을 기정사실화해 나갔다. 목표로 하는 금리 수준을 공공연히 제시하고 이를 달성하기 위해 총력을 기울였다. 필요시 대통령의 힘을 빌리는 한편 법외기구인 금융정책협의회를 만들어 활용하기도 했다.

이에 대응하여 한국은행은 중앙은행의 입장과 논리를 홍보하기 위하여 다양한 수단을 강구하였다. 통화정책의 투명성을 높이고 정책 홍보를 강화하는 일은 중요한 과제였다. 1998년부터 도입된 물가안정목표제가 성공을 거두려면 한국은행에 대한 국민의 신뢰성 확보가 중요한 관건이었기 때문이다. 먼저 한국은행은 매월 총재의 기자간담회를 개최하여 통화정책 방향을 공표하는 것을 정례화하였다. 이는 통화정책의 투명성을 제고하는데 기여함은 물론 언론이 한국은행의 통화정책을 보다 많이 보도하도록 하는 토대가 되었다. 한국은행은 보도자료의 발간, 언론 기고 등도 확대해 나갔다. 외환위기 상황이었으므로 총재 기자회견 등을 통해 정면으로 맞설 경우 여론의 역풍 등이 우려되었음을 고려한 신중한 대응이었다.

전철환 총재는 기자간담회 형식을 빌어 장관 등 정부 인사들이 금리정책과 관련한 언급을 자제해 줄 것을 촉구하였다. 또한 각종 강연 및 연설 등을 통해 정부가 한은의 위상을 존중해 줄 것을 우회적으로 촉구하기도 하였다. 이러한 홍보활동은 한국은행의 입장과 논리를 여론에 호소하는데 주효하였을 뿐 아니라, 실제 정부내 역학관계에서의 세 불리를 만회하는데 어느 정도 이바지하였던 것으로 생각된다.

금리정책에 대한 재경부의 월권

재경부는 권한도 책임도 없는 금리정책을 자기 소관업무인 것처럼 취급하였다. 시도 때도 없이 다반사로 한국은행의 결정사항인 콜금리 운영방향 등에 대해 언급하였던 것이다. 이규성 장관 및 강봉균 장관은 취임사에서는 통화신용정책에 대해 직접적인 언급을 자제하는 등 절제된 태도를 보였다. 그러나 취임 이후로는 전제조건이나 유보를 달지 않은 채 통화신용정책에 대해 지속적으로 언급하였다. 통화정책에 대한 재경부장관의 언급은 각종 강연 및 연설, 대통령에 대한 업무보고 및 기자회견 등을 통해 반복적으로 이루어졌다.

먼저, 각종 강연과 연설시 한국은행 소관업무라는 단서를 달지 않고 재경부 고유 업무인 것처럼 금리인하와 통화공급 문제를 논하였다. 재경부가 발간한 장관 연설문집을 보면 통화공급 확대 및 금리인하 업무가 한국은행의 소관업무임을 적시했거나 일부나마 암시하였던 표현을 찾기가 어렵다.[1] 따라서 재경부장관의 연설이나 강연을 들었던 국민들은 재경부가 여전히 확고한 의사결정 주체가 되어 통화신용정책을 수행하고 있다는 인상을 받기에 충분하지 않았을까 생각된다.

예를 들어 1998년 6월 25일 한국금융학회 정기학술대회에서 행한 연설을 보자. 이규성 장관은 "정부는 이처럼 다양한 경로로 파급되는 신용경색을 해소하기 위하여 외환시장의 안정기조와 IMF와의 협의를 바탕으로 금리의 하향안정화를 유도하고 통화를 신축적으로 공급"해 나갈 것이라고 발언하였다.[2] 강봉균 재경부장관도 1999년 7월 15일 한국능률협회 조찬회에서 "정부는 실물 및 금융시장 동향을 면밀히 점검하면서 인플레 압력이 발생하지 않도록 시중유동성을 적정 수준에서 관리하겠다"고 하였다.[3]

---

1 실제 연설 및 강연에서는 재경부장관들이 통화신용정책 관련 업무가 한국은행 소관임을 밝혔을 수도 있으나 재정경제부가 발간한 연설문집이 공식 기록물이라고 할 수 있으므로 이를 토대로 분석하였다.
2 재정경제부, 『경제위기 극복과 재도약을 위한 정책구상』, 이규성 재정경제부장관 연설문집, 1999. pp. 46~47.
3 재정경제부, 『IMF 위기를 넘어 디지털 경제로』, 강봉균 재정경제부장관 강연집, 2000, p. 70.

　　그러나 1998년 4월 1일부터 통화신용정책 업무는 한국은행의 소관사항이 되었다. 이를 고려하면 재경부는 장관 연설문에서 한국은행 소관업무인 통화공급 및 금리정책 관련 내용을 삭제하는 게 옳았다. 그리고 정부 경제팀장의 연설이었기 때문에 통화신용정책 내용을 연설문에 꼭 포함시켜야 했다면 다른 방도를 강구했어야 했다.

　　필자의 생각으로는 한국은행의 위상을 존중할 수 있도록 주어를 '정부는' 대신에 '한국은행은' 이라고 바꿈과 아울러 그 내용도 적절히 고쳤어야 했다. 예를 들어 위에서 인용한 이규성 장관의 연설문은 다음과 같이 고치는 것이 옳았다. "한국은행은 이처럼 다양한 경로로 파급되는 신용경색을 해소하기 위하여 외환시장의 안정기조와 IMF와의 협의를 바탕으로 통화신용정책을 적절하게 수행할 것으로 기대"한다고 말이다. 장관 연설문 특성상 주어로 한국은행을 내세우기가 적합치 않았다면 "정부는 이처럼 다양한 경로로 파급되는 신용경색을 해소하기 위하여 외환시장의 안정기조와 IMF와의 협의를 바탕으로 통화신용정책을 적절히 수행토록 중앙은행에 적극 협력을 요청"할 것이라고 썼어야 했다. 강봉균 장관의 연설도 마찬가지였다.

　　재경부장관들은 대통령에 대한 업무보고에서도 통화신용정책을 재경부 소관사항에 포함하였다. 예를 들어, 이규성 장관은 1998년 10월 20일 청와대에서 열린 제11차 경제대책조정회의에서 '경기활성화 종합대책'을 보고하였다. 이 장관은 "신축적인 통화 공급 및 RP 금리 인하(8~7%대) 등 정부의 강력한 금리인하 노력으로 시장금리가 사상 최저수준에 있다"라며 현황을 설명하였다. 아울러 향후 정책 방향으로 "통화를 최대한 신축적으로 공급하고 대출금리를 하향안정 유도"하겠다고 보고하였다.[4] 통화공급 및 RP금리 인하는 모두 한국은행 소관사항인데도 보고서에는 이들 업무가 정부 업무로 자리매김되고 있었다. 한국은행을 의식한 배려는 조금도 찾을 수 없었다.

재경부장관들은 기자간담회에서도 한국은행의 통화신용정책 업무를 재경부 소관업무인 것처럼 언급하였다. 1998년 7월 16일 이규성 재경부장관은 기자간담회를 갖고 현재 외환시장이 안정되어 있어 시장상황에 따라 금리를 내릴 여지가 커졌으며, 정부는 금리인하를 지속적으로 추진할 의지를 갖고 있다고 밝혔다. 이 장관은 "정부와 IMF는 금리인하가 외환시장의 제약으로부터 상당히 자유롭게 됐다는 데 공감대를 갖고 있다"고 말했다.[5]

신문들은 이 장관이 "금리가 굉장히 떨어질 것"이라는 발언을 덧붙였으며, 재경부 고위 관계자도 "1차 금융·기업 구조조정이 마무리되는 오는 9월 이후 콜금리를 기준으로 시중 실세금리가 한 자리 수까지 떨어질 전망이고, 정부는 이를 용인할 것"이라고 말했다고 보도하였다. 이러한 발언들은 7월 15일 열렸던 경제대책조정회의에서 하반기 경제운영방향을 확정함에 따라 언론이 이를 취재하는 과정에서 나온 것들이었다. 당시 정부는 금리인하를 통해 신용경색 현상을 해소함으로써 산업기반의 붕괴를 막는 데 경제정책의 주안점을 두고 있었다.

재경부의 금리 관련 발언은 1999년 5월 24일 강봉균 재경부장관 취임 이후에도 계속되었다. 조선일보는 강봉균 재경부장관이 취

---

4   KDI 홈페이지, 경제정보 / 경제정책정보 / 기획재정부, 「제11차 경제대책조정회의 개최 자료」, p 3.

5   경향신문, 서울경제신문 등, 1998. 7. 17자.

임 기자회견에서 "물가상승률과 경제성장률 전망에 비추어 볼 때 한 자리 수 금리는 높은 수준이 아니다"라고 말하면서 저금리 정책을 유지할 것임을 밝혔다고 보도하였다.[6] 이 발언은 곧바로 시장에 영향을 미쳐 5월 25일 시중금리는 하락하고 주가는 반등하였다. 강봉균 재경부장관은 6월 3일 기자회견에서도 금리문제를 언급하였다. 그는 금리는 "한국은행이 주도적으로 판단해 결정할 사안"이라는 단서를 달면서도 "개인적으로는 성장률과 물가상승률 등을 감안할 때 두 자리 수로 올라갈 이유가 없다고 본다"고 말하였다.[7]

한국은행, 대외 홍보 강화로 돌파구 모색

그렇다면 한국은행은 재경부가 이처럼 끈질기게 통화정책에 간섭하는 것을 봉쇄하고 그 영향력을 차단하기 위해 어떻게 했을까? 무엇보다도 한국은행은 법에 따라 통화정책을 독립적으로 수행해 나가려면 국민들의 지지와 성원이 긴요하다고 판단하였다. 한국은행은 법에 의해 1998년부터 물가안정목표제를 도입 운영하게 되었기 때문에 통화정책의 성공적인 수행을 위해서도 국민들과의 원활하고 효과적인 의사소통이 중요한 과제였다. 따라서 통화신용정책 수행 내용과 국민경제 현안에 대한 한국은행의 입장 및 생각을 국민들에게 제대로 알릴 필요성이 크다고 생각하였다.

이를 위해 총재가 주관하는 기자간담회를 정례화하고, 총재의 대외 강연·연설 및 신문 인터뷰 등을 확대하는 한편 보도자료 발간 및 외부 기고에 힘썼다. 1998년 4월 1일 독립된 중앙은행으로 출범

---

6   조선일보, 1999. 5. 25자.
7   한국경제신문, 1999. 6. 4자.

하였으나 외환위기를 겪고 있다는 상황 인식때문에 은인자중하고 있던 한국은행이 이제 체제를 정비하여 독자적인 목소리를 높이기 시작한 것이다.

첫째, 총재가 주관하는 기자간담회를 정례화하였다. 한국은행은 1998년 4월 이후 금융통화위원회를 매월 초 개최하여 통화신용정책 방향을 결정하고 이를 기자간담회에서 바로 발표하여 왔다. 이때 당연히 기자들과의 질의응답 시간을 가졌다. 처음에는 통화정책 담당 부총재보가 기자간담회를 주관하였으나 1998년 7월부터는 전철환 총재가 직접 주관하는 것으로 수준을 격상시켰다.[8]

총재가 주관하는 기자간담회를 정례화한 것은 국민들에게 한국은행의 입장을 알리는데 도움이 되었음은 물론 한국은행의 독립적 위상을 제고하는 데에도 기여하였다. 출입기자들은 총재로부터 월중 통화정책 방향을 브리핑 받은 후 최근의 대내외 경제 동향과 정부의 경제정책 등에 대한 견해를 물었다. 더 나아가 정부의 소관 업무가 아닌 금리정책에 대해 장차관 등이 발언하는 데 대하여 한은 총재가 어떤 견해를 갖고 있는지를 묻기도 하였다. 이때 총재가 답변한 내용이 보도됨으로써 정부가 권한도 책임도 없는 금리정책에 간여하고 있다는 것이 널리 알려지게 되었다.

둘째, 한국은행은 총재의 대외 강연·연설 및 언론 인터뷰 등을 통화정책을 포함한 전반적인 한국은행의 입장을 홍보하는 기회로 활용하였다. 전철환 총재는 4년 재임기간 동안 의욕적으로 강연·연설에 나서는 한편 언론 인터뷰 등에도 적극 임하였다. 이를 통해

8　서울경제신문은 1998년 7월 1일자에 "한은 총재가 매달 한 번씩 정례 기자회견을 마련하기는 한은 설립 이후 처음"이라며 "한은 관계자가 총재의 정례 브리핑을 통해 통화신용정책의 투명성 제고와 대국민 홍보 강화 효과가 기대된다"고 말하였다고 보도하였다.

한국은행이 독립적인 통화정책수행기관이 되었음을 알렸으며, 1998년 갓 도입된 물가안정목표제와 콜금리 변경 등을 통한 새로운 통화정책 체계에 대해서도 국민들에게 상세히 홍보했다.

셋째, 정책 현안에 대한 한국은행의 입장을 홍보하기 위하여 보도자료 발간 및 신문 기고 등을 적극 활용하였다. 이러한 홍보활동에 부작용이 전혀 없었던 것은 아니었다. 한국은행이 보도자료를 통해 밝혔던 정책 방향(policy stance)에서 뚜렷한 명분도 없이 물러서거나 다른 정책을 결정 시행할 경우 후폭풍은 예상했던 것보다 컸다. 통화정책의 일관성 결여 문제 등을 야기함으로써 한국은행의 평판 및 신뢰도를 손상케 했던 것이다.

예를 들어 한국은행이 1998년 9월 30일 RP금리를 1%포인트 인하하였을 때, 언론은 9월 28일 김대중 대통령의 경제기자회견 이후 한국은행이 구조조정을 우선시하던 종전의 입장을 접고 정부의 경기부양 정책에 동조하였다고 비판하였다. 10월에 있었던 국회 재정경제위원회에서의 업무보고와 국정감사에서도 의원들의 추궁이 이어졌다. 이때 의원들은 9.30 RP금리 인하조치를 급작스러운 정책 선회라고 비판하면서, 그 논거로 1998년 7월 13일 배포되었던 보도자료 「최근의 통화공급 확대 주장에 대한 검토」를 제시하였다.

한국은행은 1998년 4월 1일 법률적으로 독립성이 강화된 데 상응하여 통화정책 수행에 있어서는 물론 통화정책에 대한 논의의 장에서도 독자적인 목소리를 높이면서 주도권을 확보해 나가는 것이 긴요하다고 판단하였다. 따라서 예기치 못한 결과로 통화정책의 일관성 면에서 평판의 손상이 있을지라도 이를 감수하면서 전인미답의 고독한 길을 달려나갈 수밖에 없었다. 1999년 5월 20일 박철 부총재보는 내외경제신문에 '금리정책 혼선부터 없애라' 라는 제목의 칼럼을 기고하였다. 이것은 정부 당국자는 물론 국민들에게 법률상 통화신용정책을 책임지고 있는 한국은행이 금리정책을 체계적으로 수행하는 것이 왜 중요한 일인지를 알리기 위한 기고였다. 박 부총재보는 한은 집행부에서 통화정책을 담당하고 있었다. 이 기고는 한국은행이 정부 관계자들의 반복되는 금리정책 발언을 얼마나 심각하게 생각하고 있었는지를 보여주는 사례였다.

금리정책 혼선부터 없애라

박 철 (한국은행 부총재보)

우리나라에서도 그 동안 국채와 회사채의 발행이 확대되고 주식시장의 규모와 참가자도 크게 늘어나는 가운데 뮤츄얼펀드, 단위형 금전신탁 등 다양한 간접투자형 주식상품이 등장하고 외환시장도 자유화돼 금리변경 시 금융자산간 자금이동이 크게 증대되고 있다. 이에 따라 장단기 금리간, 금리와 주가 및 환율간의 연계성이 더욱 높아지고 있다. 이와 같이 금융시장의 발달에 따라 경제주체들이 금리변동에 민감해졌다는 것은 중앙은행의 시장원리에 의한 금리정책의 효과가 그만큼 높아질 수 있게 됐다는 점에서 바람직한 일이 아닐 수 없다.(중략)

경제학에서는 사람들의 기대가 합리적으로 이뤄진다고 가정하고 있지만 정책신호가 잘못 전달돼 잘못된 기대가 시장을 지배하게 되면 경제 전체가 예상치 못한 방향으로 치닫게 될 수 있다. 모든 사람의 기대가 한쪽으로 치우치는 군집행동(herd behavior)이나 비이성적 투기가 그 예라고 할 수 있다. 따라서 민감한 금융시장을 상대로 하는 금리정책은 경제주체의 기대가 잘못 형성되지 않도록 정확하고 일관된 정책신호를 보내는 것이어야 한다.

더욱이 금리정책이란 시장과 더불어 서로 영향을 주고받는 게임이기 때문에 정책신호를 줄 필요가 있을 때에는 시장과 가장 밀착돼 있는 중앙은행이 시장상황을 예의주시하면서 조심스럽게 하지 않으면 안된다. 선진국의 경우 정부가 금리에 관한 공개적인 언급을 삼가는 것은 이와 같이 중앙은행이 보내는 정책신호에 불필요한 혼선을 초래하지 않기 위해서다. 금융시장에 대한 정책신호는 정확하고 일관성이 있어야 경제주체들의 기대가 합리적으로 형성되고, 그에 따라 정책효과가 극대화될 수 있기 때문이다.

전 총재, 행정부가 금리정책에 간여하지 말 것을 촉구

전철환 총재는 경제장관회의 등을 통하여 한국은행의 걱정과 우려를 전달하고, 협조와 이해를 구하기 위해 노력하였다. 1998년 하반기 이후 금융시장과 증권시장은 외환위기 직후의 혼란에서 벗어나 가격변수가 제대로 작동하는 등 점차 역동적인 모습을 나타내고 있었다. 시장이 콜금리의 향방에 민감한 반응을 보이게 됨에 따라 시장친화적인 금리정책을 추진해야 할 필요성이 더욱 높아졌다.

콜금리를 결정하는 권한이 없는 정부 당국자들이 과거의 관행에 이끌려 금리정책에 영향을 줄 수 있는 발언을 할 경우 시장을 왜곡시킬 우려가 컸다.

1999년 2월 3일 전철환 총재는 내일신문과 인터뷰를 가졌다. 이 인터뷰에서 그는 재경부의 금리정책에 대한 언급이 자제되어야 함을 강조하였다. 그는 기자 질문에 답하면서 "(정부의 금리정책 관련 발언은) 금리가 장래에 대한 기대의 영향을 크게 받는 점에 비추어 금융시장에 불필요한 충격을 주고, 경제주체의 의사결정에 혼선을 초래할 가능성이 있으며, 중앙은행의 통화신용정책에 대한 신뢰도를 손상시킬 우려가 있으므로 자제돼야 한다"고 강조하였다. 재경부에 대한 불편한 심사를 애써 억제하면서 경제논리에 입각한 정제된 답변을 했던 것이다.

전 총재는 이 인터뷰에서 취임 이후 정부의 금리정책 간섭에 대해 말을 아껴온 배경을 짐작하게 해 주는 에피소드를 소개하였다. "총재 취임 직후였던 지난 해 4월, 앨런 그린스펀 미국 연방준비제도이사회(FRB) 의장을 만났는데, 한국경제가 구조조정 과정에 있기 때문에 통화관리를 담당하는 한은의 역할이 제한적이라는 점, 중앙은행 총재의 발언은 금융시장에 영향을 미치게 된다는 점, 정부가 추진 중인 구조조정에 대해 얘기하다 보면 혼란만 야기할 가능성이 있는 점 등을 들며 그린스펀 의장이 꼭 필요한 경우가 아니면 말을 아껴야 한다고 조언했다"고 밝혔다. 그는 "구조조정이 어느 정도 마무리되면 한은도 적극적인 의사표시를 할 것"이라고 했다.

전철환 총재는 1999년 2월 25일 '21세기 비즈니스 포럼' 이 주최한 강연회에서도 통화신용정책에 대한 정부의 간섭을 우회적으로 비판하였다.[9] 그는 "중앙은행의 정책 수립과 집행에 영향력이 있는 경제주체들 사이에 아직 통화신용정책의 자율성을 존중하는 관행이 자리 잡지 못하고 있다"고 지적하였다. "한국은행법 개정으로 제도적으로는 통화신용정책을 자율적으로 운용할 수 있는 여건이 갖춰졌으나 현실적으로는 중앙은행이 독자적 판단에 따라 정책을 운용하는 데 어려움이 있는 실정"이라고도 말했다.[10] 그는 한국은행 창립기념일을 맞아 1999년 6월 12일 한겨레신문과 가진 인터뷰에서도 통화정책과 관련한 정부의 개입 및 한은 예산 승인권 보유에 수반된 문제점들을 지적하고 개선의 필요성을 강조하였다.

이와 같은 한국은행의 노력에도 불구하고 정부의 행태는 달라지지 않았다. 총재가 경제장관들과의 개별 회동이나 공식적인 회의에서 설득도 해 보고 이해를 구했지만 별로 개선되는 것이 없었다. 전 총재가 1999년 5월 27일 한국경제신문에 쓴 독서 에세이에는 정부 관료들에게 느꼈던 좌절감과, 그래도 이들이 변화하여 한국경제의 발전에 기여할 수 있기를 바라는 염원이 함께 담겨 있었다.[11] 이 에세이는 실학자 유형원의 저서 『반계수록』에 관한 것이었다. 그는 이 에세이에서 정부 당국자들의 무책임한 금리정책 언급에 따른 폐해를 다음과 같이 비판하였다.

---

9   강연 제목은 '우리나라의 물가안정 목표제와 통화신용정책'이었다.
10   조선일보는 1999년 2월 26일자에서 전 총재가 금리정책에 대한 정부 관계자들의 간섭을 공개적으로 비판한 것이라고 보도하였다.
11   2000년 국회 국정감사에서의 의원 질의에 대해 전 총재는 "좋은 정책을 수립하기 위해서는 평소 인터넷 검색 등을 통해 최신 정보를 신속하게 구득함과 아울러 책을 많이 읽고 연구하는 자세를 지니는 것이 매우 중요하다고 생각하고 있다. 또한 서평 기고는 국민들에게 새로운 정보를 제공하고 한국은행의 정책 등을 간접적으로 홍보하는 데에도 유용한 방법이라고 생각한다"라고 답변하였다(한국은행에 대한 국회 국정감사[2000. 11. 3], 재정경제위원회 회의록[부록], p. 57). 그는 1999년 3월 25일 처음으로 한국경제신문에 서평을 기고한 이후 임기가 끝날 때까지 대략 매달 한 차례 기고했다.

정책당국은 시장에 왜곡되지 않은 정보를 투명하고 일관되게 보내야 한다. 특히 동일한 시장정보를 여러 정부기관이 다르게 제공하게 되면 정보 출처에 따른 진위에 혼선을 야기하게 된다. 때문에 정보 출처의 혼선은 절대 금물이다. 그런데도 우리는 이를 쉽게 잊어버린다. 최근의 예는 통화신용정책, 특히 금리정책에 대한 여러 부처의 언급 때문에 혼선을 야기한 것이 대표적인 사례이다.

그는 정보 전달주체가 다기화될 경우의 폐해를 조선조 실학자들이 오히려 더 잘 알고 있었다고 지적하면서, 『반계수록』의 관계되는 구절[12]을 인용하였다.

6월 17일자 한국경제신문에 기고한 독서 에세이에서는 국제적 조사결과를 인용하며 한국은행의 독립성이 매우 열악한 실정임을 토로하였다. 인용된 책은 프라이 외 4인이 저술한 『통화신용정책 운용틀』이었다. 이들 저자는 영국 중앙은행인 영란은행에서 근무하는 경제학자들이었다. 이들은 전 세계 77개국 중앙은행을 대상으로 설문조사를 실시하여 그 결과를 분석한 내용을 책으로 발간하였다.

총재가 스스로 통할하는 중앙은행의 독립성이 매우 낮다는 내용을 기고한다는 것은 부끄러운 일이다. 그러기 때문에 그만큼 용기를 필요로 하는 일이었다. 전 총재는 그러한 문제점이 백일하에 드러나 개선방안이 마련되려면 살과 뼈를 도려내는 통렬한 자기반성과 고백이 있어야 한다고 생각했던 것이다. 그는 이 에세이에서 한국은행의 독립성과 책임성을 드높여 물가안정에 만전을 기할 때 우리나라가

---

12 전 총재는 『반계수록』 중 "대저 돈이라는 것은 본시 윗사람이 인도하는 대로 흘러가는 것이니, 그 흐르는 길을 (정부가) 명백히 인도하지 않으면 어찌 능히 스스로 작용을 할 것인가"라는 구절을 인용하였다.

선진경제로 진입할 수 있음을 강조하였다.

우리나라는 조사대상 77개국 중 선진국 그룹(26개국)에 속하면서도 중앙은행에 대한 평가는 투명성만 4위이고 독립성은 37위, 책임성은 28위로 선진국 수준을 벗어났다. 외환위기를 겪은 우리에게는 분명히 타산지석이 되어야 할 것이나 불행히도 변화의 현실이 널리 인식되지 않고 있다. 제도와 관행의 개선이 매우 시급하다. (중략) 지난 20여년간 중앙은행의 독립성 · 책임성 · 투명성이 강화되고 시장경제질서가 잘 정비된 선진국일수록 중앙은행의 물가안정목표제가 성공함으로써 물가의 장기 안정세를 시현하고 있다.(중략) 따라서 우리는 이를 정책운용의 귀감으로 삼아야 할 것이다.[13]

전철환 총재는 6월 12일 한은 창립 제49주년 기념식사에서도 당초 품었던 한은 독립의 이상과 현실간의 간극에 대해 통한의 심정을 피력하였다. 그는 한은이 통화정책의 독립적 수행과 관련하여 처해 있는 어려움을 솔직하게 인정하면서 이를 다음과 같이 토로하였다.

지난해 4월 새 한은법의 발효로 한국은행이 독립된 중앙은행으로 다시 태어난 후 1년 남짓 시간이 흘렀다. 그 동안 우리는 통화신용정책의 주체로서 그 위상을 정립하기 위해 혼신의 노력을 기울여 왔다. 그러나 지난 수십 년간 지속된 관행과 인식을 바꾸는 것이 법

---

13   영란은행의 연구결과에 대해서는 서울경제신문이 1999년 6월 21일자 '한은 통화정책 투명성 세계 4위' 라는 제목으로 보도한 바 있다.

제도의 개편 못지 않게 어려운 일이었다는 것을 절감하지 않을 수 없다. 때문에 새로운 중앙은행제도 본래 취지를 제대로 살리지 못하고 있다는 우려의 목소리가 크다는 것도 잘 알고 있다.

목표 금리수준 제시 후 총력 경주하는 정부

재경부 관계자들은 금리인하 계획은 물론 재경부가 적정하다고 생각하는 시중 실세금리 및 RP금리 수준에 대해 수시로 언급하였다. 언론을 통해 적정금리 수준을 공론화하고 궁극적으로 한국은행에 압박을 가하자는 속셈이었다. 여론의 힘으로 재경부가 적정하다고 하는 금리 수준까지 금리인하를 달성해 내려는 방식이었다.

한국경제신문은 1998년 6월 12일 이규성 재경부장관이 외환시장이 다소 흔들리더라도 연연하지 않고 금리인하에 전념할 계획임을 밝히고, IMF와 IBRD도 금리인하에 동의하였다고 보도했다. 정부는 금리를 1997년 외환위기가 일어나기 전 수준으로 떨어뜨리는게 목표이며, 이 때문에 정부가 1998년 하반기중 시중 실세금리를 12%까지 인하시킬 것이라는 관측이 나오고 있다고 이 신문은 보도하였다.[14] 정부가 1997년 외환위기 이후 단기간에 급등한 금리를 일정 기간 내에 특정한 목표 수준까지 인하하겠다고 밝힌 목표 금리수준이 처음으로 공표된 보도였다.

문화일보는 9월 16일 재경부가 경기부양을 위해서는 13%대인 회사채 등 중장기 금리를 이 달 안에 10% 선까지 끌어내려야 한다

14　이때부터 정부와 국회, 언론 등을 중심으로 한국의 적정금리는 12% 정도라는 생각이 자리 잡게 되었던 것으로 추정된다. 참고로 매일경제신문은 1998년 6월 18일 전철환 총재와의 인터뷰에서 "과연 언제쯤이면 금리가 IMF 이전인 12%대로 낮아질 수 있느냐"고 질문한 바 있다.

고 공언하고 있다고 보도하였다. 이에 따라 한국은행에 대해 현재 8%대인 환매조건부채권(RP) 금리를 9월 중 5~6% 수준으로 2~3%포인트 내려 줄 것을 협조 요청키로 한 것으로 보도되었다. 이 신문은 이에 대해 한국은행의 고위 관계자가 "회사채 금리를 이 달 말까지 10%로 끌어내린다거나 RP금리를 5~6%대로 낮추는 방안은 전혀 논의되거나 결정된 바 없다"고 밝혔다고 보도하였다.

심지어 정부는 1999년 경제운용방향에 금리목표 수준을 적시하려고 시도하였다. 조선일보는 재경부 당국자가 12월 3일 "경기부양을 위해 환매조건부 채권(RP)금리 기준으로 7%대인 금리 수준을 최소한 2~3%포인트 더 인하하여 1999년에는 금리가 최종적으로는 5% 이내에서 움직이도록 하는 초저금리체제를 만들 방침"이라고 밝혔다고 보도하였다.[15] 환매조건부 채권(RP)금리가 5% 수준으로 낮아진다는 것은 콜금리가 5% 수준이 된다는 말이었다.

한국은행은 정부가 1999년 경제운용계획에 목표금리 수준을 적시하려고 한다는 보도에 대해 경악하였다. 그리하여 12월 5일 「조선일보의 '내년 금리 4~5%로 인하' 기사에 대하여」라는 보도자료를 배포하였다. 이 보도자료에서 한국은행은 두 가지 점을 명확히 밝혔다. 첫째, 지난 한은법 개정에 따라 통화 및 금리수준은 금융통화위원회가 그때그때의 금융·경제 여건을 감안하여 독자적으로 결정하는 것이다. 둘째, 따라서 특정 금리수준을 사전에 정해 경제운영계획에 반영한다는 것은 있을 수 없는 일이다. 당시의 금리인하분위기에 압도되어 어느 언론도 한국은행의 보도자료를 기사화하지 않았지만, 이처럼 한국은행이 반발함에 따라 결국 1999년 경제운

---

15   조선일보, 1998. 12. 4자.

영계획에는 목표로 하는 특정 금리수준이 명시되지는 않았다.[16]

조선일보는 정부와 여당이 1998년 12월 12일 고위 경제당정회의를 열고 3년만기 회사채 유통수익률 기준으로 8% 수준인 시중 실세금리를 1999년중 5~6% 수준으로 2~3%포인트 낮추기 위하여 한국은행의 정책금리 인하 등 여러 방안을 적극 추진키로 하였다고 보도하였다.[17] 이에 따르면, 여당인 국민회의의 정책 담당자는 김대중 대통령에게도 이 방안이 보고된 것으로 안다고 하였다.

한국은행은 정부가 금리의 구체적인 수준까지 제시하면서 금리인하를 밀어붙이려 하는 것을 크게 우려하였다. 이에 대한 반박으로, 12월 22일 이성태 조사부장은 매일경제신문에 '금리정책 신중히 접근해야' 라는 제목 아래 '금리 구체 수준까지 정부가 제시하면 금융시장 혼란 초래' 라는 소제목이 달린 칼럼을 기고하였다.

금리정책 신중히 접근해야

이성태(한국은행 조사부장)

정부가 금리의 구체적인 수준까지 제시하는 것은 다음과 같은 부작용을 수반하기 때문에 바람직스럽지 못하다.

---

16 1998년 12월 12일 개최된 경제활성화를 위한 당정협의 발표자료인 「99년도 경제정책방향」에는 '거시경제정책의 적극적 운영' 이라는 제목 아래 '통화를 최대한 신축적으로 공급하고 금리의 하향안정기조를 유지' 한다는 소제목이 붙어 있고, 구체적 내용으로는 "내수경기진작, 수출 및 중소기업에 대한 대출확대 및 원활한 국채소화여건 마련을 위하여 통화를 충분히 공급"하는 한편 "실물경제의 조속한 회복과 외환시장의 안정을 위하여 금리의 하향안정을 유지"한다고 되어 있다 (KDI 홈페이지의 경제정보/경제정책정보/기획재정부).

17 조선일보, 1998. 12. 14자.

첫째, (중략) 정책을 수행함에 있어 선거를 의식하게 마련인 정부가 통화정책까지 관장할 경우 통화공급을 확대하려는 유인을 가지게 되어 인플레이션이 만성화할 우려가 있다. 정부가 금리 수준을 경제정책의 목표로 제시하고 이를 달성하려 한다면 경제안정을 위해 통화정책을 정부로부터 분리한 의의가 퇴색한다.

둘째, 금리는 그 속성상 향후 3~4개월 이후의 목표치를 설정하기가 어려운 변수이다. 금리는 금융시장에서의 수급 사정과 여러 가지 기대 요인들이 복합적으로 작용하여 매우 신속히 탄력적으로 변한다. 따라서 금리정책은 세밀한 조정을 필요로 하며 미리 그 수준을 가늠하고 더군다나 목표치로 발표할 성질의 것은 아니다. (중략)

셋째, 금리 수준을 확정적으로 발표하면 금융시장에 혼란을 초래할 수 있다. 금융시장은 다소간의 불확실성이 지배하며 그 결과 금리의 상승 기대와 하락 기대가 혼재하면서 균형을 이룬다. 그러나 모든 사람이 내년중 금리가 예를 들어 4~5%까지 낮아질 것이라고 확신한다면 금융자금은 한 방향으로만 흐르게 된다. 금융기관은 채권을 보유하고 팔지 않으려 할 것이고 채권 공급자는 가능하면 채권 발행을 미루려 할 것이다. 이는 예상보다 훨씬 큰 폭의 금리 하락과 자금 흐름의 왜곡으로 나타난다. (중략) 이는 금융시장과 경제 전반에 또 다른 불확실성만 더해 줄 뿐이다.

넷째, 정부의 경제정책에 대한 신뢰성에 손상을 준다. 중앙은행이 독자적인 판단에 따라 정책을 수행했다 하더라도 결과적돌이켜 평가해 보면 재정경제부에 의해서 행해진 '금리인하 작전'은 당초 의도했던 대로 성공한 것으로 보인다. 이제 그 사례를 짚어보도록 하자.

첫째, 동아일보는 1998년 8월 26일자 기사에서 "재정경제부는 본격적인 경기회복을 위해 9월 말 경 환매조건부채권(RP) 금리를 연 7% 수준까지 끌어내린 뒤 6조원 이내에서 본원통화를 시중에 푸는 방안을 적극 검토중이다.… 재정경제부는 본격적인 경기회복을 위해 현재 9~10% 수준에서 움직이는 한국은행 RP 입찰금리를 7% 수준까지 점진적으로 낮추는 방안을 적극 검토중"이라고 보도하였다. 그런데 앞에서 본 바와 같이 RP금리는 9월 30일 한국은행의 급작스러운 금리인하 조치에 의해 7.1%로 하락하였다.

둘째, 재경부는 1998년 하반기 중 여러 차례에 걸쳐 한국의 적정금리 수준을 언급하였으며, 이러한 적정금리 수준을 달성하려면 RP금리 또는 콜금리가 5% 수준으로 하락해야 한다고 입버릇처럼 말해왔다. 당시 집권당이었던 새천년민주당의 정세균 의원도 1998년 10월 28일 한국은행에 대한 국정감사에서 적정금리를 회사채수

익률 기준으로 7%, 한국은행의 RP금리 기준으로 5% 이하라고 주장한 바 있다.[18]

그런데 1998년 6월 이후 계속된 정부의 금리인하 드라이브는 한국은행이 콜금리를 4.75%까지 내린 후 1999년 5월 6일 그 수준에서 동결함으로써 대체로 종료되었다. 재정경제부가 당시 정교한 형태이건 개략적 형태이든지 간에 강력한 정책 의지와 구체적인 '시나리오'를 가지고 금리인하를 강하게 밀어붙이지 않았을까 하는 의구심을 떨쳐버릴 수 없다.

대출금리의 인하추진, 지급준비제 폐지 거론

재경부의 관심은 RP금리와 콜금리에 머무르지 않았다. 기업들은 금융기관으로부터 대출을 받거나 직접 금융시장에서 회사채를 발행하여 자금을 조달한다. 그러므로 경기활성화를 위해서는 기업들이 실제로 부담하는 금융비용을 줄일 수 있도록 대출금리와 회사채 금리가 낮아져야 했다.

재경부는 1998년 7월 7일 시중은행 여신담당 임원들과 회의를 갖고 은행이 예금금리의 인하추세에 맞추어 대출금리를 인하함으로써 기업의 금리부담을 완화해 나갈 수 있도록 해줄 것을 권고하였다.[19] 재경부는 회의를 한다고 했지만 여신담당 임원들은 불려가는 것으로 받아들였으며, 재경부는 대출금리 인하를 '권고한다'고 했지만 은행 당사자들은 대출금리 인하를 '요구받았다'고 인식하였

18   한국은행에 대한 국정감사(1998. 10. 28), 재정경제위원회 회의록, pp. 11~14.
19   이규성, 『한국의 외환위기, 발생 · 극복 · 그 이후』, 박영사, 2006, p. 513.

다.[20] 관치금융이란 원래 그런 식으로 이루어지는 것이다. 일부 언론은 재경부가 금리인하에 소극적인 은행들에게는 증자 자금지원 때 불이익을 주겠다는 등의 채찍도 들이댔다고 보도하였다.[21]

심지어 재경부 담당 국장은 1998년 8월 5일 은행 여신담당 임원 회의에서 대출금리를 인하하기 위한 세부 방안까지 제시하였다. 그는 "대출우대금리(프라임 레이트)만 떨어뜨리는 것이 어느 정도 효과를 발휘할 지 의문"이라고 말하고 "프라임 레이트를 조금 떨어뜨려도 최고 폭의 가산금리를 적용하면 실제 금리인하 효과가 없다"고 지적하였다.[22] 이 관계자는 프라임 레이트에 붙는 여신 리스크 가산금리를 조정하는 방법을 모색하도록 은행들에게 권고하면서, 그 일환으로 신용보증기금의 보증서를 발급받은 기업에 대해 대출할 때에는 가산금리를 붙이지 않는 방안을 적극 검토하도록 종용했다.

재경부는 회사채 금리를 낮추기 위해 투신사, 은행, 기업들에 협조 요청을 하고 있는 것으로 보도되었다.[23] 이 보도에 따르면 재경부는 9월 14일 투자신탁회사 사장단회의를 소집하여 회사채를 집중 매입토록 권유하였으며, 투신사들도 이에 호응하였다. 투신사들은 한발 더 나아가 정부 정책에 적극 동참한다는 취지에서 단기공사채형 수익증권 수익률을 0.5~1.0%포인트 인하하기로 합의하였다. 9월 15일에는 은행에 대해서도 1천 816억 원의 국채 유찰물량을 강제로 배정하였다. 삼성 등 대기업에 대해서도 회사채 발행물량을 축소해 줄 것을 요구했고, 이들 기업은 이를 받아들인 것으로 보도되었다.

---

20   매일경제신문, 1998. 8. 7자.
21   조선일보, 1998. 7. 9자.
22   서울경제신문, 1998. 8. 7자.
23   한국경제신문, 1998. 9. 17자.

한국은행은 8월 5일 「최근의 은행 대출금리 동향에 대하여」라는 보도자료를 배포하고 인위적인 대출금리 인하를 정면으로 반박하였다. 재경부가 한국은행의 콜금리 인하를 밀어붙이는 데 그치지 않고 기업들이 실제로 부담하는 대출금리 인하에 주력하는 데 대응한 보도자료였다. 한국은행은 이 자료에서 시장금리는 단기적인 자금수급사정에 따라 신축적으로 움직이는 데 반해 은행 대출금리는 은행과 개별 차입자간의 장기적인 고객관계에 의해 결정되는 관계로 경직적이어서 시장금리에 비해 변동 폭이 작고, 시장금리와 상당한 시차를 두고 변동하는 특성이 있다고 밝혔다.

이에 더하여 한국의 경우 은행 경영에 과도한 공공성을 요구하는 사회적 분위기 때문에 시장금리 상승시 은행 대출금리가 신축적으로 상향 조정되지 못하고, 가산금리 폭도 좁아 시장금리 하락시에도 하락폭이 제한적이라고 지적하였다. 그러므로 기업의 신용 리스크가 해소되지 않고 있는 상황에서 대출금리를 인위적으로 인하할 경우 은행의 대출이 위축됨으로써 신용경색을 심화시키고, 은행의 수지 악화로 구조조정 비용이 증대되어 원활한 구조조정에 걸림돌로 작용할 것이라고 주장하였다. 은행의 대출금리를 낮추도록 압력을 가하는 것이 국민경제 발전을 위해 바람직하지 않음을 강조했던 것이다.

한편 조선일보는 1998년 8월 18일 정부가 현행 지급준비제도를 폐지해 시중 자금경색을 해소하고 침체된 실물경기를 부양할 방침이라고 보도하였다. 이 보도에 따르면 재경부 논리는 이런 것이었다. 당시 한국은행에 예치된 지급준비금이 6조 5천억 원 수준인데, 한국은행이 이 자금을 은행들에 되돌려주면 이 금액에 통화승수를 곱한 액수인 최소 2백조 원 이상의 통화량 공급확대 효과가 나타나게 된다는 것이다. 그렇게 되면 시중 자금경색 해소에 큰 도움이 될 거라는 것이었다. 재경부는 중앙은행의 지급준비금 폐지는 금융위기를 겪은 나라들[24]이 공통적으로 채택하는 정책이라고 덧붙였다.

지급준비제도는 재할인정책, 공개시장조작과 함께 각국 중앙은행이 활용하는 정통적인 통화정책수단의 하나다. 은행이 고객으로부터 받은 예금액의 일부를 중앙은행에 예치토록 하는 제도를 말한다. 당초에는 고객의 예금 인출사태에 대비하기 위하여 시작된 제도이지만, 지금은 지급준비율의 인상 또는 인하를 통하여 통화량을 조절하는 수단으로 쓰이고 있다.

한국은행은 다음 날 보도자료를 통하여 바로 반박하였다.[25] 한국은행은 "8월 18일자 조선일보는 신용경색을 해소하고 실물경제를 부양하기 위해 지급준비제도를 폐지키로 하였다고 보도하였으나 현재 지급준비제도의 폐지는 전혀 논의되지 않고 있다"고 밝혔다. 아울러 다음과 같은 점을 감안할 때 지급준비제도 폐지는 타당하지 못하다고 설명했다.

첫째, 1996년 4월 이후 세 차례에 걸쳐 예금지급준비율을 인하함에 따라 우리나라의 지준율은 이미 선진국 수준에 가까울 정도로 낮다. 둘째, 은행들은 법정지급준비와 관계없이 금융기관간의 일상적인 자금 거래에 따른 결제를 위해 일정 수준의 결제자금을 지준예치금 형태로 보유해야 하기 때문에 지급준비제도 자체가 은행의 추가적인 자금 및 수지 부담으로 작용하지 않는다. 셋째, 은행의 자금 사정이 풍부해 한국은행이 통화안정증권 발행 및 RP 매각을 통해

---

24 아르헨티나, 헝가리, 스웨덴, 베네주엘라, 리투아니아, 멕시코 등이 지급준비금제도를 폐지했다는 것이다.
25 한국은행 보도자료, 「조선일보의 '지준제도 폐지' 제하 기사에 대하여」, 1998. 8. 18.

거액의 여유자금을 흡수하고 있는 상황에서 지준제도를 없애거나 지준율을 추가로 인하할 경우 통화관리 애로만 가중된다.

당시는 금융기관에 돈이 없어서 대출을 못해주는 상황이 아니었다. 돈이 넘쳐나는 데도 불구하고 금융기관이 대출을 해주지 않는 신용경색이 문제였다. 재경부는 이런 점을 간과한 채 한국은행의 고유 권한에 속하는 통화정책의 핵심 수단과 관련된 아이디어를 불쑥 냈던 것이다.

재경부, 필요할 경우 대통령의 지원을 얻어내다

재경부는 금리인하를 이끌어내기 위해 대통령의 힘을 빌리기도 하였다. 한국은행의 입장이 워낙 완강하고 여론도 이에 동조하고 있어 재경부만의 힘으로 어떻게 해 볼 수 없다고 판단될 경우 활용하였던 방법이 아니었나 생각된다. 이규성 재경부장관은 재임기간이던 1998년 3월부터 1999년 5월까지 총 35회에 걸쳐 대통령에게 주례보고를 하였는데, 이를 통하여 "대통령과 재경부장관 간에 경제현실에 대한 인식과 정책대응의 기본방향에 대한 견해를 조율할 수 있었다"고 회고하고 있다.[26]

재경부가 정한 정책방향을 대통령에게 직접 보고하였다는 사실만으로도 다른 부처들에 대해서는 힘의 우위를 확보하는 것이 한국적 현실이다. 이 사실을 다른 부처에 통보할 경우, 그 부처는 대통령의 재가를 받은 정책방향을 고려할 수밖에 없다. 대통령에게 보고하여 재가를 받았다는 것 자체가 타 부처의 정책 수립에까지 영향을

26　이규성, 『한국의 외환위기 발생·극복, 그 이후』, 박영사, 2006, 머리말.

미칠 수 있다는 말이다. 여기서 한발 더 나아가 대통령의 입을 빌어 통화공급 확대나 금리인하 방침이 언급될 경우 그 영향력이 심대함은 논할 필요조차 없다. 그런데 당시는 대통령이 직접 금리정책에 대해 언급하는 사례들이 있었다.

김대중 대통령은 1998년 6월 26일 재경부, 산자부, 노동부 등 3개 부처로부터 업무보고를 받았다. 매일경제신문의 보도에 따르면, 김 대통령은 이 자리에서 무엇보다 경제활성화 방안 마련을 강조하였다.[27] 이 자리에서 김 대통령은 콜금리를 12%까지 낮추도록 노력하라고 지시하였다. 금리인하에 노력하라는 선에서 더 나아가 대통령까지 목표로 하는 금리의 명칭과 목표로 하는 금리 수준까지 적시한 것이다.

1999년 초에는 국고채 및 회사채 수익률 등 장기시장금리가 연 6~8%대로 하락하였음에도 불구하고 은행 대출금리는 이보다 높은 고공행진을 지속하였다. 은행은 중소기업 및 가계를 대상으로 10~13%까지 대출이자를 받는 실정이었다.[28] 중소기업 및 가계 대출금리가 예금이자보다 크게 높다는 비판이 줄기차게 제기되었어도 은행들은 금리인하에 소극적인 태도를 보였다. 이에 따라 은행이 예금을 받아 대출을 하는 본연의 자금중개기능을 외면한 채 채권 및 주식 투자에만 열을 올리고 있다는 쓴소리까지 나오고 있었다. 시장금리가 하락하여도 대출금리 인하가 따르지 못하면 소비 진작 등 경기부양에 별 도움이 되지 못한다.[29]

---

27 매일경제신문, 1998. 6. 27자.
28 1999년 1월중 신규취급액 기준 예금은행의 가중평균 금리는 중소기업 대출의 경우 10.52%, 가계 대출의 경우 12.43%를 기록하였다. 이때 신규취급액 기준 예금은행의 순수저축성예금 평균 금리는 8.0%였다.
29 한국일보, 1999. 1. 9자.

　　김대중 대통령은 1999년 1월 20일 무역투자진흥확대회의에서 "우리나라는 예금과 대출간 마진이 4.5%포인트인데 일본은 0.9%포인트, 대만은 2.8%포인트로 큰 차이가 난다"고 말하고 "이래서는 경쟁이 안 되니 이 점을 철저히 검증, 합리적으로 처리하라"고 지시하였다.[30] 이처럼 대통령이 예대마진을 줄이라고 지시함에 따라 재경부와 금융감독원, 한국은행 등 모든 기관들이 대출금리를 낮추도록 은행에 압력을 가하고 나섰다. 재경부는 "금리인하 여력이 있음에도 불구하고 인하에 소극적인 은행에 대해서는 한국은행 지원금인 총액한도대출자금 배정시 또는 후순위채 매입 등 공적자금 지원시 불이익을 줄 방침"이라고 하였다.[31]

　　전철환 총재는 1월 22일 금융기관장들과의 오찬 간담회에서 "가계 대출금리가 아직 높은 부분이 있다"며 "은행 측에서 합리적으로 조정해 달라"고 권고하였다. 한국은행이 1998년 8월 5일 「최근의 은행 대출금리 동향에 대하여」라는 보도자료를 통해 정부의 인위적인 대출금리 인하를 반박했던 것과는 상반되는 요청이었다. 강봉균 청와대 경제수석도 같은 날 시중은행장들이 대부분 참석한 금융연구원 조찬강연회에서 대출금리 인하를 요청하였다. 그는 "기업들이 살아야 은행 부실채권도 줄어든다"는 논리를 폈다.[32] 은행들은 마지못하여 너도나도 대출금리 인하에 나서기 시작했다.

　　그 동안 시장금리와 예금금리가 빠르게 떨어지는 데도 대출금

30　조선일보, 1999. 1. 21자, 김대중 대통령은 1999년 6월 15일 정덕구 산업자원부장관의 업무보고를 받은 후 은행의 환가료율과 외환수수료를 낮추라고 지시한 바 있다(한국경제신문, 1999. 6. 17자).

31　재경부의 발표에도 불구하고 당시 한국은행은 금리인하에 소극적인 은행을 가려 총액한도대출자금 지원시 불이익을 주는 조치 등을 취하지 않았다.

32　조선일보, 1999. 1. 23자.

리 인하는 크게 못 미쳐 국민들의 원성이 자자하던 터였다. 그렇다고 하더라도 정부가 은행에게 대출금리 인하를 압박하는 것은 과거의 전형적인 관치금융 행태였다. 은행들은 과다한 부실채권 보유 등으로 단기간에 예대마진을 크게 줄이기 어려운 처지에 놓여 있었다. 그런데도 대통령의 말 한 마디에 정부 부처와 한국은행이 대출금리 인하를 주문하고 나섰고, 그 동안 어려움을 호소하며 버텨오던 은행들까지 슬금슬금 대출금리를 인하하는 쪽으로 돌아섰다.[33] 이것이 당시 우리 경제와 금융의 모습이었다.

그 이후에도 김대중 대통령의 금리 관련 발언은 계속되었다. 김 대통령은 5월 19일 로이터 통신과 가진 회견에서 본인이 생각하는 금리정책에 대한 구상을 언급하였다. 경향신문의 보도에 따르면 김 대통령은 "정부는 고금리정책을 고려하지 않고 있으며, 금리나 환율을 시장의 자율조정기능에 맡길 것"이라고 밝혔다. 아울러 "현재로는 금리가 특별히 상승하거나 하락할 것이라는 보고를 받지 않고 있다"고 덧붙였다.[34]

듣기에 따라 "금리를 시장의 자율조정기능에 맡기겠다"는 부분보다 "정부는 고금리정책을 고려하지 않고 있다"라는 부분에 방점을 둘 수밖에 없는 발언이었다. 또한 그러한 연장선상에서 "금리가 특별히 하락할 것이라는 보고를 받고 있지 않다"는 부분보다 "금리가 특별히 상승할 것이라는 보고를 받고 있지 않다"라는 부분을 강조한 것으로 받아들일 수밖에 없는 발언이었다.

이에 앞서 강봉균 청와대 경제수석은 5월 18일 다국적기업 최고경영자협회 초청 만찬에서 "현재의 금리는 물가를 감안하면 결코

---

33   조선일보, 매일경제신문, 1999. 1. 23자.
34   경향신문, 1999. 5. 20자.

높은 수준이 아니며 앞으로도 크게 높아질 이유가 없다"고 말하였다.[35] 저금리정책을 지속시키기 위해 김 대통령과 청와대 경제수석까지 직접 나서서 저금리정책을 옹호하는 발언을 계속한 것이다.

이처럼 대통령까지 나서서 금리 관련 발언을 계속하는데 대하여 한국은행은 어떻게 대응하였을까? 한국은행의 입장대로 통화신용정책을 이끌어 나가기 위하여 한은 총재가 직접 대통령을 면담하여 설득하려고 하지는 않았을까? 그러나 전 총재는 대통령을 면담하려고 하지 않았다.

먼저 한국은행은 통화정책 관련 업무를 대통령에게 보고하는 것이 중앙은행의 독립성 확보 측면에서 적절치 못하다고 생각하였다. 오히려 한국은행으로서는 행정부처가 대통령이 주재하는 경제대책조정회의 또는 무역진흥확대회의 등의 자료에 통화정책 관련 사항을 미리 끼워 넣은 후 한은 총재를 그 회의에 참석토록 하여 정부가 생각하는 대로 향후 통화정책 방향을 기정사실화하려는 데 대해 크게 부담을 느꼈다.

청와대 경제비서실도 한국은행 총재가 대통령에게 보고하는 것을 썩 내켜하지 않았다. 경제비서실은 전 총재 재임기간 중 통화신용정책 관련 사항 등을 단독으로 대통령에게 보고하는 방안을 한국은행에 제시한 적이 없었다. 어떤 면에서는 한국은행 총재의 대통령 면담을 막으려고 하지 않았나 생각된다. 필자가 이런 생각을 가지게 되었던 배경에 대해서는 제6장에서 후술하도록 하겠다.

어쨌든 동기는 상이하였지만 한은이나 청와대 경제비서실 모두 한은 총재의 대통령 업무보고를 탐탁치 않게 생각했기 때문에 전

---

35 경향신문, 1999. 5. 26자.

총재는 재임기간중 단독으로 김대중 대통령에게 통화신용정책 관련 사항을 보고한 실적이 없게 되었다. 또한 대통령이 한은 총재만을 따로 불러 통화신용정책 사항을 지시하거나 의견을 들었던 일도 없었다. 전 총재가 대통령에게 단독으로 한국은행 업무를 보고했던 사례는 1998년 8월 정부수립 50주년 기념주화 발행 및 2000년 6월 새 만원권 발행 등 발권 관련 사항으로 극히 한정되었다. 이 경우도 청와대 경제수석이 모두 배석하였던 것으로 필자는 알고 있다.

여기서 흥미로운 점은 전철환 총재가 대통령에 대한 업무보고를 꺼려했음은 물론 대통령과 직접 통하는 채널을 확보하거나 대통령과 독대(獨對)하려고도 시도하지 않았다는 점이다. 더 나아가 그는 본인이 김대중 대통령과 가까운 사람이라는 인식을 주지 않으려고 조심하였다. 전 총재 취임 초기에 김대중 대통령이 야당 정치인 시절 전 총재와 쌓았던 인연에 관한 보도가 있었다. 기자들이 이를 확인하려고 물으면 그는 시인도 부인도 하지 않고 그냥 웃어 넘겨버렸다. 국회 재경위원회 회의에서 의원이 "대통령과 독대를 하느냐"고 물었을 때에도 전 총재는 "독대를 한 적이 없다"고 확실하게 답변하였다.[36]

그는 왜 한사코 대통령과 상당히 떨어진 자리에 위치하려고 했을까? 우리나라와 같은 대통령제 하에서 대통령에게 가까이 가려고 하면 대통령 주변의 권력 실세들과 갈등관계가 야기되어 오히려 불

---

36   1998년 10월 28일 한국은행에 대한 국정감사에서 한나라당 서상목 의원은 전 총재가 1998년 3월 취임한 이후 경제대책조정회의 등 다수가 참석한 공개된 회의석상에서가 아니라 한국은행을 대표해서 대통령에게 직접 정책보고를 한 적이 있느냐고 물었다. 이에 대해 전 총재는 "단독으로 한 것은 없다"고 답변하였다. 이때 서상목 의원은 경제정책 수립에 있어서 한국은행의 위상이 높아지려면 "대통령께 여러 사람이 있는 가운데 하는 의례적인 보고가 아니라 총재가 단독으로 보고하는 기회가 많이 있어야 한다"고 말하였다(한국은행에 대한 국회 국정감사[1998. 10. 28], 재정경제위원회 회의록, p.19).

이익이 초래되는 부작용이 커질 것이라고 생각했던 것이 아닌가 생각된다. 쉽게 얘기해서 태양에 너무 가까이 가면 접근하는 물체는 타서 없어질 수 있다. 경우에 따라 엄청난 견제를 받거나 치명적인 타격을 입을 수 있다는 말이다.

결론적으로 전철환 총재는 정책 의도를 가지고 대통령과 면담하려고 하지 않았으며, 독대 등 별도의 의사전달 통로를 확보하려고도 하지 않았다. 외환은행에 대한 직접출자 문제[37]가 청와대 민정비서관실의 조정으로 우회출자로 가닥이 잡히자 일부 정부 인사들은 전 총재가 청와대에 로비를 해서 그런 결과를 얻어낸 것이라고 한다고 전 총재가 필자에게 이야기한 적이 있다. 그러나 그것은 당시 민정비서관실이 실무적으로 의사 결정을 한 결과였을 뿐이다. 전 총재는 외환은행 출자 문제와 관련하여 청와대 어느 인사도 만나 부탁한 일이 없었다.

재경부, 경제연구소 및 IMF 등을 우군으로 활용

재경부는 금리인하를 끌어내기 위하여 국내 경제연구소의 도움을 받거나 IMF 등 국제금융기구를 활용하는 것을 주저하지 않았다. 경제연구소나 IMF는 연구역량이 막강한 데다 여론을 움직일 수 있는 저명인사(opinion leader)들이 많기 때문에 현명한 전략이었다.

재경부는 금리인하를 성공적으로 달성하려면 구체적인 금리수준에 대한 목표를 정하여 추진하는 것이 좋은 아이디어라는 단초를 KDI가 발간한 경제보고서에서 얻지 않았을까 생각해 본다. 이것은

---

37   제4장에서 후술한다.

KDI의 의도와는 관계없는 일이었지만, 제1장에서 서술한 대로 KDI는 1998년 8월 'RP금리의 3단계 인하방안'을 발표한 바 있다. 그런데 결과적으로 한국은행은 1998년 9월 30일 RP금리를 1%포인트 전격 인하하였다. KDI가 제시하였던 방안이 재경부가 군사작전하듯 목표를 정해 금리를 인하시키는 작업을 추진하는 데 안내서 내지 지침서가 될 수 있지 않았을까 하는 느낌을 지울 수가 없다.

재경부는 1998년 9월 15일, 1997년 말 동아시아의 외환위기시 한국 등 자금수혜국들에 부과하였던 정책처방이 잘못되었다는 것을 몇몇 이사들이 거론했다는 IMF이사회의 연례보고서를 소개하였다.[38] 재경부는 이 보고서를 인용하면서 통화공급 확대의 당위성을 강조하였다. 통화공급 확대에 대한 끈질긴 집념을 다시 한 번 드러낸 것이다. 문화일보의 보도에 따르면, 재경부는 "오는 10월 IMF와의 협의에서 은행권에 쌓여 있는 자금이 실물부문에 흘러가는 것을 막는 제도적 걸림돌을 없애도록 할 방침"임을 밝혔다. 이를 위해 은행들이 주된 자금운용수단으로 활용하고 있는 한국은행의 환매조건부채권(RP) 금리를 낮추고 통화공급을 더욱 확대할 방침임을 덧붙였다.

1999년 초, 한국은행은 1999년 경제성장률 전망을 재경부 수치인 2.0%보다 높은 3.2%로 발표하였다. 이때 언론은 한국은행이 이를 추가적인 금리인하를 거부하는 이유로 삼지 않을까 재경부가 경계하고 있음을 전하였다. 1월 12일 오후 이규성 재경부장관은 민간 경제연구소장 등을 초청하여 경제정책토론회를 갖고 당시의 경제상황에 대해 논의하였다. 내외경제신문은 토론회 참석자들이 "현 경제상황은 회복단계에 들어선 것일 뿐 결코 과열이 아니다"라는

38 　문화일보, 1998. 9. 15자.

결론을 내렸으며, 재경부는 경기부양을 위해 실세금리를 더 낮출 필요성이 있음을 강조하였다고 보도하였다.[39] 이것은 재경부가 경제연구소장들과의 회합을 통해 한은의 낙관적인 경제전망에 무리가 있다는 여론을 조성하려고 애썼던 사례로 분류할 수 있는 일이었다.

이밖에도 한국은행 총재가 매월 금융통화위원회에서 월중 통화정책 방향을 결정한 후 기자간담회를 갖기 시작하자, 재경부는 이에 대응하여 재경부장관의 월례 경제동향 브리핑 제도를 도입하였다. 한은 총재가 국내외 경제현상을 분석하고 앞으로의 정책 방향을 제시하는 등 경제정책 과제 및 방향을 한은 입장에서 독점적으로 설정하는 것을 방지함은 물론 시장과 국민들이 경제를 보는 눈을 재경부 시각에 맞추려는 의도가 엿보이는 조치였다.

재경부는 또한 금융통화위원회가 열리기 직전에 경제정책 자료를 배포하는 한편, 경제차관간담회를 개최하고 그 결과를 발표하기도 하였다. 예를 들어 재경부는 금융통화위원회가 열리기 이틀 전인 1999년 5월 4일 「1999년 3~4월중 경제동향과 향후 대책」을 발표하였다. 금융통화위원회 개최에 앞서 정부가 최근의 경제 정세를 어떻게 평가하고 있는지를 대내외에 공표했던 것이다. 이 발표를 통해 정부는 국내경기가 회복 국면에 본격 진입했지만, 아직 외환위기 이전 수준에 미치지 못한 상태이므로 저금리체제의 유지 등을 통한 경기활성화 대책을 계속 추진해 나갈 방침이라고 밝혔다.[40]

또한 정부는 같은 날인 5월 4일 과천 청사에서 경제차관간담회를 열고 경기회복세가 본 궤도에 오를 수 있도록 금리를 현재의 낮은 수준을 계속 유지하는 등 경기부양기조를 유지하기로 하였

---

39   내외경제신문, 1999. 1. 13자.
40   동아일보, 1999. 5. 5자.

다.[41] 한국경제신문은 재경부 고위 관계자가 기업들의 과다부채 문제를 들면서 '금리안정이 투자회복에 필수적'이라고 강조했다고 덧붙여 보도하였다.

그때나 지금이나 콜금리 목표 수준을 결정하는 금융통화위원회는 과천 정부청사가 아니라 중구 남대문로에 위치한 한국은행 본관에서 열린다. 그런데도 불구하고 금융통화위원회 회의를 앞두고 재경부의 과천 청사가 오히려 더 바쁘게 돌아갔다. 이러한 재경부의 다각적인 노력은 어디를 노린 것이었을까? 몇 가지로 나누어 생각해 보자.

먼저 금명간 금통위를 열어 콜금리를 결정하게 될 금융통화위원들을 겨냥한 것이었다고 생각할 수 있다. 정부 입장에서 보는 최근의 경제 동향 및 향후 전망을 제시하면서 금통위원들이 금리의 하향 기조를 지속하려고 하는 정부 노력에 동참토록 은연중 요구하였다고 볼 수 있겠다.

그런데 의문점이 남는다. 정부는 왜 이처럼 공개적으로 번거로운 방법을 동원하면서까지 금통위원들을 설득하려고 했을까? 재경부 당국자가 조용히 전화를 걸어 금통위원을 1대 1로 설득하는 것이 보다 효과적이지 않았을까? 개별적으로 금통위원들을 접촉하였으나 콜금리 동결에 찬성하는 금통위원의 수가 많은 것으로 판별되었기 때문에 보다 공개적인 압박이 필요하다고 판단했을 수도 있겠다.

이처럼 재경부가 공개적인 방법으로 금리 하향기조를 유지하려고 애썼던 것은 관료들의 인사권을 쥐고 있는 청와대를 겨냥한 것은 아니었을까? 알 만한 사람들은 다 아는 유머이지만, 후진국 공무

---

41   한국일보, 한국경제신문, 1999. 5. 5자.

원들은 자기네 소관사항이 아닌 산하기관 등의 일에 대해서도 무슨 추진방안 등 거창한 아이디어를 내고 발표하기를 좋아한다는 이야기가 있다. 왜 그런가?

첫째, 미리 아이디어를 공표해서 그 일의 성과가 좋으면 그것은 그 아이디어를 처음 냈던 공무원의 공으로 돌아간다. 둘째, 미리 아이디어를 냈는데도 산하기관의 게으름으로 성과가 없을 때에도 그 공무원은 인사권자에게 최대한 노력했다는 인상을 줄 수 있다. 셋째, 미리 아이디어를 주었음에도 불구하고 산하기관이 그 일을 하지 않아 문제가 됐을 때에는 공무원은 면피가 되면서 산하기관에게 책임을 지울 수가 있다.

이 유머를 1999년 5월 4일 사례에 적용해 볼 경우 재경부는 한국은행이 콜금리를 동결하더라도 청와대에 대해서는 재경부가 금리 하향기조를 유지하기 위해 전력투구하였다고 보고할 수 있다. 그리고 정부가 그처럼 강조하는 저금리 기조가 훼손되었다고 대통령이 불쾌하게 생각하거나 한국은행의 콜금리 동결로 인해 경제가 악화될 경우 당당하게 그 책임을 한국은행에 돌릴 수 있게 된다. 필자의 억측에 불과하기를 빌 뿐이다.

1999년 5월 6일 금융통화위원회 회의에서 금통위원들은 정부가 제시한 논리를 받아들이지 않았다. 금통위원들은 금리는 내릴 만큼 많이 내렸으며 그 결과 "실물경제의 회복을 위한 금리 하향안정화 정책의 효과가 가시화되고 있다"는 판단을 내렸다. 그래서 콜금리를 더 이상 내리지 않고 4.75% 수준에서 동결키로 의결했던 것이다.

재경부가 경제정책자료를 배포하고, 경제차관회의를 개최하는 등 부산을 떨었던 것은 5월 4일이었다. 왜 그런 일들이 금융통화위원회를 이틀 앞둔 시점에서 동시다발적으로 일어났을까? 이것은 금

통위 회의에 상정할 의안의 사전 배포와 관계가 있지 않았을까 생각
된다. 당시는 금통위가 개최되기 2일 전까지 의안의 내용을 금통위
원들에게 배포토록 되어 있었다. 의안의 사전 배포 대상에는 표결
권은 없지만 금통위에 열석하여 발언할 수 있는 재경부차관도 포함
된다.

한국은행은 5월 6일에 금융통화위원회를 개최하기로 되어 있
었기 때문에 5월 4일 이전에 의안을 배포하였다. 이 의안은 제1장에
서 서술한 대로 그간의 콜금리 하향 기조를 접고 4.75% 수준에서 동
결하는 내용으로 되어 있었다. 콜금리 동결 의안은 한국은행 총재가
제안한 것이었다. 재경부가 차관에게 배포된 콜금리 동결 의안을 보
고, 이를 금융통화위원회가 표결을 통해 부결시킬 수 있도록 금통위
가 끝나는 순간까지 노력했던 것이 아닐까 생각된다.

법외기구 '금융정책협의회'의 신설과 운영

출 범

대한매일신문은 1999년 3월 9일 재경부가 재정경제부, 한국은
행, 금융감독위원회 등 3개 기관의 차관급 정책협의회를 정례화하
기로 했으며, 3월 5일 첫 회의를 가졌다고 보도하였다. 이날 회의에
는 재경부에서 정덕구 차관, 한국은행에서 심훈 부총재가 참석했으
며, 금융감독위원회에서는 윤원배 부위원장 대신 금감위 상임위원
이 참석한 것으로 보도되었다.

재경부는 정부의 경제팀장 격인 데다 재정정책을 총괄한다. 한
국은행 및 금융감독위원회는 각각 통화정책 및 금융감독 주무기관이
다. 대한매일신문은 이 기사에서 "이들 3개 기관은 금리·환율 등의

금융시장 안정과 은행경영의 건전성 확보, 구조조정의 원활한 추진 등을 위해 차관급 모임을 한 달에 한 차례씩 정기적으로 갖게 된다”고 보도하고, 이 모임이 재경부의 제안에 의해 성사되었다고 하였다.

대한매일신문의 이 기사는 금융정책협의회의 출범을 알리는 조용한 나팔소리였다. 기사에서 보는 대로 출발 당시 이 회합에는 구체적인 이름이 없었다. 그러나 4월 22일의 한국일보 기사를 보면 이미 이 회합에는 어엿하게 '금융정책협의회' 라는 거창한 이름이 붙여져 있었다. 금융정책협의회는 이후 매달 한 차례씩 개최되었으며, 특히 대우사태 발생 이후에는 금융시장 불안 해소를 위한 대책을 마련하기 위하여 1999년 10월 중순부터 11월 중순까지는 매주 수요일마다 1회씩, 11월 중순 이후부터 이듬해 2월까지는 격주 1회씩 개최되었다.[42]

금융정책협의회에는 3개 기관의 차관급 책임자가 참석하였지만, 시장 상황이 긴박하여 금융시장에 중요한 시그널을 줄 필요가 있다고 판단될 경우에는 재경부장관, 금감위원장, 한국은행 총재로 참석자를 격상하고, 회의 이름도 '확대금융정책협의회' 라고 명명하기도 하였다. 금융정책협의회는 통상 중구 명동에 위치한 은행회관에서 개최되었는데, 회의가 있을 때마다 보도진이 몰려드는 등 언론의 집중적인 취재 대상이 되었다.

3개 기관간 효율적 정책협의에 한계

금융정책협의회는 3개 기관 간에 거시경제정책 및 금융감독 등에 대한 의견을 차관급 부기관장들이 사전에 조율하는 장으로 기능

---

42 금융정책협의회는 2003년 2회, 2004년 3회, 2005년 3회, 2006~08년 중에는 연 1회 개최되는 등 최근 수년간 개최 실적이 미미하였다.

하였다. 이에 따라 경제정책의 효율적 수행과 금융시장 안정에 기여한 효과가 다소 있었음은 부인하기 어렵다. 그러나 참석자들이 부기관장 외에 각 기관의 관련 국장과 과장급 직원까지 망라되어 있어 부기관장들 간에 허심탄회하고 솔직한 의견 조율이 어려웠던 한계가 있었다. 아울러 정부가 뭔가 하고 있다는 것을 시장에 보여줌으로써 금융시장 안정을 기하고자 하는 목적으로 협의회를 활용하는 사례가 많다 보니 그만큼 언론 발표에 주안점을 둘 수밖에 없었다. 이에 따라 부처 간 충분한 의견 조율이 제약되었던 측면이 있었다.

금융정책협의회가 신설되기 전에도 부처 간 경제정책을 조율하는 데에는 큰 문제가 없었다. 재경부장관, 금감위원장 및 한은 총재는 수시로 만나 정책 조율을 벌였으며, 부기관장들도 전화 통화나 대면 접촉을 통해 주요 정책을 늘 의논하던 터였다. 법적으로도 기존의 회의체를 활용하여 부처 간 경제정책을 조율할 장치가 이미 마련되어 있었다. 재경부차관이 금융통화위원회에 열석하여 발언할 수 있도록 규정되어 있는 등 한국은행과 재경부간 정책 조율 및 협조 통로도 있었다. 또 재경부차관과 한국은행 부총재가 당연직 금융감독위원회 위원으로 되어 있어 금융감독 정책을 부처 간에 조율하는 데에도 법적으로 문제가 없었다. 특별한 사정이 없다면 법의 지배(rule of law)라는 민주주의 원칙에 충실하여 법률에 규정된 금융통화위원회 및 금융감독위원회 기능의 활성화를 통해 주요 금융정책 이슈를 조율하는 것이 바람직한 일이었다.

혹자는 토론 문화에 익숙하지 않은 한국적 상황을 지적하면서 금융정책협의회와 같은 비공식기구의 설립에 찬동할 수 있겠다. 그러나 금융통화위원회와 금융감독위원회처럼 다수가 위원으로 참석하는 회의체에서 효율적인 의견 조율을 해 나가기가 어렵다고 정부가 판단하였더라도 금융정책협의회는 좋은 발상이 아니었다.

그런 문제가 있다면 금융정책협의회라는 간판을 붙이지 말고 부기관장들이 정기적으로 모이되 시작부터 끝까지 철저히 비공개로 허심탄회하고 솔직한 토론 및 의견 조정의 장으로 운영하는 것이 더 좋았을 것이다. 참석자들은 비공개 회의 후 각 부처로 돌아가 논의되었던 내용을 구체적 정책으로 구현하도록 노력하면 되는 것이다.

필자가 워싱턴에서 2년 6개월간 한국은행 주재원으로 근무하면서 관찰했던 바에 따르면, 미국 재무장관과 연준 의장의 정례 오찬이나 차관급 공직자들의 비공식적인 회동 사실 또는 이들이 가졌던 오찬이나 회동에서의 논의 내용이 보도되는 사례는 본 적이 없다. 다시 말해 금융정책협의회와 같이 3개 기관의 부기관장급 고위 관계자 간의 회합이라면 언론에 공개되지 않은 장소에서 조용히 열리는 게 맞는 일이었다. 회의진행도 상대방의 판단을 경청하고 필요하다면 자기 기관의 의견을 얘기하며 설득에 나서는 형식으로 이루어질 때 3개 기관 간 의견 조율이 원활하게 될 수 있었을 것이다.

한국은행 권한의 침해

한국은행으로서는 금융정책협의회에 참여하여 통화신용정책 관련 이슈를 논의하는 것이 내키지 않는 일이었다. 외환위기 직후 한국은행법의 개정으로 한국은행의 독립성이 제고되었으며, 금융통화위원회도 상근제로 전환되는 등 기능이 강화되었다. 특히 한국은행의 중요한 정책은 모두 금융통화위원회의 의결을 거치도록 되어 있다. 따라서 금융정책협의회에서 관련 의제를 논의하고 합의한 형태로 회의 결과를 발표하는 것 자체가 한국은행법에 규정된 금융통화위원회의 권능을 침해할 소지가 있었다. 그렇지만 한국은행이 금융정책협의회 참석을 달갑지 않게 생각하여 불참할 경우 정부는 물론 여론의 역풍이 우려되었다. 온 국민이 하나가 되어 외환위기 극복을 위해 애쓰고 있는 상황에서 정부와의 협력을 거부하거나 게을리한다는 비난을 받을 수 있었다는 말이다.

재경부는 외환위기라는 상황논리를 앞세워 금융정책협의회를 수시로 개최하고, 주요 논의 내용을 그 이름으로 공식 발표하였다. 합의사항으로 발표한 것은 아니었더라도 외견상 3개 기관이 합의했다는 뉘앙스를 풍기는 발표형식임에 틀림이 없었다. 특히 대형 악재가 발생하여 시장이 크게 흔들릴 때마다 금융정책협의회를 개최하고 회의 후 금융시장 안정대책이 발표되었다.

따라서 한국은행이 금융시장 안정을 위해 취할 공개시장조작 조치도 발표 내용에 포함되는 경우들이 있었다. 이것은 재경부, 한국은행, 금융감독위원회가 제각기 관장사항을 발표할 경우 시장안정에 미치는 효과가 제한적일 것이라는 우려 아래 시장 안정 효과를 극대화하기 위한 것이었다. 그렇기 때문에 관련 법에 규정된 한국은행 금융통화위원회와 금융감독위원회의 권능을 침해할 소지가 있었다.

회의결과는 일괄해서 발표되었는데, 대부분 재경부차관이 전담함으로써 국민들에게 재경부는 더 많은 일을 하는 것으로 보이고 한국은행은 재경부 옆에 들러리 서는 식으로 비쳐지는 경우가 많았다. 법외기구인 금융정책협의회가 왕성한 활동을 하면 할수록 법률상 통화신용정책을 책임지고 있는 한국은행은 상대적으로 위축되어 버리는 결과를 초래하게 된 것이다.

대우 사태가 있었던 1999년 7월 이후 필자는 지인들로부터 "한국은행은 요새 뭘 하고 있느냐"라는 질문을 받곤 하였다. 앞에서 서술한 대로 금융정책협의회가 활발하게 움직일 때였다. 당시 한국은행은 금융시장 안정에 통화정책의 주안점을 두어 콜금리를 계속 동결하고 있었다. 그때마다 필자는 한국은행이 취하고 있는 금융시장 안정 조치에 대해 설명해 주었다. 그러면 사람들은 필자의 말을 듣자마자 "아, 그 일, 재경부가 발표했던 것 아니냐"는 반응을 보이곤 했다.

그러므로 3개 기관이 논의한 금융시장 안정을 위한 내용을 발표해야 했다면 다른 기관들의 위상이 침해받지 않도록 더욱 신중했어야 했다. 회의 장소는 비공개로 하고, 회의 결과는 각 기관의 내부 승인절차를 거친 후 같은 시각에 각 기관의 기자실에서 각 기관 관계자가 발표하도록 하는 게 맞는 일이었다.

결론적으로 금융정책협의회는 엄연히 법외기구였다. 설립을 위한 대통령령이나 부령 등 규정도 없이 신설되어 운영되었다. 사무국이 있었던 것도 아니었고, 따라서 의사록이나 속기록도 구비하지 않았다. 그런데도 불구하고 1999년 3월부터 2002년 말까지 4년간 탈 없이 운영되어 왔다. 국회 국정감사에서도 운영 실태에 대해 추궁을 받지 않았다. 직접적으로 그 권능을 침해받을 소지가 있어서 피해자라고 할 수 있었던 한국은행 금융통화위원회나 금융감독위원회로부터 금융정책협의회의 운영을 중단하라는 공식 요청이 있었다는 얘기도 듣지 못하였다. 공직사회에서 재경부가 중심이 되어 추진하는 일에 어깃장을 놓는 게 얼마나 어려운 일인가를 보여주는 사례이자 우리나라 민주주의 수준의 한 단면이라고 생각한다.

#재경부가 협의회를 만든 배경은 무엇일까

금융정책협의회가 출범하였던 1999년 3월로 돌아가 왜 재경부가 이 협의회를 구상했는지 생각해 보자. 앞에서 본 대로 1999년 3

월 5일 금융정책협의회 첫 회의가 개최되었다. 따라서 재경부가 금융정책협의회를 구상했던 시기는 대략 1999년 2월 경일 것으로 유추할 수 있다. 제4장에서 후술하는 대로 한국은행은 1월 28일 금융통화위원회를 개최하여 외환은행 출자 건을 수출입은행을 통한 우회출자로 매듭지었다. 한국은행으로서는 만감이 교차하면서도 크게 자긍심을 느낄 사안이었다.

반면 재경부로서는 총력을 기울여 추진하던 한국은행의 외환은행 직접출자 건이 무산됨에 따라 자존심에 상처를 입을 수밖에 없었다. 금융정책협의회를 만들어 보아야겠다는 재경부의 구상은 외환은행 직접출자를 관철시키지 못했던 자괴감과 한은 총재에 대한 서운함에서 비롯된 측면이 없지 않았을 것이라고 추측해 본다.

재경부로서는 장관이 한국은행 총재 등 경제 수장들과 직접 주요 정책과제에 대해 조율에 나설 경우 경제 수장들이 법 규정 및 자기 기관의 위상을 지키려는 성향이 강하여 원활한 협조를 얻어내는 데 어려움이 있을 수 있음을 감지했을 수 있다. 따라서 금융정책협의회라는 법외 협의체를 만들어 부기관장들간 협의를 통해 웬만한 금융정책 이슈를 조율하려고 했던 것은 아니었을까?

특히 1999년 5월 17일 개최되었던 금융정책협의회 직후의 신문보도에 의하면, 당초 금융정책협의회를 만든 재경부의 의도가 무엇이었는지 의구심이 더욱 커질 수밖에 없다. 금융정책협의회가 개최되었던 이날은 한국은행이 콜금리를 4.75% 수준에서 동결하기로 결정한지 11일이 지난 후였다. 재경부에서 정덕구 차관, 한국은행에서 심훈 부총재, 금감위에서는 윤원배 부위원장을 대신해 금감위 상임위원이 참석했다.

금리를 계속 인하하려고 계획하고 있었던 재경부로서는 5월 6

일 있었던 한국은행의 콜금리 동결 결정을 받아들일 수가 없었던 것
일까? 동아일보가 5월 18일 보도한 내용에 따르면, 정 차관은 이날
금융정책협의회에서 "경기회복과 기업 구조조정을 촉진하기 위해
서는 저금리 기조가 유지돼야 한다"며 금리인하 필요성을 강조하였
다. 그렇지만 심 부총재는 인위적인 금리인하의 부작용을 들며 신중
한 대응을 강조하는 한편 "금리정책은 금융통화위원회가 경기회복
속도와 자금수급 사정 등을 감안해 결정하게 될 것"이라고 밝혔다
고 한다.

세계일보도 같은 날 "금융정책협의회가 당초 예상과 달리 현행
금리정책을 유지하기로 입장을 조율한 것으로 밝혀졌다"고 보도하
면서 "앞서 자금시장에서는 이번 금융정책협의회가 금리정책을 다
시 하향안정화 기조로 바꿀 것이라는 소문이 나돌면서 장기금리인
3년 만기 회사채유통수익률이 연 8.4%대로 소폭 하락했다"고 덧붙
였다.

여기서 무엇을 알 수 있을까? 첫째, 재경부가 금융정책협의회
를 활용하여 콜금리 인하라는 꺼진 불을 다시 지피려고 하지 않았을
까 의구심이 간다. 당시 재경부는 한국은행 금융통화위원회의 콜금
리 동결 조치에 납득하지 못하고 있었던 상황이었으므로 인과관계
면에서 설득력 있는 추측이다. 한국은행이 이를 완강하게 막아냈기
때문에 그러한 시도는 불발에 그쳤다. 그러나 보도 내용이 사실이라
면, 경제부처간 정책협의를 위하여 만들어진 임의기구에서 법률상
통화정책의 결정권을 가진 금융통화위원회의 통화정책 방향을 뒤
집으려고 시도했다는 말이 된다.

둘째, 세계일보의 기사에서 알 수 있듯이 시장 참가자들이 관심
을 가졌던 것은 법률상 통화정책 결정 권한이 어디에 있느냐가 아니

라 금리 등 통화정책을 최종적으로 결정하는 힘이 어디로부터 나오
느냐에 관한 것이었다는 사실이다. 법률에 따를 경우 금리결정 권한
은 금융정책협의회가 아닌 한국은행 금융통화위원회에 있다. 금융
시장 관계자들은 이 점을 잘 알고 있었다. 그러나 시장은 법률규정
이 아니라 실체적인 힘의 향방에 주의를 기울였다.

시장은 그 동안 재경부가 공개적으로 행했던 발언과 가깝게 통
화정책이 이루어져 왔음을 확인하면서 재경부가 여전히 금리정책에
상당한 힘을 가지고 있음을 믿게 되었다. 또한 그러한 권능을 가진
재경부가 금융정책협의회를 주도하고 있다는 것도 잘 알고 있었다.
따라서 시장 참가자들은 이번에도 여러 방법을 동원하여 재경부가
원하는 금리인하 쪽으로 방향을 되돌릴 수 있을 것이라고 믿었던 것
이다. 그 결과 금융정책협의회에서 금리정책이 다시 하향안정화 기
조로 바뀔 것이라는 소문이 나돌면서 장기금리가 소폭 하락하였던
것이다. 권한도 책임도 없는 재경부가 한은의 통화정책에 간섭하는
데 따른 부작용이 금융정책협의회의 신설로 더욱 증폭될 수 있음을
보여준 사례였다.

통화정책에 대한 정부 간섭의 영향

지금까지 살펴본 바와 같이 외환위기가 한 고비를 넘긴 1998년
중반부터 1년간 정부와 한국은행은 통화정책을 둘러싸고 극명하게
대립하였다. 정부는 1998년 초부터 산업기반 붕괴를 막고 경기활성
화를 위해서는 단기간 내 저금리체제를 확립해야 한다고 주장하였
다. 반면 한국은행은 구조조정의 철저한 이행을 위하여 금리인하에
신중을 기해야 한다는 견해를 피력하였다. 아울러 한국은행은 가능

한 한 금리 인하속도를 늦추려고 노력하였다. 지속적인 금리인하를 주문하던 정부의 기대를 뿌리치고 한국은행이 4.75% 수준에서 콜 금리 목표를 동결함으로써 정책금리 인하 행진은 종료를 고하였다.

한국은행은 정부의 금리인하 압력에 맞서기 위해 여러 가지 경제논리를 동원하였다. 금리를 급속하게 인하하거나 인위적으로 저금리 정책을 추진할 경우 기업들이 구조조정을 해태하거나 지연시킬 가능성이 크다는 점을 집중적으로 부각시켰다. 외환위기 직후의 내수 위축 및 환율 하락에 따른 수입물가 안정 등에 힘입어 물가가 안정되어 있었기 때문에 인플레이션 우려만을 강조해서는 한국은행의 입장이 받아들여지기가 어려웠기 때문이다. 1999년에 들어서는 부동산시장 및 증권시장에서의 자산가격 거품 가능성 등을 제기하기도 하였다.

통화정책에 대한 정부의 간섭은 집요한 형태로 나타났으며, 김대중 대통령까지 직접 나서서 금리인하를 공개적으로 주문하였다. 한국은행은 이러한 정부의 간섭을 뿌리치기 위하여 노력하였으나, 결과적으로는 1998년 중반부터 1999년 4월까지 급속한 금리인하 정책이 수행되었다. 우리나라 역사상 금리가 가장 낮은 시대, 이른바 초저금리 체제가 확립된 것이다.

1998년 4월 1일 발효된 개정 한국은행법에 의해 독립성이 강화되었음에도 불구하고, 이 기간 중 한국은행의 독자적인 통화정책 수행이 미흡하였던 데에는 한국은행의 책임이 크다. 권리 위에 잠자는 자는 구제받을 수 없기 때문이다.

그런데 정부가 통화정책 수행에 대한 한국은행의 입장을 존중해 주었다면 한국경제는 어떤 모습으로 변화하였을까? 다시 말해 재경부가 개정 한국은행법에 입각하여 한국은행의 통화정책 권한을 소중히 생각하는 한편 한국은행을 진정한 경제정책 파트너로 인정하고 대우하였다면 통화정책은 어떻게 달라졌고, 한국경제에는 어떤 영향을 미쳤을까? 필자로서는 재경부가 그렇게 했다면, 한국경제가 외환위기를 극복한 이후 보다 안정적 성장을 구가하였을 것이라고 판단한다.

흥미있는 사실은 IMF에 의해 일방적으로 부과된 초고금리정책의 폐해와 영향에 대해서는 많은 연구들이 있으나 정부의 자주적 의사에 따라 단기간에 초고금리체제에서 초저금리체제로 이행하였던 정책 전환이 과연 적합하였는지 여부에 대해서는 아직까지 실증분석을 토대로 한 연구 성과가 없다는 점이다. 여기에는 두 가지 원인이 있었기 때문인 것으로 생각된다.

첫째, IMF에 의해 부과되어 시행되었던 초고금리체제의 문제점이 워낙 크다고 생각되었기 때문에 이를 초저금리체제로 바꾼 정책 전환을 별 검증없이 정당화시켜 주었던 측면이 있다. 둘째, 우리나라가 예상보다 빨리 외환위기를 극복하고 거시경제면에서 비교적 양호한 실적을 냄에 따라 초저금리체제로의 정책 전환 자체가 면죄부를 받게 된 측면이 있다.

그러나 다행스러운 것은 일반론적인 시각에서는 여러 전문가들이 외환위기 극복과정에서 이루어진 저금리체제로의 정책 전환에 대한 문제점을 지적하여 왔다는 사실이다. 그러나 이들 견해에는 최신 계량경제기법 등을 활용한 정교하고 치밀한 실증분석 결과가 뒷받침되고 있지 않아 아쉬운 감이 없지 않다. 그렇다고 하더라도 이러한 견해들은 통화정책 등 거시경제정책에 관심이 있는 경제학자들의 상상력을 넓혀 주는 등 우리나라 경제정책에 대한 새로운 토론 및 연구의 장을 열어주고 있다는 점에서 유익하다고 생각된다.

먼저 김경원·권순우는 외환위기 기간 중의 통화정책을 다음과 같이 평가하고 있다.[43] 이들은 초저금리 체제를 축으로 한 통화정책이 한국경제가 단기간 내에 외환위기를 극복하는데 기여[44]하였으나 기업들의 구조조정 해태 및 이에 따른 구조조정의 속도 둔화, 부동산시장으로의 자금이동을 촉진함에 따른 추후 부동산시장의 버블 조성, 소비 촉진과 저축률 하락, 가계부채 급증과 신용불량자 양산 등의 부작용을 낳았다고 지적하였다. 이들은 한국경제가 초저금리체제로 접어든 시점을 3년 만기 회사채금리가 한 자리 수로 떨어졌던 1998년 10월 이후로 보고 있다. 그리고 이러한 저금리 기조가 장기간 지속되면서 1999년부터 주식시장에서의 거품 장세 등 문제점이 발생했던 것으로 분석하고 있다.

다음으로 정덕구 전 산자부장관은 "고금리체제에 대한 끈질긴 저항과 IMF와의 피 말리는 협상 끝에 한국은행의 통화증발을 통해 금리를 낮추어 나가게 되었으며, 이로 인해 (1998년) 3.4분기 말에는 30%대의 콜금리가 한 자리 수로 안정되었다"고 분석하였다.[45] 그는 이어 "통화증발을 통한 금리인하는 엄청난 과잉유동성으로 이어졌고, 이는 신용카드 대란과 가계대출 확대로 인한 신용불량사태, 부동산 가격 폭등 등을 가져왔다"고 분석했다. 그의 견해에 따를 경우 우리나라가 저금리체제로 접어든 시기는 1998년 3.4분기 말 정도로 가늠할 수 있겠다.

경제를 좀 아는 사람이 위의 책들을 읽는다면 열 사람 중 아홉

---

43 김경원·권순우 외, 『외환위기 5년, 한국경제 어떻게 변했나』, 삼성경제연구소, 2003, pp. 95~104.

44 김경원·권순우 등은 위 책에서 초저금리 체제가 조기 경기회복의 밑바탕이 되었고 대규모 국채 발행에 따른 정부의 원리금 상환부담을 경감하였으며, 주식시장 활황에 따른 외국인투자자금의 급증을 가져와 외환보유액의 증대를 가능토록 하였다고 평가하였다.

45 정덕구, 『외환위기 징비록』, 삼성경제연구소, 2008. pp. 547~48.

은 다음과 같은 몇 가지 소박한 질문을 던질 수 있을 것이다. 1998년부터 1999년 초까지의 짧은 기간에 급속한 금리인하를 통해 초고금리체제에서 초저금리체제로 이행하였는데, 그렇게 하는 대신 보다 신중하고 완만하게 금리를 인하함과 아울러 경기회복 추이에 맞추어 금리를 신속하게 한 두 차례 인상했더라면 한국경제는 어떤 모습으로 변하였을까? 구체적으로 얘기해서 한국은행이 1999년 5월 6일 4.75% 수준에서 콜금리 인하 행진을 멈췄는데, 그보다 더 일찍 콜금리가 6.5%였던 1999년 1월 초에 금리인하 행진을 중단했다면 어떠했을까?

제1장에서 살펴본 바와 같이 실제로 전철환 총재는 콜금리를 동결할 것을 의중에 두고 1999년 1월 7일 '콜금리의 탄력적 운영' 방안을 금융통화위원회 의안으로 상정한 바 있다. 그런 다음 1999년 내내 콜금리를 동결하거나 1999년 상반기 중 한 두 차례 콜금리를 인상했다면 앞의 저자들이 지적했던 초저금리 체제의 부작용을 상당히 막을 수 있지 않았을까?[46] 정부 및 한국은행은 물론 경제학자들이 이와 같은 질문에 답하기 위해 노력할 때 과거의 통화정책에 대한 잘잘못을 제대로 따질 수 있음은 물론 앞으로의 최적 통화정책을 모색하는 데에도 유용한 시사점을 얻을 수 있다고 생각한다.

다시 1998년과 1999년 초로 돌아가 생각해 보자. 당시 금리인하 정책을 1999년 1월 초에 멈췄다면 콜금리는 6.5%에서 동결될 수 있었을 것이고, 6.5%의 콜금리 수준을 중심으로 그 후 몇 년간 통화

---

46 정덕구 전 산자부장관은 정부가 과잉공급된 유동성을 적절한 시기에 회수하지 못했다고 평가하면서 특히 "통화당국은 지난 2001년과 2002년 유동성 조절에 적극 나섰어야 했는데 결국 그렇게 하지 못했다"고 아쉬움을 토로하였다(정덕구, 앞의 책 p. 548). 그러나 우리나라는 2001년 중 GDP성장률이 1.4분기 3.7%, 2.4분기 2.9%, 3.4분기 1.9%로 계속 낮아지는 등 경제가 어려웠기 때문에 오히려 금리 인하를 필요로 하였으며, 유동성 회수를 위해 금리 인상을 고려할 상황이 아니었다. 2001년 통화정책에 대해서는 제8장 참조.

정책이 신중하게 수행되었다면 실제 있었던 한국경제 모습은 다음과 같이 달라졌을 것이다.

경제성장률은 다소 둔화되고 국채 원리금상환 부담증대로 국가채무가 좀 더 늘어났을 것이다. 주식시장의 상승세가 제약되어 외국인 주식투자가 덜 유입되었을 것이며, 그 결과 외환보유액 확충에도 좀 더 시간이 걸렸을 수 있다. 반면에 위의 저자들이 지적하였던 초저금리체제의 폐해나 부작용은 많이 줄이거나 방지할 수 있었을 것이다. 다시 말해 주식시장 및 부동산시장에서의 버블 형성이 상당히 억제되었을 것이며, 가계부채 급증 및 신용 카드 부실 등의 문제도 더 완화된 수준에서 관리할 수 있지 않았을까 생각해 본다.

경제안정의 중요성이 더욱 커지고 있다

그렇다면 실제 있었던 경제 모습과 통화정책을 보다 신중하게 수행한 결과 나타날 수 있었던 가상의 경제 모습을 비교하여 어떤 경제 모습이 우리나라에 더 유리하였을까를 생각해 보자.

우리나라에는 5천만 명이 살고 있다. 이들은 모두 귀하고 평등한 존재인 데다가 사람마다 생각하는 바나 가치관이 상이하다. 같은 배달민족이면서도 사람마다 처해 있는 입장 또는 이해관계가 다르다는 말이다. 그렇기 때문에 앞에서 언급한 두 가지 경제 모습 중 어떤 모습이 우리나라에 더 좋았을 것이라고 단언하기는 불가능하지 않을까 하는 근본적인 의문에 부딪칠 수 있다.[47]

---

47 다만 경제학계에서는 장기적으로 지속 가능한 성장을 이루어 나가려면 물가안정이 뒷받침되어야 한다는 데 대해서는 상당한 공감대가 형성되어 있다. 이러한 생각들이 바탕이 되어 선진국은 물론 우리나라도 중앙은행의 독립성을 보장함으로써 물가안정을 달성하려고 애쓰고 있다.

그러나 다음과 같은 몇 가지 이야기들을 중심으로 실타래를 풀어나가다 보면 국민 입장에서 어떤 경제 모습이 더 낫다는 결론에 도달할 수 있지 않을까 생각된다.

한 나라 경제 내에 있는 인적·물적 자원을 총동원하여 인플레이션을 초래함이 없이 달성할 수 있는 경제성장률을 잠재성장률이라고 한다. 이때 정부 및 중앙은행이 고성장을 달성할 것을 목표로 재정지출 확대나 금리인하 등 확장적인 경제정책을 추진할 경우 실제 경제성장률은 잠재성장률을 초과하게 된다. 그런데 경제에 공짜는 없는 법이다. 잠재성장률을 상회하는 높은 경제성장은 예외 없이 높은 물가상승과 경상수지 적자 확대를 수반하기 마련이다.

이러한 확장적인 경제정책이 장기간 지속되면 일정 기간 고성장 추세를 이어갈 수는 있지만 결국 높은 물가상승과 경상수지 적자 누증 등이 초래되어 외환위기 등 경제위기 사태에 직면할 수 있다. 그런데 일단 국민경제가 위기를 맞으면 경제성장률이 마이너스를 기록하는 등 심각한 경기침체가 도래한다. 그 결과 내수가 위축되면서 공장이 문을 닫고 기계설비가 멈춰서며 급격한 고용 위축으로 실업률이 높아진다.

이렇게 고성장과 심각한 경기불황이 반복되는 경제를 롤러코스터 경제라고 한다. 천당과 지옥을 오가는 것이다. 우리나라가 장기간 호황을 구가하다가 1997년 말 외환위기를 겪을 때의 모습이 바로 그러하였다.

롤러코스터 경제는 국민경제에 어떠한 영향을 미칠까? 서울랜드에서 블랙 홀 2000이나 은하열차 888을 탔던 사람들은 롤러코스터 경제의 특징을 쉽게 이해할 수 있을 것이다. 바이킹 보트에 탔던 사람들도 마찬가지로 쉽게 이해할 수 있겠다. 보트의 앞쪽(船頭)이

하늘을 가르면서 급속하게 위로 올라갔다가 다시 땅을 가르듯이 급속하게 내려오는데, 상하 피칭(pitching) 운동이 반복될수록 바이킹 보트가 그리는 포물선은 더욱 커진다. 피칭 운동(오르고 내리기)을 반복할수록 바이킹 보트의 앞쪽과 뒤쪽(船尾)으로 힘이 더 쏠린다.

롤러코스터 경제가 지속되면 국민경제도 바이킹 보트처럼 요동치게 된다. 경제정보를 잘 활용하고 자금력도 충분하며 금융지식이 출중한 일부 계층은 급변하는 경제 정세를 적극 활용하여 투기적 거래를 통해 큰돈을 벌지만 대부분의 서민들은 낙오하고 만다. 청소년들은 보트가 급격하게 오르내림을 한없이 즐기지만 노약자나 부녀자는 어질어질하고 멀미가 나 거의 기절할 지경에 이르는 것과 같다. 이처럼 경제가 고성장과 불황을 반복할수록 소득분배의 불균등도가 심화되어 중산층은 엷어지고 경제력은 일부 계층에 집중될 수밖에 없게 된다. 1997년 말 외환위기 이후 우리나라에서 일어났던 현상과 비슷하다.

롤러코스터 경제의 또 하나의 문제점은 원상회복을 허용하지 않는다는 점이다. 롤러코스터나 바이킹을 탈 때 손님들은 안전을 위해 벨트를 매도록 되어 있다. 롤러코스터나 바이킹이 아무리 요동을 쳐도 손님들은 처음부터 끝까지 앉은 자리에 고정된다. 자리에서 떨어져 공중으로 튕겨나가지 않는다는 말이다. 그러나 롤러코스터 경제에서는 다르다. 경제위기로 파산한 기업주나 직장을 잃은 근로자들은 다시 호황이 온다고 하더라도 자기가 있었던 위치로 돌아갈 수 있는 경우가 극히 드물다.

경제위기 이후 호황이 찾아오더라도 그 혜택이 경제 위기로 불이익을 받았던 사람들에게 돌아가지 않고 다른 기업가들이나 신규 졸업생 등 취업 대기자들이 혜택을 볼 확률이 높다는 말이다. 우리나라의 경우 1997년 말 외환위기를 비교적 조기에 극복하였음에도 불구하고 외환위기 와중에 사업이 망했거나 직장을 잃었던 사람들이 원 위치로 회복된 사례는 손에 꼽을 만큼 적었다.

롤러코스터 경제와 대칭되는 경제를 '안정적인 성장경제' 라 할 수 있다. 높은 수준의 경제성장은 아닐지라도 물가불안, 경상수지 적자, 금융 불안정 등을 야기하지 않으면서 장기간에 걸쳐 착실하게 성장하는 경제를 말한다. 이처럼 경제 안정이 이루어지면 경제주체들은 부동산 투기나 주가 급등으로 대박을 터뜨리는 행운은 누리지 못할지언정 건실하고 예측 가능한 경제생활을 영위할 수 있다.

기업가는 매출이 빠른 속도로 늘지 않아 답답할 수 있지만 갑자기 공장 문을 닫게 되는 폐업사태에 직면할 확률은 낮아지게 된다. 근로자들은 높은 임금 상승을 기대할 수 없겠지만 일자리를 급작스럽게 잃는 일은 피할 수 있다. 경제주체들이 미래를 어느 정도 예측하면서 경제생활을 할 수 있기 때문에 일상의 안온한 생활은 물론 자녀 학자금 및 노후자금 준비에도 큰 차질이 없게 된다.

우리나라의 60, 70년대처럼 국민들이 하루하루 근근이 먹고 살기에 바빴던 시대에는 경제성장률이 높으면 높을수록 좋았다. 그 시대는 고성장을 위해 경제안정을 희생하더라도, 다시 말해 롤러코스터 경제가 반복되더라도 잃을 게 별로 없었다. 국민경제가 고성장을 지속한 결과 근로자들이 계속 임금을 받게 되면 그것 자체로 좋은 일이었다. 고성장 이후 경기불황이 찾아와 실업상태가 되더라도 그 심각함이 지금보다 덜하였다. 임금 수준이 워낙 낮았기 때문에 실업에 따른 타격이 크게 느껴지지 않았다.

전반적인 국민 생활수준이 낮았고, 그럭저럭 입에 풀칠하며 살아가는 사람들이 많았기 때문에 실업상태에서도 별 부끄럼 없이 지

내기가 수월하였다. 더욱이 과거 못살았던 시대에는 극심한 불황이 오더라도 실직에 따른 임금소득의 상실로 끝나지 더 이상의 피해는 없었다. 그 시대는 사람들이 아파트, 오피스텔 등 경기변동에 민감하게 반응하는 자산이나 주식, 펀드 등 금융자산을 갖고 있지 않았기 때문이다.

2000년대를 살아가는 한국 사람들은 60, 70년대와는 판이하게 다른 경제생활을 하고 있다. 이제는 전반적으로 생활수준이 높은 편이다. 일자리를 잃어 소득이 끊기면 고도 산업사회에서 당하는 불편들이 이만저만이 아니다. 아파트 관리비 등 온갖 공과금을 체납하게 될 경우의 불안을 생각해 보라. 소득이 끊길 경우 그 즉시 잃게 될 생활의 안락함과 안온함이 60, 70년대와는 비교할 수 없을 만큼 크다. 60, 70년대와는 달리 많은 사람들이 경기변동에 대한 가격 민감도가 높은 아파트 등을 보유하고 있으며, 주식이나 펀드에 투자하고 있다. 롤러코스터 경제가 지속되는 결과 갑자기 불황이 엄습하면 일자리가 끊겨 임금소득이 줄어들 뿐 아니라 아파트 가격 폭락에 주식, 펀드까지 반 토막이 나는 불행이 겹칠 수 있다.

잘 살면 잘 살수록, 재산을 많이 보유하면 보유할수록 위험(risk)을 싫어하고 안정을 중시하는 법이다. 잘 살거나 번듯한 재산이 있는 사람들은 위험을 감수하면서 모험을 하지 않더라도 현재 누리고 있는 안정적인 생활을 장기간 구가할 수 있다. 한 몫 챙기기 위하여 구태여 판을 뒤집을 필요가 없다는 말이다. 이대로 영원히 가면 되는 것이다. 그렇기 때문에 2000년대 한국 사람들은 과거 못살았던 시절과 비교하여 롤러코스터나 바이킹처럼 경제가 요동치면서 위험과 불확실성이 증폭되는 것을 싫어하고 두려워한다.

결론적으로 선진경제에 가까워질수록 국민들이 경제안정에 대해 갖는 여망은 더욱 커지게 된다. 따라서 앞으로 증대될 경제안정에 대한 국민들의 여망에 정부가 적극 부응하려면, 경제성장률은 다소 낮을지라도 견실하게 성장 추세를 지속해 나가되, 그 과정에서 부동산을 포함한 전반적인 물가안정, 경상수지 균형, 금융안정을 이룰 수 있도록 세심하게 배려해 나가야 할 것이다.

정부는 속성상 정책 수행에 있어 선거를 의식할 수밖에 없다. 그 결과 정책 시계(視界)가 단기에 그치고 정책의 내용도 대중에 영합하는 방향으로 이루어지기가 쉽다.[48] 그러므로 정부가 통화정책에 간섭하여 중앙은행을 좌지우지하게 되면 경제안정을 이룰 수 없으며, 심할 경우 롤러코스터 경제가 도래할 가능성이 높아지게 된다.

정부와 비교할 때 중앙은행은 지배구조상 상대적으로 정치권력으로부터 초연한 위치에서 선거를 의식하지 않고 중장기적인 시각에서 통화정책을 수행할 수 있다. 그러므로 정부는 외환위기 직후의 통화정책 간섭 사례를 반면교사로 삼아 한국은행이 경제안정을 도모하는 방향으로 통화정책을 일관성있게 추진할 수 있도록 법적으로나 운영 면에서 한국은행의 독립성을 존중해야 한다.

48　김경원·권순우는 "통화당국의 저금리 정책기조는 이후 경기가 활황세를 보이는 시기에도 지속되었는데 이것은 통화당국이 선거(2000년 4월 총선, 2002년 12월 대선)를 의식했기 때문이라는 비판도 제기되었다"고 주장하였다(김경원·권순우 등, 「외환위기 5년, 한국경제 어떻게 변했나」. 삼성경제연구소, 2003, pp. 95~96).

언론의 관심과 비판

언론, 정부의 금리정책 간섭을 비판하다

정부가 한국은행 고유 업무인 금리정책을 자기 소관인 것처럼 생각하며 금리인하를 위해 전방위로 나섬에 따라 언론이 이 문제에 관심을 기울이기 시작하였다. 언론은 개정 한국은행법에 의해 한국은행이 통화신용정책을 독립적으로 수행하도록 되어 있음을 주지시키면서 정부의 금리정책 간여를 비판하였다. 다른 한편으로는 법률상 권한을 제대로 행사하지 못하는 한국은행의 무능력과 무기력을 함께 질책하면서 한국은행이 각성하여 정책역량을 제고해 나갈 것을 촉구하였다.

언론은 금리정책과 관련한 정부 인사의 발언과 이에 대한 한국은행의 반응을 취재하여 기사와 해설, 칼럼, 사설 등 다양한 형태로 보도하였다. 이러한 언론의 관심은 한국은행이 법에 따라 통화신용정책을 독립적으로 수행할 수 있도록 정부에 저항하여 어려운 싸움을 벌이는 데에 큰 힘이 되었다.

개정 한국은행법 및 금융감독기구 설치에 관한 법률의 발효로 은행감독 업무가 신설 금융감독원에 이관됨에 따라 한국은행 업무는 통화신용정책 수행, 조사업무, 경제통계 업무, 외환시장 모니터링 및 외환보유액 운용 업무 등으로 범위가 좁혀졌다. 반면 금융 및 기업 구조조정을 주도하였던 금융감독위원회와 금융감독원은 업무의 범위와 중요성이 크게 높아졌다.

그 때나 지금이나 한국은행 출입 기자들이 한국은행은 물론 시중은행 등 금융권을 함께 취재한다. 금융감독위원회와 금융감독원이 신설되어 당시 절체절명의 과제인 구조조정을 추진하고 있었으므로 언론사들은 한국은행 및 금융권 취재기자들의 베이스캠프를 금융감독위원회로 변경할 수도 있었을 것이다. 그렇게 되었다면 금감위 출입기자들이 한국은행을 취재하는 구도가 되었을 것이다.

그런데 표면적으로 보기에 한국은행의 업무 중요도가 종전보다 낮아졌음에도 불구하고 언론사들은 출입기자 배치에 있어 한국은행을 종전과 꼭 같이 대우하였다. 이것은 언론사들이 한국은행법 개정 직후 종전보다 더 많은 수의 주재기자를 한국은행 기자실에 배치하였던 데에서 드러난다.[49] 한국은행 주재기자 증원 조치는 외환위기 이후 급속하게 추진되었던 금융 구조조정을 효과적으로 취재하기 위한 것이었지만, 한국은행으로서는 많은 기자들을 상대로 업무는 물론 정책현안에 대한 입장을 효과적으로 알릴 수 있는 좋은 기회를 확보한 셈이었다.

이들 주재기자들은 상주하면서 한국은행이 발간하는 조사연구 자료들을 읽고 필요할 경우 임직원들의 설명을 들을 수 있었으며, 이들과 자유로운 토론을 벌일 수 있었다. 이에 따라 기자들은 통화

---

49 한국은행에 등록된 출입기자는 1997년 3월 25일 현재 17개 신문사(연합뉴스 및 영자지 포함) 45명, 7개 방송사 9명 등 총 54명이었으나, 외환위기 직후인 1998년 4월 15일에는 17개 신문사 57명, 7개 방송사 20명 등 총 77명으로 크게 증가하였다.

정책을 둘러싼 정부와 한국은행의 대립 구도에서 빚어진 제반 이슈와 관련하여 국민경제적 차원에서 무엇이 옳고 그른가를 균형있게 판별할 수 있지 않았나 생각된다.

따라서 1998년 4월 개정 한국은행법의 발효와 더불어 한국은행이 통화신용정책 관련 권한을 제대로 행사하려고 걸음마를 시작하였을 때 언론은 대체로 그 내용을 충실히 보도하려고 애썼다. 여기에는 총재의 연설과 강연, 기자간담회 내용은 물론 한은 조사연구자료, 고위 간부들이 금리정책에 관해 표명한 견해들이 포함되었다.

또한 언론은 한국은행이 판단하는 금리정책 방향과 구조조정 방안 등을 정부 견해와 비교하면서 균형 있게 보도하려고 노력하였다. 외환위기 직후의 비상 상황 하에서 역학관계상 한국은행이 재경부 및 금융감독위원회에 밀리고 있었음에도 불구하고 이처럼 언론이 꾸준히 한국은행 관련 기사들을 보도하였던 것은 매우 인상적인 일이라고 평가할 수 있겠다.

한국은행에 대한 언론의 관심은 법에 의해 통화신용정책이 한국은행 소관사항임을 확인한 결과이기도 했지만, 한국은행의 독립성 보장이 1987년 6월항쟁 이후 국민적 공감대 속에서 이루어진 소중한 가치임을 존중해 준 측면도 있었다. 아울러 국내외 금융시장이 한데 어우러져 금리, 환율, 주가가 실시각으로 변동하는 글로벌 경제 아래에서 향후 한국은행의 통화신용정책이 더욱 중요해 질 것이라는 언론의 중장기적 시각도 영향을 미쳤을 것으로 생각한다.

언론은 한국은행이 1998년 7월 이후 보도자료를 내면서 통화정책 등에 대하여 적극적인 의사를 표시하고 나서자 이에 큰 의미를 부여하고 지지하는 자세를 보였다. 한국경제신문은 1998년 8월 7일 '목소리 커진 한은, 최근 적극적 의사표명' 이라는 제목으로 한은의 변화된 모습을 긍정적으로 평가하면서 한은법이 개정되기 전 재경부의 눈치를 보는데 급급했던 1997년과 비교하였다. 문화일보도 같은 날 한국은행이 "원론적이며 중장기적 해법이라는 한계를 안고 있으나 본격적으로 제 목소리를 내기 시작하였다"는 기사를 내보냈다. 서울신문도 8월 10일 전철환 총재가 민감한 정책 사안에 대해서 소신을 밝히는 등 목소리를 뚜렷하게 내고 있다고 보도하였다.

한경비즈니스는 1998년 12월 29일 호에서 통화공급 확대를 통해 초저금리를 유도하려는 정부 정책에 대해 한국은행이 극도로 예민한 반응을 보이면서 보도자료 배포 및 언론사 기고 등을 통해 공개적으로 정부에 도전하고 있다고 말하고, 구 재정경제원의 직할통치를 받았던 시절과 비교하며 IMF 사태 이후 한국은행의 위상과 입지가 크게 달라졌다고 평가하였다.

언론의 보도 태도는 은행감독 권한을 이양한 터에 통화신용정책 분야에서도 재경부의 힘에 밀려 좌절감과 실망, 울분을 느끼고 있었던 한국은행 임직원들의 사기를 높이고 단합토록 하는 촉매제가 되기도 하였다. 언론이 한국은행의 어려움을 보도하면서 문제를 제기하는 것 자체가 미래에 대한 희망을 갖게 해 주는 긍정적 효과가 있었던 것이다.

조선일보는 1998년 7월 9일 "재경부는 오는 8월까지 시중 실세 금리를 연 12%대까지 끌어내리는 게 정부 방침이라고 말하고 있지만, 재경부는 금리를 내릴 법적 권한도 수단도 없기 때문에 이는 한은에 대한 월권행위"라고 보도하였다. 이와 같은 기사를 보면서 한은 임직원들은 국민들에게 진실이 제대로 알려지고 있는 데 대해 안도감을 느꼈다.

언론은 기회가 있을 때마다 재경부장관 등 정부 고위인사들이 금리정책 방향을 제시하고 언급하는 것에 대해 총재가 어떻게 생각하는지 질문을 던졌다. 정부의 금리정책 간섭에 대하여 문제를 제기하며 처음으로 전 총재의 견해를 물었던 언론사는 중앙일보였다. 중앙일보는 1998년 6월 15일의 인터뷰에서 재경부 쪽에서 금리인하에 대한 발언이 끊이지 않고 있는 데 대해 의견을 물었다.

그러나 이때까지만 하여도 전 총재는 본인의 생각을 솔직하게 얘기하지 않았다. 총재의 말 한 마디는 금융시장에 큰 영향을 미칠 수 있음은 물론 정부와의 관계에서 예기치 못한 파장을 불러올 수 있었다. 더욱이 한국은행과 정부 부처 간 갈등이 큰 것으로 보도될 경우 외환위기 극복에 전념하여야 할 경제부처들이 권한 다툼에 골몰하고 있다는 인상을 주어 국민들을 걱정하게 할 수 있었다. 따라서 겉으로는 애써 문제될 것이 없다는 입장을 취하였다.[50]

그러나 전 총재는 1999년 2월 3일자 내일신문과의 인터뷰에서 정부의 금리정책 간섭에 대한 견해를 처음으로 솔직하게 피력하였다. "정부 인사들의 금리 관련 발언은 적절치 못하며 자제되는 것이 바람직하다"는 요지였다. 이후 기자들이 물었을 때마다 대체로 그러한 발언을 반복하였다. 기자들은 한국은행 소관사항이 명명백백한 금리정책을 재경부장관 등 정부 인사가 거론할 때마다 이에 대한 한은 총재의 견해를 물어 기사화하였다. 총재의 발언이 계속 언론에 보도됨에 따라 국민들도 정부가 금리정책에 간여하는 것은 부적절하며 국민경제에도 좋지 않은 영향을 주게 된다고 생각하게 되었다.

재경부가 금리정책을 전횡하고 있는 데 대해 이처럼 언론이 시시비비를 가리는 보도를 함에 따라 국민 여론을 환기시키는 효과가

---

50 중앙일보, 1998. 6. 15자. 전철환 총재는 "정부의 희망이 담긴 시그널 정도지 간섭이라고는 생각하지 않는다"라고 답변하였다.

컸던 것으로 생각된다. 특히, 1999년 연초부터 경기전망과 금리정책의 속도 조절 문제를 둘러싸고 한국은행이 정부와 대립하는 모습을 보임에 따라 언론은 통화정책에 있어 한국은행의 역할 및 위상과 관련한 토론의 장을 마련하였다. 이는 개정 한국은행법 발효 및 전철환 총재 취임 이후 1년이 가까워지고 있어서 시기적으로도 맞아떨어진 측면이 있었다.

문화일보는 논설위원 칼럼을 통해 "정부와 정치권 등에서 향후의 금리 수준이나 방향을 경솔하게 미리 밝힐 경우 시장에 큰 혼란을 초래할 수 있다"고 우려하였다.[51] 내외경제신문도 '한은, 목소리 좀 내라'라는 제목의 사설을 통해 최근 한국은행이 금리인하의 가속 여부를 두고 재경부와 신경전을 벌이고 있음을 들면서 "한은은 좀 더 정책 주장을 해야 한다"고 주문하였다.[52] 세계일보는 기자 칼럼에서 "금리를 특정 목표대로 제시하는 것은 마치 자기 패를 내놓고 포커를 하는 것과 같다. 이런 얘기가 잦다가 현실로 연결되지 않을 경우 정부는 신뢰를 잃게 된다"고 주장하였다.[53] 이들 칼럼들은 모두 행정부와 여당이 힘의 논리로 금리인하를 밀어붙이고 있는 데 대해 깊이 우려하는 내용이었다.

한국은행에 대한 비판

#한국은행에 대한 비판의 초점

언론은 재경부 등 정부가 통화정책에 간여하는 데 대해서는 일

---

51   문화일보, 1998. 12. 22자.
52   내외경제신문, 1999. 1. 9자.
53   세계일보, 1999. 1. 23자.

관성있게 비판의 칼날을 세우고 한국은행의 입장을 옹호하였다. 그러나 한국은행의 역량 부족으로 그러한 사태가 초래되었음을 지적하면서 한국은행의 무능력, 무소신을 여러 시각에서 비판하기도 하였다. 이와 함께 1998년 10월 28일 한국은행에 대한 국정감사를 계기로 한국은행 내부 경영의 문제점이 드러난 이후에는 많은 언론이 한국은행 개혁이 미진함을 비판하였다.

통화정책 이외에 내부 경영에 관련해 쏟아졌던 비판들까지 헤아린다면 한국은행을 비판하는 내용이 지지하는 내용보다 훨씬 많았다. 한은의 내부경영에 대한 언론의 비판과 이에 대응한 한은의 경영개혁에 대해서는 제6장에서 후술토록 하겠다. 여기서는 통화정책 수행 및 한은의 역량 등에 대한 언론의 비판에 초점을 맞추어 서술한다. 통화정책과 관련, 언론이 한국은행을 비판했던 내용은 다음과 같이 몇 가지로 나누어 살펴볼 수 있겠다.

첫째, 한국은행이 사전에 통화정책 방향을 주도면밀하게 제시하고 이에 따라 통화정책을 수행하여야 함에도 불구하고 정부가 먼저 통화정책 방향을 제시하면 한국은행이 '뒷북' 치듯이 이를 수행해 나간다는 비판이었다.

언론은 한은이 구조조정이 우선시되어야 함을 주장하면서 저금리정책을 통한 경기부양에 반대해 오다가 1998년 9월 말 RP금리를 1%포인트 인하함으로써 정부의 경기부양 정책에 화답하였다고 비판하였다.[54] 그리고 한국은행은 이처럼 통화정책 방향을 선회하면서도 변변한 설명자료 하나 내지 않았다고 지적하였다. 이러한 비판에 대해서는 제1장에서 한국은행이 정책 방향을 선회한 배경과

---

54   국민일보, 1998. 10. 1자; 한국경제신문, 1998. 10. 2자; 조선일보, 1999. 1. 13자 등

그 과정을 소상히 살펴보았기 때문에 재론하지 않겠다.

둘째, 정부는 1998년 중반부터 금리인하가 경제정책의 주요 목표임을 제시하면서, 구체적으로 목표로 하는 금리의 종류 및 각 금리들의 인하폭을 제시하였으나 한국은행은 재경부처럼 이를 선도하지 못했다는 비판이었다.[55] 그러면서도 한국은행은 재경부에서 금리문제를 거론하면 월권 운운하고 '독립성 훼손'이라며 한은 독립을 들먹인다는 비판이었다. 이러한 주장은 통화정책의 고시효과(announcement effect)도 재경부 몫이 되어버렸다는 비판으로 이어졌다.

셋째, 한은 총재는 통화신용정책과 관련하여 대통령이라도 잘못할 때에는 소신껏 'NO'라고 할 수 있어야 하고, 의원들의 추궁에도 당당하게 맞서야 하는데 그렇지 못하다는 비판이었다.[56] 이러한 사례로, 1999년 1월 20일 개최되었던 무역투자진흥확대회의에서 대통령이 예대마진이 높다고 지적하자 정부 당국은 물론 한국은행까지 나서서 부산히 움직이는 등 타율과 경직성을 보였음을 지적하였다. 한국은행으로서는 1998년 보도자료를 통해 은행 대출금리를 인위적으로 인하하려 할 경우 부작용이 크다고 주장한 바 있었기 때문에 뼈아픈 지적이었다.

또한 한은 총재는 의원들에게도 위엄있는 모습을 보여야 하는데, 1999년 1월 20일 국회 환란청문회에 출석한 전철환 총재는 그렇지 못했다고 비판하였다. 이때 의원들은 한은 총재를 피의자 신문하듯 다그쳤고, 전 총재는 외환관리 실패의 책임을 구 재경원에 떠넘기는 모습을 보였다는 것이다. 언론은 미국 의회 세출위원회 청문회

55　조선일보, 1999. 1. 13자; 매일경제신문, 1999, 1, 16자.
56　경향신문, 1999. 1. 26자.

에 출석한 그린스펀 미 연준 의장이 클린턴 대통령이 제시하였던 연기금의 주식투자 방안을 정면으로 반박하는 등 당당한 모습을 보여주었다고 평하면서 비판하였다.[57] 국회 환란청문회에 출석한 전철환 한은 총재를 같은 날 미국 의회 세출위원회 청문회에 출석한 그린스펀 미 연준 의장과 대비시켰던 것이다.

넷째, 언론은 한은 총재의 지도력 문제를 제기하였다. 한국은행이 이처럼 통화정책을 제대로 수행하지 못하는 데에는 전 총재 개인의 리더십이 부족하기 때문이라는 비판이었다. 그 사례로는 1998년 11월 초 외신기자클럽에서 기자 질문에 대해 전 총재가 준비해온 답변문과 현장에서 수행직원들이 작성한 자료를 그대로 읽는 소극적인 모습을 보였음을 지적하였다.[58]

다섯째, 언론은 물론 일부 학계 인사들까지 한국은행을 비판할 때에는 미 연준과 비교하는 경우들이 많았다. 1998년부터 개정 한국은행법이 발효되어 한국은행의 법적 독립성이 크게 강화되었으나 그렇다고 해서 한국은행이 갑자기 미 연준처럼 국민들로부터 높은 신뢰를 받으며 세계적으로도 명망있는 중앙은행으로 바로 탈바꿈할 수는 없는 일이었다. 한국은행은 이제야 독립된 중앙은행으로서 걸음마를 시작하는 단계에 있는 셈이었다.

그럼에도 불구하고 개정 한국은행법이 시행된 1998년 4월 이후 미 연준을 거론하면서 한국은행을 비판하는 일이 일부 식자층 사이에서 유행처럼 번졌다. 미 연준을 봐라! 미 연준은 저렇게 잘하고 있지 않으냐! 한국은행은 뭘 하는 거냐! 갓난애 보고 대학생인 이웃 집 아들을 가리키면서, 어른스럽게 행동하지 못한다고 혼내는 것과 다

---

57   한겨레신문, 1999. 1. 23자; 경향신문, 1999. 1. 26자.
58   조선일보, 1999. 1. 13자.

를 게 없었다.

경영학 이론에 나와 있는 대로 기관의 역량은 그 기관 구성원들의 역량에 크게 의존하지만, 이밖에도 그 기관의 권리 및 의무를 규율하는 법령은 물론 그 기관을 둘러싸고 있는 정치·경제·사회·문화적 환경에 큰 영향을 받는다. 밀감이 회수를 건너면 탱자가 된다고 하지 않는가. 하버드 대학교를 같은 해에 졸업한 경제학박사 학위 소지자들이 미국 동부의 유수 대학교와 한국의 유수 대학교에 취업했다고 가정해 보자. 그리고 10년이 지난 시점에서 이들의 과거 10년간 학문적 성과를 조사해 보면 미국 대학에서 직장을 잡은 박사의 연구 실적이 더 많을 확률이 높다.

더욱이 개정 한국은행법이 발효되었던 1998년 즈음에는 미 연준 그린스펀 의장이 출중한 역량을 바탕으로 막강한 영향력을 행사하면서 세계 금융자본시장을 쥐락펴락할 때였다. 미 연준은 저렇게 잘하는데 한국은행은 도대체 뭘 하느냐, 이런 말을 하기에 너무나 안성맞춤인 시기였다

#한국은행이 통화정책을 제대로 선도하지 못했다는 비판

한국은행이 통화정책을 주도해 나가지 못했다는 비판에 대해 생각해 보자. 한국은행은 1998년 4월 독립된 중앙은행으로 출범한 이후 매월 초 금융통화위원회를 열어 분기별 및 월별 통화정책 방향을 결정하고, 이를 기자간담회에서 발표하여 왔다. 다가올 분기와 월별로 금리정책을 포함한 전반적인 통화정책의 방향을 제시하였던 것이다. 전철환 총재는 취임 이후 경제전망과 통화정책 방향 등을 주제로 여러 차례에 걸쳐 외부 강연을 하였으며, 국회 재정경제위원회에서도 주기적으로 업무보고를 하였다. 이처럼 전철환 총재

가 통화정책 방향을 예측할 수 있는 실마리를 꾸준히 던져온 것은 바로 고시효과를 노리고 했던 일이었다.

핵심은 통화정책에 대해 권한이 없는 재경부장관이 언론을 상대로, 또는 강연을 통해서 반복적으로 금리문제를 거론하였다는 사실이다. 앞에서 본 대로, 대략적인 금리의 향방 정도를 얘기한 것이 아니라 구체적인 숫자까지 제시하면서 금리수준을 적시하였다. 그리고 이러한 금리수준이 '1998년 말까지…' 또는 '1999년중에는…' 이라는 식으로 특정 기간 안에 몇 % 수준까지 인하되어야 한다는 목표를 밝혔던 것이다.

치열한 경쟁에 노출되어 있는 언론사들은 금융 정보에 목말라하는 독자들을 의식하여 이를 그대로 받아 실시간으로 보도하였다. 정부 고위 관계자들이 이런 행태를 강하게 보일수록 시장과 언론은 더욱 더 이들의 일거수일투족에 주목하게 되었고, 시장에는 이들 정부 관계자들이 전하는 정보가 넘쳐나게 되었다. 이런 상황에서는 법적 권한이 있는 한국은행이 신중하고 사려깊게 고시효과를 노리며 통화정책을 수행하더라도 사전에 행해졌던 정부 관계자의 발언을 그대로 수용하여 따라가는 것으로 비쳐질 수밖에 없었다. 더욱이 대통령까지 나서서 행정부의 주장대로 저금리정책을 주문하는 상황이었으므로 한국은행의 입지는 좁아질 수밖에 없었다.

이럴 때 한국은행이 할 수 있는 일은 무엇이었을까? 게임이론에서의 '죄수의 딜레마'를 원용한다면 한국은행도 정부 고위 관계자들과 같은 행동 양식을 견지하는 것이 차선의 결실을 거둘 수 있는 방책이었다. 그러나 한국은행조차 통화정책은 물론 정부의 경제정책에 대해 보폭을 넓히며 정제되지 않은 발언을 쏟아냈다면 피해를 보는 것은 국민경제뿐이었을 것이다. 시장 참가자들은 통화정책은 물론 경제정책 전반을 둘러싸고 여기저기서 들려오는 잡음 때문에 극심한 혼란에 직면하게 되었을 것이다. 한국은행은 이와 같은 혼란 속에서도 이에 휩쓸리지 않고 정도를 지키려고 노력하였다.

#한은 총재가 대통령에게 'NO'라고 못한다는 비판

김대중 대통령이 전철환 총재를 불러 통화신용정책에 대해 구체적으로 지시를 했던 사례는 없었다. 따라서 통화신용정책과 관련하여 전철환 총재가 대통령 면전에서 'NO'라고 할 수 있었던 경우는 '대통령이 공개된 장소에서 통화신용정책 및 금융정책에 대해 직접적으로 방향을 제시했을 때' 등으로 한정되었다고 보면 되겠다. 앞 절에서 살펴본 대로 김대중 대통령은 1998년과 1999년중 수 차례 그러한 성격의 언급을 한 바 있으며, 이러한 언급은 광범위하게 대통령의 업무 지시로 받아들여질 수 있었다.[59]

대통령은 헌법상 행정부의 수반이자 최고통수권자이다. 대통령의 공개적이고 직접적인 언급에 대해 '노'라고 얘기하려면 총재는 사표를 쓸 각오를 해야 했을 것이다. 전철환 총재는 이 이슈들과 관련된 대통령의 공개적 지시에 대해 공개적으로 '노'라고 했던 기록이 없지만, 이것은 자리보전 때문은 아니었다고 생각한다. 단 하루 한은 총재직에 있었어도 총재를 역임한 것으로 역사에 기록된다. 더욱이 경제의 안정적 성장에 위해가 될 것으로 판단되는 대통령의 지시에 반대하여 사표를 썼다면 중앙은행 역사에서 어떤 형태로든 평가받을 수 있다.

---

59 한국은행 비서실 자료에 따르면 전철환 총재는 1999년 1월 20일 개최되었던 무역투자진흥확대회의에는 참석하지 않았다. 전 총재는 그날 오전 9시 30분부터 밤 8시까지 국회 IMF환란 특별위원회가 한국은행을 상대로 개최한 청문회에 참석하여 기관보고를 하고 의원들의 질의에 답변하였다.

그가 대통령의 지시에 대해 공개적으로 안된다고 하지 않았던 것은 이 지시 내용이 헌법 또는 법률을 위반하거나 국가경제에 치명적 결과를 초래하는 것이 아니라고 판단하였기 때문이라고 생각한다. 예를 들어 외환은행에 대한 한국은행의 출자 문제를 다룰 때 한국은행은 이것이 명백한 한국은행법 위반이라고 생각하였다. 그러므로 재경부장관과 금감위원장 등이 전방위로 압력을 가하였어도 한국은행은 직접출자가 불가하다고 끝까지 버티었다. 만일에 대통령이 외환은행에 직접 출자하도록 전 총재에게 지시하였더라도 그는 법률상 불가함을 밝혔을 것이다. 그리고 이것은 사표 제출로 연결될 수 있었을 것이다.

한국은행과 전 총재가 판단하기에 통화신용정책 등과 관련한 대통령의 공개적 지시 내용은, 중앙은행의 위상 존중과 금융시장에 미치는 부정적 영향 등을 고려할 때 하지 말거나 최소한 공개적으로는 하지 않아 주었으면 좋겠다고 생각하는 수준의 사안들이었다. 그러나 당시는 외환위기 상황이었다. 금리 등 통화정책도 크게 보면 정부 경제정책의 한 축을 차지한다. 경제상황과 금융외환시장 상황에 비추어 볼 때 통화정책 측면에서는 최선의 것이 아닐 수도 있었지만 대통령은 국정 최고책임자로서 산업기반 붕괴 및 실업난 등으로 고조되는 사회적 불안에 대처하여 경제정책에 있어 중요한 결단을 내리고 이를 제시할 수 있다.

한국은행과 전 총재는 대통령의 공개적인 지시사항을 이러한 차원에서 이해하고 받아들이지 않았나 생각된다. 특히 당장 김 대통령의 지시에 순응하는 모습을 취할지라도 추후 전개되는 금융경제 상황에서 대통령의 지시를 그대로 따를 경우 문제가 있을 것으로 판단되면 매월 한국은행이 통화정책방향을 결정하고 금리와 통화량을 미세 조절할 때 조정해 나가거나, 재경부장관 등 경제장관들과 긴밀히 협의하면서 해결해 나갈 수 있다고 생각하였을 수 있다.

청와대 경제수석이 통화신용정책과 관련하여 협조를 요청하는 경우는 없었을까? 전 총재는 빈번하게 재경부장관, 금감위원장 및 청와대 경제수석 등과 4자회동을 하였다. 때로는 경제수석과의 양자 회동도 가졌다. 경제수석이 전철환 총재에게 전화하는 일도 있었다. 이러한 회동에서나 전화 통화에서 경제수석은 전 총재에게 통화신용정책 면에서 협조를 요청할 수 있었을 것이다. 이때 경제수석은 대통령의 뜻이라고 밝힐 수도 있고, 제반 경제여건을 들며 협조를 요청할 수 있을 것이다. 이 경우 결말이 어떻게 났는지에 대해서 전 총재 본인은 물론 당시 경제수석들도 회고록을 쓰거나 증언을 남긴 바가 없기 때문에 그 결과를 가늠하기는 어렵다.

#'환란 청문회'에서 한은 총재의 왜소한 위상 비판

1999년 1월 같은 날 한국과 미국에서 중앙은행 총재가 출석한 가운데 국회에서 청문회가 개최되었다. 그런데 이 평면적인 사실만을 놓고 언론이 양국의 중앙은행 수장을 단순 비교했던 데에는 납득하기 어려운 점들이 있었다.

한국에서 열린 청문회는 제2의 6.25동란이라고 일컬어졌던 환란의 원인을 규명하는 청문회였다. 증인으로 출석한 전 현직 재경부장관과 한은 총재들은 어떤 면에서 비인도적이고 잔악한 전쟁을 일으킨 전범들과 같은 처지에 놓인 격이었다. 출석한 정책당국자들은 환란 도래 당시에는 그 직에 없었다고 하더라도 국민들에게 큰 죄를 저지른 죄인들로 받아들여졌다. 이들에게 질의하는 의원들은 극악무도한 전범들의 책임을 가리는 국제사법재판소의 재판관들처럼 분기탱천하고 결연하였다. 정부와 한국은행의 정책 잘못을 백일하에 드러내어 국민의 이름으로 심판하겠다는 의지가 확고하였다.

따라서 증인으로 출석한 정책당국자들은 청문회에서 낮은 자세로 임하는 게 도리에 맞았다. 졸지에 부도가 난 기업체 임직원들, 구조조정의 한파에 내몰려 갑자기 일자리를 잃거나 거리에 나앉은 죄없는 국민들을 생각할 때 정책 당국자가 어떻게 의원들 앞에서 당당할 수 있을까?

반면 미 의회에서 행해졌던 청문회는 일상적인 청문회였다. 이 자리는 클린턴 행정부의 주요 정책 구상에 대해 미 연준 그린스펀 의장이 어떻게 생각하는지를 의원들이 편안한 자세로 경청하기 위하여 마련된 것이었다. 같은 청문회라도 그 성격은 하늘과 땅 차이만큼이나 달랐다.

전철환 총재는 외환위기 발발 당시 충남대 교수로 재직하였기 때문에 외환위기를 초래한 정책 실패와 관련이 없었고, 환란이 오기까지의 경제정책에도 정통해 있지 못하였다. 다시 말해 외환위기가 한창 진행 중이던 1997년에 취해졌던 경제정책들에 대해 깊이 알 수 있는 위치에 있지 않았다. 예를 들어 의원들이 "부도유예협약 주체가 누구였느냐?"고 물었을 때 바로 간명하게 답변을 못했던 것도 이런 이유에서였다.

물론 전 총재가 철저하게 청문회에 대비하였더라면 좋았을 것이라는 아쉬움은 있다. 다시 말해 외환위기 발발과정에서 정부 및 한국은행이 취했던 경제정책의 오류 등에 대하여 더욱 면밀하게 연구하는 등 치밀하게 청문회에 대비하여 의원들의 질문에 명쾌하게 답변하였다면 국회 청문회 개최의 뜻이 더욱 빛났을 것이다. 그리고 한국은행과 전 총재의 위상을 높이는 데에도 기여하였을 것이다. 그

런 점에서는 아쉬움이 남는다. [60]

언론은 청문회에서 전 총재가 외환관리 실패 책임을 옛 재정경제원으로 떠넘겼다고 주장하였으나, 여기에는 밝히고 넘어가야 할 부분이 있다. 전 총재는 외환관리에 관한 세세한 부분에서는 한국은행의 책임을 부인한 경우가 많았다. 왜냐하면 그 때나 지금이나 외환정책에 관한 최종 책임과 권한은 당시 재정경제원(현 기획재정부)에 있기 때문이다. 그러나 그는 청문회에서 행한 기관보고에서 분명히 "한국은행이 외환위기를 막지 못해서 경제가 곤경에 처하게 된 것에 대해서 무거운 책임을 통감하고 있다"고 밝히고 이를 사과하였다. 이것은 다음과 같이 회의록에 잘 나와 있다. [61]

보고에 앞서서 외환위기로 인해 전례없는 고통과 시련을 겪고 있는 우리 국민 여러분께 한국은행 총재로서 충심으로 사과와 죄송스럽다는 말씀을 올립니다. 거시경제정책의 일익을 담당하고 있는 저희 한국은행 임직원들은 외환위기를 막지 못해서 우리 경제가 곤경에 처하게 된 것에 대해 무거운 책임을 통감하고 있습니다. 저와 한국은행 전 임직원은 이러한 책임감과 국민들의 질책을 가슴 깊이 새기면서 우리 경제가 위기상황에서 벗어나 하루 속히 정상적인 안정성장 궤도로 복귀할 수 있도록 재정경제부 등 정부 관련 부처와 협력해서 모든 노력을 경주해 왔으며, 앞으로도 소임 완수에 열과 성을 다할 각오입니다.

---

60 이런 점 때문에 당시 한은 비서실장으로서 총재를 제대로 보필하지 못하였던 필자에게도 책임이 있음을 지금도 통감하고 있다.
61 제200회 국회 IMF환란 원인규명과 경제위기 진상조사를 위한 국정조사특별위원회 회의록, 제6호(1999. 1. 20), p. 2.

장재식 환란특위 위원장은 청문회를 마치면서 전철환 총재의 학자적 양심과 솔직한 답변을 다음과 같이 높이 평가했다.[62]

위원 및 한국은행 임직원 여러분, 수고가 많으셨습니다. 특히 전철환 총재께서는 다소 부처 이기주의의 영향을 받은 감은 없지 않으나 학자적 양심에 의해서 솔직하게 답변해 주신 데 대해서 감사드리겠습니다. 특히 잘못된 것에 대해 솔직히 시인해 주신 데 대해서 감사드립니다.(이하 생략)

이를 보더라도 전철환 총재가 외환위기에 대한 한국은행의 책임을 인정치 않다가 의원들의 추궁 끝에 마지못해 인정했다는 보도는 사실과는 거리가 있었다. 참고로, 한·미 두 나라 청문회에서의 중앙은행 총재들을 다루었으면서도 "한국이 미국과 같은 금융선진국이 되려면 미 의회에서와 같이 한국의 국회의원들이 한국은행 총재를 제대로 예우해 주는 것이 긴요하다"고 주장했던 보도도 있었다.[63] 이것은 같은 사안이더라도 시각에 따라 얼마나 내용이 달라질 수 있는가를 보여주는 좋은 사례가 될 만하였다.

#한은 총재의 외신기자간담회 비판

1997년 말 IMF로부터 자금지원을 받으면서 한국은 금융시장과 외환시장을 거의 완전하게 개방하였다. 그 결과 한국의 금융외환시장은 세계시장과 긴밀히 통합되었다. 국내에서는 말할 것도 없고 국제적으로 돌발변수가 생기면 국내 시장도 쉽게 급격한 변동에 노출

62 　앞의 회의록, p. 85.
63 　서울경제신문, 1999. 1. 22자.

될 수밖에 없다. 대내외 변수들 때문에 금융시장과 외환시장이 어떻게 변화할지 한치 앞을 내다보기가 어렵게 되었다. 그런데도 금리를 일정 기간 안에 일정 수준까지 내리겠다는 목표를 세워서 이를 공공연하게 공표하고, 이를 달성하기 위해 전방위로 행정력을 동원하는 것이 과연 정상적인 일인가?

살얼음판과 같은 금융외환시장 생리상 재경부장관이나 한국은행 총재 등 정책 당국자의 발언은 아무리 정제되고 치밀하게 조율되어도 지나치지 않는 법이다. 정책 당국자는 급변하는 금융외환시장 상황에서 시장을 깜짝 놀라게 하지 않으면서도 시장 참가자들이 앞으로의 금리 및 환율 향방을 가늠해 보는 데 도움이 되는 발언을 하도록 최대한 노력하여야 한다. 외신기자 회견에서 총재가 기자들의 질문에 준비문건을 보지 않고 시원시원하게 답변했다면 언뜻 보기에는 선이 굵고 멋지게 보일 수도 있다. 그러나 사전에 준비되지 않은 발언으로 시장에 충격을 준다면 그 부담과 피해는 고스란히 시장과 국민의 몫이 되어 버린다.

한국경제가 외환위기를 채 벗어나지 못한 때라 외신들과의 회견은 경우에 따라 금융외환시장에 주는 파장이 엄청나게 클 수 있었다. 전철환 총재는 이런 일이 발생하지 않도록, 다시 말해 의도하지 않은 부작용이 생기는 것을 막기 위하여 실무자들로부터 경제정보를 재차 확인하거나 심사숙고하며 외신기자 질문에 답변했던 것이다. 그와 같은 신중한 언행과 처신은 고위 공직자로서의 당연한 의무이자 미덕이라 하겠다.

한국은행은 언론으로부터 그렇게 비판받을 측면들이 있다면 겸허하게 수용하여 이를 바로 잡아나가야 한다고 생각하였다. 따라서 총재 등 고위 관계자들이 필요한 경제정보를 철저히 숙지토록 더욱 노력하는 한편, 내외부 행사 가릴 것 없이 수행 인원을 최소화하는 등 의전을 대폭 간소화하는 조치를 취하였다.

#미 연준과 직접 비교한 한은 비판

한국은행은 미 연준과 비교하면서 한국은행을 비판하는데 대해 이를 한국은행을 아끼고 격려하는 충정에서 비롯된 것이라고 생각하고 겸허한 마음으로 수용하려 애썼다. 특히 1997년 말 외환위기를 맞았던 데에는 한국은행도 일정 부분 책임이 있다고 생각하였기 때문에 국민들의 비판은 어떤 내용이라도 달게 받아야 한다고 판단했다. 외환위기 와중에서 많은 국민들이 말할 수 없는 고통을 겪고 있었기 때문에 미 연준과 비교하며 한국은행을 가혹하게 비판하더라도 참고 견뎌야 한다고 생각하였던 것이다.

한편으로는 외환위기 직후여서 구조조정과 관련한 굵직굵직한 국정과제들이 매일 신문 지면을 뒤덮고 있던 시기였기 때문에 이 작업을 주도하고 있었던 금융감독위원회와 금융감독원에 가려져 한국은행이 하는 일이 국민들에게 잘 알려지지 않기 때문이라고 생각하기도 하였다.

그러나 2001년 들어서도 미 연준과 비교하면서 비판하는 일들이 반복됨에 따라 한국은행은 방침을 바꾸었다. 미 연준과 한국은행을 규율하는 법률 내용은 물론 중앙은행을 둘러싼 정치 · 경제적 환경 등이 다르다는 점을 국민들에게 제대로 알리는 것이 오히려 국민경제 및 한국은행 발전에 도움이 된다고 판단하기에 이른 것이다. 한국은행은 2001년 3월 「한국은행은 미 연준과 어떻게 다른가」라는 제목의 보도자료를 발표하였다. 이 보도자료는 미 연준과 한국은행이 다른 점을 법제(法制)의 차이, 금융 · 경제환경의 차이, 신뢰도의

차이 등 세 가지로 나누어 설명하였다.[64]

한국은행은 이 자료에서 무엇보다 법제 면에서 미 연준보다 훨씬 열악한 위치에 있음을 강조하였다. 법제 면에서 볼 때 한국은행의 독립성은 미 연준보다 훨씬 취약한 실정이다. 우리나라에서는 미국과 달리 정부가 금통위가 의결한 사항에 대해 재의(再議)를 요구할 수 있다. 미국에서는 생각할 수도 없는 일이다.

다시 말해 한국은행이 금융통화위원 과반수의 찬성으로 금리를 인상하더라도 기획재정부장관이 다시 의결해 줄 것을 요구하면 한국은행은 금리 인상안을 원점에서 다시 심의하여야 한다. 이 경우 금통위원 5인 이상이 찬성하여야만 콜금리 목표 인상이 다시 의결된다.[65] 아슬아슬하게 통과되었던 콜금리 인상 결정은 재의 절차를 거치면서 번복될 가능성이 높게 된다. 다행히 1998년 4월 이후 정부의 재의요구권이 발동된 적은 없으며, 금융·외환시장에 미칠 엄청난 파장 때문에 앞으로도 정부가 이를 발동할 가능성은 아주 낮다고 봄이 타당할 것이다.

법률에 의해 부여된 정책권한의 범위에 있어서도 한국은행은 미 연준에 비해 현격하게 협소한 실정이다. 예를 들어 미 연준은 통화정책 수행권한 이외에 금융감독 등 광범위한 권한을 보유하고 있다. 미 연준이 이처럼 많은 금융 관련 업무를 맡게 된 것은 설립 당시부터 통화정책 및 금융감독 업무를 관장하여 온 데다 그 후에도 금융환경 변화에 맞추어 연준이 설립목적을 충실히 달성하는 데 필

64　한국은행 보도자료, 「한국은행은 미 연준과 어떻게 다른가」, 2001. 3. 미 연준과 한국은행 간의 법제면의 차이를 서술한 내용은 이 보도자료의 내용을 거의 그대로 가져왔다.
65　기획재정부장관의 재의 요구가 있는 경우 금융통화위원회가 위원 5인 이상의 찬성으로 전과 같은 의결을 한 때에는 대통령이 이를 최종 결정한다.(한국은행법 제92조 제2항)

요한 권한을 의회가 법률로 지속적으로 확대해 주었기 때문이다.[66]

반면 한국의 실정은 어떠한가? 한국은행에 대한 책임과 권한이 추가로 부여되기는커녕 정부가 발의하고 국회가 의결한 입법 활동에 의해 한국은행의 정책 권한은 지속적으로 축소되었다. 한국은행은 1950년 설립 당시에는 외환 및 국제금융과 금융기관들에 대한 광범위한 감독권한을 보유하고 있었다. 그러나 1962년의 한국은행법 개정으로 외환 및 국제금융에 대한 권한은 재무부로 이관되었다. 정부는 1960년대 경제발전에 필요한 개발금융을 뒷받침하기 위하여 단자회사, 종합금융회사, 상호신용금고 등 제2 금융권 기관들을 대거 설립하면서 이들 금융기관을 한국은행법상의 금융기관에서 제외시킴으로써 이 금융기관들에 대한 한국은행의 감독권을 원천적으로 배제하였다.

더욱이 1998년 4월부터 시행된 개정 한국은행법에 의해 은행감독권이 금융감독원에 이양됨에 따라 한국은행은 통화정책만 관장하도록 업무가 대폭 축소되었다. 이에 따라 한국은행은 통화정책 및 최종대부자 기능의 수행에 필요한 금융시장 정보와 금융기관의 자금수급 상황 및 경영상태 등에 관한 정보를 제때 필요한 만큼 수집하기가 어려운 실정에 놓이게 되었다. 2008년 9월 리먼브러더스 투자은행의 파산 이후 국내외 금융시장이 요동칠 때 "한국은행의 정

---

66 미 연준은 설립 당시부터 연준 가맹은행에 대한 감독권을 부여받았는데 이후에도 금융기관들에 대한 연준의 감독 책임은 계속 확대되었다. 1956년 금융지주회사에 대한 감독권을 부여받은 데 이어 1999년에는 금융지주회사의 자회사(은행 및 비은행금융기관)에 대한 감독권을 부여받음으로써 비은행금융기관으로까지 통제력을 확대하였다. 1978년과 1991년에는 의회의 입법 조치에 의해 외국은행의 미국 내 영업활동에 대한 감독권을 부여받았다. 1980년에는 미 연준에 지급준비금을 예치하는 금융기관의 범위가 은행에서 신용협동조합, 저축은행, 저축대부조합 등 비은행 금융기관으로까지 확대되었다. 1987년에는 연준에 지급결제 시스템의 감시에 필요한 금융기관 간 결제 시스템 및 민간결제기구의 운영기준 제정권이 부여되었다. 이밖에도 은행뿐 아니라 모든 금융기관에 적용되는 금융소비자보호규정 제정권도 연준에 부여되었다.

책 대응이 한 박자 늦다"라는 얘기가 시중에서 나왔던 것은 법제 면에서 미 연준에 비해 한국은행이 훨씬 열악한 위치에 있는 데 따른 자연스러운 귀결이었다.

다음으로 통화정책 수행과 관련해서 미 연준과 한국은행이 누리는 독립성의 정도(degree of independence)를 비교해 보자. 미 연준과 한국은행을 같은 잣대로 비교하기가 어색할 만큼 통화정책 수행의 자율성 면에서 큰 차이가 있음을 다음 사례를 통해서 알 수 있다.

중앙은행이 통화정책 결정에 있어 어느 정도 실질적인 자주성을 확보하고 있는지를 판별하려면 금리조정 횟수 및 조정 폭과 함께 금리조정 실적이 상호 대칭적인지 아닌지 여부를 조사하여 그 결과를 잣대로 활용할 수 있다. 이것은 중앙은행이 통화정책을 자주적으로 결정할 수 있는 나라에서는 금리를 올리고 내리는 일이 매우 쉽다는 경험적 사실에 착안하여 확립된 분석방법이다.

정부와의 관계에서 독립성이 강한 중앙은행은 경제 및 금융 외환시장을 예의주시하다가 금리변경이 필요하다고 생각되면 오직 경제적 판단에 의거 금리를 올리고 내린다. 물론 통화정책은 금융긴축 기조, 금융완화 기조 또는 중립 기조 등 한 방향으로 일정 기간 일관성있게 추진되는 것이 통화정책의 예측 가능성을 높여준다는 점에서 바람직하지만, 중요한 것은 중앙은행이 필요하다고 판단할 경우 금리를 쉽게 올리고 내릴 수 있어야 한다는 점이다.

1998년 이후 미국의 통화정책을 보면 미 연준은 우리나라의 콜금리 목표격인 연방기금금리 목표를 1998년 9월부터 11월까지 3회에 걸쳐 총 0.75%포인트 인하하였으나 1999년 6월부터 2000년 5월까지 6회에 걸쳐 총 1.75%포인트 인상하였다. 또 미 연준은 연방기금금리의 목표를 2001년 1월부터 2003년 6월까지 13회에 걸쳐 총

5.5%포인트 인하하였으나 2004년 6월부터 2006년 6월까지는 17회에 걸쳐 총 4.25%포인트 인상한 바 있다.

이처럼 미 연준은 대내외 경제 여건에 비추어 금리인상이 필요하다고 판단되면 줄기차게 금리를 올리며, 반대로 금리인하가 필요하다고 판단되면 꾸준히 인하하는 전범(典範)을 보여주고 있다. 중요한 점은 이러한 금리인상 조치와 금리인하 조치가 대칭적이라는 점이다. 빈번하게 금리를 내리기도 하지만 빈번하게 금리를 인상하기도 한다. 또한 일정 기간 동안 행해진 금리인하 폭과 금리인상 폭을 비교해 보면 거의 차이가 없다는 것을 알 수 있다.

이것은 미 연준의 독립성이 통화정책 수행 현장에서 생생하게 살아 숨 쉬고 있음을 보여주는 극명한 사례이다. 이를 통해 우리는 미 연준을 둘러싸고 있는 정치 · 경제 · 금융 등 제반 환경이 미 연준으로 하여금 금리 조정을 매우 자율적으로 할 수 있도록 충분하게 보장하고 있음을 알 수 있다. 그렇기 때문에 세계 각국의 중앙은행들이 미 연준을 부러워한다.

우리나라는 어떤가? 이 책에서는 1998년부터 2002년 3월까지의 우리나라 통화정책을 살펴보고 있다. 외환위기 직후라는 한계가 있지만 한국의 콜금리 목표 변경 사례를 보면 금리를 내릴 때는 매우 큰 폭으로 자주 인하 조치가 취해졌지만 금리를 올리기는 매우 어려웠고, 인상 폭도 협소했다는 것을 알 수 있다. 콜금리 목표 변경이 콜금리 인하 쪽으로 지나치게 치우쳐 콜금리 인하와 콜금리 인상이 비대칭적임을 웅변으로 말해 주고 있다.

한국의 비대칭적인 금리 조정의 역사(track record)는 한국은행으로 하여금 경제여건상 정작 금리인하가 필요한 시점인 데도 불구하고 그 단행을 주저하게 만드는 요인으로 작용할 수 있다. 경제안정을 최우선적으로 고려하는 것이 한국은행의 사명이기 때문이다. 정부의 간섭으로 정작 필요할 때 금리를 올리기 어려웠음을 늘 기억하면서 금리인하에 더욱 신중하게 되는 것이다. 자연스럽게 중앙은행으로서 일종의 자기방어 기제(mechanism)가 작동하는 결과이다.

정부의 간섭 결과 한국은행이 금리인하를 주저하게 된다면 금리조정이 늦어짐에 따른 피해는 곧 바로 국민경제에 돌아갈 수밖에 없다. 그러므로 통화정책의 효율적 수행을 통해 경제의 안정적 성장을 확보하려면 우리나라에서도 미국과 같이 한국은행이 오직 경제적 관점에만 입가하여 '필요한 시기에 필요한 만큼' 자유자재로 금리 변경을 할 수 있도록 독립성을 더욱 존중해 주는 것이 긴요하다. 한국은행이 과거 금리를 내릴 때 박수를 쳤다면 대내외 경제여건에 비추어 금리를 올리려고 할 때에도 환영해 주어야 할 것이다.

Chapter 3

외환보유액의 확충과 어음대체제도의 도입

외환보유액의 확충

외환보유액 세계 5위 규모로 확충

1997년 말 외환위기 이후 한국은행은 재정경제부와 긴밀하게 협의하면서 금융기관들과 기업들이 국제금융시장에서 외화자금을 원활하게 조달할 수 있도록 기초 여건을 조성하는데 힘쓰는 한편 외환시장 안정을 위해 노력하였다. 다행히 1997년 12월 3일 정부 및 IMF가 IMF 등 국제금융기구와 선진국으로부터 583.5억 달러 규모의 자금[1]을 지원받는 데 합의하였고, 같은 해 12월 24일에는 이에 관한 구체적인 자금지원 일정이 확정되었다. 그리고 뉴욕에서 진행되고 있던 우리나라 단기외채의 만기연장 협상도 1998년 1월 28일 원만하게 타결되었다. 이에 따라 외환시장은 1998년 2.4분기 이후 급속도로 안정을 되찾기 시작하였다. 또 수입 급감에 주도되어 경상수지가 흑자로 돌아서고 외국인 투자자금이 유입되면서 외환시장에

---

1   IMF가 3년에 걸쳐 210억 달러, IBRD가 최대 100억 달러, ADB가 40억 달러를 지원키로 약속하였으며, 13개 선진국에서 제2선 자금(second line of defense)으로 233.5억 달러를 지원키로 함에 따라 총 규모는 583.5억 달러에 달하였다(이규성, 『한국의 외환위기 발생·극복·그 이후』, 박영사, 2006, p. 163).

서는 공급 우위가 지속되었다.

　이제 원화 절상 속도를 적절한 수준으로 조절하는 것이 새로운 과제로 대두되었다. 외환위기를 조기에 극복하기 위해서는 무엇보다 경상수지 흑자기조의 지속이 긴요하였다. 그렇게 되어야만 바닥났던 외환보유액을 보충하는 한편 IMF 등으로부터 빌려온 외화차입금을 갚아나갈 수 있었다. 경상수지 흑자를 위해서는 환율이 적정 수준에서 안정되어야 했다. 한국은행은 원화의 급속한 절상을 막기 위하여 재경부와 긴밀하게 협의하고, 다른 한편으로는 IMF의 양해를 얻어가며 외환시장에 대한 미세조정(smoothing operation)을 지속하였다.

　문제는 지속적인 외환시장 개입에 소요되는 막대한 재원이었다. 법에 의해 환율정책은 재정경제부장관이 최종 책임을 지도록 되어 있다. 한국은행은 정부의 환율정책에 대하여 협의하는 기능을 수행하도록 되어 있을 뿐이다. 법 규정에 충실하다면 정부가 외국환평형기금채권을 발행하여 재원을 조성하고, 그 재원으로 외환시장에서 외환을 매입하는 시장개입에 나서 원화의 급속한 절상을 늦추거나 막는 게 옳은 일일 것이다. 그러나 정부는 금융 및 기업 구조조정과 사회안전망(social safety net) 확충에 소요될 막대한 재원 마련에 노심초사하고 있었다. 따라서 발권력을 가지고 있는 한국은행이 어쩔 수 없이 외환시장에 개입하게 되었다.

　1997년 12월 18일 39.4억 달러까지 감소하였던 외환보유액은 전철환 총재가 임기를 마친 2002년 3월 말에는 1,061억 달러로 늘어났다. 1,000억 달러가 넘는 외환보유액은 세계적으로 일본, 중국, 홍콩, 대만에 이어 제5위를 차지할 정도로 엄청난 규모였다. 그러면 어떻게 이처럼 단기간에 외환보유액이 크게 늘어날 수 있었을까?

첫째, 외환위기가 터지기 전 한국은행이 금융기관들에 빌려주었던 외화예탁금 500억 달러가 회수되었다.[2] 1997년 외환위기가 임박함에 따라 한국은행은 외화예탁금을 회수하려고 하였다. 그러나 이 자금은 금융기관이 기업에게 중장기 외화대출 등으로 빌려준 상태였고, 기업들은 당시 외화자금 조달에 어려움을 겪고 있었다.

우리나라는 이처럼 장부상으로는 상당한 규모의 외환보유액을 가지고 있었음에도 불구하고 위기 발생시 바로 동원할 수 있는 가용외환보유액이 부족함에 따라 IMF 등 국제금융기구와 선진국들에 손을 벌릴 수밖에 없었다. 유사시에 대비하여 언제든지 인출할 수 있도록 만반의 준비가 되어 있어야 할 외환보유액이 기업에 대한 중장기 외화대출 재원으로 충당됨에 따라 외환위기를 맞게 된 뼈아픈 기억이 서려 있는 자금이었다. 1998년 이후 지속된 경상수지 흑자 및 외국인 직간접투자자금 유입으로 국내 외화유동성 사정이 호전됨에 따라 금융기관들은 기업들로부터 외화대출을 상환받아 한국은행에서 빌린 외화를 다시 갚은 것이다.

둘째, 정부의 외국환평형기금 및 한국은행의 외환시장 개입의 결과 외환보유액이 늘어난 데다 보유외환에 대한 운용수익이 꾸준히 발생하였다. 2002년 3월 말 현재 외환보유액을 주체별로 나눠보면, 외국환평형기금으로부터의 수탁자금은 115.3억 달러로 총 보유액의 10.9%를 차지하였으며, 한국은행의 외환보유액은 945.6억 달러로 89.1%를 차지하였다. 1997년 말에는 외평기금으로부터의 수탁액이 20.6억 달러, 한국은행의 보유액이 68.1억 달러였다. 1997년 말과 비교하여 2002년 3월 말까지 외평기금으로부터 수탁된 외환보

---

2 한국은행이 금융기관에 대하여 외화를 예탁했던 것은 정부의 방침에 따른 것으로, 당시 한국은행은 금융기관들에 대해 외화자금을 국제금리보다 낮은 저리로 빌려 주었다.

유액은 94.7억 달러 증가하는데 그친 반면 한국은행 외환보유액은 877.5억 달러 증가하였다. 한국은행이 적극적으로 시장개입에 나서면서 외환보유액이 크게 증대되었음을 알 수 있다.

법적으로만 보면 1998년 당시나 지금도 환율정책에 대해서는 재경부장관이 최종 책임을 지고 있으므로 한국은행은 외환시장 개입에 소극적인 자세를 취할 수 있었다. 한국은행이 외환시장에 개입하기 위해서는 발권력을 동원해야 한다. 한국은행의 외환시장 개입은 결과적으로 한국은행의 대차대조표상 자산항목인 외환보유액 증대와 아울러 부채항목인 화폐발행액 증가로 나타나게 된다는 말이다. 이렇게 풀려난 화폐발행액을 그냥 두면 바로 통화 증발을 초래하게 된다. 따라서 한국은행은 외환시장 개입과정에서 늘어난 화폐발행액을 한국은행으로 환수하기 위해 통상 통화안정증권을 발행할 수밖에 없다. 그 결과 한국은행의 외환시장 개입은 최종적으로 자산인 외환보유액의 증가와 더불어 부채인 통화안정증권 발행의 증대를 가져오게 된다.

한국은행은 통화안정증권에 대해 시장금리에 상응하는 이자를 지급하고 있다. 통화안정증권 발행 잔액은 1997년 말에 이미 23조원에 달하고 있었으며, 1998년 말에는 그 두 배인 46조원으로 늘어났다. 통안증권 이자로 지급한 금액만도 1997년에는 2.7조원, 1998년에는 4.8조원에 달하였다. 결국 한국은행은 통화안정증권 이자를 지급하기 위해 다시 통화안정증권을 발행해야 하는 어려운 입장에 처하게 되었다. 통화안정증권 이자 지급은 이미 한국은행의 경영수지를 압박하는 주요 요인으로 작용하고 있었다.

이런 점들 때문에 한국은행이 외환시장 개입을 주저했다면, 혹자는 재경부장관이 외환시장 개입에 나서도록 한국은행에 지시할 수 있지 않았을까 반문할 수도 있겠다. 재경부의 외국환거래규정에 의거 재경부장관은 한국은행에 외환시장 개입과 외화자금의 조달·운용에 대해 필요한 지시를 할 수 있도록 되어 있기 때문이다.

그러나 한국은행은 한국은행법에 의해 법인격이 부여된 독립된 법인이다. 특히 1998년 4월부터는 한은 총재가 금통위 의장을 맡게 되는 등 한국은행의 자주성과 중립성이 훨씬 강화된 터였다. 이런 점들을 들어 일부에서는 재경부장관이 한국은행에 대해 필요한 지시를 할 수 있도록 한 재경부의 외국환거래규정은 위헌 소지가 있다고 주장하고 있다.[3] 그러므로 한국은행이 당시 외환시장 개입에 나설 의향이 없었다면 재경부장관이 업무 지시를 하더라도 이런 점들을 들어 따르지 않을 수도 있었을 것이다.

그런데 한국은행은 외환시장 개입의 결과 불가피하게 발생하게 될 통화안정증권의 누적적 증가 문제에 대해 애써 눈을 감았다. 재경부에 대해 열등한 지위를 규정한 법 규정들의 문제점을 지적하거나, 이의 개정에 연연해 하지 않았다. 오히려 이와는 반대로 외환시장 개입 등 외환정책과 관련하여 재경부와 긴밀하게 협력하면서 적극적인 행보를 펼쳐 나갔다.

한국은행이 외환시장 개입에 적극 나선 이유

당시 한국경제는 풍전등화와 같은 상황에 놓여 있었다. 한국은

3   차현진, 「애고니스트의 중앙은행론」, 율곡출판사, 2007, pp. 219~21. 그는 이 책에서 구시대에 만들어져 지금까지 내려오고 있는 재경부 규정에 의거 재경부장관이 독립법인인 한국은행의 재산권 행사를 제한하는 것은 명백한 위헌이라고 주장하고 있다. 또한 1998년 독립성을 강화하는 내용으로 한국은행법을 개정할 당시 통화정책과 직결되는 외환정책의 집행구조도 함께 고쳐 외환당국으로서 한국은행의 위상을 분명하게 할 필요가 있었음을 강조하고 있다.

행은 정부와 협력하여 외환위기의 조기 극복에 혼신의 노력을 기울이는 것이 절체절명의 과제임을 잘 알고 있었다. 그러한 노력의 결과가 4년 만에 1,000억 달러가 넘게 축적된 외환보유액이었다. 중앙은행인 한국은행으로서는 당연히 해야 할 일을 한 것뿐이다. 그런데 필자가 이렇게 이를 장황하게 서술하는 데는 다른 이유가 있다. 아직도 정부 및 학계 일각에 한국은행이 1997년 말 외환위기 이후 한 일이 별로 없다는 잘못된 시각이 있기 때문이다.

개정 한국은행법에 의해 한국은행의 독립성이 강화되었음에도 불구하고 여타 법 규정과 관행들에는 여전히 재경부장관이 금통위 의장을 겸직하였던 구시대적 잔재들이 남아 있었다. 이를테면 앞에서 본 외국환관리규정상의 재경부장관 지시권이 좋은 사례가 될 것이다. 한국은행은 개정된 한국은행법의 취지에 맞추어 기타 법률과 규정 및 관행 등을 고쳐 나가야 할 필요성을 잘 알고 있었다.

그러나 외환정책과 관련된 조항들은 바로 외환위기를 극복하는 문제와 직결되어 있었다. 잘못 건드릴 경우 외환정책 당국인 재경부와의 불화와 갈등을 빚을 수 있는 민감한 사안이었다. 외환위기 상황에서 한국은행이 외국환관리규정의 문제점을 지적하며 개정을 요구하고 나서는 것은 적전 분열상을 보이는 것과 다름이 없었다. 한국은행은 외환위기를 조기에 극복하기 위해서는 외환정책에 관한 한 재경부와 긴밀하게 협력하는 것이 긴요함을 잘 알고 있었다. 한국은행은 재경부와의 협력관계를 토대로 외환시장 개입을 통해 일시적인 환율의 급격한 변동을 완화하는 한편 외환보유액을 확충하는 데에도 힘을 쏟았던 것이다.

전철환 총재는 1999년 1월 20일 국회에서 열린 외환위기 청문회의 기관보고를 통해 외환위기의 재발을 방지하기 위한 5가지 대책을 제시하였다.[4] 첫째 시장규율의 확립을 주장하였으며, 둘째 거시경제정책의 안정적 운용을 들었다. 구체적으로는 물가상승, 경상수지적자 등 경제의 대내외 불균형이 초래되지 않도록 거시경제정책을 안정적으로 운용함과 아울러 대내외 금융·경제 환경의 급격한 변화 가능성에 능동적으로 대처할 수 있도록 외환보유액을 지속적으로 확충함이 긴요하다고 역설하였다.[5] 이를 위해 국제수지 및 외환수급상황을 보아가며 금융기관에 대한 한국은행 외화예탁금을 단계적으로 회수하는 한편, 악성 외채의 조기 상환을 통하여 외채 규모를 축소하고 외채 기간도 장기화해 나가야 한다고 주장했다.[6]

한국은행은 법률상 외환정책에 대한 독자적 권한이 없음에도 은행 내의 외환정책 관련 업무에 높은 중요도를 부여하고, 이 업무의 육성 발전에 힘을 기울였다. 이 점은 전철환 총재가 취임 6개월을 맞아 1998년 9월 5일 행했던 직원 조회사에 잘 나타나 있다.[7] 그는 '4대 과제 10대 실천계획'을 발표하면서 통화정책과 외환정책의 조화적 운영을 다음과 같이 강조하였다.

통화정책과 외환정책이 서로 조화를 이루면서 운영될 수 있도록 두 정책을 효과적으로 연계할 수 있는 체제를 확립하여야 합니다.

---

4   한국은행, IMF 환란 조사특위 보고자료, 「'97 외환위기의 상황과 경과」, 1999. 1, pp. 31~34.
5   한국은행은 위 자료에서 외환위기의 재발을 막기 위해서는 이밖에도 기업의 부채비율 축소 및 경영투명성 제고, 금융감독의 강화, 국제금융시장에 대한 모니터링 및 금융협력체제 강화 등이 긴요하다고 하였다.
6   당초 실무부서가 작성한 자료에는 "국제수지 및 환율 동향을 보아가며 시장을 통해 여유외환을 매입하는 방안을 IMF와 협의하겠다"고 기술했으나, 최종 논의과정에서 대외 파장 등을 우려하여 삭제하였다.
7   한국은행, 「변환성장을 위한 새 패러다임 2」, 전철환 총재 연설문집, pp. 363~64.

개방경제체제 아래에서는 금리와 환율 간의 관계가 밀접해질 뿐만 아니라 이들 변수의 변동성이 종전보다 훨씬 커지기 마련입니다. 따라서 통화정책과 외환정책을 효율적으로 연계하여 운용하지 않고서는 개방경제의 파고 속에서 거시경제변수들을 안정적으로 관리하는 데 한계가 있을 수밖에 없습니다.

전 총재는 위 조회사에서 시장친화적 정책수행 방식을 조기에 정착시켜야 함을 언급하면서 다시 한 번 금융시장 및 외환시장의 중요성을 역설하였다.

금융·외환시장을 육성 발전시키는 시책을 꾸준히 추진함과 아울러 시장 동향을 신속하고 정확하게 조사 분석하는 데 총력을 기울여야 하겠습니다. 시장이 보내오는 신호와 정보를 빠르고 정확하게 파악하여 실효성있는 정책을 적기에 마련할 수 있는 역량을 갖추어야 합니다.

한국은행은 외환위기를 겪으면서 대외의존도가 높은 한국경제가 제2의 외환위기를 겪지 않으려면 환율정책이 제대로 운영되어야 하고, 외환보유액 확충이 긴요하다는 것을 절감하였다. 그것은 외환위기 당시 최선을 다했음에도 불구하고 환란이 초래된 데 대한 책임에서 자유로울 수 없었던 한국은행이 뼈아픈 경험을 통해 얻은 절박감이었다. 한국은행은 외환시장을 긴밀히 모니터링하는 한편 외환시장 개입에 직접 나서는 등 시장 참가자로서의 역할을 수행하는 과정에서 글로벌 경제 시스템 하에 대외의존도가 높은 한국경제의 취약성을 잘 알게 되었다. 그 결과 제2의 외환위기가 도래되지 않도록 하기 위해 외환보유액 확충에 비상한 관심을 쏟았던 것이 아니었나 생각된다.

제4장에서 후술하는 대로 한국은행은 1998년중 외환은행에 직접 출자하는 문제 등을 둘러싸고 재정경제부와 심하게 갈등하고 대립하는 모습을 보였다. 한국은행은 정부가 구조조정을 위해 발행하는 국고채를 직접 인수하는 문제와 관련해서도 처음에는 정부와 의견 차를 나타내었다.[8]

그런데 흥미로운 사실은 당시 한국은행이 환율정책이나 외환시장 개입, 외환보유액 확충 등 정부의 외환정책과 관련해서는 한 번도 정부와 갈등을 빚거나 현저히 다른 의견을 드러낸 일이 없었다는 점이다. 외환정책과 관련된 재경부와 한은 간의 밀월관계는 재경부가 해외투자청 설립 구상을 발표한 2000년 10월까지 지속되었다. 여기에서 우리는 무엇을 유추할 수 있을까? 당시 한국은행은 법률에서 금지한 위법행위가 아닌 한 외환위기 극복과 관련된 정책과제에 대해서는 정부에 최대한 협력했다는 것이다.

한국은행이 발권력을 근거로 외환시장 개입에 나서게 되면 바로 해외부문 통화공급이 늘어나게 된다. 한국은행이 이를 그대로 흡수하여 통화 공급에 영향을 주지 않으려면 통화안정증권을 발행해야 하는데, 이는 시장금리의 상승을 가져올 수 있다. 정부에 협력하여 외환시장에 개입할 경우 어쩔 수 없이 한국은행의 통화정책에 주름살을 준다는 말이다.

이런 점에서 외환시장 개입은 한국은행법 제3조에 규정된 통

---

8   한국은행의 국고채 인수 문제는, 정부가 실세금리로 국고채를 발행할 경우 시장여건상 시장에서 자연스럽게 100% 소화시킬 수 있다는 한국은행의 설득을 정부가 받아들임에 따라 원만하게 마무리되었다.

화신용정책의 중립적 수립과 자율적 집행을 제약할 소지가 있다. 그렇다고 해서 한국은행법이 한은의 외환시장 개입을 금지하고 있는 것은 아니다. 따라서 한국은행은 통화관리의 엄청난 부담을 감내하면서도 당면한 외환위기 극복과 앞으로 닥칠지 모를 제2의 환란 방지를 위해 외환시장 개입을 통한 외환보유액 확충에 나섰던 것이다.

이와는 대조적으로 외환은행에 대한 한국은행의 직접출자는 영리법인에 대한 출자를 금지한 한국은행법 제103조를 위반하는 행위였다. 한국은행은 실정법을 위반하는 결과를 피하기 위해 수출입은행을 통한 우회출자로 가닥을 잡고 정부가 이를 받아들이도록 설득하여 관철시켰다. 이처럼 한국은행이 정부의 금융구조조정에 협력함은 물론 외환보유액 확충에도 지대한 공헌을 했음에도 불구하고 정부 및 학계 일각에서는 아직까지도 외환위기 극복을 위해 한국은행이 한 일이 없다고 얘기하고 있다.

한국은행의 외환보유액 확충에 대한 국회의 평가

외환위기 때 거의 바닥났던 외환보유액을 단기간에 1,000억 달러 넘게 확충하는 데에 걸림돌은 없었을까? 한국은행은 중앙은행으로서 매년 국회 재정경제위원회의 국정감사를 받는다. 국정감사장에서 의원들이 행한 질의 내용에는 당시 국내외 여론이 비교적 정확하게 반영되었다고 볼 수 있다. 그런데 의원들의 발언에 대하여 한국은행은 어떻게 대응하였을까? 의원들의 질의와 전철환 총재의 답변을 살펴보는 것은 한국은행의 외환보유액 확충 과정을 좀 더 입체적으로 파악하는데 도움이 될 것이다.

국정감사에서 외환보유액 문제를 거론한 의원들은 전반적으로 우리나라가 글로벌 경제의 파고를 이겨 나가려면 외환보유액을 확충해 나갈 필요성이 있다는 데 수긍한다는 입장을 밝혔다. 그러면서도 의원들은 외환보유액을 유지하는 데에 상당한 비용이 수반된다는 점을 강조하였다. 외환위기 초기에는 IMF 등 국제금융기구로부터의 차입금이 외환보유액의 일정 부분을 차지하고 있었고, 이 차입금에 대해 지급해야 할 금리가 해외에서의 외환보유액 운용금리보다 높았기 때문에 의원들의 주장은 나름대로 설득력이 있었다.

의원들은 외환보유액이 많으면 많을수록 좋다는 생각은 비용 측면을 고려하지 않은 무책임한 견해라고 주장하였다. 따라서 의원들은 우리나라가 꼭 유지하여야 할 필요가 있는 적정 외환보유액만큼 보유하면 된다는 견해를 피력하면서 적정 외환보유액 규모에 대해 많은 관심을 표명하였다. 그 결과 1998년과 1999년 국정감사에서 여러 의원들은 우리나라의 적정 외환보유액을 한국은행이 얼마로 보고 있는지에 대해 집중적으로 질의하였다.

전철환 총재는 1998년 10월 28일 한국은행에 대한 국정감사에서 11명의 의원들이 적정 외환보유액 수준 및 그 산출근거에 대하여 직접 발언을 하거나 서면으로 질의한 데 대해 답변하였다.[9] 전 총재는 먼저 "적정 외환보유액 수준은 각 나라의 경제상황, 환율제도, 무역규모 및 구조, 자본거래 자유화 정도, 외채의 만기구조 등에 따라 달라질 수 있으므로 일률적으로 평가하기는 어렵고, 또 그런 기준도

---

9   1998년도 한국은행에 대한 국회 국정감사(1998.10.28), 재정경제위원회 회의록, pp. 84~85; 회의록(부록), p. 61.

없다"고 전제하였다.

이어서 "일반적으로는 3개월 정도의 수입액에 해당하는 외환 보유액을 적정 수준으로 인식하는 경향이 있으나, 최근 자본거래의 자유화 추세에 따라 국가간 자본이동이 용이해진 데다 대내외 여건 변화에 따른 자본의 유출 가능성이 커짐에 따라 통상적으로 인식되는 경상거래만을 감안한 3개월 정도의 수입액에 해당하는 외환보유액으로는 불충분하며, 자본거래까지를 감안하고, 우리나라의 경우 특수하게 남북관계 등도 고려하여 외환보유액을 유지하여야 한다는 의견이 있다"고 설명했다.

그는 적정 외환보유액 수준을 산정함에 있어서는 기회비용 부담 측면도 함께 고려해야 함을 덧붙여 설명하였다. 다시 말해 "자본거래를 감안한 외환보유액을 추가로 확보할 경우 외화자산 운용에 있어서 외환보유액의 특성상 유동성과 안전성을 기할 수밖에 없어 기회비용의 과다 부담 문제가 제기될 수 있으므로 적정 외환보유액 수준은 외환보유액 확보에 따른 대외신인도 제고, 지급결제능력 등 긍정적인 측면과 기회비용 부담 등 부정적인 측면을 고려하여 결정되어야 할 것으로 생각한다"고 답변하였다.

그러나 전 총재는 적정 외환보유액 수준을 구체적으로 제시하는 데 대해서는 부정적인 견해를 피력하였다. 전 총재는 "외환당국이 적정 외환보유액 수준을 구체적인 수치로 제시할 경우 국내 외환시장이나 국제금융시장에 자칫 불필요한 오해를 불러 일으켜 외환시장에 영향을 주거나 대외신인도에도 도움이 되지 않을 것으로 생각된다"고 밝히고 이에 대한 의원들의 양해를 구하였다.

이 답변에도 불구하고 일부 의원들은 1년 후인 1999년 말까지 가용 외환을 얼마쯤 보유해야 되는지 구체적인 수치를 제시할 것을 요구하였다. 전 총재는 "얼마쯤 보유하는 것이 적정하다고 직접 예시하면 국제금융시장, 특히 외환시장에 나쁜 시그널을 보낼 우려가 있다"고 재차 설명하였다. 다시 말해 앞으로 외환을 더 많이 보유하겠다고 말하면 한국은행이 매입을 하거나 금융기관에 지원했던 대출금을 회수해야 하기 때문에 환율이 올라갈 우려가 있다는 것이다. 반대로 외환보유액 수준을 낮춰야 한다고 말하면 한국은행이 보유한 외환을 매각할 필요가 있다는 정보로 오인할 우려가 있다는 것이다. 그런 점들 때문에 공개적으로 밝히기가 곤란하다며 다시 한 번 의원들의 양해를 구하였다.

1999년 10월 11일 한국은행에 대한 국회 국정감사가 열렸다. 이때에도 7명의 의원들이 적정 외환보유액 수준에 대해 전철환 총재에게 질의하였다. 이날 의원들은 국정감사 초반부터 환율정책 및 외환보유액 문제에 대해 공세의 수위를 높여나갔다.

김재천 의원은 경상수지가 1999년 1~7월중 154.8억 달러 흑자를 보이고 있음에도 불구하고 한국은행이 원화절상 압력을 수용하지 않고 있음을 비판하였다. 자본시장이 큰 폭으로 개방된 만큼 환율의 급락을 노리는 외국 투기자본에게는 우리나라가 절호의 공격 목표가 될 수 있으므로 이제는 원화절상 압력을 서서히 수용하는 것을 면밀히 검토할 필요가 있다는 주장이었다.[10]

박종근 의원은 "외환보유액은 다다익선이 아니며 적정 수준의 외환보유액을 가지고 있어야 한다"고 주장하고 "우리나라 외환지출액의 약 3개월 치에 상당하는 정도의 외환보유액이 적정 수준"이라고 밝혔다. 박 의원은 현재 600억 달러의 외환을 가지고 있는데,

---

10 한국은행에 대한 1999년도 국정감사(1999. 10. 11), 재정경제위원회 회의록, pp. 11~12.

1999년중 우리나라의 외환지출 총액이 약 1,500억 달러가 된다고 볼 때 적정 외환보유액 수준은 400억 달러이므로 한국은행은 200억 달러의 과다한 외환을 보유하고 있는 셈이라고 주장하면서 이에 대한 총재의 견해를 물었다.[11]

김재천 의원은 한국은행이 업무현황보고에서 외환보유액 확충을 주요 업무성과로 홍보하고 있음을 비판하였다.[12] 그는 "한국은행이 외환보유액을 확충함에 따라 통화안정증권 발행이 늘어나고, 그 결과 엄청난 규모의 통화안정증권 이자가 지급되고 있다"고 하면서 계속하여 "한국은행이 외환보유액 가운데 일부를 미국 재정증권 등에 투자하고 있는데 그 금리가 4% 수준에 불과하다"고 지적하였다. 김 의원은 결론적으로 "외환보유액은 거저 갖고 있는 것이 아니며 이처럼 보유에 따른 막대한 비용이 수반되고 있음에도 불구하고 한국은행이 이런 사실은 밝히지 않고 외환보유액 확충을 경제의 큰 업적으로 홍보하고 있다"고 한국은행의 업무보고 내용을 비판하였다.

전철환 총재가 의원들의 질의에 답변할 순서가 되었다.[13] 그는 먼저 국제적으로 적정 외환보유액 수준을 판단하는 통일된 기준은 없으나 일반적으로 다음 두 가지 요건이 충족되어야 한다는 데 의견

---

11 앞의 회의록, pp. 47, 75.
12 한국은행, 「1999년도 국정감사 업무현황」, 1999. 10, pp. 19~21.
    한국은행은 이 자료에서 '통화신용정책 운용성과'라는 별도의 절을 만들고 '외환시장의 안정과 외환보유액 확충'을 한 항목으로 부각시켰다. 그 내용에는 "1997년 말 88억 달러에 불과했던 외환보유액(가용)은 1998년 중 396억 달러가 확충된 데 이어, 금년 중(1. 1~9. 30)에는 IMF 자금을 상환하고도 169억 달러가 확충되어 9월 말 현재 654억 달러에 이르고 있음. 외환보유액 확충은 우리나라의 대외신인도를 개선시켜 외자유입을 촉진시키고 외환시장을 안정시킨 요인으로 작용"이라고 서술하였다.
13 이하 의원들과 전철환 총재 간 주고받은 질의 및 답변내용은, 한국은행에 대한 1999년도 국정감사(1999. 10. 11), 재정경제위원회 회의록, pp. 75~78 참조.

이 일치되고 있다고 밝혔다. "첫째 단기적으로 유출가능한 모든 대외지급에 대비하고, 자국의 외환시장 안정을 충분히 뒷받침하는 한편, 둘째 당해국에 신용을 공여하거나 투자하는 외국투자가들로부터 지급능력에 대한 확실한 신뢰를 얻을 수 있는 수준이어야 한다. … 우리나라의 경우도 위의 기준을 충족할 수 있는 외환보유액을 유지하려고 노력하고 있다"고 답변하였다. 아울러 1999년 9월 말 현재 외환보유액은 654억 8천만 달러로서 대외적으로 상당한 신뢰를 얻을 수 있는 수준이라고 말하였다.

전 총재는 그러나 "우리나라의 대외신인도가 아직 투자적격 중 가장 낮은 수준에 머물러 있고, 거액의 외채를 가지고 있는 점을 감안하여 한국은행은 외환시장의 안정 유지는 물론 대외신인도를 더욱 높이기 위하여 외환보유액을 꾸준히 확충해 나갈 계획"이라고 밝혔다. 이에 덧붙여 "다만 외환당국이 적정 외환보유액 수준이나 달러 매입 계획 및 외환보유액 운용수익을 수치로 제시할 경우 국내 외환시장에 영향을 주거나 국제금융시장에 자칫 불필요한 오해를 불러일으킬 수도 있다는 점에서 구체적인 수치를 밝히지 않는 것이 국제적인 관행"임을 밝히고 의원들의 양해를 구하였다.

의원들이 제기한 외환보유액 기회비용과 관련해서 전 총재는 "국제금융기구 자금 중 금리가 7.8% 수준으로 상대적으로 높은 IMF의 보충준비자금(SRF) 134억 달러는 1999년 9월 16일까지 전액 상환하였으며, 금리가 3.8%로 상대적으로 낮은 IMF 크레디트 트란세(Credit tranche) 자금 잔액 61억 달러로 인한 외환보유액 유지비용 부담은 크지 않다"고 밝혔다. 그는 "외환보유액을 확충하여 국가 신인도가 올라가게 되면 우리나라 금융기관 및 기업들의 대외 차입 스프레드가 크게 낮아지는 점도 고려되고 있다"고 덧붙였다.

몇몇 의원들이 끈질기게 이의를 제기하였다. 박종근 의원은 "앞으로도 계속 외환보유액을 쌓아올리겠다는 입장을 밝혔는데, 어떤 목표 개념 없이 덮어놓고 쌓아놓는 것인지 답변의 진의가 무엇인지 해명해 줄 것"을 요청하였다. 안택수 의원은 "IMF 외환위기가 온 뼈아픈 경험에 비추어 많이 가지고 있는 것이 만사불여 튼튼하니까 이해는 가는데, 필요 없이 많이 가지고 있는 것 또한 능사가 아니지 않는가?"라고 말하였다. 안 의원은 외환보유액 확충에 따른 국내 통화증발 문제를 거론하였다. 한국은행이 통화안정증권 이자로 1999년에 3조원을, 2000년에 가면 4조원을 지급하게 될 텐데 그 문제는 어떻게 해결하려고 하는지 질문하였다.

전 총재는 안택수 의원의 질의에 대해 "기회비용과 리스크를 고려해서 외환보유액을 결정하고 있다"고 말하고 "솔직히 말해서 뼈아픈 위기의 충격 때문에 어느 정도는 다소 비용이 들더라도 넉넉하게 외환을 보유하는 것이 국가신인도를 높이는 데 매우 중요하다"는 입장을 밝혔다. 안택수 의원이 이의를 제기하였다. "그것은 경제를 아는 사람이 할 일이 아니지 않는가? 그것은 경제를 모르고 한번 당해서 혼이 크게 난 사람이 정치 차원이나 통치 차원에서는 가능한 얘기지만, 경제전문가가 그런 얘기를 하면 말이 안 된다. 불필요하게 과다한 외환을 가지고 있을 이유가 없지 않는가?" 이에 대해 전 총재는 "불필요하게 과다한 것이 아니라고 판단하고 있다"고 짧게 답변하였다.

의원들과 전 총재간 일문일답식 토론이 조금 더 진행되다가 김재천 의원이 다시 나섰다. 그는 "외환보유액을 얼마를 (확보)해야 된다고 밝히지 못하는 총재 입장은 충분히 이해한다. 그런데 외환보유액을 많이 가지고 있으면 그만큼 비용이 들 수밖에 없는데, 아무런 비용이 안 드는 것처럼 국민들에게 인식시키고 있는 것이 문제다"라고 주장하였다. 계속해서 "지금 외국에서 외환보유액을 운용하면서 벌어들이는 수익과 우리가 국내에서 통안증권을 발행하면서 드는 이자 비용을 견주어보면 막대한 국민 부담이 있다. 이것을 국민들에게 알려야 한다"고 덧붙였다.

김 의원은 "외환보유액의 목표 수준은 알려주지 않아도 좋다. 그렇더라도 제2의 외환위기를 막기 위해서는 출혈을 감수하면서도 어쩔 수 없이 외환보유액을 보유하고 있다고 얘기하는 것과, 처음에는 외환보유액이 얼마밖에 없었는데 지금은 육백 몇 십억 달러로 확충했다고 선전하는 것은 다른 것이다. … 그래서 문제를 제기하는 것"이라고 발언하였다. 김 의원의 발언은 막대한 비용을 감수하면서도 외환위기의 재발을 막기 위해서는 어쩔 수 없이 외환보유액을 확충할 수밖에 없다고 솔직하게 보고해야 한다는 주장이었다. 그런데 거두절미하고 1997년 말에는 외환보유액이 얼마밖에 없었는데, 지금은 육백 몇 십억 달러를 가지고 있다고 선전하는 것은 동전의 한 면만을 부각시키는 부적절한 행태라는 비판이었다.

뒤를 이어 다른 의원도 적정 외환보유액에 대한 견해를 밝히며 총재의 답변을 재차 요청하였다. 전 총재는 "의원들께서 이 점을 이해해 주기 바란다. 저희가 필요로 하는 적정수준까지 유지할 것이다. 그러나 명백히 그 금액을 말하기는 대단히 어렵다. 왜냐하면 적정수준 규모가 현재 보유하고 있는 것에 가깝다면 환율이 급격히 변동할 우려가 있고 상당히 멀다면 다른 기대가 형성될 수 있다"고 단호하게 정리했다. 이처럼 소신있는 발언을 계속하자 외환보유액 확충을 둘러싼 의원들의 공세는 수그러들었다.

이날 국정감사에서 적정 외환보유액 문제를 거론한 의원들은 전철환 총재와의 일문일답을 통해서 외환보유액을 확충하는 것은 공짜가 아니며, 외환보유액 확충에는 그에 상응하여 엄청난 비용이 소요될 수밖에 없음을 국민들에게 부각시키는 성과를 거두었다. 그러나 한국은행도 만만치 않은 성과를 거두었다.

적정 외환보유액 기준에 대한 전 총재의 답변은 1998년 국정감사 때의 답변 내용과 비교할 때 큰 차이가 있었다. 1998년 국감에서는 "일반적으로 3개월 정도의 수입액에 해당하는 외환보유액을 적정수준으로 인식한다"고 밝혔으나 1999년 국감에서는 이에 대해 아예 언급하지 않았다. 1998년 국감에서는 "자본거래까지를 감안하여 외환보유액을 추가로 확보하더라도 기회비용의 과다 부담 문제가 제기될 수 있으므로 이러한 부정적 측면을 함께 고려하여 결정할 것"이라고 밝혔으나 1999년 국감에서는 기회비용 문제에 대해서 일체 언급하지 않았다.

1999년 국감에서는 1998년 국정감사에서 전혀 언급하지 않았던 내용이 추가되었다. 우리나라 외환시장의 안정을 기하고 외국투자가들로부터 확고한 신뢰를 얻을 수 있는 수준까지 외환보유액을 확보하는 것이 긴요함을 천명한 것이다. 한국은행이 생각하는 적정 외환보유액 기준이 훨씬 확대되었음을 알 수 있다. 이처럼 전보다 크게 확대된 적정 외환보유액 산정 기준을 국회 재정경제위원회 의원들에게 보고하고 암묵적으로 동의를 받음으로써 한국은행은 적정 수준까지 외환보유액을 축적해 나갈 수 있도록 운신의 폭을 넓힐 수 있게 되었다.

전철환 총재가 의원들의 질의에 답변한 내용 중 압권은 "저희가 필요로 하는 적정 수준까지 (외환보유액을) 유지할 것이다"라는 발언이었다. 전 총재는 국정감사 초반에 총괄적인 적정 외환보유액

산정 기준을 이미 보고한 바 있다. 그러므로 전 총재의 이러한 발언은 그 근거에 의거 적정 외환보유액 수치를 계산하고 실제 보유액을 쌓는 일은 한국은행 총재 책임 하에 수행할 터이니 의원들께서는 한국은행을 믿고 지켜봐 달라는 선언과 다름이 없었다. 전철환 총재는 2000년과 2001년 국정감사에서도 외환보유액에 관한 의원들의 질의에 대해 1999년 국정감사 때 밝혔던 것과 대체로 비슷한 톤으로 일관성 있게 답변하였다.

한편 한국은행은 외환보유액 규모가 크게 늘어나면서 그 확충에 대한 국민 여론이 예전과 같이 절박하지 않음을 감지하고, 앞으로도 외환보유액을 계속 확충할 필요성이 있음을 알리는 언론 기고 활동을 전개하였다. 일례로 정보영 한국은행 국제국장은 2000년 3월과 4월 신문 기고를 통해 외환보유액의 중요성을 알리고, 대내외 경제여건상 아직도 보유액이 충분치 않은 실정임을 강조하였다.[14]

외환보유액 운용수익률 제고에 대한 국회의 관심

의원들은 국정감사에서 외환보유액을 운용하여 거두는 성과에 대해서도 깊은 관심을 표명하였다. 환란 이듬해인 1998년 국정감사 때에는 3명의 의원이 외환보유액에 기회비용이 발생한다는 점 등을 들면서 수익성 제고에 노력해야 함을 강조하였다. 1999년 국정감사에서는 6명의 의원이 수익성 제고를 강조하는 견해를 표명하였다. 2000년 국정감사에서는 수익성 제고 및 안전성을 강조하는 의원이 각각 1명씩 있었으며, 2001년 국정감사에서는 3명의 의원이 외환보

---

14 정보영, ‘외환보유액의 중요성’, 매일경제신문, 2000. 3. 28.
  정보영, ‘외환보유액 아직 충분치 않다’, 서울경제신문, 2000. 4. 7.

외환보유액 운용 수익성에 관한 국회의원들의 질의(서면 포함) 내용 분석
(국회 재경위원들이 한은 국정감사에서 행한 질의 기준)   (단위: 명)

	1998.10.28	1999.10.11	2000.11.3	2001.9.24
수익성 제고 강조 (기회비용 발생 강조 포함)	3	6	1	3
안전성 강조	0	0	1	0
중립적 입장 및 의사표시 없음	27(0)	20(1)	20(1)	18(0)
합 계	30	26	22	21

*( )내는 질의중 중립적인 입장을 표명한 의원 수

유액 운용에 따른 수익성 제고 문제에 관심을 기울였다. 외환보유액을 운용함에 따른 수익성 문제에 의원들이 꾸준히 관심을 보여 왔음을 알 수 있다.

한국은행은 외환보유액의 운용 수익률을 제고하라는 의원들의 요구를 최대한 수용하려고 애썼다. 외환보유액은 우리나라의 최종적인 대외지급준비자산이기 때문에 유사시에 바로 활용할 수 있으려면 무엇보다 유동성 및 안전성 확보에 최우선 순위를 두어야 한다. 한국은행은 이러한 외환보유액의 기본적 특성이 훼손되지 않는 범위 내에서 수익성을 높일 수 있도록 다각적인 노력을 경주하였다.[15]

첫째, 미국 국채 등 주요 선진국 정부채 이외에 수익성이 양호한 정부기관채, 국제기구채 및 유로채로 투자를 늘렸으며, 운용 수

15 　이하 한국은행이 외환보유액 운용 수익성 제고를 위하여 취하였던 조치는 2001년 한국은행 국정감사에 대한 국회 재정경제위원회 회의록 (부록) pp. 106~107에 수록된 전철환 총재의 서면 답변 내용을 전재하였다.

익성 제고 및 최신투자기법 습득을 목적으로 국제투자전문기관에의 위탁자산 운용을 확대하였다. 상대가격 분석기법(relative value analysis), 수익률곡선분석기법(yield curve analysis) 및 파생금융상품거래기법 등 최신 금융기법을 이용한 거래도 활성화하였다.

둘째, 보유자산의 금리·환율 변동위험을 과학적으로 관리하기 위하여 VaR(Value at Risk) 시스템을 도입하였으며, 외화자산 운용 시스템의 선진화를 위하여 국제투자전문기관 및 국제기구로부터 운용 시스템 전반에 대해 컨설팅을 받았다.

셋째, 외화자산의 효율적인 관리와 운용인력 전문화를 위하여 2000년 5월에 외환보유액 운용조직을 국 단위 조직으로 확대·개편하였으며, 전문 인력도 꾸준히 확충하였다.

이처럼 수익성 증대를 위한 다각적인 조치를 편 결과 한국은행의 외환보유액 운용 수익률은 국제적인 기준과 비교할 때 매우 우수한 것으로 보고되었다. 전철환 총재는 2001년 국정감사시 의원 질의에 대해 "한국은행의 외화자산 운용수익률은 국제은행간 정기예치금리인 LIBOR 3개월 금리와 세계 유수의 투자전문기관 운용수익률의 기준이 되는 국제채권지수의 평균수익률과 비교하여 불리하지 않은 수준"이라고 답변하였다.

전 총재는 또 "외환위기 이후 외환보유액이 크게 증가한 1998~2000년 3개년간의 평균수익률은 LIBOR 평균 금리 및 국제채권지수 평균수익률보다 상당히 높은 수준이었다"고 밝혔다.[16] 그는 끝으로 "외화자산 규모 증가에 부응하여 앞으로도 수익성 제고를 위해 투자상품을 다양화하고 리스크 관리대책을 강구하는 등 배전의 노력

---

16   한국은행에 대한 국회 국정감사(2001. 9. 24), 재정경제위원회 회의록(부록), pp. 106~107.

을 기울이겠다"고 답변하였다.

정부의 해외투자청 설립 구상과 한은의 반대

진념 재경부장관은 2000년 10월 30일 "내년부터 외환보유액의 수익성을 높이기 위해 외환보유액의 일부를 해외투자에 운용할 계획"이라며 "싱가포르의 해외투자청(GIC)처럼 외환보유액을 이용해 해외투자를 전담하는 기구 발족을 검토하고 있다"고 밝혔다.[17] 진 장관은 보유외환의 운용방안과 관련하여 "정부 보유외환을 무조건 쌓아놓을 수만은 없다"고 말하고 "싱가포르의 해외투자청(GIC)처럼 일부는 해외 주식이나 부동산 등에 투자하는 방안을 추진하겠다"고 말했다.

재경부는 이를 위해 11월 초 5명의 전문가를 싱가포르에 파견하여 현지조사를 실시할 계획이라고 하였다. 한국일보는 10월 31일자에서 진 장관의 발언 내용을 보도하면서 "한국은행이 아직은 외환보유액의 운용보다는 확충이 중요하며 (해외에서 주식이나 부동산 등에 운용)하더라도 중앙은행이 담당해야 한다며 재경부 방안에 반대하고 있어 논란이 예상된다"고 한은의 입장을 함께 보도하였다.

한국은행은 이러한 보도가 있기 1년 전인 1999년 11월부터 재정경제부가 외환보유액 운용을 위한 해외투자펀드 설립 및 운용 전담기관 설립을 추진하고 있음을 여러 경로를 통해 파악하고 있었다.[18] 먼저 한국은행은 싱가포르 주재원 및 한국은행 외화자산 운용

---

17   매일경제신문, 2000. 10. 30자; 한국일보, 2000. 10. 31자.
18   한국은행 외화자금실, 「재경부의 외환보유액 운용을 위한 해외투자펀드 설립 및 운용전담기관 설립에 대한 정보사항 보고」, 1999. 12. 4.

과 관련된 국제투자은행들로부터 정보를 입수하였다.

이에 따르면 재경부 및 국제금융센터 직원들이 싱가포르 중앙은행인 싱가포르통화청(MAS: Monetary Authority of Singapore)과 정부투자공사(GIC: Government of Singapore Investment Corporation), 홍콩 중앙은행인 홍콩통화청(HKMA: Hong Kong Monetary Authority)을 방문하였다는 것이다. 당시 국제금융센터에 파견 중이었던 재경부 중견간부가 1999년 10월 초 GIC를 방문하여 한국도 GIC와 같은 투자전문기관의 설립을 검토중이라고 밝히고, 관련 자료를 요청한 바 있었다. 1999년 11월 30일부터 12월 2일 사이에는 재경부 국제금융국 사무관과 국제금융센터 직원 등 2명이 MAS, GIC, HKMA 등을 방문하여 외국환평형기금 운용실태 및 외환보유액의 효율적 운용방안 등을 조사하였다.

국내에서도 재경부 고위 관계자가 해외투자펀드 설립을 거론하였다. 재경부 국제금융국 고위 관계자는 1999년 11월 24일 국제금융센터 자문단회의에 참석, 해외투자펀드 설립계획을 밝혔다. 당시 재경부 관계자가 밝힌 바에 따르면 민간 금융기관들을 중심으로 투자기금을 조성하되 재경부도 외국환평형기금에서 일부를 출연하며 외국증권회사 및 투자기금 등을 통해 해외자금을 유치한다는 것이었다. 이 관계자는 조성된 외화자금을 주로 외국의 유명 자산운용회사 등을 통하여 운용할 계획임도 밝혔다.

한국은행 외화자금실은 재경부의 해외투자펀드 설립이 표면적으로는 외환의 과잉유입에 따른 환율 관리대책 차원에서 거론되고 있으나, 궁극적으로는 싱가포르의 GIC와 같은 정부 산하 외환보유액 운용 전문기관의 설립을 염두에 두고 있는 것으로 판단하였다. 한국은행 외화자금실은 정부의 움직임에 대응하여 외환보유액 운영에 따른 리스크 관리를 강화하는 한편 파생금융상품 거래 활용 및 위탁자산 운용 확대를 통한 수익성 제고 계획도 수립했다. 전철환 총재는 이 정보보고를 받고, 첫째 대응방안을 구체적으로 마련하고, 둘째 보고서에 수록된 한국은행의 외국환 업무와 관련된 법령에 대해 한국은행 법규실 및 고문변호사 등을 통하여 유권해석을 받을 것을 육필로 지시하였다.

2000년 11월 3일 한국은행에 대한 국정감사에서 일부 의원은 재경부장관이 내년 상반기에 해외투자청을 설립할 방침을 밝혔는데, 한국은행은 어떤 입장을 가지고 있는지 질의하였다.[19] 전 총재는 이에 대해 다음과 같이 정부가 해외투자청 설립에 각별히 신중을 기해야 함을 주장하면서 사실상 이에 반대한다는 입장을 밝혔다.[20]

정부는 싱가포르 투자청(GIC)의 사례를 따라 외평기금 또는 민간으로부터의 펀드 모집 등으로 조달한 외화자금을 해외 유가증권 등에 투자하는 해외투자청 설립을 언급한 바 있다.

먼저 해외투자청에서 외평기금의 일부를 수익성 위주로 운용하는 것은 외환시장 안정이라는 외평기금의 본래 취지에 어긋나며, 일국의 공적 외화자산은 중앙은행이 운용하는 것이 세계적인 관행으로 되어 있기 때문에 만일 중앙은행 이외의 기관이 운용하는 것은 국제사회로부터 공적 외화자산에 대한 적정성을 의심받게 될 가능성이 있다고 생각한다.

또한 정부 주도의 기관이 외화자금을 집중하여 운용하는 데 따른

---

19   한국은행에 대한 국회 국정감사(2000. 11 3), 재정경제위원회 회의록, p. 45.
20   위 회의록(부록), p. 117.

리스크 및 도덕적 해이 문제, 별도기관 설립에 따른 비용, 경상수지 흑자폭 축소 예상 및 외국인투자자금이 감소하는 경우 등을 고려할 때 가칭 '해외투자청' 설립은 각별히 신중을 기하여야 할 것으로 판단된다.

따라서 해외투자 촉진을 위해서는 이러한 해외투자공사를 설립하기보다는 다수의 민간 금융기관이 수익성과 리스크를 감안하여 스스로의 판단에 따라 투자하도록 하는 것이 바람직하다고 생각한다.

2001년 8월 24일 진념 부총리 겸 재경부장관은 외환보유액의 수익성 제고를 위해 "보유액을 별도로 운용하는 게 가능한 지, (별도 운용을) 조금씩 시작해서 확대해 갈지 등을 포함해 외환보유액의 수익성 제고 방안을 검토중"이라고 재차 밝혔다.[21] 진 부총리겸 재경부장관은 이때에도 싱가포르 투자청(GIC)을 예로 든 것으로 보도되었다. 이에 대해 전 총재는 2001년 8월 26일 서울경제신문과 가진 인터뷰에서, 지난해 국정감사에서 밝힌 바와 같이 해외투자청 설립에 반대한다는 입장을 표명하였다. 전 총재는 "외환보유액은 안전성, 유동성이 최우선 과제이고 그 다음이 수익성이다. 재정경제부에서 주장하는 싱가포르 투자청 같은 방식의 운용은 바람직하지 않다"고 말하였다.

진념 부총리의 발언이 있은 지 한 달 뒤인 9월 24일 한국은행에 대한 국정감사가 있었다. 이 자리에서 이상득 의원은 "물론 반드시 그렇게 하자는 것은 아니다"라면서도 2000년 국정감사에서 밝혔던 것과는 뉘앙스가 다르게 "싱가포르의 투자청 같은 좀 전문적인 기

관을 두어서 외환보유액의 효율적인 운용을 할 필요가 있지 않느냐 하는 얘기를 드린다”고 질문하고, 이에 대한 총재의 의견을 물었다.[22]

전 총재는 답변을 통해 “싱가포르 투자공사인 GIC는 해외자금 운용능력이 미약한 연기금, 기업 등의 해외자금 운용을 대행하는 전문 해외투자기관으로서 부동산, 주식 등 고수익 고위험 자산에도 투자하는 등 자금운용방식에 있어 민간투자기관과 투자행태가 동일하다”고 답변하였다. 그리고 “현재 GIC의 운용자산 약 1,000억 달러 중 중앙은행인 싱가포르 통화청이 위탁한 외환은 60억 달러에 불과하며, 그것도 GIC의 투자기법이 상당 수준으로 발전된 이후 위탁한 것으로 알고 있다”고 밝혔다.

당시 정부는 해외투자청과 같은 전문투자기관의 재원을 국내의 다른 여유 외화자금을 토대로 하는 것이 아니라 전적으로 한국은행과 외평기금이 쌓은 외환보유액에 의존하려고 구상하고 있었다. 그러므로 전 총재의 답변은 외환보유액의 일부를 헐어 재원을 조성하고, 이를 고수익 고위험 자산에 투자토록 하기 위해 GIC와 같은 별도의 기관을 만들려는 발상의 무모함을 지적하는 발언이었다. 전 총재는 “GIC와 같은 전문투자기관에 한국은행의 보유 외환을 위탁 운용할 경우 수익성을 중시하게 됨에 따라 그만큼 우리 외환보유액이 줄어드는 결과를 초래한다”고 경고하였다. 그는 “따라서 외환보유액 규모를 줄이면서까지 수익성 제고를 위해 GIC와 같은 형태의 제도를 도입하는 것은 적절하지 않다고 판단하고 있다”며 전문투자기관의 설립에 반대하는 입장을 다시 한 번 분명히 했다.[23]

<hr>

22 한국은행에 대한 국회 국정감사(2001. 9. 24), 재정경제위원회 회의록, p. 20.
23 위 회의록(부록), p. 52.

정부가 2000년 10월 처음으로 해외투자청 설립 구상을 밝힌 직후 실시된 2000년 한국은행에 대한 국정감사에서는 이런 구상에 대해 의원 한 명이 반대 의사를 밝혔다. 그러나 2001년 국정감사에서는 해외투자청 설립에 찬성하는 의원이 1명 나오고, 국내에서 외환보유액의 일부를 운용하는 것에 찬성한 의원도 1명 있었다. 이를 볼 때 외환보유액이 1,000억 달러에 육박하는 수준으로 크게 늘어남에 따라 향후 수익성 제고를 위해 외환보유액의 효율적 운용방안을 다각도로 모색할 필요성이 있다는 견해들이 서서히 고개를 들기 시작했음을 알 수 있다. 이러한 흐름이 이어져 결국 2005년 3월 24일 한국투자공사법이 제정 공포되었으며, 2005년 7월 한국투자공사(KIC)가 설립되었다.[24]

한국은행은 정부의 한국투자공사 설립에 대해 처음에는 정면으로 반대하다가 대세가 기울자 전략을 바꾸었다. 한국은행이 KIC에 맡긴 외환보유액의 성격을 KIC가 재량껏 운용할 수 있는 예탁자산이 아니라 외환보유액의 요건을 충족할 수 있는 위탁자산이 되도록 관철시킨 것이다.[25]

돌이켜 보건대 재경부가 GIC와 같은 기관을 만들어 외환보유액의 수익성을 높이려는 구상을 시작했던 시기는 1999년 가을 경으로 거슬러 올라간다. 이때 외환보유액은 700억 달러에 못미친 수준이었다. 비슷한 시기인 1999년 8월 말 현재 외채 잔액은 1,426억 달러에 달하고 있었으며, 외환위기 이후의 주식시장 개방으로 외국인

---

24 설립 당시 KIC는 외환 보유 주체인 정부(외평기금)와 한국은행으로부터 총 200억 달러(외평기금 30억 달러, 한국은행 170억 달러)를 순차적으로 위탁받아 운용해 나가기로 하였다.
25 위탁의 경우에는 예탁과 달리 위탁자산의 소유권이 수탁자에게 이전되지 않으므로 위탁자가 위탁자산의 운용방식을 제한하게 된다. 따라서 한국은행이 외환보유액 일부를 떼어내어 KIC에 위탁했음에도 불구하고 외환보유액의 특성을 그대로 유지할 수 있는 장점이 있었다.

주식투자 잔액도 상당액에 이르고 있었다. 이런 점들을 고려하면 그 정도의 외환보유액으로 안심하기에는 이른 형편이었다. 그런데도 불구하고 외환보유액의 일부를 떼어내어 투자수익이 높은 주식이나 부동산에 운용하기 위해 별도기구 설립을 구상했다는 것이다.

정부가 그때 벌써 외환위기의 교훈을 잊어버린 것이었을까? 우리나라는 대외의존도가 높은 데다 IMF 등으로부터 외화자금을 차입하기 위해 어쩔 수 없이 금융·외환·주식시장 등의 빗장을 외국인 투자가들에게 다 열어젖힌 상태였다. 그렇기 때문에 험한 글로벌 파고를 이겨 나가려면 외환보유액 확충이 긴요한 상황이었다. 그런데도 외환보유액을 몇 백억 달러 쌓았다고 자족하며 조금 더 수익을 올릴 요량으로 잔머리를 굴리고 앉았으니 지금 생각해도 가당치 않은 일이었다. 2008년 9월 리먼브러더스 투자은행의 파산 이후 격동하는 국제금융 정세에 힘겹게 대응하고 있는 한국경제 현실에 비추어 볼 때 그 시점에서의 해외투자청 설립 발상이 기이하였다는 생각까지 든다.

IMF 차입금의 상환

2001년 8월 23일, 외환위기 이후 IMF로부터 빌린 차입금 195억 달러 중 마지막으로 남아 있었던 1억 4천만 달러를 예정보다 앞당겨 상환하였다. 이로써 우리나라는 1990년대 후반 외환위기를 경험한 아시아 국가 중 IMF 차입금을 전액 상환한 첫 번째 나라가 되었다. 국내외 언론들은 이를 계기로 한국경제가 외환위기를 극복하였음을 공식적으로 선언한 셈이 되었다고 보도하였다. 그렇기 때문에 이 날은 외환위기의 시련을 겪었던 국민들에게는 만감이 교차하는 뜻

깊은 하루였다.

우리나라가 IMF로부터 외화를 차입하기로 1997년 12월 3일 합의서에 서명할 때 IMF측에서는 캉드쉬 총재가, 우리나라에서는 임창렬 부총리와 이경식 한국은행 총재가 함께 참석하였다. 이때 합의된 차입 문건에는 차입금에 대한 상환 계획이 수록되어 있었다. 그동안 한국은행은 이때 합의된 계획에 의거 꾸준히 IMF 차입금을 상환하여 왔다. 법에 의해 한국은행은 IMF 등 국제금융기구와의 거래에 있어 정부를 대표토록 되어 있기 때문에 IMF 차입금의 상환 업무도 한국은행이 담당하고 있는 터였다.[26]

마지막 남은 1억 4천만 달러의 상환을 앞두고 한국은행은 IMF 차입금 전액 상환의 역사적 의의를 고려하여 총재실에서 최종 상환서 서명식(Signing Ceremony)을 갖기로 계획하였다. 이날 오전 10시 30분 전철환 총재는 한국은행 총재실에서 최종 상환서류에 서명하였다. 사진기자들의 요청에 따라 포즈를 취하는 데 시간이 다소 걸렸을 뿐 실제 서명에 소요된 시간은 매우 짧았다. 기자들의 사진 촬영을 포함하여 서명식에는 총 12분이 걸렸다. 다음날 신문들은 우리나라가 IMF 차입금을 모두 상환하였다고 비교적 큰 기사로 보도하였다.

서명식과 관련하여 자그마한 에피소드도 있었다. 전 총재는 서명식이 지니는 역사적 의미를 십분 깨닫고 있었기 때문에 이에 걸맞게 국산 만년필을 준비하였다. 국산 만년필은 아피스로, 상표명은 임페리얼이었다. 한국은행 비서실에서 서명용 만년필을 주문했는

---

26   국제금융기구 가입조치에 관한 법률 제5조 제2항 : 한국은행 총재는 기획재정부장관의 지시를 받아 각 국제금융기구와의 사무 · 교섭 및 거래에 있어서 정부를 대표한다.

데 아피스 측이 무상으로 기증하겠다고 해서 한국은행이 기증받은 것이다. 이 국산 만년필은 한국은행 화폐금융박물관에 전 총재가 서명한 최종 상환서류와 함께 전시되어 있다.

다음 날 한 언론은 전철환 총재가 국산 만년필로 IMF 차입금 최종 상환서류에 서명하였다고 보도하였다.[27] 이 신문은 1997년 12월 3일 우리나라가 IMF 자금을 차입하는 서류에 서명할 때에는 외제 몽블랑 만년필이 사용된 바 있었다고 함께 보도하였다.

한은의 외환보유액 2,000억 달러 확보

앞에서 살펴본 바와 같이 국회의원들은 우리나라의 외환보유액이 크게 확충되어 나감에 따라 무조건적인 보유액 확충에는 꾸준히 이의를 제기하였다. 이는 여러 의원들이 지속적으로 적정 외환보유액의 규모와 근거를 질의했던 데에서 단적으로 드러난다. 의원들은 외환보유액의 운용 결과 얻게 되는 수익성에도 한국은행이 보다 많은 관심을 기울일 것을 촉구하였다. 일부 의원은 2001년 국정감사에서 해외투자청의 설립과 외환보유액의 국내 운용에 찬동하는 의견을 표명할 정도로 외환보유액의 수익성 제고에 큰 관심을 가졌다.

이밖에도 여러 의원들이 외환보유액의 확충과 통화안정증권의 누증을 바로 연결하여 발언하지는 않았지만, 한국은행이 통화안정증권 발행을 억제하고, 더 나아가 그 규모를 축소토록 촉구하였다. 한국은행에 대한 국정감사에서 이러한 취지로 발언한 의원 수는 1998년과 1999년 각각 4명이었으나 2000년에는 8명으로 급증하였

---

27 한국경제신문, 2001. 8. 24자.

으며, 2001년에도 6명에 달하였다. 국회 재경위 의원 중 여러 의원들이 통화안정증권 발행의 축소 문제에 지속적으로 관심을 기울여 왔음을 알 수 있다.

통화안정증권 누증 문제를 해소하려면 한국은행은 어쩔 수 없이 외환시장 개입을 자제할 수밖에 없는 입장에 놓이게 된다. 그러므로 국회 재경위 의원들이 한국은행의 통화안정증권 발행 잔액을 축소토록 촉구하는 발언은 한국은행이 외환시장 개입을 통한 환율 안정 및 외환보유액 확충을 자제하는 좋은 구실이 될 수 있었다. 다시 말해 통화안정증권의 축소를 촉구한 의원들의 발언은 경우에 따라 외환보유액 확충에 마이너스 요인으로 작용할 수 있었다는 것이다.

한국은행은 외환보유액의 지속적 확충에 대한 일부 반대 여론에도 불구하고 1998년부터 2002년 3월 전철환 총재가 임기를 마칠 때까지 외환보유액을 꾸준히 확충하였으며, 이러한 노력은 이후에도 지속되었다. 외환보유액은 2008년 3월 말 총 2,642억 달러로 사상 최고 수준에 달하였는데, 이중 약 75%인 2천억 달러가 한국은행이 쌓은 것이었다.

이러한 점들을 고려할 때 외환보유액 확충이 법률상 한국은행의 고유 권한이나 책임이 아니었으며, 보기에 따라서는 재경부에 종속된 업무라고 경원시될 수 있었음에도 불구하고 한국은행이 외환위기 극복과 제2의 환란 방지를 위해 2천억 달러가 넘는 규모로까지 외환보유액을 축적한 것은 가히 기적에 가까운 일이었다고 할 수 있겠다.

역사에 가정이란 존재하지 않는다. 그러나 외환위기 직후부터 개정 한국은행법에 의거 독립성이 강화된 한국은행의 위상에 상응하여, 발권력을 토대로 한 외환시장 개입에 소극적인 자세를 견지하여 왔다면 그 결과는 어떻게 되었을까? 다시 말해 한국은행이 국정 감사 등을 통해 표출된 국민 여론을 전향적으로 수용하는 한편 통화 관리의 어려움과 한국은행 경영수지의 악화 등을 이유로 들면서 외환보유액 확충에 느긋한 자세로 임해 왔다면 한국경제는 어떻게 되었을까? 한국은행이 외환보유액 확충을 정부의 고유 업무로 구획을 정하는 등 선을 긋고 외환보유액 확충에 가능한 한 관계하지 않는 정책 자세를 견지해 왔다면 국민경제에 미치는 부정적 영향은 매우 컸을 것으로 생각된다.

한국은행이 외환시장 개입에 소극적인 자세를 보일 경우, 정부는 당연히 외국환평형기금 조성을 위해 외평채 발행에 나섰을 것이다. 그리고 1998년 2.4분기 이후 금융시장이 빠른 속도로 안정되고 있었기 때문에 시장금리로 발행된 외평채는 무난히 소화되었을 것이라고 생각한다. 그러나 정부가 외평채를 발행하려면 국회의 동의를 받도록 되어 있다.

앞에서 살펴본 대로 상당수 의원들이 지나치게 많은 규모로 외환보유액을 쌓는 데 대해 회의적인 견해를 나타내었다. 따라서 의원들의 태도는 정부가 목표로 하는 외평채의 적정 발행한도에 어느 정도 브레이크를 걸어 결과적으로 발행한도를 줄일 수 있지 않았을까 생각해 볼 수 있겠다. 그렇게 되면 외환시장 개입을 위한 재원 조성에 제약을 받게 됨으로써 실제 있었던 상황과 비교하여 일정 시점에서 축적된 우리나라 외환보유액 규모가 작았을 것으로 생각된다.

더욱이 정부는 2000년 해외투자청 설립 구상을 발표한 바 있고, 의원들도 외환보유액의 수익성 제고에 큰 관심을 가졌다. 따라서 한국은행이 배제된 상태에서 정부가 외평기금을 주된 재원으로 하여 외환보유액을 쌓았다면 그 일부를 떼어내어 KIC를 설립하는 일은

더욱 용이했을 터이고, 정부가 KIC에 출자한 금액도 실제 상황보다
더 많았을 가능성이 높다. 그 결과 2008년 9월 미국 리먼브러더스
투자은행의 파산 이후 빚어진 국제금융시장의 극심한 신용경색과
이에 따른 국내 외환시장의 급속한 외화유동성 부족 사태에 우리나
라가 제대로 대처하기가 어려웠을 것이라고 생각한다.

어음대체제도의 도입과 어음 사용의 감소

그 많던 약속어음은 다 어디로 갔을까

1970, 80년대 미국 경제학계에서는 '실종된 화폐의 사례'(the Case of Missing Money)가 화폐금융론을 전공하는 학자들 간에 화제가 된 적이 있었다. 여기서 'Missing Money'를 '실종된 화폐'라고 번역하였지만, 이를 '없어진 돈' 또는 '잃어버린 돈'이라고 번역해도 무방하다고 생각한다. 독자들은 '없어진 돈' 또는 '잃어버린 돈'이라고 하면 희대의 절도범이 은행의 대형금고에 잠입하여 돈을 털어 달아나거나 강도가 현금 수송 차량을 급습하여 거금을 강탈하여 도주하는 영화 장면을 떠올릴 것이다. 그러나 이 말은 1976년 미국의 경제학자 골드펠드(S.M. Goldfeld)가 통화수요함수를 추정한 결과를 발표하면서 논문에 붙였던 제목이다.

골드펠드는 1973년 미국의 통화수요함수를 추정하여 발표하였는데, 그는 이 추정 결과가 통화수요에 관한 과거의 데이터를 훌륭하게 설명하고 있음을 입증하였다.[28] 그러나 골드펠드는 1976년에

---

28 Goldfeld, S. M., *The Demand for Money Revisited,* Brookings Papers on Economic Activity, 1973, pp. 577~638.

발표한 논문에서 이처럼 과거의 데이터를 잘 설명했던 통화수요함수가 1974년 이후의 통화수요를 예측하는 데에는 실패하였음을 보고하였다.[29] 그의 통화수요함수는 1974년 이후의 통화수요를 실제보다 너무 높게 추정하였던 것이다.

과거의 데이터를 활용하여 잘 추정되었던 통화수요함수를 토대로 예측한 일정 기간의 통화수요에 비해 실제 통화수요가 훨씬 작음에 따라 골드펠드는 그 격차를 '실종된 화폐'(Missing Money)라고 명명하였다. 골드펠드의 논문 이후 미국 경제학계에서는 이러한 현상이 발생하게 된 원인에 대하여 광범위한 연구가 진행되었다.[30]

미국에서 일어났던 '실종된 화폐' 사례에서와 같이 우리나라에서도 2000년 이후 '실종된 약속어음' 현상이 발생하였다. 다시 말하여 경제활동 규모가 꾸준히 확대됨에 따라 기업들의 약속어음 발행이 늘어나면서 약속어음 교환금액이 증가하였을 터인데 실제로는 약속어음 교환금액이 오히려 줄어드는 현상이 발생한 것이다. 약속어음 교환금액이 줄었다는 말은 기업들이 발행한 약속어음 금액이 감소했다는 말이다. 이는 우리나라에서 2000년 이후 약속어음의 활용도가 크게 낮아졌음을 의미한다.

기업은 다른 업체로부터 물품이나 용역을 제공받고 그에 대한 대가를 지급한다. 이때 기업은 통상 현금이나 수표로 대금을 지급하

29　Goldfeld, S. M., *The Case of the Missing Money,* Brookings Papers on Economic Activity, 1976, pp. 683~730.

30　이와 같은 통화수요함수 불안정성의 요인으로는 ①오일 쇼크와 같은 공급 측면의 충격 ②특정 통화지표를 중간목표로 선택하고 이를 달성하기 위해 통화공급을 적절히 통제하는 통화량목표제의 채택 등 제도적 변화 ③금융규제 완화, 자율화, 국제화 등의 확산과 함께 각국 금융부문 경영기술의 급격한 발전과 금융기관의 업무영역 확대 등이 지적되었다(정운찬·김홍범, 『화폐와 금융시장』, 율곡출판사, 2007. pp. 398~99).

지만, 우리나라에서는 오래된 상거래 관행에 의해 약속어음[31]을 발행하기도 한다. 이때 약속어음을 받은 기업은 재무상태가 양호할 경우 기일까지 어음을 소지했다가 거래은행을 통해 대금을 추심한다.

그러나 자금사정이 원활하지 못할 경우에는 거래은행에서 바로 어음할인을 받아 현금화하거나, 다른 기업으로부터 물품 또는 용역을 제공받았을 때 이미 받은 어음에 배서하여 대금으로 지급할 수 있다. 어음은 수표와 마찬가지로 배서에 의하여 그 권리를 양도할 수 있기 때문이다. 이 경우 배서된 어음을 받은 기업이 어음 만기일에 자기 거래은행을 통해서 대금을 회수하게 된다.

그런데 2000년대 들어 은행 간 어음교환 시스템을 통하여 이루어지는 약속어음 교환금액이 급격하게 줄어드는 일이 발생하였다. 정상적인 상황이라면 경제규모가 확대됨에 따라 상거래 규모가 늘어나고, 이에 따라 약속어음 교환금액도 꾸준히 증가하게 되어 있다. 외환위기로 GDP 성장률이 마이너스 5.8%를 기록하였던 1998년에도 약속어음 교환금액은 3,557조원으로 1997년에 비해 2.2% 감소하는데 그쳤다. 1999년중 약속어음 교환금액은 4,974조원으로 전년대비 39.8% 증가하면서 사상 최고치를 기록하였다.

그러나 2000년에는 약속어음 교환금액이 3,209조원에 그쳤으며, 2001년에도 이러한 감소 추세는 지속되어 약속어음 교환금액은 2,377조원에 그쳤다. 2001년 약속어음 교환금액은 사상 최고치를 기록했던 1999년과 비교하면 절반 이하 수준으로 줄어든 것이다. 2002년 이후에도 약속어음 교환금액은 대체로 감소 추세를 지속하여 2005년 약속어음 교환금액은 928조원에 머물렀다. 이것은 약속

---

31 약속어음은 앞으로 도래할 만기일, 즉 만기가 되는 특정일에 일정한 금액을 무조건적으로 지급할 뜻을 약속하는 증권이다.

어음 교환금액이 사상 최고 수준에 달하였던 1999년의 20%에도 미달되는 금액이다.

그 결과 명목 GDP 대비 약속어음 교환금액은 1999년에는 9.4배에 달하였으나 2001년에는 3.8배 수준으로 축소되었으며, 2005년에는 1.1배 수준으로 훨씬 줄어들었다. 그렇다면 그 많던 어음은 다 어디로 간 것일까? 어음 때문에 기업을 못하겠다고 아우성치던 기업들이 기업을 그만 두었기 때문에 어음 발행이 그만큼 줄어들었던 것일까? 아니면 다른 사정이 있었던 것일까?

어음제도의 문제점, 정치사회적 이슈로 부각

우리나라는 기업이 물품을 납품하고 그 대금을 어음으로 받는 오래된 상거래 관행을 지니고 있다. 그러나 오랜 역사를 가진 만큼 그에 따른 부작용이 큰 것도 사실이다. 이처럼 현금으로 바로 결제가 이루어지지 않고 어음을 발행하고 이를 수취함에 따라 납품업체는 그 대금을 회수하는 데 장기간이 소요된다.

은행으로부터 우량 거래처로 인정받는 기업은 거래은행에서 어음할인을 받음으로써 납품대금으로 받았던 어음을 현금화할 수 있다. 이 경우 은행은 어음 대금을 회수하게 되는 어음기일까지의 이자를 할인료로 공제한다. 그러나 은행으로부터 적격업체로 인정받지 못한 중소기업이나 영세기업은 은행에서 할인받을 수 없기 때문에 사채시장에서 높은 금리로 할인받아야 한다.

기업이 납품대금을 어음으로 받음에 따라 현금화하는 데 소요되는 금융비용 문제는 오히려 부차적인 것일 수 있다. 물품을 납품하고 그 대가로 어음을 받은 기업 입장에서는 기일이 도래하기 전에 어음 발행 기업이 도산하게 되면 대금을 회수할 수 없어 덩달아 부도에 처할 수 있다. 더욱이 어음을 받은 기업이 제3의 기업으로부터 납품을 받은 후 이미 받은 어음에 배서하여 제3의 기업에 물품대금으로 지급했다면 부도 사태는 제3의 기업으로까지 확대될 수 있다. 이른바 연쇄부도의 문제이다.

1997년 1월 23일 한보철강이 부도를 맞으면서 당시 재계 서열 14위이던 한보그룹이 도산하였다. 이밖에도 삼미 그룹 등 대기업들의 도산이 이어졌다. 이에 따라 이들 재벌그룹 소속 기업들뿐만 아니라 이들 재벌그룹 기업들과 거래하던 관련 업체들의 연쇄 부도가 이어졌다. 이처럼 어느 한 기업의 도산 영향이 그 기업에만 한정되지 않고 그 기업과 거래하던 관련 기업들까지 연쇄적으로 파급되었던 데에는 그때까지 상거래 결제에서 큰 비중을 차지하고 있던 어음제도의 영향이 컸다.

1997년 초 한보그룹의 도산으로 관련 기업체의 연쇄 도산이 발생한 데 이어 외환위기의 쓰나미가 한국경제를 덮치면서 기업들의 도산이 속출함에 따라 어음부도율은 사상 최고 수준으로 높아졌다. 1996년중 0.17%에 그쳤던 어음부도율(금액 기준)은 1997년과 1998년에는 0.52%로 높아졌다. 기업들의 연쇄 도산이 심각한 경제사회 문제가 되면서 우리나라 어음제도의 문제점은 정치적인 이슈로까지 부각되었다.

자민련과 국민회의는 1998년 5월 어음제도 폐지를 골자로 하는 어음법 개정안을 의원입법 형식으로 국회에 제출하였다. 언론들도 백가쟁명식으로 어음제도의 문제점을 집중 부각하면서 다각적인 개선방안을 제시하였다. 서울경제신문은 '한국금융의 기형아, 어음제도' 라는 제목으로 1998년 5월 19일부터 8회에 걸쳐 특집을 연재

하였다. 이 신문은 "최근 들어 어음제도가 '연쇄부도의 주범', '현
대판 소작제' 등의 비판을 받고 있다"고 주장하면서 "8회에 걸친 특
집기사 게재로 독자들로부터 많은 격려와 의견 제시를 받았다"고
보도하였다.[32]

　　1998년 10월 28일의 한국은행에 대한 국정감사에서도 의원들은
어음제도의 문제점을 거론하며 이에 대한 한국은행의 견해를 질의
하였다.[33] 어음제도는 실정법상 어음법에 규정되어 있고 어음법의
관련 부처는 법무부이다.[34] 이런 점에서 어음제도의 개선책을 마련
하는 것이 한국은행의 업무인가에 대해서는 의문이 있을 수 있다.
그러나 한국은행은 중앙은행으로서 통화신용정책을 수립 집행하는
책임을 지고 있고, 통화신용정책의 수행 결과는 시중 자금사정에 막
중한 영향을 미친다. 이런 점들을 고려하여 의원들은 국정감사에서
어음제도의 문제점을 제기하고 이에 대한 한국은행의 견해를 질의
하지 않았을까 생각해 본다.

　　국정감사에서 정일영 의원은 허용된 질의시간을 모두 어음제
도 개선 문제에 할애하는 등 깊은 관심을 표명하였다. 정 의원은
1998년 9월 21일 492개 중소기업체를 대상으로 실시한 설문조사 결
과를 공개하였다.[35] 이 조사결과에 따르면 조사대상 중소기업체의
74%가 받은 어음의 부도를 경험하였다고 응답하였으며, 92.9%가
어음제도를 당장 폐지하거나 5년 이내에 완전 폐지해야 한다고 답
하였다. 또한 84.6%가 약속어음제도가 폐지되어도 피해가 없을 것

32　서울경제신문, 1998. 6. 1자.

33　정일영, 김근태, 변웅전, 한영애 의원 등 4명이 어음제도의 문제점을 지적하면서 개선대책을 강
　　구할 것을 촉구하였다.

34　어음법 제83조에서는 법무부장관이 어음교환소를 지정토록 하고 있으며, 전자어음의 발행 및
　　유통에 관한 법률 제3조에서는 법무부장관이 전자어음관리기관을 지정토록 규정하고 있다.

35　한국은행에 대한 국회 국정감사(1998. 10. 28), 재정경제위원회 회의록, p. 18.

이며, 92.7%는 약속어음이 폐지되어도 별 문제가 없다고 응답하였다. 약속어음을 부도낼 경우 강력한 형사처벌을 해야 한다는 의견이 87.8%였으며, 당좌 개설 요건이 강화되어야 한다고 응답한 업체도 91.1%로 나타났다. 정 의원은 이러한 조사결과를 근거로 제시하며 어음제도 폐지를 주장하고 약속어음제도 폐지시 예상되는 부작용에 대해서 물었다.

전철환 총재는 어음제도가 기업간 신용거래의 원활화라는 순기능에도 불구하고 경제적 약자인 중소기업의 자금사정 악화, 연쇄도산 유발 등의 역기능이 크므로 장기적으로는 폐지하는 것이 바람직하다고 생각한다고 밝혔다.[36] 특히 1997년 한보 등 대기업의 도산이 관련 기업체의 연쇄부도로 이어지면서 어음제도의 부작용이 크게 부각되었던 점도 인식하고 있다고 말하였다. 그러나 기업간 신용제도로서 오랜 관행으로 정착된 어음제도를 일정 시한을 정하여 폐지할 경우 다음과 같이 세 가지 문제점이 우려된다고 설명했다.

첫째, 중소기업들이 자금조달 면에서 어려움에 직면할 우려가 있다. 우리나라 기업들은 재무구조가 취약, 현금결제 능력이 부족하므로 그 동안 어음제도가 수행해 온 기업간 신용의 상당 부분이 대출 수요로 전환될 터인데 중소기업들은 신용도 면에서 대출을 받을 때 대기업에 비해 불리한 입장에 있다.

둘째, 기업들의 현금결제 확대가 사실상 어려운 상황에서 어음제도가 폐지될 경우 채권 회수의 불확실성이 높아짐으로써 상거래가 급격히 위축되는 등 실물경제에 미치는 충격도 작지 않을 것이다.

셋째, 어음제도가 폐지되더라도 대금 지급업체가 발행일을 종

---

36   앞의 회의록, pp. 72~73.

래의 어음만기일로 기재하는 선일자 수표를 교부하는 등 기업들이 어음을 발행할 때와 동일한 결제 관행을 유지할 가능성이 있다. 반면 법률에 의해 어음제도가 폐지되면 금융기관을 통한 어음할인제도는 당연히 폐지될 수밖에 없다. 이에 따라 중소기업이 수취할 수 있는 선일자 수표를 금융기관에서 할인받아 단기자금을 조달하는 것이 불가능해짐으로써 중소기업의 자금난이 가중될 우려가 있다.

전 총재는 어음제도에 문제가 있다고 해서 시한을 정해 폐지해 나가는 데에는 반대한다는 점을 분명히 하였다. 어음제도 폐지에 따른 부작용과 사회적 비용을 최소한으로 줄이기 위해 기업의 재무구조 개선, 대기업과 중소기업 간의 공정거래질서 확립 등 경제적 여건의 개선 추세에 맞추어 점진적으로 어음결제 비중이 축소되도록 개선해 나가는 것이 바람직하다고 밝혔다. 어음 사용을 줄이고 현금 결제를 확대하는 방향으로 제도를 개선함으로써 어음이 소멸되도록 점진적으로 유도해 나가는 것이 좋은 정책임을 밝힌 것이다.[37]

한국은행, 구매자금대출제도 도입

1998년의 연간 약속어음 교환 총액은 명목 GDP의 7.3배에 이를 정도로 상거래 대금 결제에 있어 비중이 높았다. 한국은행은 약속어음 사용을 점진적으로 줄이고 현금 결제 확대를 유도할 수 있는 제도를 만들기 위하여 심혈을 기울였다. 한국은행은 공청회를 개최하고 관련 기관간의 협의 등을 통해 어음거래제도의 개선방안을 구체적으로 마련해 나갔다. 한국은행이 새롭게 만들어 국민들에게 선보인 제

---

37 정부도 한국은행과 마찬가지로 어음제도를 폐지해 나가는 데 대해서는 반대하는 입장이었기 때문에 어음제도 폐지에 관한 법률안은 국회에서 자동 폐기되었다.

도가 바로 기업구매자금 대출제도였다.[38]

2000년 2월 한국은행은 정부와 함께 기업구매자금대출제도의 도입 등을 내용으로 하는 어음제도 개선방안을 발표하고 2000년 5월부터 시행에 들어갔다. 이 제도는 물품을 납품받은 기업이 물품을 공급한 업체에게 물품대금으로 어음을 발행하여 주는 대신 거래은행으로부터 자금을 융자받아 납품업체에 현금으로 결제하는 새로운 결제제도를 말한다.

기업구매자금대출제도가 어음제도를 빠르게 대체할 수 있도록 하기 위하여 한국은행은 정부와 함께 여러 가지 유인책을 강구하였다. 한국은행은 금융기관에서 취급한 기업구매자금 대출실적의 50%에 대하여 금리가 낮은 한국은행의 총액한도자금[39]을 지원토록 하였다. 기업구매자금 대출을 취급한 금융기관에 지원하는 총액한도자금은 처음 1조원으로 책정되어 있었으나 금융기관의 실적이 증가하자 순차적으로 늘어나[40] 2002년 3월에는 4.3조원에 이르게 되었다. 다음으로 한국은행은 정부에 건의하여 2000년 10월부터 기업구매자금대출제도 이용 기업들이 법인세 공제 혜택[41]도 받을 수 있도록 하였다.

기업들은 2000년을 고비로 물품이나 용역을 제공받았을 때 어

---

38 정부는 한국은행이 구매자금대출제도의 도입을 통하여 어음제도의 개선에 기여함으로써 '중소기업의 육성 발전에 기여'한 공로로 2001년 11월 28일 이 제도의 도입 및 시행을 총괄하였던 강형문 한국은행 부총재보에게 철탑산업훈장을 수여하였다.

39 기업구매자금대출제도가 처음으로 도입, 시행되었던 2000년 5월 한국은행이 은행들에 대출해 준 총액한도자금 금리는 3.0%로서 당시 한국은행의 콜금리 목표(5.0%)보다 2.0%포인트 낮았다.

40 2000월 7월 1조원 → 2001년 1월 2조원 → 2001년 4월 2.5조원 → 2001년 7월 3조원 → 2002년 2월 4.3조원.

41 정부는 기업이 구매자금대출 등을 이용하여 납품대금을 현금 결제할 경우 법인세(소득세)를 산출세액의 최고 10%까지 감면해 주는 한편 정부물품 구매입찰시 우대하고, 하도급법 위반업체에 대한 제재시 동 대출실적이 높은 사업자에 대하여는 제재를 완화해 주는 등의 혜택을 부여하였다(2000. 11. 3 한국은행에 대한 국회 국정감사, 재정경제위원회 회의록 (부록), p. 69).

음을 발행하여 대금을 지급하던 관행을 획기적으로 줄이고 현금 결제를 늘려나가기 시작하였다. 이처럼 대금 결제에 있어 어음 의존도가 크게 낮아진 데에는 여러 가지 요인이 작용하였을 것이나, 대략 다음과 같은 추론이 가능하지 않을까 생각된다.

외환위기 극복과정에서 한국은행이 취해 온 저금리 기조 하에서 풍부해진 유동성 사정이 기업들의 어음 발행을 억제하는 한편 현금 결제를 촉진했다는 데 대해서는 이론이 없을 것이다.[42] 아울러 외환위기를 계기로 기업들이 외부차입 의존도를 줄이고 내부 현금 유보를 확충하는 등 재무정책이 달라진 점도 눈여겨 보아야 할 부분이다. 그런데 기업의 자금 조달 및 운용을 둘러싼 기초 여건이 개선되었다고 하여 이 요인만으로 단기간 내에 어음 활용도가 낮아질 수 있었을까?

한국은행이 도입하였던 기업구매자금대출제도는 호전된 금융 환경에서 기업들의 어음 발행에 대한 의존을 단기간 내에 획기적으로 줄이고 현금 결제를 늘리는 기폭제 및 촉매제 기능을 훌륭하게 수행하였다. "구슬이 서 말이라도 꿰어야 보배"라는 속담이 있다. 시중에 풍부한 유동성이 깔려 있었고, 기업들도 과거 관행에서 탈피하여 부채 축소 등을 통해 기업 재무구조상의 불확실성을 해소하려고 노력하고 있었다. 그러나 그것만으로는 부족하였다.

이때 한국은행은 금융여건의 변화는 물론 자금을 대출할 은행

---

42 국맹수는 1997년부터 2003년까지의 시계열 자료를 이용하여 산업생산, 실질금리, 총통화증가율 등을 독립변수로 상업어음할인함수를 추정한 결과 시중의 총통화가 증가하면 금융기관의 상업어음할인 규모가 감소하는 것으로 유의수준 10%에서 통계적으로 유의성있게 나타났다고 보고하였다(출처: 국맹수, 『어음대체 결제제도의 경제적 효과에 관한 연구』, 부산대학교 경영대학원, 2004. 6. pp. 52~59). 그는 이 추정결과를 토대로 "통화량이 증가하는 경우 금융기관들의 자금여력이 확대되어 기업과 금융기관이 모두 상업어음할인보다는 취급 유인이 더 큰 어음대체 결제제도의 활용이 늘어남에 따라 어음대체 결제제도의 이용실적은 늘어나는 반면 상업어음할인은 감소하는 것으로 추정된다"고 밝혔다.

및 이를 융자받아 현금 결제에 나설 기업들의 인센티브 구조를 냉철하게 파악하였다. 다시 말해, 풍부한 시중 유동성 사정과 기업들의 재무행태 변화 등을 잘 엮어 기업이 은행에서 대출받아 납품대금을 지급하게 만들려면 자금을 대출하는 은행이나 대출을 받아 현금결제에 나서는 기업들에게 줄 인센티브가 필수적임을 깨달았다. 한국은행은 은행에 대해서는 총액한도자금이라는 저리의 자금지원 카드를 꺼냈고, 납품대금을 현금으로 결제하는 기업에는 정부와 협력하여 법인세를 경감해 주는 카드를 보였다. 은행이나 기업이 모두 뿌리칠 수 없는 당근을 제시한 것이다.

주목할 점은 기업구매자금 대출제도가 법률의 제정에 의해서도 바로잡기 어려울 것으로 생각되던 어음제도의 폐해를 획기적으로 줄이는 데 성공함에 따라 이는 결과적으로 정부와 한국은행이 어음제도의 개선을 위해서 더 많은 제도를 도입하는 데 기여하였다는 것이다.

한국은행은 2001년 2월 전자방식 외상매출채권 담보대출제도를 도입, 시행하였다. 이것은 기업구매자금대출제도가 빠르게 정착되고 있으나 어음 발행을 많이 하는 30대 계열 대기업의 경우 대부분이 동일인(계열) 신용공여한도 제한 때문에 현실적으로 기업구매자금 대출제도를 이용하기 곤란한 점을 고려한 제도 개선이었다.

이 제도는 대기업에 납품을 하는 중소기업이 납품 결과 갖게 된 외상매출채권을 거래은행에 담보로 제공하여 대출받음으로써 납품대금을 조기에 현금화할 수 있도록 하고 있다. 구매기업은 추후 은행에 구매대금을 지급·결제하게 된다.[43] 한국은행은 이 제도

---

43 이러한 상거래대금 결제제도는 대출 신청에서 구매대금의 지급·결제까지 모든 절차가 통신전용선 또는 인터넷망을 통하여 전자방식으로 완결되는 편리한 점이 있다. 이러한 점에 착안하여 이 제도를 전자방식 외상매출채권 담보대출제도라고 부르고 있다.

가 활성화될 수 있도록 이 자금의 취급실적도 총액한도자금 지원
대상에 포함시켰다. 한국은행의 뒤를 이어 정부도 2003년 6월 어음
제도의 폐해를 최소화하기 위한 다각적인 대책[44]을 마련하여 시행
하였다.

결론적으로 인센티브 제공 면에서 탄탄한 내공을 갖춘 어음대
체대출제도가 등장함에 따라 어음에 대한 의존도는 단기간에 눈에
띄게 줄어 들었다. 한국은행은 이처럼 기업구매자금 대출제도의 도
입을 통해 한국 금융에 온존해 있던 고질적인 병폐를 일거에 해소
하려는 승부수를 던졌으며, 그러한 정책 의도는 적중하였다. 한국
금융사에 기념비적인 변화를 이끌어낸 것이다.

지금도 약속어음은 여전히 기업간 상거래에서 쓰이고 있다. 그
러나 기업간 대금결제에서 차지하는 비중이 크게 낮아짐에 따라 이
제 어음제도의 문제점은 사회적으로 주목할 만한 이슈로 부각되지
못하고 있다. 우리나라 경제발전을 위해 얼마나 다행스러운 일인
가? 어음이 한국경제에서 차지하는 중요도가 크게 낮아진 사실은
어음부도율 통계가 어떻게 이용되고 있는지를 볼 때도 확연히 드러
난다.

2000년까지만 하여도 어음부도율은 시중 자금사정을 나타내는
유용한 지표로 대우받았다. 그러나 이제 어음부도율이 시중자금사
정을 가리키는 유의성있는 지표라고 믿는 사람은 많지 않다. 한국은
행에 의한 기업구매자금대출제도의 성공은 법률에 의해서가 아니라

---

44 주요 대책에는 ①외상매출채권 담보대출에 대한 우대보증 실시 및 네트워크론·구매론 등에 대
   한 세액공제 대상 확대 등 현금성 결제제도에 대한 지원 강화 ②매출채권보험제도 도입 등 외상
   매출채권에 대한 보호장치 마련 ③허위 위변조 신고에 대한 당좌거래 정지 등 어음 발행인의 도
   덕적 해이 방지 ④하도급 우수업체 포상 및 실태조사 면제 등 하도급거래 조사의 실효성 제고대
   책 등이 망라되었다(손상호, 「중소기업 육성·지원을 위한 어음제도 개선방안」, 한국금융연구
   원, 2006. 6. 5, p. 9.).

확고한 시장경제원리에 입각하여 경제주체들에게 적정한 인센티브를 제공할 때 고질적인 경제 문제조차 해결의 실마리를 찾을 수 있음을 보여주는 사례라고 하겠다.

金利戰爭

Chapter 4

구조조정을 둘러싼 갈등과 대립

한국은행의 국공채 인수 거부

정부, 구조조정에 소요될 재원 마련에 고심

1997년 말 밀어닥친 외환위기의 극복을 위하여 정부는 금융, 기업, 공공, 노동 등 4대 부문의 구조조정을 추진하는 한편 심각한 국내경기 침체에 대처하여 경기부양책을 강구하고 사회안전망을 갖추어 나가는 것이 긴요하다고 판단하였다. 그 중에서도 4대 부문의 구조조정은 향후 한국경제의 사활을 판가름할 중차대한 과제였다. 기업 및 금융 구조조정의 선후 문제에 대해서는 다소 논란이 있었지만, 정부는 다음과 같은 점을 고려하여 금융 구조조정을 우선 추진하는 것으로 가닥을 잡았다.

정부가 본격적으로 부실기업들을 정리하는 등 기업 구조조정을 추진하게 되면 금융기관이 이들 기업에 이미 대출해 주거나 보증해 준 여신 중 많은 부분이 부실화될 것은 명약관화하였다. 그렇지 않아도 금융기관들은 누적되어 온 부실여신 때문에 큰 어려움을 겪고 있었다. 향후 기업 구조조정의 추진으로 부실여신이 새로 발생하게 되면 금융기관들의 BIS 자기자본비율은 더욱 낮아지게 된다. 그렇게 되면 기업에 대한 새로운 금융 지원이 거의 불가능해 질 것이라는 우려가 제기되었다. 한 마디로 금융 시스템이 제 기능을 발휘하지 못하게 된다는 말이다. 그렇게 되면 기업들은 금융기관으로부터 신규투자자금을 조달하기는커녕 운전자금 조달도 어려운 형편에 처할 수 있었다.

따라서 정부는 먼저 금융 시스템을 안정시킨 후 기업 구조조정 작업을 본격적으로 추진할 수 있도록 금융 구조조정 추진 방안을 심도있게 검토하였다. 다시 말해 금융기관들이 자신감을 가지고 원활하게 기업에 대한 신규자금 공급을 개시하도록 하기 위해서는 최단 기간 내에 금융기관의 부실여신을 정리하고 부족한 자본금을 확충해 주는 것이 긴요하였다.

문제는 돈이었다. 금융 구조조정 및 경기부양 대책을 추진하는데에는 엄청난 재원이 소요될 것으로 추정되었다. 막대한 재원을 단기간에 어떻게 확보하느냐가 정부의 큰 고민이었다. 재원 마련에 고심하던 행정부의 대척점에 한국은행이 있었다.

한국은행은 발권은행이다. 한국은행은 한국은행법의 규정과 금융통화위원회가 정한 내부 절차만 준수한다면 돈을 찍어내는 데에 제약을 받지 않는다. 국회의 동의나 승인을 받을 필요가 없다. 돈을 더 찍어내기 위해 금이나 미 달러화와 같은 경화를 증거금으로 쌓을 필요도 없다. 찍어내는 돈의 극히 일부분을 한국조폐공사에 화폐제조비로 낼 뿐이다.

시절이 어떤 때인가? 외환위기 극복이 절체절명의 과제로 인식되고 있었다. 구조조정에 반대하는 것은 매국적인 일로 매도되는 분위기였다. 따라서 구조조정 및 경기부양에 심혈을 기울이던 1998년, 정부는 한국은행이 발권력을 동원하여 구조조정을 위한 재원 조성에 나서주도록 직간접적으로 끊임없이 압력을 가하였고, 한국은행은 원칙을 내세워 이를 끈질기게 거부하는 모습이 자주 재연되었다.

정부, 재원 마련에 한국은행 동참 촉구

조선일보는 1998년 5월 14일, "구조조정 추진과정에서 금융기관 부실채권이 급증할 경우 정부 차원의 비상대책과 지원이 불가피하다고 보고, 정부가 한국은행으로 하여금 시중은행이 발행한 채권을 매입토록 하는 방안을 검토하고 있다"고 보도하였다. 금융감독위원회 고위 관계자가 "은행이 부실채권을 떨면 자기자본에 결손이 생기기 때문에 유상증자나 외자유치를 통한 증자가 필요하지만, 결국 부족분이 발생할 것이기 때문에 한은이나 재정으로부터의 지원이 불가피하다"고 말했다고 보도하였다.

1998년 5월 20일 정부는 청와대에서 김대중 대통령 주재로 6차 경제대책조정회의를 열고 '한국경제의 구조조정 종합대책'을 확정 발표하였다.[1] 정부는 외환위기 극복을 위해서는 누적된 금융부문의 부실을 처리하는 것이 급선무라고 판단하였다. 정부는 1998년 9월 말까지 부실은행을 골라 과감히 정리한 후 우량은행에 흡수 합병시키는 방식으로 금융구조조정을 추진키로 하고 필요한 50조원은 공공채권을 발행하여 충당키로 하였다.[2] 새로 조성키로 한 공적자금

---

1   이 내용은 매일경제신문 및 경향신문 1998. 5. 21자 등을 종합하여 작성하였다. 이규성 재경부 장관은 이 회의에서 "금융부실이 기업부실과 맞물리는 악순환으로 금융경색이 장기간 이어질 경우 경제체제의 붕괴로 이어질 우려가 있다"며 "불가피하게 재정을 동원해서라도 금융구조조정을 시급히 추진하기로 방침을 정했다"고 말한 것으로 보도되었다(중앙일보, 1998. 5. 21자).

2   정부는 1차 공적자금으로 총 64조원을 조성하였다. 이 금액은 1997년 말 외환위기 발생 이후 국회의 동의를 받아 이미 조성하여 사용 중인 14조원과 1998년 5월 신규 조성키로 발표한 50조원을 합한 것이다.

50조원의 내역을 보면 다음과 같았다.[3]

첫째, 금융기관이 보유하고 있는 부실채권을 사들이기 위하여 25조원을 조성하기로 하였다. 금융기관이 보유하고 있는 부실채권 가운데 자체적으로 처리가 어려운 부분은 정부가 나서서 해결해 주어야만 하였다. 부실채권을 매입하여 처리하는 일은 자산관리공사가 담당하였다. 25조원은 자산관리공사가 금융기관들로부터 부실채권을 매입할 때 소요될 자금이었다.

둘째, 정부는 금융기관의 증자를 위하여 16조원을 조성하기로 하였다. 금융기관들은 부실채권을 팔 때 장부가격대로 팔지 못하고 할인하여 싼 값에 팔아야 하기 때문에 손실이 발생하게 된다. 이때 발생하는 손실을 금융기관이 쌓아 둔 대손충당금이나 내부유보금으로 메우지 못하면 자본금이 잠식되어 부실화된다. 이는 기업에 대한 자금공급을 제약하게 된다. 따라서 이를 방지할 수 있도록 금융기관의 자본금을 늘려 주는 데에도 막대한 재원이 소요될 수밖에 없었다.

셋째, 금융 구조조정의 추진 과정에서 퇴출된 금융기관이 국민들로부터 받은 예금을 정부가 대신 지급할 수 있도록 9조원을 조성하기로 하였다. 정부는 회생하지 못할 정도로 부실을 안고 있는 금융기관들은 퇴출시킬 방침이었다. 그런데 국민들이 이들 금융기관에 맡긴 예금의 원금 및 이자 전액에 대해서는 2000년 말까지 지급을 보장해 주겠다고 정부가 확언한 터였다.[4] 국민들이 금융기관에 맡긴 예금은 으레 찾을 수 있는 것으로 생각하고 있었기 때문에 금

---

3   공적자금의 개요, 조성, 운용 및 회수 등에 대해서는 재정경제부와 공적자금관리위원회가 공동으로 발간한 「공적자금관리백서」(2002. 8; 2007. 8) 등을 참고하였다.
4   재정경제원 보도자료, 「금융시장 안정 및 금융산업 구조조정을 위한 종합대책」, 1997. 11. 19.

융 시스템의 안정 및 금융시장 안정을 위해서는 불가피한 조치였다.[5] 이들 퇴출 금융기관이 받았던 예금을 정부가 대신 지급해 주는 데에도 이처럼 엄청난 재원이 들어가게 되어 있었다.

정부는 이날 금융 구조조정을 위해 추가로 50조원의 공채를 실세금리 수준으로 발행할 계획임을 밝혔다. 기획예산위원회는 정부의 이자지급 부담이 커지는 것을 우려하여 당초 공채의 실세금리 발행에 반대했지만, 금리를 지나치게 낮출 경우 시장에서 소화되지 않을 가능성이 있음을 고려하여 실세금리로 발행하기로 의견을 모은 것으로 알려졌다.[6]

다만 외환위기의 여파로 싸늘하게 얼어붙어 있는 국내 금융시장에 50조원의 공채를 한꺼번에 쏟아 부을 경우 급격한 금리 상승을 초래함은 물론 채권을 원활하게 소화시키지 못할 우려가 있었다. 따라서 정부는 금융기관의 부실채권을 매입하기 위하여 발행할 25조원의 부실채권정리기금 채권과, 금융기관의 증자를 위해 발행할 16조원의 예금보험기금 채권은 해당 금융기관들이 현물 그대로 떠안도록 할 계획임을 밝혔다.

이렇게 되면 금융기관들이 부실채권을 자산관리공사에 매각하거나 예금보험공사로부터 증자 지원을 받을 경우 현금을 받지 못하고 채권만 받게 된다. 따라서 당장 유동성 상황이 호전될 수는 없지만 정부가 지급을 보증한 채권의 경우 국채와 마찬가지로 무위험자산으로 간주되기 때문에 금융기관들로서는 BIS 기준 자기자본비율이 크게 개선되는 효과를 거둘 수 있었다.

5　금융기관이 문을 닫아 예금을 찾지 못할 경우 금융기관의 부실 징후가 조금이라도 보이기만 하면 예금을 인출하기 위해 사람들이 금융기관에 몰려가는 뱅크 런 현상이 나타날 수 있다.
6　중앙일보, 1998. 5. 22자.

그런데 예금대지급을 위해 소요될 9조원이 문제였다. 부실 금융기관에 예금을 맡겼던 국민들에게 예금보험공사가 예금을 대신 내주려면 당연히 현금이 필요한 실정이었다. 예금보험기금채권을 발행하여 9조원을 조달한다고 발표하였지만, 정부는 이 채권이 시장에서 잘 팔리지 않을 것을 걱정하였다. 당시 금리가 불안정하고 자금시장이 경색되어 있어 금융기관들이 장기채권에 대한 투자를 꺼리고 있었기 때문이다.

금융시장이 조금씩 안정을 되찾아 감에 따라 정부의 고민은 다른 쪽으로 바뀌었다. 실세금리로 발행하지 않으면 시장에서 소화될 가능성이 낮으므로 채권을 실세금리로 발행하긴 해야 할 텐데, 이 경우 정부의 이자지급 부담이 크게 늘어나게 되기 때문이었다. 아울러 9조원 규모의 채권을 한꺼번에 시장에 내놓을 경우 회사채 발행이 위축되고 시장금리의 상승을 유발하게 된다는 점도 걱정거리였다.

정부 내에서도 재정을 책임지고 있는 기획예산위원회는 구조조정 비용에 대한 재정 부담을 줄이기 위해 갖은 애를 쓰고 있었다. 예산당국은 구조조정 비용의 경우 일단 해당 금융기관과 주주, 차입자 등 거래자가 최대한 노력하여 부담하고, 재정은 최후의 수단으로 참여해야 한다고 줄기차게 주장하고 있었다.[7] 외환위기에 따른 경기침체로 세금이 제대로 걷히지 않는 상황이었기 때문에 예산당국의 주장에도 일리가 있었다.

예산당국은 여기에서 한 발 더 나아가 중앙은행인 한국은행도 재정과 같은 비율로 금융구조조정 비용을 분담해야 한다고 주장하였다. 이러한 주장에는 한국은행도 금융 부실을 제대로 감독하지 못

----

7   서울경제신문, 1998. 6. 5자.

한 데 대해 상응하는 책임을 지어야 한다는 논거가 깔려 있었다. 한국경제가 외환위기에 이르기까지 은행감독원이 한국은행의 내부 조직이었음을 강조하는 논리였다. 그 결과 재경부와 기획예산위원회에서는 예금대지급용으로 발행되는 예금보험기금채권 9조원 전액 또는 일정 부분을 한국은행이 인수해야 한다는 데 상당한 공감대가 형성되어 있었다.[8]

정부는 구조조정 재원 마련을 위해 발행되는 국공채뿐만 아니라 경기부양을 위해 발행될 국채를 한국은행에 인수시키는 방안에 대해서도 적극적으로 검토하고 있었다. 1998년 6월 23일, 이규성 재경부장관은 신용보증기금, 수출보험기금, 중소기업진흥기금 등 재정자금을 최대한 확충하여 구조조정 과정에서 나타나는 금융경색현상을 완화하고 경기를 부양하는 것을 내용으로 하는 '하반기 재정운용계획'을 발표하였다. 이규성 장관은 6월 26일 이 내용을 골자로 한 국정 추진과제를 김대중 대통령에게 보고하였다. 언론은 정부가 재원조달방안으로 외자도입 및 일부 세목의 세율 인상 외에 4조원 규모의 국채를 발행하여 한국은행으로 하여금 인수토록 하는 방안을 집중 검토하고 있다고 보도하였다.[9]

국공채 인수 요청에 대한 한국은행의 대응

한국은행은 이미 금융 구조조정을 위해 다양한 형태로 자금을 지원하고 있었다. 한국경제가 외환위기 조짐을 보이기 시작한 1997년 9월부터 금융기관들에게 특별유동성을 지원하였으며, 종합금융

---

8   한국일보, 한국경제신문, 1998. 5. 21자; 내외경제신문, 1998. 6. 8자 등 참조.
9   서울경제신문, 1998. 6. 24자; 매일경제신문, 1998. 6. 27자.

회사들에도 특별 대출을 실시하였다. 특히 1997년 11월과 1998년 1월에는 부실채권정리기금채권 2조원과 예금보험기금채권 6조 5천억 원을 인수한 바 있었다. 중소기업들의 자금난을 덜어주기 위하여 1997년 12월과 1998년 3월에는 총액한도대출을 각각 1조원씩 총 2조원 증액 지원하였다. 이러한 지원금을 모두 합하면 1998년 5월 말 현재 약 20조원에 달하였다.

이들 자금은 방출되자마자 바로 통화량을 늘리는 요인으로 작용하였다. 따라서 한국은행은 통화량을 안정된 수준에서 유지할 수 있도록 자금 방출과 동시에 통화안정증권을 발행하여 풀려나간 자금을 환수하여야만 했다. 그런데 문제는 금리였다. 통화안정증권은 시장금리로 발행되었던 반면 20조원의 지원자금은 시장금리보다 훨씬 낮은 우대금리로 지원되고 있었다. 조달금리라고 할 수 있는 통화안정증권 발행금리가 한국은행이 지원하는 정책자금에 적용되는 금리보다 높은 데 따라 여러 가지 부작용이 우려되었다. 우선 한국은행 경영수지(收支)가 악화될 뿐만 아니라 이는 다시 통화 증발 요인으로 작용할 소지가 있었다. 그 결과 향후 인플레이션 요인으로 작용함은 물론 시장금리 상승을 초래할 가능성이 제기되었다.

한국은행은 외환위기 직후 공황상태에 빠졌던 금융시장이 1998년 중반에 접어들면서 어느 정도 안정되고 있다고 판단하였다. 따라서 구조조정을 위한 소요재원 조달을 위해 정부가 시장금리로 채권을 발행하면 큰 어려움 없이 소화시킬 수 있을 것이라고 생각하였다. 물론 채권을 원활하게 소화시키려면 국민들을 대상으로 한 일반 매각과 함께 금융기관 및 연기금 등을 대상으로 한 인수발행을 추진하는 것이 긴요하다고 판단하였다. 아울러 시장상황을 예의주시하면서 채권의 발행 시기 및 물량을 적절히 조절할 필요성이 크다고 생각하였다.

당시 금융시장이 안정되는 가운데서도 주식시장은 여전히 침체에서 벗어나지 못하고 있었다. 따라서 한국은행은 정부가 지급을 보증하는 국공채 등 이른바 무위험자산이 발행되면 연기금 등 주요 기관투자가들이 이를 적극 매입하려고 나설 것으로 예상하였다. 당시 금융기관들은 구조조정 와중에서 퇴출되지 않기 위하여 BIS 자기자본비율을 높이려고 혈안이 되어 있었는데, BIS 규정상 정부가 지급을 보증한 채권은 무위험자산으로 분류된다. 그렇기 때문에 국공채에 대한 금융기관들의 잠재적 매입수요도 충분하다고 판단되었다.

한국은행은 구조조정 재원의 조달을 위해 발행되는 채권을 중앙은행인 한국은행이 직접 인수하는 것은 정부의 개혁 의지에 대한 국제적인 신뢰를 떨어뜨리는 요인이 될 수 있음을 지적하였다.[10] EU의 경우 마스트리히트(Maastricht) 조약에 의거 물가안정을 도모하기 위해 EU 역내국가 중앙은행이 정부에 대출하거나 국채를 인수하는 것을 금지하고 있다.

한국은행은 여러 경로를 통하여 정부 관계자들에게 이런 의견을 전달하는데 힘썼다. 전철환 총재는 경제장관회의와 경제대책조정회의에서 기회가 있을 때마다 금융시장이 호전되고 있어 채권이 충분히 소화될 것으로 예상된다는 점을 들며 구조조정 채권 및 경기부양을 위한 국채를 시장에서 실세금리로 발행할 것을 촉구하였다.[11] 한국은행도 금융시장에서 국공채가 잘 소화될 수 있도록 시장

---

10   한국은행 보도자료, 「최근의 통화 공급 확대 주장에 대한 검토」, 1998. 7. 13, p. 7.

11   전철환 총재는 1999년 3월 4일 서울신문과 가진 인터뷰에서 "1998년 정부가 구조조정 비용으로 쓸 국채를 한은이 직접 인수할 것을 요구했지만, 결국 시장 발행을 관철시켰다. 청와대 회의에 가서도 '직접 인수는 안 된다'고 버텼다"고 말하였다.

을 조성하고 안정시키는 데에 만전을 기하겠다고 약속하였다.

한국은행이 정부 발행 국공채를 인수하는데 일관성 있게 반대 입장을 견지하여 왔던 사실은 1998년 6월 12일 한국은행 창립 48주년 기념식에서 행한 전철환 총재의 기념사에 잘 나타나 있다. 그는 기념사에서 "재원조달을 위한 채권 발행은 통화관리 부담을 가중시키는 중앙은행의 직접 인수보다는 실세금리를 보장함으로써 시장에서 소화하는 방식으로 이루어져야 한다"고 한국은행의 입장을 밝혔다.[12]

전 총재는 이처럼 구조조정 채권의 직접 인수에 반대하면서도 한국은행이 구조조정을 성공적으로 추진할 수 있도록 통화의 신축적 운용을 통해 철저히 대처할 방침도 함께 밝혔다. 다시 말해 "구조조정에 소요되는 재원을 거액의 채권 발행으로 조달하여 시중금리가 크게 상승하거나 부실금융기관의 퇴출로 금융시장이 일시적으로 불안정한 모습을 보일 때에는 통화를 신축적으로 운용함으로써 구조조정이 차질 없이 진행될 수 있도록 하겠다"고 천명하였다.

언론은 '한은, 구조조정 채권 인수 거부', '구조조정 채권 한은 인수 곤란' 등의 제목 아래 전 총재의 기념사 내용을 보도하였다. 중앙일보는 "정부가 요청하면 당연히 한국은행이 채권을 인수해야 한다는 정부 발상에 전 총재가 제동을 걸고 나선 것이다"라고 전 총재 발언의 의미를 해석하였다.[13]

전 총재는 1998년 6월 15일 한국산업정책연구소 창립기념식에서 행한 강연에서도 구조조정 채권을 인수하지 않겠다는 한국은행

----

12   한국은행 보도자료, 「한국은행 창립 48주년 기념 총재 식사」, 1998. 6. 12, p. 6.
13   중앙일보, 1998. 6. 13자.

의 입장에 다시 한 번 쐐기를 박았다.[14] 그는 한국은행이 1997년 9월 이후 금융시장 안정 및 금융산업 구조조정을 위해 총 20조원의 자금을 지원하였으며, 이에 따른 과잉유동성을 흡수하는 과정에서 통화안정증권 발행 및 국공채 매각(RP) 규모가 크게 증가하여 이자만 연 7조원을 웃돈다고 밝혔다. 앞으로 경기회복과 함께 금융기관 대출이 증가하면 지금까지 묶인 자금이 모두 통화증발 압력으로 나타나게 되어 심각한 인플레를 초래할 우려가 있음도 제기하였다.

전 총재는 "정부도 이러한 점을 감안하여 향후 금융구조조정 소요 재원은 모두 시장 실세금리에 의한 채권발행을 통해 조성할 예정이며, 이를 재정부담 경감 차원에서 한국은행에 인수시킬 계획은 없는 것으로 알고 있다"고 단언하였다. 이에 대해 언론은 한국은행이 구조조정 채권을 인수하지 않기로 한 것처럼 기정사실화하고 있는 반면, 재경부는 채권 중 일부를 한국은행이 인수해야 한다는 주장을 굽히지 않고 있다고 보도하였다.[15]

전 총재는 1998년 6월 18일 매일경제신문과 가진 인터뷰에서도 구조조정채권을 한국은행이 떠안는 것은 안 되며, 발행채권의 실세금리를 보장함으로써 시장에서 소화되도록 해야 한다는 한국은행의 입장을 밝혔다. 7월 3일의 월례 간담회에서도 한국은행이 발권력을 동원한 채권 인수에 나서지 않겠다는 기존 원칙을 재확인하고, 이러한 방침이 정부와의 긴밀한 협조를 통해 조율된 것이어서 이견이 없다고 강조하였다.[16] 한국은행은 은행들이 보유하고 있는 통화안정증권과 환매조건부채권(RP) 잔액이 48조원에 달하기 때문에 한

---

14   한국은행 보도자료, 「최근의 금융경제동향과 통화정책 방향」, 1998. 6. 15, p. 16.
15   한국경제신문, 1998. 6. 16자.
16   매일경제신문, 1998. 7. 3자.

국은행이 이를 환매하여 돈을 풀어주면 은행이 구조조정채권을 충분히 사들일 수 있다고 설명하였다.

한국은행이 이렇게 나가자 정부 내에서도 국공채를 한국은행에 인수시키지 않는 것이 좋다는 견해가 점차 자리를 잡아갔다. 1998년 7월 3일 동아일보는 강봉균 청와대 경제수석과의 인터뷰 기사에서 "인플레를 초래하는 통화증발은 최대한 피할 것이다. 가급적 공개시장에서 채권을 발행해 재정적자를 보전해야 한다"는 강 수석의 발언을 소개하였다.[17] 한국은행의 문제 제기와 논리적 설득이 주효하고 있음을 보여주는 대목이었다고 하겠다.

확고한 원칙을 고수했던 데 따른 좋은 결실

국공채를 한국은행이 인수하는 문제와 관련한 한국은행과 정부 간의 공방은 1998년 중반까지 지속되었다. 정부로서는 구조조정과 경기부양을 위한 재원 확보가 시급하였다. 외환위기의 영향으로 경제성장률이 마이너스를 나타내고 있어 세수 확보에 비상등이 켜져 있는 상황이었다. 따라서 정부는 한국은행이 국공채를 직접 인수해 줄 것을 공공연히 요청하였고, 한국은행은 이를 실세금리로 발행하도록 끈질기게 정부를 설득하였다.

정부는 한국은행의 의견을 수용하여 구조조정 채권과 국채를 실세금리로 발행키로 단안을 내렸다. 한국은행이 예측했던 대로 이 채권은 시장에서 원활하게 소화되었으며, 그 결과 구조조정 작업도 정부의 계획대로 원만하게 진행되었다. 이 사례는 한국은행이 당시

---

17   동아일보, 1998. 7. 3자.

금융시장 상황에 대하여 내렸던 판단이 정확했음을 말해 준다.

이 결과는 금융시장에 어떤 영향을 미쳤을까? 외환위기 이전 국공채는 명목상 시장 발행 형태를 취하고 있었으나 실제로는 일부 금융기관에 인수시키는 방식이었다. 그런데 정부가 외환위기 극복 과정에서 구조조정 채권 및 국채를 시장에서 실세금리로 발행하기 시작한 것을 계기로 국공채의 시장 발행이 정착되었으며, 이는 우리나라 국채시장이 획기적으로 발전할 수 있는 전기가 되었던 것으로 평가되고 있다.

정부는 국공채시장을 육성하기 위하여 발행시장, 유통시장 및 하부구조에 이르기까지 다방면에 걸쳐 다각적인 제도개선 노력을 기울였다. 정부는 IMF 및 세계은행 등으로부터 기술지원을 받아 국채발행의 정례화, 국채전문 딜러제도(primary dealer system) 도입, 국채종목 통합, 국채선물시장 개설 및 국채 통합발행제도(fungible issue system) 도입 등을 순차적으로 추진하였다.

이처럼 국채가 시장 메커니즘에 의한 방식으로 발행되면서 금융시장에서 국채의 거래규모가 크게 늘어났을 뿐 아니라 3년만기 국채수익률은 시중의 자금수급상황을 가장 정확하게 반영하는 지표금리(benchmark rate)로 정착하였다. 이제 우리나라의 국채시장은 외환위기를 겪은 아시아 국가 중 가장 발달된 시장구조를 갖춘 것으로 평가되고 있다.

파이낸셜뉴스는 2001년 12월 4일 "한국 국채지수가 지난 11월 30일 JP모건의 세계채권지수(GBI)에 포함되었다"고 보도하였다. 이 신문은 우리나라 채권시장이 짧은 기간에 이렇게 선진국 수준으로 발전하게 된 것은 "1998년 한국은행이 재정경제부가 발행한 국고채의 인수를 거부하였던 데에서 비롯되었다"고 당시 한국은행의 입장을 관철시켰던 전철환 총재의 소신을 평가하였다.

전 총재도 2002년 1월 7일자 한경 비즈니스와의 인터뷰에서 한국은행이 정부의 국공채 인수 요청을 거부했던 일에 대해 회고한 바 있다. 그는 "당시 재경부 실무자들이나 고위층은 시장이 없는데 채권을 풀면 소화가 되겠느냐며 한국은행이 정부발행 채권을 모두 인수하라고 주장했지만, 시장기능을 제대로 만들려면 시장을 만들어 줘야 한다며 거부했다"고 밝혔다. 이어 "당시는 그 쪽에서 제게 섭섭하다는 의사를 직간접적으로 표시했지만 3년이 지난 지금은 한국은행 말대로 채권시장이 크게 활성화되었다"라고 말했다.

한국은행은 국공채를 직접 인수하지 않음으로써 중앙은행이 손쉽게 돈을 찍어 재정적자를 보전해 주지 않는 선진국 중앙은행의 원리를 우리나라에 착근시키는데 성공하였다. 그리고 아무리 정부의 요구가 드셀지라도 한국은행이 합리적인 대안을 제시하면서 꾸준히 설득해 나가면 결과적으로 금융시장 발전 및 시장경제의 창달에도 크게 기여하게 된다는 사실을 보여주었다. 한국은행이 정부의 국공채 인수요청을 거부했던 것은 채권시장의 발전을 앞당김은 물론 개정 한국은행법 발효 이후 한국은행의 독립된 위상을 대내외에 과시한 조치로 평가할 만한 일이었다.

외환은행에 대한 한국은행의 직접출자 거부[18]

논란의 배경

1998년 정부가 추진하고 있었던 금융 · 기업 · 공공 · 노동 등 4대 부문의 구조조정 중에서 가장 시급한 것은 금융구조조정이었다. 정부는 부실화된 금융기관들을 하루 속히 정상화시키기 위해 통폐합, 공적자금 투입을 통한 증자 등 사안별로 여러 가지 구조조정 방안을 추진하고 있었다.

이러한 와중에 조건부 승인은행으로 분류된 외환은행을 어떻게 정상화시키느냐가 하나의 과제로 대두되었다. 당시 외환은행은 한국은행과 독일 코메르츠방크가 대주주로 되어 있었기 때문에 외환은행의 정상화에는 그만큼 고려되어야 할 변수들이 많은 형편이었다. 정부는 부실 금융기관에 대해 공적자금을 지원할 때에는 예외 없이 자체 유상증자 또는 감자를 전제로 한 손실부담 원칙을 적용해

---

18 한국은행은 추후 외환은행 출자문제와 관련한 내용을 책자로 발간할 때가 도래할 것을 예상하고 자료 보존에 만전을 기해 왔다. 필자는 10년이 지난 지금 그 내용을 국민들에게 공개하는 것이 국가 발전에 기여하는 일이라 판단하여 이 책자에 수록하였다. 당시 어려운 여건에서도 법률적 식견과 중앙은행제도에 대한 혜안을 바탕으로 완벽한 검토자료를 작성하는데 헌신하였던 한국은행 법규실 및 은행국(현 금융안정분석국) 직원들에게 경의를 표한다.

왔는데, 외환은행의 경영정상화에 기여한 코메르츠방크의 지분에 대해 감자를 실시할 수 없는 어려움이 있었다.

금융감독위원회는 1998년 8월 경부터 외환은행[19]의 정상화 방안으로 코메르츠방크 및 한국은행 두 대주주의 출자 방안을 적극 검토하고 있었던 것으로 추정된다. 금융감독위원회는 9월 초에 외환은행 정상화 방안의 일환으로 한국은행이 외환은행에 직접출자하는 방안을 제시하였다. 정부는 이렇게 내부 방침을 통보하기 전에 한국은행과 전혀 협의를 거치지 않았던 것으로 알려졌다.[20]

한국은행은 법적·실무적 검토작업에 착수하였다. 우선 한국은행과 자문 계약을 맺은 법무법인들에 검토를 의뢰하였다. 복수의 법무법인으로부터 검토의견이 통보되었다. 영리법인인 외환은행이 주주배정 방식에 의한 유상증자를 실시할 경우 신주인수권을 행사하여 외환은행의 유상증자에 참여하는 것은 한국은행법 제103조[21](이하 '제103조')를 위반하는 것이라는 의견이었다. 뿐만 아니라 한은법 입법 취지에 비추어 보더라도 한은의 외환은행 출자는 허용되지 않는다는 의견을 덧붙였다. 한국은행 은행국과 법규실도 치밀한 검토작업을 거쳐 같은 결론에 도달하였다.

한국은행법 제103조는 왜 이렇게 엄격하게 한국은행의 영리행위를 법으로 금지하고 있는 것일까? 한국은행이 우리나라에서 유일

19　외환은행은 금융구조조정 과정에서 조흥, 평화, 강원, 충북은행과 함께 'BIS 비율 8% 미달은행 중 자체 정상화 은행'으로 분류되고 있었다.

20　매일경제신문은 1999년 1월 1일 외환은행 출자를 둘러싼 정부와 한국은행간의 갈등이 어떻게 시작되었는지를 보도하면서 "재경부와 금감위가 먼저 실수를 했다. 코메르츠방크 건과 관련해 한은 출자를 결정하면서 한은측과는 상의조차 하지 않은 것으로 알려졌다"고 보도하였다.

21　한국은행법 제103조(영리행위의 금지) : 한국은행은 직접 또는 간접을 불문하고 영리행위를 하거나 영리기업의 소유 또는 운영에 참여할 수 없으며, 그 업무수행상 필요한 경우 외에는 부동산을 매입하거나 소유할 수 없다.(이 조항은 구한국은행법에서는 제112조로 되어 있었다.)

하게 돈을 찍어내는 발권은행이라는 점을 생각하면 쉽게 이해할 수 있다. 한국은행은 자본금이 없는 특수법인이다. 이를 무자본 특수법인이라고 한다. 스스로 돈을 찍어 내어 필요한 경비를 조달하며, 찍어낸 돈으로 금융기관에 대출을 해 주는 기관이다.

이처럼 돈을 찍을 수 있는 권한, 즉 발권력이라는 막강한 힘을 지니고 있는 한국은행이 영리행위를 할 수 있도록 허용된다면 어떻게 될까? 한국은행은 돈을 마구 찍어 내어 우리나라 기업들을 모두 사들일 수도 있을 것이다. 이 경우 엄청난 돈이 시중에 풀려 나감으로써 인플레이션이 초래됨은 물론 민간 기업들의 자유로운 이윤추구 활동을 토대로 하는 시장경제제도의 근간이 무너질 수 있다. 이러한 부작용을 방지하기 위하여 한국은행법에 영리행위의 금지조항을 두고 있는 것이다.

정부의 끈질긴 압력

한국은행은 이러한 검토 내용을 토대로 외환은행에 추가로 출자하는 것은 법규상 곤란함을 여러 경로를 통하여 정부에 알렸다. 전철환 총재도 중앙은행 원리와 이를 실정법에 반영한 한국은행법 규정을 들어 한국은행의 외환은행 출자가 불가함을 설파하고, 이규성 재경부장관과 이헌재 금감위원장을 설득하려고 애썼다. 그러나 이러한 한국은행의 노력도 정부의 생각을 바꿀 수는 없었다. 정부는 한국은행의 입장을 무시하고 한국은행 직접출자를 기정사실화해나갔다.[22]

---

22   서울신문, 1998. 11. 24자.

　　정부가 한국은행이 외환은행에 추가 출자토록 적극 추진할 계획임을 공식적으로 밝힌 것은 9월 11일의 경제대책조정회의에서였던 것으로 추정된다.[23] 다음으로 9월 12일 있었던 이규성 재경부장관, 이헌재 금감위원장, 전철환 한은 총재, 강봉균 청와대 경제수석 등 4자회동에서도 정부측 인사들은 한국은행이 외환은행에 추가로 출자해 줄 것을 요청하였다.[24] 1998년 9월 말 금융감독위원회는 한국은행의 반대 의견을 묵살하고 자구노력과 대주주의 추가 출자를 통하여 외환은행의 정상화를 추진할 것을 결정하였다.

　　10월 28일 재경부장관 명의의 공문 한 통이 한국은행에 도착하였다. '업무참조'라는 제목으로 된 이 공문은 "외환은행에서 재경부에 질의한 내용에 대하여 별첨과 같이 회신하였음을 알려드리니 업무에 참조하시기 바랍니다"라는 단 한 문장으로 되어 있었다. 당시 한국은행은 재경부에 어떠한 형식으로도 한국은행법 등 관련 법규에 대해 문의하거나 해석을 요청하지 않았다. 재경부가 이를 기다리다 못해 먼저 공문을 보낸 것이다.

　　공문에 첨부된 외환은행에 대한 회신 문서에서, 재경부는 먼저 외환은행의 증자시 한국은행이 다른 주주와 마찬가지로 신주인수권을 가질 수 있는가(증자참여)라는 질의에 대해 다음과 같은 유권해석을 내렸다. 한국외환은행법 폐지법률 부칙 제8조[25](이하 '부칙 제8조')의 취지에 비추어 볼 때 은행에 대한 한국은행의 보유주

23　문화일보, 1998. 9. 12자; 국민일보, 1998. 9. 14자.
24　한국일보, 1998. 9. 13자.
25　한국외환은행법 폐지법률 부칙 제8조(주식소유 제한의 특례) : 외환은행이 회사로 전환함에 따라 한국은행이 소유하게 되는 회사의 주식에 대하여는 그 주식의 매각에 필요한 기간 중에는 한국은행법 제112조 및 은행법 제17조의 3의 규정을 적용하지 아니한다.
　　회사의 주식매각방법 및 매각절차 등에 관한 사항은 재무부장관이 정하는 바에 의한다.

식이 완전히 매각되기 전까지는 한국은행의 영리행위를 금지하는 제103조의 규정이 적용되지 아니하므로 한국은행은 외환은행의 주주로서의 정당한 권리를 유지하게 된다는 것이었다. 따라서 외환은행이 증자를 할 경우 한국은행은 보유주식의 가치 유지나 재산상 손실 방지를 위하여 여타 주주와 마찬가지로 신주인수권을 행사할 수 있다고 보는 것이 타당하다고 결론 내렸다.

재경부는 덧붙여, 사실상 은행의 증자가 제대로 이루어지지 않아 외환은행이 금감위로부터 승인받은 경영정상화계획을 이행하지 못함으로써 주주의 재산권에 큰 손실을 가져온다면 은행 주식을 적정가격에 회수하기 위해 법 적용을 배제한 한국외환은행법 폐지법률 부칙의 정신에도 부합되지 않는다고 한국은행의 증자 참여 필요성을 역설하였다.

금융감독위원회는 10월 29일 국회 정무위원회 국정감사의 업무보고를 통해 "외환은행은 자구노력과 함께 우선 대주주인 한국은행, 그리고 독일 코메르츠방크의 추가 출자를 적극 추진" 중이라고 밝혔다.[26] 10월 30일 속개된 국정감사에서 한나라당 이사철 의원은 "금감위가 그 동안 외환은행에 대해서 합병을 강요하다가 한국은행의 증자지원 계획으로 후퇴를 했다"고 밝히고, "한국은행법은 한국은행의 영리단체 출자를 금지하고 있는데, 추가 출자를 어떤 법적 근거에 의해서 할 수 있다는 것인지 답변해 줄 것"을 요구하였다.[27]

이헌재 금감위원장은 11월 6일 속개된 국감에서 이사철 의원의 질의에 대해 다음과 같이 답변하였다.[28]

---

26   금융감독위원회 · 은행감독원에 대한 정무위원회 국정감사(1998. 10. 29) 회의록, p. 11.
27   위 국정감사(1998. 10. 30) 회의록, p. 72.
28   위 국정감사(1998. 11. 6) 회의록, p. 49.

외환은행은 합병을 모색하는 동시에 기 출자한 코메르츠방크의 추가출자를 추진하고 있다. 여기에서 코메르츠방크는 국내 사정상 또 국제금융 사정상 외환은행의 대주주가 될 수 없다는 의사를 분명히 밝혀 왔다. 그렇기 때문에 외환은행의 대주주인 한국은행의 추가 출자가 진행되지 않는 한 코메르츠방크의 추가출자는 불가능한 상황에 있다. 그래서 코메르츠방크의 추가 출자가 진행되는 과정에서 한국은행의 출자 가능성이 검토되었다고 생각해 주면 된다. 최근 재정경제부가 한국은행이 외환은행에 추가출자를 할 수 있다고 하는 법률해석을 내렸다고 오늘 아침에 보고를 받았다.

이에 대해 이사철 의원과 김영선 의원은 그것이 정부의 공식 유권해석인지, 이제 한국은행이 외환은행에 추가출자를 하는지 여부에 대해 재차 물었다. 이헌재 위원장은 "현재 그 문제에 대한 1차적인 공식 유권해석기관인 재정경제부가 현재의 법체제상 외환은행에의 한국은행 출자가 가능하다는 판단을 내렸다는 이야기를 오늘 들었다"면서 "(다만) 한국은행의 출자 여부는 한국은행과 금융통화위원회의 결정이라는 과정을 거쳐야만 될 것이다"라고 답변하였다.

외환은행 직접출자에 대한 한국은행의 입장

한국은행이 외환은행에 대한 출자 문제에 대해 처음으로 공식 의견을 밝힌 것은 10월 16일이었다. 이날 전철환 총재는 개정 한국은행법에 따라 처음으로 통화신용정책 운영현황을 보고하기 위하여 국회 재정경제위원회에 출석하였다. 이 자리에서 한나라당 이중재 의원은 외환은행 출자에 대한 한국은행의 입장을 물었다.

전 총재는 "한국은행이 외환은행에 대해 추가출자할 지는 법률적인 문제 외에도 한국은행의 설립목적, 다른 은행과의 형평성 문제 등을 고려해 신중히 처리해야 할 것"이라며 "재경부 및 금융감독위원회 등 정부 관계기관과 앞으로 계속 협의하여 적절한 방안을 모색하도록 노력하겠다"고 답변하였다.[29] 언론은 한은 총재의 이같은 견해가 외환은행에 대한 한국은행의 추가 출자가 곤란함을 밝힌 것으로 해석하여 보도하였다.[30]

외환위기 직후 금융구조조정은 국가적 중대 과제였다. 따라서 금융구조조정을 주도하고 있던 재경부와 금감위에 맞서 한국은행이 외환은행 출자를 못하겠다고 버티는 것은 심히 부담스러운 일이었다. 그럼에도 불구하고 한국은행은 처음부터 외환은행 출자가 불가하다는 생각을 굽히지 않고 정부에 저항하였다. 이것은 무엇보다도 재경부의 한국은행법 해석 내용 및 해석 방법을 받아들이기가 도저히 어려웠을 뿐 아니라 외환은행 출자행위에 대한 최종적인 법적 책임 문제 등도 고려되었기 때문이다.

법 해석을 둘러싼 재경부와 한은의 대립

한국은행법은 한국은행이 '영리기업의 소유 또는 운영에 참여'하는 것을 금지하고 있다. 외환은행같은 상법상 주식회사에 대한 출자가 금지사항에 포함된다는 데에는 한국은행과 재경부 간에 이론

---

29   국회 재정경제위원회(1998. 10. 16) 회의록, pp. 9, 30~31.
30   한국경제신문, 국민일보, 1998. 10. 17자.

이 없었다. 해석이 갈렸던 조항은 부칙 제8조였다. 이 조항은 정부의 외환은행 민영화 조치로 외환은행이 상법상의 회사로 전환된 결과, 한국은행이 종래의 지분에 대신하여 외환은행 주식을 보유하게 됨에 따라 제103조를 위반하게 되는 상황을 해소하기 위하여 만들어졌던 경과규정이다.

재경부는, 한국은행의 외환은행 주식 소유가 위법이 되는 것을 방지했던 취지는 한국은행이 시간적 여유를 갖고 은행 주식을 적정가격으로 회수할 수 있도록 하는 데 있었다고 주장했다. 그러므로 '주식'의 의미에는 주식과 이에 부속되는 배당권, 신주인수권 등을 포함하는 것으로 해석하였다. 신주인수권은 주주가 자신의 지분비율을 유지할 수 있는 기본적인 권리로, 법률에서 한국은행의 신주인수권을 제한하는 명시적인 규정이 없는 한 당연히 행사할 수 있는 것이라고 주장하였다. 따라서 외환은행이 증자를 할 경우 한국은행이 보유주식의 가치 유지나 재산상 손실 방지를 위해 여타 주주와 마찬가지로 신주인수권을 행사할 수 있다고 보는 것이 타당하다는 것이다.

한국은행은 이에 대하여 다음과 같이 주장하였다. 첫째, 한국은행의 은행주식 소유가 위법이 되는 것을 방지했던 입법 취지는, 한국은행이 보유주식을 적정가격에 회수할 수 있도록 하기 위한 것이 아니라 한국은행이 보유하고 있는 외환은행 주식을 일시에 매각할 경우 야기될 지도 모를 주식시장 교란을 피하기 위한 것이었다. 또한 아무리 법조문을 살펴보아도 보유주식의 가치 유지나 재산상 손실 방지를 위하여 제103조가 배제된다고 해석할 근거는 발견할 수 없다. 특히 한국은행이 손익에 대한 고려 때문에 증자에 참여한다면 제103조가 금지하는 '영리행위'에 해당되어 더더욱 한국은행법에 위배되는 상황이 된다.

둘째로 한국은행이 신주인수권을 행사하는 것은 제103조가 정하는 금지사항에 해당되어 위법이 된다. 부칙 제8조는, 외환은행의 회사 전환으로 당시 한국은행이 소유하게 된 주식에 대해서만 매각에 필요한 기간에 한하여 계속 보유하는 것에 대해 영리기업의 주식소유를 금한 제103조의 적용을 배제하는 것이라고 해석된다. 외환은행의 회사 전환으로 부득이하게 보유하게 된 주식에 기초하여 추가출자를 함으로써 취득하는 신주에까지 제103조의 적용을 배제하는 것은 아니다.

재경부의 법 해석 효력을 둘러싼 갈등

재경부와 한은은 개별 법조항에 대한 해석을 둘러싸고 의견이 크게 엇갈렸을 뿐만 아니라, 재경부가 내린 법 해석의 효력에 대해서도 견해가 첨예하게 대립되었다. 재경부는 자신들이 내린 법 해석에 한국은행이 무조건 따를 것을 요구하였다. 재경부가 법 해석에 있어 우위에 있다는 입장을 일관되게 견지하였던 것이다. 즉 소관 법령에 대한 해석 권한은 재경부에 있으므로 한국은행의 외환은행 증자 참여와 관련한 한국은행법 및 한국외환은행법 폐지법률에 관한 재경부의 해석은 최종적인 것이라는 것이었다. 그러므로 한국은행은 재경부의 해석과 지시에 따라 외환은행에 추가출자를 해야 할 의무가 있다고 주장하였다.

재경부의 주장에 대해 한국은행은 다른 견해를 가지고 있었다. 한국은행이 행동함에 있어 한국은행법을 해석하고 적용하는 것은 한국은행의 독자적인 판단과 책임으로 하는 것이며, 재경부의 해석과 지시에 따라야 할 법적 근거가 전혀 없다고 판단하였다. 재경부 소관 법률인 한국은행법이나 외환은행법 폐지법률의 문제되는 부분을 해석하여 이를 공표하는 것은 재경부의 권한에 속한다. 그러나 한국은행은 국세청, 관세청과 같은 재경부의 하급 행정기관이 아니다. 따라서 재경부의 해석이 한국은행을 구속하는 법률적 효력은 없는 것이며, 이를 근거로 한국은행의 출자를 강박하는 것은 더더욱 허용될 수 없다는 것이 당시 한국은행의 확고한 판단이었다.[31]

정부는 중앙은행인 한국은행에 대해 통화신용정책의 중립적 수립 및 자율적 집행과 내부운영의 자주성을 존중해 주어야 할 의무가 있다.[32] 한국은행의 통화신용정책 수립 또는 운영에 관한 사항은 금융통화위원회 또는 총재가 정부의 간여없이 자율적으로 결정하게 되어 있다. 다시 말하여 재경부장관은 구한국은행법에서와는 달리 한국은행에 대해 업무상 지시권 또는 감독권을 전혀 갖고 있지 않다는 말이다.

정부의 행정행위는 반드시 법률에 근거 규정이 있어야 한다. 그런데 정부조직법이나 한국은행법 어디에도 재경부장관이 한국은행에 대해 출자 등을 요청할 수 있는 근거가 없다. 또한 한국은행은 한국은행법상 독립적 지위에 있기 때문에 한국은행법 적용상 의문이 있을 경우 스스로를 기속(羈束)하는 유권해석을 재경부에 요청할 근거가 없다는 것이 자체 판단이었다.

---

31 한국은행은 일반 정부조직의 일부가 아니라 한국은행법에 의해 설립된 특수법인이다(한국은행법 제2조). 특히 1997년 말 개정된 한국은행법은 과거 재경부장관이 겸임하던 금융통화위원회 의장을 한국은행 총재가 겸임토록 하였다(동법 제13조 제2항). 이때의 한은법 개정으로 재경부장관의 한국은행에 대한 정관변경 승인권(구한국은행법 제7조 제6항), 업무검사권(구한국은행법 제40조) 등이 폐지됨으로써 정부로부터의 한국은행 독립성이 크게 강화되었다.

32 한국은행법 제3조.

행정부에서는 법령 해석상 의문이나 이론이 있는 경우 행정 각 부처의 장으로 하여금 법령해석 업무를 담당하는 법제처에 해석요청을 하도록 규정하고 있다.[33] 재경부는 한국은행이 재경부와 다른 견해를 가지고 있다는 것을 알고 있었다. 이런 점을 고려할 때 재경부는 한국은행법 위반 여부를 자체적으로 해석하는 대신 공정하고 객관적인 법해석이 이루어질 수 있도록 법제처에 요청하는 것이 타당하였다.

그러나 재경부는 두 기관 간 논란이 되고 있었던 법 규정에 대한 유권해석을 법제처에 요청하지 않았다. 이와 관련하여 "당초 재경부는 법제처에 의뢰, 현행 한은법으로도 추가출자가 가능하다는 유권해석을 얻어내려 했으나 비공식 채널을 통해 불가능하다는 통보를 받고 (법제처에) 의뢰조차 하지 못하고 있는 것으로 알려졌다"는 언론보도[34]가 있을 정도였다.

한국은행의 출자행위 책임소재에 대한 대립

다음으로 중요한 논점은, 재경부의 유권해석 및 지시에 따라 한국은행이 출자행위를 할 경우 누가 최종적인 책임을 지느냐 하는 문제였다. 재경부는 당연히 재경부장관이 최종적인 책임을 진다고 주장하였다. 그러므로 한국은행은 책임 문제를 걱정하지 말고 재경부의 의견에 따르라는 것이었다. 재경부는 더 나아가, 한국은행이 재경부의 유권해석 및 지시에 따르지 않으려면 행정심판을 청구하거

---

33 대통령령인 법제업무운영규정 제26조, 총리령인 법제업무운영규정 시행세칙 제17조, 제18조 참조.
34 국민일보, 1998. 10. 17자.

나 행정소송을 내는 등 법적 절차를 밟아 대응해야 하며, 추가출자를 하지 않는 형태로 불복해서는 안 된다고 주장하였다.

그러나 한국은행은 재경부의 견해에 동의하지 않았다. 한국은행이 업무 수행에 있어 한국은행법을 위반했을 때에는 의당 한국은행이 책임을 질 수밖에 없다고 판단하였다. 한국은행이 재경부의 행정해석에 따라 출자행위를 하더라도 법원은 행정해석에 구속되지 않고 판결을 통해 한국은행의 행위가 법에 위배된다는 최종 판단을 내릴 수 있다. 따라서 한국은행은 스스로의 판단과 책임 아래 한국은행법을 해석 운용할 의무와 책임이 있다고 생각하였다. 곧 한국은행의 법률 위반에 대해 재경부장관이 정치적·행정적 책임을 질 수 있을지는 몰라도, 법률적으로까지 책임을 진다는 것은 불가능한 일이며, 문제가 되면 행위자인 한국은행이 책임을 질 수밖에 없는 것이다.

한국은행은 구속력이 없다고 판단되는 재경부의 해석과 지시에 법적으로 대응할 방법도, 대응할 필요도 없다고 판단하였다. 한국은행은 재경부가 업무참조 형식으로 법 해석 내용을 통보한 것은 비공식적 통고행위로서 구체적 사실에 대한 법 집행을 뜻하는 행정처분으로 볼 수 없다고 판단하였다. 그렇기 때문에 재경부의 유권해석에 따르지 않더라도 행정심판을 청구하거나 행정소송을 낼 필요가 없다고 생각하였다.

나아가 한국은행에 대한 출자 종용을 행정법상의 행정지도로 본다고 하더라도, 행정지도는 행정소송의 대상이 되지 않기 때문에 한국은행이 행정소송을 통해 이에 불복할 필요는 없다고 판단하였다. 대법원은 행정지도가 상대방의 임의적인 협력에 의해 행정목적을 달성하려는 비권력적·비구속적 사실행위로서 행정소송법상의 처분성이 없기 때문에 행정소송의 대상이 되지 않는다는 판결을 내

린 바 있었다.[35]

정부, 한국은행이 제시한 우회출자 방안 거부

앞에서 살펴 본 법률 및 법리에 비추어 볼 때 한국은행은 법규 준수를 위해 한국은행법 위반이 되는 외환은행 증자 참여를 거절해야만 하였다. 그러나 외환위기의 극복을 위해서는 금융구조조정을 신속하게 마무리하는 것이 중요한 과제였고, 현실적으로 한국은행은 외환은행의 대주주로 되어 있었다. 그렇기 때문에 한국은행은 증자를 통한 외환은행의 정상화 문제를 도외시할 수 없었다.

한국은행은 정부 측에 한국은행이 외환은행에 직접 출자하는 대신 산업은행이나 예금보험공사 등을 통하여 출자하는 이른바 우회출자 방식을 대안으로 제시하였다. 한국은행이 산업은행이나 예금보험공사 등에 자금을 지원하면 이들 기관이 자기 책임으로 외환은행에 출자토록 하는 방안이었다. 한국은행으로서는 법률 위반 문제를 해소하면서도 외환은행의 증자에 협조함으로써 금융구조조정이라는 시대적 과제에도 충실할 수 있는 방안이었다.

한국은행은 이 방안이 시행될 수 있도록 사전 정지작업에 나섰다. 한국은행이 외환은행에 우회출자하더라도 코메르츠방크가 외환은행 증자에 참여할 의사가 있는지 여부를 확인해 주도록 1998년

35　대판 1980. 10. 27, 80누395. 또한 헌법 및 헌법재판소법에 의하면 공권력의 행사 또는 불행사로 인하여 헌법상 보장된 기본권을 침해받은 자는 헌법재판소에 헌법소원심판을 청구할 수 있도록 되어 있는 점을 들어 일부에서는 한국은행이 헌법 소원을 내어야 한다는 의견을 제시하였다. 그러나 한국은행은 재경부의 유권해석 또는 출자종용은 헌법 소원의 대상이 되는 공권력의 행사(행정처분)로 볼 수 없고, 재경부의 유권해석 또는 출자종용에 의해 한국은행이 헌법상 보장된 기본권을 침해받는 것이 아니므로 헌법소원의 대상이 될 수 없다고 판단하였다.

12월 초 외환은행에 요청하였다.[36] 관련 부처와 협의가 잘 진행된다는 것을 전제로 하였음은 물론이다. 외환은행과 코메르츠방크 간의 협의는 12월 8일부터 12월 11일까지 진행되었다. 코메르츠방크는 한국은행이 우회출자를 해도 무방하며, 코메르츠방크는 우선주로 출자하겠다고 밝혔다.[37]

한국은행이 우회출자를 하는 데 아무런 걸림돌이 없게 된 것이다. 외환은행은 이러한 협의결과를 신속하게 재경부 및 한국은행에 보고하였다. 더욱이 코메르츠방크는 12월 29일 "외환은행에 대한 한국은행의 직접출자나 예금보험공사를 통한 우회출자와 상관없이 외환은행에 2,600억 원을 추가 출자하겠다"는 내용의 의향서(LOI)를 보내왔다.[38]

외환은행 증자의 당사자인 코메르츠방크가 추가출자 의향서를 보내면서까지 한국은행의 우회출자에 긍정적 입장을 표명하였음에도 불구하고 재경부와 금감위는 당초 입장에서 한 치도 물러나지 않았다. 한국은행은 재경부의 유권 해석에 좇아 외환은행의 대주주로서 직접출자를 해야 하며, 법률적으로 문제가 되면 재경부장관이 책임을 진다는 말을 되풀이하였다.

이헌재 금융감독위원장은 두 차례의 언론 인터뷰에서 한국은행이 직접출자에 나서도록 압박의 수위를 더욱 조였다. 서울경제신문과 1월 11일 가진 인터뷰에서 그는 "정부가 (외환은행) 증자에 참여하려면 코메르츠방크 지분의 감자(減資) 문제가 걸려 있어 어려움이 있다. 그렇지 않더라도 한국은행은 대주주로서 기존 투자자금

---

36   내외경제신문, 1999. 1. 15자.
37   내외경제신문, 1999. 1. 15자.
38   서울신문, 1999. 1. 5자; 내외경제신문, 1999. 1. 15자.

의 보전을 위해 투자에 나서야 한다. 통화신용정책이나 한은 독립성
과는 관계가 없는 문제로 봐야 한다"라고 말하였다. 대한매일신문
과 1월 23일 가진 인터뷰에서도 그는 "코메르츠방크가 추가로 출자
해 외환은행을 더 키우겠다고 하면 한은은 출자자금에 대해 책임을
지고 따라야 한다. 한은의 독립성이나 독자적인 신용정책과는 관계
가 없다. 우회출자는 기존 주주로서의 책임을 다하는 행위가 아니
다"라고 하였다.

한국은행이 우회출자라는 합리적 대안을 제시하였는데도 재경
부와 금감위는 왜 끝까지 직접출자를 고집하였을까? 여기에는 1997
년 말의 한은법 개정에도 불구하고 종전과 같이 한국은행을 정부 휘
하에 두어 통제 조정하려는 강한 의도가 있었다고밖에 볼 수 없다.
'정부의 지시에 잘 따르는 중앙은행', '정부의 요청에 순응하는 중앙
은행'으로 한국은행을 순치시키려는 생각이 강했다는 뜻이다. 그렇
기 때문에 한국은행으로서도 더 이상 양보할 수 없는 일이었다.

외환은행 출자를 둘러싼 교착상태가 장기화됨에 따라 언론이
이를 집중 취재하여 보도하기 시작하였다. 언론은 양비론적 입장에
서 접근하였으며, 이 문제가 정부 및 한국은행 간 자존심 싸움으로
변질되어 버린 가운데 외환은행의 정상화가 지연되고 있음을 비판
하였다.[39] 아울러 청와대나 집권여당이 나서서 양 기관의 의견 대립
을 조정해야 한다는 목소리도 높아졌다.[40]

다만 중앙일보는 12월 24일 '한은, 외환은행 출자 계속 기피'라
는 제목으로 한국은행을 비판하는 내용으로 보도하였다. 한국은행
법규실 이희원 조사역은 바로 기자에게 전화하여 한국은행의 외환

---

39   대한매일신문, 1998. 12. 30자; 문화일보, 1999. 1. 12자.
40   내외경제신문, 1999. 1. 15자; 매일경제신문, 1999. 1. 27자 등.

은행 직접출자가 불가한 이유를 소상히 설명하면서 항의하였다. 기자는 이 조사역이 밝힌 논점을 정리하여 기고하면 독자 투고로 게재해 주겠다고 약속했다. 한국은행의 반박과 해명의 기회를 제공하는 공정한 조치였다. 이 조사역은 "한국은행에게 외환은행 출자는 명백한 위법이므로 재경부의 자의적 법 해석을 한국은행에 강요하는 것은 곤란하다"고 주장하는 반박문을 작성하여 중앙일보에 보냈다. 중앙일보는 이 반박문을 1999년 1월 5일 독자 투고란에 게재하였다.

한은, 외환은행 출자 명백한 위법
재경부 자의적 해석 강요는 곤란

이희원(한국은행 법규실 조사역)

12월 24일자 26면 '한은 외환은행 출자 계속 기피' 기사를 보고 의견을 밝히고자 한다. 이 기사는 한국은행과 재정경제부 간의 이견으로 외환은행의 증자문제가 해결되지 않고 있다는 것을 전하고 있다. 그렇지만 전체적인 분위기는 한국은행이 합리적인 명분없이 출자를 기피하고 있으며, 이에 따라 정부가 강제적으로라도 한국은행 출자를 실행시킬 수밖에 없다는 내용을 담고 있다.

법 해석은 사람마다 다를 수 있지만 한국은행법 제103조와 한국외환은행법 폐지법률 부칙 제8조를 조금만 주의깊게 들여다본다면 한국은행은 외환은행 민영화 당시 종전의 지분 대신 받은 주식을 매각하는데 필요한 동안만 보유할 수 있고, 그밖의 영리기업 주식은 더 이상 취득할 수 없다는 것을 쉽게 알 수 있다. 또 기사는 재경부에서 법 해석을 내려주었는데도 계속해서 법률상 문제를 운운하고 있는 데 대해 재경부가 불쾌해하고 있다고 전하고 있다. 그러나 재경부의 법 해석은 법률상 하급기관도 아닌 한국은행에 대해 기속력이 없다는 것은 행정법상 명백하다.

한국은행은 중앙은행으로서 임무를 수행함에 있어서 한국은행 자신의 판단과 책임 아래 한국은행법을 해석하고 적용할 수밖에 없다. 이는 97년 말 개정된 한국은행법 제3조 "한국은행의 통화신용정책은 중립적으로 수립되고 자율적으로 집행되도록 해야 하며 한국은행의 자주성은 존중돼야 한다"는 규정을 봐도 명백하다. 그러나 재경부는 한국은행 출자를 기정사실화해 놓고 이를 관철하려 하고 있을 뿐 한국은행이 제시한 법적 문제점 및 대안에 대해서는 귀를 기울이지 않고 있는 것 같아 아쉽다.

청와대의 개입으로 우회출자로 가닥

재경부와 한국은행 간에 의견 대립이 지속됨에 따라 정부 차원에서 조정하여 외환은행 증자를 위한 돌파구를 마련할 필요성이 커졌다. 이미 청와대는 구체적인 방안을 마련하고 있었다. 1998년 11월 어느 날, 필자는 청와대 민정비서관실 이정욱 행정관[41]으로부터 전화를 받았다. 그는 금융구조조정이 중차대한 사안인데 한국은행

---

41   청와대 민정비서관실 근무 후 해양수산개발원장 등을 역임하였다.

이 왜 외환은행에 대한 출자를 미루는지 물었다. 필자는 법률적인 문제 때문에 한은이 외환은행 출자를 하기가 불가능하다고 설명한 후, 한국은행 관련 부서가 법적 문제점을 소상하게 검토한 자료를 보내주었다.

청와대 민정비서관실은 김대중 대통령으로부터 4대 부문 구조조정의 이행실적을 평가하고, 부진한 경우에는 그 사유를 조사하여 대책을 마련하라는 특별지시를 받고 실태조사를 하는 중이었다. 한국은행이 작성한 자료는 이 국장을 통해 민정비서관에게 전달되었다. 민정비서관은 청와대에 근무하기 전 검찰에 몸 담아온 법률 전문가였다. 한국은행이 작성한 자료와 관련 법률들을 검토한 결과 재경부와 금감위의 주장에 문제가 있음을 파악한 것으로 알려졌다.

민정비서관실은 실태조사를 마치고 대통령 보고를 종료한 후, 1998년 12월 23일 「경제개혁정책 추진실태 점검에 따른 대통령 지시사항 통보」라는 김중권 대통령비서실장 명의의 공문을 중앙부처 장관들에게 발송하였다.[42] 이 공문은 표지에서 "대통령민정비서관실에서 실시한 공공·금융·기업부문 경제개혁 실태를 점검하여 대통령님께 그 결과를 보고 드린 바, 지적된 문제점에 대하여 감독기관에서 책임지고 시정토록 하라는 지시를 하셨다"고 기술했다. 그리고 "소관 감독기관에서는 경제개혁정책이 차질없이 수행될 수 있도록 제기된 문제점에 대한 시정조치나 조치계획을 수립하여 그 결과를 1999년 2월 10일까지 당실에 통보해 주시기 바란다"라고 끝

---

42 문서 출처를 명확히 밝히기 위하여 대통령기록관에 동 문서의 보존 여부를 문의하였으나 대통령기록관에는 동 문서가 보존되어 있지 않다는 통보를 받았다. 따라서 여기서는 1998년 12월 당시 청와대 민정비서관실이 필자에게 비공식적으로 보내준 문서를 토대로 전후 사실관계를 서술하였다.

을 맺었다.

필자는 이정욱 행정관과 접촉하면서 민정비서관실의 구조조정 평가작업이 어떻게 결론 내려지는지를 추적하고 있었다. 민정비서관실에서 작성한 보고서가 대통령 재가를 받은 후 부처 장관들에게 발송될 때에는 한국은행도 공식경로로 그 공문을 받을 수 있도록 공문 수신처에 명기하여 줄 것도 함께 요청하였다. 그렇게 되어야만 한국은행이 재경부에 청와대 공문을 제시하면서 설득하기 좋을 것이라고 생각하였다.

그러나 청와대의 공문서 수신 및 발신체계상 한국은행을 공식적으로 수신처에 넣기는 불가능하다는 것이었다. 이정욱 행정관은 외환은행 출자문제와 관련하여 수 차례 업무상 접촉을 하던 터라 공문서 표지 및 외환은행 출자와 관련된 내용이 들어 있는 두 쪽 등 세 쪽만 필자에게 보내주었다. 그리고 정부 부처와의 업무 협의시 한국은행이 그 내용을 언급하는 것은 무방하다는 견해도 들었다.

이 공문에 첨부된 금융부문 구조조정의 문제점에 외환은행 건이 들어가 있었다. 청와대는 "일부 은행의 증자, 외자유치 조건이행 부진"을 들면서 "외환은행 등이 승인조건인 증자 또는 외자유치를 이행기간 내에 시행하는데 실패"함으로써 "금융구조조정을 마무리 짓는 데 장애"가 되고 있다고 비판하였다. 특히 외환은행의 추가 증자문제와 관련해서는 "현재 정부가 권유하는 한국은행의 추가출자는 법 규정상 허용될 수 없는 무리한 요구"인데 "재경부와 한은 간에 견해 대립" 상태에 있다고 평가하였다. 따라서 외환은행의 증자문제에 대하여 "합법적·순리적 방법으로 신속하게 결정하는 것이 필요"하다고 결론내렸다.

재경부와 금융감독위원회가 연대하여 한국은행을 강하게 압박해 오는 상황이었기 때문에 청와대의 공정한 평가와 조정은 전철환 총재에게 어느 정도 위로가 되었다. 필자는 과거 행정관으로 청와대 경제비서실에 파견 근무하면서 특정 사안에 대한 대통령의 지시는 유일하고 최종적이며, 정부 내에서 배타적인 효력을 지닌다는 것을 잘 알고 있었다. 재경부나 금융감독위원회가 나름의 논리에 따라 한국은행에 압박을 가하고 있지만 청와대 공문의 시한으로 명기된 1999년 2월 10일에 임박할수록 당초 입장에서 물러설 수밖에 없을 것이라고 판단하였다. 필자는 전 총재께 이런 점을 근거로 한국은행이 조금만 더 버티면 재경부 쪽에서 우리의 대안을 받아들이게 될 것이라고 보고했다.

1999년 1월 중순이 되면서 재경부가 종전의 입장에서 물러서는 기미가 감지되기 시작하였다. 여당의 김원길 정책위 의장은 1월 13일 외환은행의 대주주인 한국은행이 외환은행에 추가출자할 수 있도록 근거를 마련할 방침이라고 밝히고, 한국은행법을 개정하거나 외환은행법 폐지에 관한 법률 부칙을 수정하는 방법, 또는 우회 출자토록 하는 방법을 검토할 수 있다고 했다.[43] 서울경제신문은 김원길 의장이 "국회 의결을 필요로 하지 않는 좀 더 실무적인 방안으로 한국은행이 수출입은행을 통해 외환은행에 우회출자하는 방안이 채택될 가능성이 높다"고 말하였다고 보도하였다.[44] 1월 20일 내외경제신문은 금융계 소식통을 인용, 최근 재정경제부와 한은이 외환은행에 대한 한은 출자와 관련 간접출자로 의견이 접근한 것으로 보도하였다.

43　매일경제신문, 세계일보, 1999, 1. 14자.
44　서울경제신문, 1999. 1. 16자.

재경부, 끝까지 한은의 직접출자에 미련

한국은행은 1999년 1월 28일 금융통화위원회에서 7천억 원을 수출입은행에 출자키로 의결하였다. 이 돈은 수출입은행의 대외신인도 제고와 가용자금 확보를 위한 용도로 출자된 것이었다. 금통위의 의결사항은 "수출입은행에 7천억 원을 출자한다"고만 하여 외환은행에 대한 출자는 언급하지 않았다. 제103조의 취지가 영리기업의 소유 또는 운영에 직접 또는 간접적으로 참여하는 것을 금지하고 있음을 고려한 것이었다.

한국은행이 수출입은행에 출자하는 데에는 한국은행법상 아무런 문제가 없었다. 수출입은행은 상법이 아닌 한국수출입은행법에 의해 설립 운영되는 특수법인이다. 더욱이 한국수출입은행법 제4조(자본금)[45]는 한국은행이 수출입은행에 출자하도록 규정하고 있다. 수출입은행에 대한 출자금 7천억 원은 내면적으로 외환은행에 대한 출자금 3,360억 원을 포함한 금액이었다. 한국은행은 수출입은행에 7천억 원을 출자하고, 수출입은행이 자체 판단과 자기 책임에 따라 외환은행에 3,360억 원을 출자하는 형식을 취한 것이다. 이로써 외환은행에 대한 한국은행의 출자 문제는 매듭지어졌다.

이날 금융통화위원회 회의에 정덕구 재경부차관이 참석하였다. 한국은행법상 재경부차관은 금융통화위원회에 열석하여 발언할 수 있도록 되어 있지만, 재경부차관의 참석은 드문 일이었다. '한국수출입은행에 대한 출자' 의안이 원안대로 가결된 후 정덕구

45　"수출입은행의 자본금은 4조원으로 하고, 정부, 한국은행, 한국산업은행, 은행법 제2조 제2호의 규정에 의한 금융기관, 수출업자의 단체와 국제금융기구가 출자하되, 정부 출자의 시기와 방법은 대통령령으로 정한다."

차관이 발언에 나섰다.[46] 정 차관은 정부가 한국은행의 증자 참여가 가능하다는 유권해석을 내렸음에도 불구하고 한국은행이 외환은행에 직접 출자하지 않은 것과, 이러한 의사결정 과정에서 금융통화위원들의 의견을 제대로 수렴했는지에 대해 아쉬움을 표명하였다. 아울러 정부가 한국은행의 직접출자를 주장했던 배경 등을 다시 한 번 설명하였다.

정덕구 차관의 발언이 끝난 후 전철환 총재가 나섰다. 그는 먼저 정 차관이 이런 발언을 하리라고 예상하지 못했다고 말했다. 재경부 차관이 예고없이 금통위에서 한국은행에 서운한 심정을 발언한 데 대한 유감 표명이었다. 아울러 정부가 한국은행의 의사결정과정에 있는 인사들을 개인적으로 또는 여러 명씩 접촉하여 정부 의사를 관철시키고자 했던 데 대해 불편한 점이 있었다고 말했다.

재경부와 한국은행이 첨예하게 대립하고 있었던 상황에서 재경부 인사들이 한국은행 측 인사들을 접촉하여 생각을 바꾸도록 총재에게 압력을 가하거나 분위기를 조성토록 했던 것을 지목한 발언이었다. 전 총재는 이러한 행위들에 대해 불쾌감을 표시했던 것이다. 마지막으로 불가항력적인 경우가 아니면 중앙은행이 직간접을 불문하고 영리법인에 출자하는 것은 이번이 마지막이 되기를 바란다고 끝맺었다.

외환은행에 대한 한은의 직접출자 거부의 의의

언론에서는 오래 전부터 외환은행의 증자문제가 한국은행 독

---

46 당시 금통위에서 행해진 정덕구 재경부차관 및 전철환 총재의 발언 내용은 전철환 총재가 회의 종료 후 필자에게 구술한 것을 필자가 받아 썼기 때문에 실제 사실과 다소 차이가 있을 수 있다.

립성 여부를 확인해 주는 리트머스 시험지라고 보도하여 오던 터였다.[47] 외환은행에 대한 추가출자가 한국은행의 견해대로 우회출자로 판가름남에 따라 몇몇 언론은 '전철환 한은 총재의 뚝심'[48]이 빚은 '한은의 승리'[49]라고 보도하였다. 국민일보는 "이번 우회출자가 한은에 독립적 기관으로서의 위상을 다지는 기반을 마련해줬다"고 평가하였다.[50] 대한매일신문은 1월 29일자 기사에서 한국은행의 외환은행 출자가 우회출자로 결말이 났던 데에는 청와대가 중재에 나섰던 것이 분기점이 되었다면서 결국 "청와대가 한은의 손을 들어준 역할을 톡톡히 한 셈"이라고 평가하였다.

전철환 총재는 내일신문과의 인터뷰에서 외환은행 출자문제에 임했던 자신의 입장을 다음과 같이 피력하였다.[51] 실정법은 물론 발권력을 재원으로 하는 중앙은행의 특수성, 세계 각국 중앙은행의 법규와 관행 등을 들어 한국은행의 입장을 관철시키기 위해 애쓰면서도 가능한 한 원만하고 조용하게 일을 마무리하고자 했던 원려(遠慮)를 엿볼 수 있다.

그 동안 한국은행은 정부와 갈등을 빚으면서도 조심스럽게 원칙을 지켜왔다. 중앙은행은 본질적으로 원칙에 부합되지 않는다는 것을 가르쳐 주고 상대방이 이해할 때까지 기다리는 속성이 있다. 다섯 달 동안 몽니 부린다는 말도 들었지만 말없이 참아왔다. 중앙은행은 그래야 한다고 생각한다.

47　대한매일신문, 1998. 11. 14자 등.
48　대한매일신문, 1999. 1. 29자.
49, 50 국민일보, 1999. 1. 28자.
51　내일신문 1999. 2. 3호.

이처럼 한국은행은 가능한 한 소리 나지 않게 버티고 싸워서 한국은행법 규정에 맞게 외환은행에 대한 직접출자를 막아내었다. 한국은행의 독립성을 제고하는 방향으로 한국은행법이 개정된 지 얼마 지나지 않아 생긴 일이었기 때문에 이 사태가 한은 독립과 관련하여 지니는 상징성은 워낙 컸다.

그러나 빛이 강하면 그만큼 그림자도 짙은 법이다. 한국은행은 한은 독립의 깃발을 날리고 자존심을 세웠지만 이 일을 추진하였던 재경부와 금감위 관료들의 자존심은 상처를 입었다. 이규성 재경부 장관은 저서에서 재경부가 한국은행법에 대한 유권해석을 통해 한국은행의 위법 부담 논란을 덜어 주었음에도 불구하고 한국은행이 외환은행에 대한 직접출자를 거부하였음을 밝혔다. 아울러 외환은행이 1966년 7월 28일 설립될 당시 한국은행이 100% 출자하게 된 데에는 "한국은행의 영리기업 소유 또는 영업 참여를 금지하는 규정이 한국은행법 제정 당시[52]부터 존재하고 있었음에도 불구하고 한국은행의 강력한 요구에 의해서였다"며 외환은행 설립 당시의 비화(秘話)까지 인용하였다.[53]

1966년 외환은행 설립 때 한국은행이 내렸던 결정에 비추어서도 한국은행의 외환은행 직접출자 거부조치가 일관성을 결여한 것이라는 비판이었다. 그런데, 1966년 100% 출자하게 된 것이 한국은행의 강력한 요구였다고 기술하고 있으나, 당시는 재무부장관이 금융통화운영위원회 의장을 겸하고 있었다. 그러므로 그와 같이 법을 위반하는 정책결정을 내린 책임은 당시 금통위 의장이었던 재무부장관에 있다고 봄이 타당할 것이다.

---

52   한국은행법 제정 당시 제112조.
53   이규성, 『한국의 외환위기 : 발생 · 극복 · 그 이후』, 박영사, 2006, p. 608.

　다시 말해 외환은행에 대한 한은의 100% 출자가 한국은행의 요구에 의한 것이었는지 여부는 그렇게 중요한 사안이 아니라는 말이다. 재무부장관이 금통위 의장으로서 영향력을 행사하여 내렸던 의사결정을 금통위 의장이 한은 총재로 바뀐 1998년에 와서도 그대로 따르라 함은 지나친 요구라고 할 수밖에 없다. 여하튼 언간에 한국은행에 대한 아쉬움과 서운함이 배어있음을 느낄 수 있다.

　관료 출신들이 정부는 물론 금융계 등 사회 각계에서 큰 영향력을 행사하고 있는 나라가 바로 한국이다. 그들에게는 법적인 문제를 떠나 한국은행이 정부의 지침을 거역하여 외환은행 직접출자를 거부하였다는 사실이 받아들이기 어려웠을 수 있다. 한국은행의 외환은행 직접출자 거부는 1987년부터 1997년까지 진행되었던 한국은행법 개정을 위한 '한국은행의 독립투쟁' 과정에서 관료들이 갖게 된 한국은행에 대한 부정적 이미지를 더욱 강하게 각인시키는데 기여하지 않았나 생각된다.

　10년이 지난 오늘, 법률을 준수하기 위하여 행해졌던 한국은행의 외환은행 직접출자 거부가 역설적이게도 한국은행이 정부 정책에 책잡기만 하고, 정부에 소극적이고 수동적인 자세로 협조한다는 대표적 사례로 인용되기에 이른 사실이 이를 웅변으로 말해준다.

　외환은행에 대한 직접출자 거부를 한국은행의 부정적 이미지를 확대재생산하는데 원용하는 사례는 관료 출신 인사들에만 한정되지 않는다. 그 동안 이에 대한 실체적 진실이 제대로 알려지지 않았던 데에도 그 원인이 있겠지만, 엄정하게 시시비비를 가려야 할 학계 인사들까지 이러한 인식을 지니고 있는 경우가 있음을 본다.

　김병주 서강대 명예교수는 2008년 10월 9일 중앙일보에 쓴 칼럼 '한은, 위기극복에 적극 나서야'에서 한국은행이 "지난 환란 때 단하나의 은행 구제에도 손을 내밀지 않았다"고 비판하였다. 법의 준수 또는 위반에 관계없이 한국은행이 외환은행에 대한 직접출자에 나서지 않았음을 질책하는 말로 들리는 것은 필자의 협량 때문일까? 국민들에게 한국은행의 정책과 업무에 대한 올바른 시각을 제공하는 데 이 글이 조금이라도 이바지할 수 있기를 새삼 기대해 본다.

한국은행 예산 파동

재경부의 한국은행 예산 대폭삭감

한국은행은 1998년 10월 초 1999년 회계연도 경비예산안을 승인해 주도록 재정경제부에 송부하였다. 법에 의해 한국은행은 회계연도 개시 60일 전까지 재경부장관에게 경비예산안을 제출토록 되어 있었다. 한국은행은 재경부에 송부하기 전에 금융통화위원회를 수 차례 개최하여 치밀하고도 엄정하게 심의한 후 경비예산안을 의결하였다.

1998년 개정 한국은행법이 발효되기 전에는 금융통화위원회의 전신(前身)인 금융통화운영위원회가 한국은행 예산을 최종 승인토록 되어 있었다. 그러나 한국은행법 개정에 따라 통화신용정책과 관련된 예산을 제외한 경비 등에 대한 예산(이하 '경비예산' 이라 함)에 대하여는 재경부장관의 승인을 받도록 법제화되었다. 한국은행의 독립성이 강화되면서 이에 대한 견제장치의 일환으로 경비예산에 대한 재경부장관의 승인제도가 도입되었던 것이다. 따라서 1999년 회계연도 예산안에 대한 승인 신청은 개정 한은법에 의거한 최초의 승인 요청이었다.

　　재경부는 1998년 12월 23일 한국은행이 승인 요청한 경비예산의 약 20%를 삭감하여 이를 한국은행에 통보하였다. 이로써 1999년도 한국은행 경비예산이 법적으로 최종 확정된 것이었다. 한국은행에 보내 온 예산 승인 공문에는 이밖에도 기가 막힌 내용들이 많았다. 무엇보다도 재경부는 '총칙'이라는 이름 아래 "통화신용정책 등 핵심 업무 역량의 제고와 경비절감을 위한 종합적인 경영개혁방안을 마련하여 1999년 2월 말까지 제출"토록 명시하였다. 한국은행의 내부 경영에 대한 사실상의 지시였다.

　　재경부는 경영개혁방안을 수립할 때 포함되어야 할 사항들도 구체적으로 열거하였다. 조직 개편, 지점 개편, 해외사무소 개편, 연봉제 도입, 아웃소싱제도의 적극 활용, 전문기관에의 경영진단 의뢰 등 6가지 항목이 들어 있었다. 한국은행이 재경부로부터 승인받은 예산을 쓰려면 반드시 추진해야 할 사항이라는 것이었다. 재경부가 경비예산을 승인하면서 한국은행의 내부경영과 관련된 부대조건을 부과한 것은 한국은행의 자주성을 존중토록 규정하고 있는 한국은행법 제3조를 침해하는 일이었다.

　　한국은행은 곤혹스러웠다. 총예산액 중 인건비가 신청예산 대비 20% 삭감되었기 때문이다. 재경부가 보내온 예산안대로 운영하려면 두 가지 대안을 생각할 수 있었으나, 두 가지 모두 실제로 채택하기는 불가능하였다.

　　첫째는 1998년 수준으로 직원의 봉급을 유지할 수 있도록 직원수를 20% 감축하는 방안이었다. 그러나 한국은행은 1998년 4월 명예퇴직을 통해 1997년 말 총 직원의 4분의 1을 감축한 바 있었다. 은행감독원 분리에 따른 직원 감소분은 이 숫자에서 제외되었음은 물론이다. 전 직원 중 4명에 1명을 줄인 터에 다시 직원을 20% 이상

줄인다는 것은 불가능한 일이었다. 그럴 경우 한국은행의 기본업무 수행에 차질이 초래될 것으로 우려되었다.

둘째는 직원 수를 1998년 수준에서 유지하되 전 직원의 봉급을 일률적으로 20% 정도 삭감하여 1월부터 지급하는 방안이었다. 그런데 한국은행에는 노동조합이 조직되어 있어 사용자가 봉급을 깎으려면 노동조합과 사전에 합의를 해야 했다. 다시 말해 인건비 예산에 맞추어 한국은행이 일방적으로 1999년 1월부터 전 직원의 월급을 20% 삭감하여 지급할 경우 부당노동행위로 처벌받을 수 있었다. 직원들의 급여는 이미 체결된 임금협약에 의해 법적으로 보호받도록 되어 있기 때문이다. 이것은 민주공화국 대한민국의 엄연한 법현실이었다.

한국은행은 재경부가 부당하고 불합리한 근거 아래 예산을 삭감했으므로 예산을 추가로 확보할 수 있도록 재경부와 꾸준히 실무협의를 벌였다. 그러나 재경부로서도 장관 결재를 받아 승인 통보한 마당에 실무 선에서 이를 번복하려고 나서기가 쉽지 않았다.

한국은행 예산담당부서가 머리를 감싸고 고민하는 사이 10월에 접어들었다. 종전 급여표에 의거 직원들의 월급을 지급해 옴에 따라 연초 재경부가 승인한 인건비 예산도 얼마 남지 않게 되었다. 직원들 사이에서는 11월이 되면 인건비 예산이 바닥날 것이라는 얘기들이 돌기 시작하였다. 예산이 없으면 직원 월급을 줄 수 없는 건 자명한 일이다. 예산이 부족하여 중앙은행 직원들이 월급을 받지 못하는 사태가 발생한다면 어떻게 될까? 세계 10~12위의 경제대국이자 무역대국에서 말이다. 세계 톱뉴스가 될 터이고, 한국은행은 물론 나라 전체로도 수치스러운 일이 될 것은 명약관화하였다.

다행스러웠던 것은 강봉균 청와대 경제수석이 1999년 5월 24일 재경부장관으로 취임한 점이었다. 한국은행은 재경부 실무자들에게 한국은행이 외환위기 이후 추진해 온 구조조정 노력을 꾸준히 설명하였다. 또한 추가예산 확보가 안될 경우 예상되는 어려운 사정을 납득시키려고 노력하였다. 전 총재도 강봉균 장관에게 이런 사정을 얘기하고 협조를 요청하였다. 이런 과정에서 공감대가 형성되어 한국은행이 추경예산안을 편성, 재경부에 승인을 요청하였고, 재경부는 10월 6일 한국은행의 추경예산을 승인하는 조치를 취하였다.

국정감사에서 추경 편성 문제점 제기

재경부로부터 한국은행의 추가경정예산(이하 '추경'이라고 함)이 승인된 지 닷새 후인 10월 11일, 한국은행에 대한 국회 재정경제위원회의 국정감사가 있었다. 의원들은 한국은행이 인건비 지급 등을 위해 추경을 편성한 점을 집중 거론하며 비판하였다. 의원들의 질문과 전 총재의 답변을 정리하면 대체로 다음과 같았다.

의원들은 한국은행이 추경 편성을 하지 않으면 안 되도록 직원들이 임금 삭감에 동참하지 않은 것은 잘못이라고 질책하였다. 또한 추경 편성으로 한국은행 직원들이 전년과 비교해서 봉급을 얼마나 더 많이 받게 된 것인가에 대해 질의하였다. 직원 봉급을 많이 주기 위해 추경 편성에 나선 것이라는 의구심이 담긴 질의였다. 전 총재는 이에 대해 다음과 같이 답변하였다.[54]

한국은행은 1998년 이후의 인원감축 규모가 787명으로 1997년

---

54 한국은행에 대한 국회 재정경제위원회 국정감사(1999. 10. 11) 회의록, p. 53.

말 총인원 대비 27.2%에 달하여 인력부족의 어려움을 겪고 있다. 이런 상태에서 추가적인 인력감축을 통한 인건비의 절감은 사실상 어려운 실정이었다. 한국은행은 그 동안 인건비 예산 증가를 최대한 억제하여 왔다. 1997년 중에는 집행간부 및 부서장의 임금을 동결하였고, 작년에는 집행간부는 통상임금의 20%, 과장급 이상 직원은 통상임금의 10%를 반납하는 등 인건비 절감을 위해 노력하여 왔다.

한편 임금수준의 감축을 위해서는 관련 법규와 단체협약에 의하여 반드시 노사 간의 임금협상을 통하여 정하여야 하나 대외적으로 노사정위의 정상적 가동 등 최근의 노사관계가 개선되는 가운데 은행금융기관의 1.3% 플러스 알파의 임금인상 합의, 여타 관련 기관의 전년 수준 임금의 계속 지급, 정부 및 정부투자기관의 인건비 회복 노력 등을 종합적으로 고려할 필요가 있었다. 이에 따라서 금번의 추경 편성은 1997년부터 동결해온 현 수준의 임금 지급을 위해 최소 필요의 추가경정예산 편성 추진이 불가피한 것으로 판단한 데 따른 것임을 양해해 주기 바란다.

답변이 끝나자 안택수 의원이 질의에 나섰다.[55] 안 의원은 "추경(편성)하고도 작년 임금 수준인지, 작년 수준보다 조금 올라가는 것인지"를 물었다. 전 총재는 "못 올라간다. 작년 수준이다"라고 간명하게 답변하였다. 몇몇 의원들은 이에 대해 놀라움을 표시하였다. 임금을 전년 수준으로 동결하여 지급하는 내용의 한국은행 예산안에 대해 재경부가 20%나 깎아서 내려 보냈던 조치가 잘 이해되지 않는다는 반응이었다.

---

55   앞의 회의록, p. 55.

전 총재의 답변을 듣고 안택수 의원이 다시 나섰다. "(그러면) 재경부하고 싸워야 할 것 아닌가? 우리가 돈을 더 달라고 그랬나, 임금동결을 시켜놓고 이것만이라도 해달라고 그랬는데 이것도 안 해주어서 되겠느냐고 싸웠어야 했다"라고 말했다. 안 의원은 "20% 삭감 당하고서도 말 못하고 앉아 있는 한국은행은 재경부 승인과정에서 어떤 노력을 했는지" 전 총재에게 물었다. 전 총재는 "노력을 어느 정도 했느냐, 그 효과가 있었느냐 하는 질책은 달게 받겠다. 그러나 일일이 말하기는 대단히 어렵지만 예산심의 과정에서 노력을 많이 했다"라고 답변하였다.

안택수 의원은 계속해서 "재경부가 한은의 어려운 점을 다 알면서도 20%를 깎은 것은 한은 길들이기 차원에서(이거나) 아니면 한은을 계속해서 자기네들 하자는 대로 끌고 가기 위해서 그렇게 했다는 고의성은 인정하는가?"라고 따졌다. 전 총재는 이에 대해 "그 문제에 대해서는 답변 드리기 어렵다"라고 대답하였다.

김근태 의원은 1998년 말에 재경부가 한은 예산을 대폭 삭감해서 승인해 왔을 때 그것이 지나치게 불합리해서 받아들일 수 없다고 판단됐다면 지체하지 말고 바로 그때 반송하든지 거부하든지 해야지, 왜 10월이 될 때까지 가만히 있었느냐고 한국은행을 질책하였다.[56] 이에 대해 전 총재는 "상대가 있는 문제이기 때문에 (전후사정을) 말하기가 대단히 어렵다"고 재경부와 예산문제를 둘러싸고 우여곡절과 어려움이 많았음을 완곡하게 표현하였다.

의원들은 어느 기관의 잘잘못을 따지기에 앞서 인건비 지급을 위해 추경을 편성함에 따라 결과적으로 한국은행이 직원 봉급을 더

---

56 앞의 회의록, pp. 32–33.

주기 위해 발권력을 동원하는 결과가 초래되었다고 비판하였다. 전
철환 총재는 이러한 비판에 대해 다음과 같이 답변하였다.[57]

한국은행 예산의 발권력 의존과 관련해서는 한국은행도 하나의
법인으로서 일반법인과 같이 수익기반을 갖고 있으며, 운영상의 경
비지급은 동 수익을 바탕으로 하고 있음을 말씀드린다. 즉 인건비
등 모든 한국은행의 경비는 화폐환수를 나타내는 한국은행의 영업
수익을 토대로 하고 있으며, 발권은행이라는 특성 때문에 한국은행
의 인건비 지출이 새 돈을 마구 찍어 이루어지고 있다는 오해가 있
는 것으로 알고 있다. 그렇더라도 한국은행은 발권은행이며 주요
공적기관임을 깊이 인식하고, 앞으로도 인건비 등 경비예산을 합리
적으로 결정하고 예산절감에도 최선의 노력을 기울이겠다.

재경부에 대한 국정감사에서 '한은 길들이기' 비판

한국은행에 대한 국정감사가 끝난 지 며칠 후인 1999년 10월
18일 재경부에 대한 국정감사가 있었다. 재경부에 대한 국정감사는
10월 4일과 5일에도 있었기 때문에 이날의 국정감사는 그간의 재경
부 국정감사를 종합적으로 평가하는 차원에서 진행되었다.

한국은행의 추경 편성에 관해서는 변웅전 의원, 한영애 의원, 안
택수 의원 등이 질의하였다. 변 의원은 재경부가 당초 한은이 승인해
주도록 요청했던 예산을 20% 삭감하여 승인했던 이유와 최근 한은
의 추경 예산을 승인해 준 이유가 각각 무엇인지, 재경부가 한은예산

57   앞의 회의록, pp. 53~54.

을 삭감할 당시와 추경을 승인했을 때를 비교하여 무엇이 어떻게 달라졌다고 판단하는지 구체적으로 밝혀줄 것을 요구하였다.[58]

안택수 의원은 재경부가 한은의 예산을 20% 깎았다가 이번에 추경예산을 승인해 준 것은 병 주고 약주고 하는 처사라고 비판하였다. 그렇기 때문에 "한은을 길들이고자 하는 저의가 숨어있다고밖에 볼 수가 없다. … 한국은행을 길들이는 차원에서 그렇게 한 것인지 안한 것인지를 분명히 밝힐 것"을 요구하였다.[59]

강봉균 장관이 답변에 나섰다.[60] 강 장관은 우선 "안택수 의원이 '한국은행 예산을 삭감했다가 다시 추경예산을 승인했다 한 것이 한은 길들이기 차원에서 취해진 조치가 아니냐' 하는 지적을 해주었는데, 결코 그런 의도는 아니다"라고 답변했다. 강 장관은 "한국은행이 다른 금융기관의 모범이 되도록 당초 요구한 예산액 대비 20%를 삭감했으나 그 이후 다음과 같이 여러 가지로 여건이 크게 달라졌음을 감안하여 추경예산을 승인했다"고 설명하였다.

첫째, 한국은행 노조가 행정소송을 제기[61]하면서 인건비 삭감에 대해서 강력히 반발하고 임금협약 체결을 거부하는 상황이 전개됐다. 이에 따라 한국은행은 작년도 수준의 임금을 계속 지급해 왔고, 이것이 결과적으로 당초 20% 삭감된 예산으로는 인건비 예산이 부족하게 되는 문제로 이어졌다.

둘째, 우리나라의 전반적인 경제상황이 당초 상황보다는 개선

58　재정경제부에 대한 국회 재정경제위원회 국정감사(1999. 10. 18) 회의록, pp. 29~30.
59　위 회의록, p. 34.
60　위 회의록, pp. 63~64.
61　한국은행 노동조합은 1999년 3월 15일 재경부장관을 상대로 '1999년도 예산승인처분 취소건'으로 서울행정법원에 행정소송을 제기하였다. 서울행정법원은 2000년 2월 7일 한국은행 노동조합에 당사자 자격이 없음을 이유로 각하하였다. 한국은행 노동조합은 2000년 3월 6일 1심 판결에 불복하여 항소했으나 2000년 10월 10일 항소심에서도 이유 없다고 기각되었다.

되고 있기 때문에 1999년도 급여수준을 전년보다 더 줄이는 것이 현실적으로 상당히 어렵게 됐다. 공무원의 경우도 가계지원비 같은 것을 일부 상향조정하게 됐고, 정부투자기관의 인건비 삭감 폭도 다소 조정해서 상황 변화에 적응하고 있다.

답변이 끝나자 안택수 의원은 "한은에 대해서는 재경부가 아무리 승인권을 가지고 있다고 하더라도 어른스럽게 (하고) 독립기관에 대해서 함부로 하지 말며 인격적으로 일을 해나갈 것"을 당부함과 아울러 "재경부가 오해받는 일을 사서 하는 일이 없도록 할 것"도 함께 주문하였다.[62]

예산파동은 한국은행법 개정의 시급함을 시사

재경부는 재량의 범위를 넘어설 정도로 과도하게 한국은행의 예산승인권을 행사하였다가 큰 파장을 불러일으켰다. 결과적으로 재경부는 누가 보아도 납득이 안 될 정도로 한국은행의 예산을 대폭 삭감했다가 다시 추경예산을 승인해야 하는 우를 범한 꼴이 되었다. 개정 한은법이 발효된 첫 해인 1998년에 발생한 한국은행 예산 파동은 결과적으로 재경부가 예산승인권을 갖도록 규정한 한국은행법에 문제가 많다는 사실을 집중적으로 부각시키는 계기가 되었다.

재경부가 한국은행의 예산승인권을 주머니에 넣고 만지작거리고 있음을 알면서 한국은행이 어떻게 통화정책을 당당하게 독립적으로 수행할 수 있다는 말인가. 재경부가 예산승인권을 가지고 있는 한 한국은행이 할 수 있는 선택은 두 가지밖에 없었다. 알아서 재경부에 기든지, 아니면 이번처럼 사태가 불거진 다음 한은 총재가 재

---

62   앞의 회의록, p. 64.

경부장관에게 추가예산을 승인해 주도록 부탁해야 하든지 말이다. 중요한 것은 두 경우 모두 한국은행의 독립적인 통화정책 수행을 제약할 소지가 크다는 점이다.

한국은행과 재경부에 대한 1999년도 국정감사에서 여러 의원들이 한국은행법 개정의 필요성을 역설하면서 이에 대한 한은 총재와 재경부장관의 견해를 물었다. 한국은행 국정감사에서 나오연 의원 등은 "중앙은행으로서 독립적이고 소신있는 통화신용정책의 수행을 위해서는 전문적이고 책임있는 금융통화위원회의 구성과 운영 및 예산편성권의 확보가 필요하다"고 주장하였다.[63]

정세균 의원은 서면질의를 통해 "한은의 요구를 재경부가 수용함으로써 이번 사태가 수습국면을 맞았으나 비슷한 일이 (앞으로도) 매년 되풀이되리라고 보며, 한은의 예산승인권 소관 문제를 차제에 근본적으로 개선할 필요가 있다고 본다"고 밝혔다.[64] 한국은행 예산승인권을 어디에 둘 것이냐에 대해서는 의견이 다소 엇갈렸다. 여러 의원들이 금융통화위원회가 예산승인권을 갖는 것이 좋다고 주장한 반면 일부 의원은 국회 또는 기획예산처가 가져야 한다고 주장하였다.

전철환 총재는 재정경제부에 귀속되어 있는 한국은행 예산승인권을 금융통화위원회로 이관하도록 한국은행법을 개정할 필요성이 있다고 답변하였다.[65] 그는 "한국은행 경비예산은 한은의 통화신용정책 기능 수행을 뒷받침하기 위한 예산인 점을 감안할 때 한은 예산에 대해 정부가 승인권을 갖는 것은 한국은행법 제3조에서 통화신용정책의 중립성과 자율성 및 한은의 자주성을 존중하도록 규정하

---

63 한국은행에 대한 국회 재정경제위원회 국정감사(1999. 10. 11) 회의록, p. 16.
64 위 회의록(부록), p.36~37.
65 위 회의록, p. 48~49.

고 있는 입법 취지와 관련해 재고해 볼 소지가 있다"고 주장했다.

그는 계속해서 "한은 예산편성 및 집행에 대해서는 금융통화위원회의 심의 의결과 대통령이 별도로 임명하는 감사에 의한 상시적 내부감사 이외에 국회의 국정감사와 정기적 감사원 감사 등 외부통제장치가 마련돼 있다는 점과, 외국의 대부분 중앙은행들이 독자적으로 예산편성권을 갖고 있다는 점에서 경비예산을 포함한 예산편성권은 한은의 최고의결기구인 금통위에 부여하는 것이 바람직하다고 생각한다"고 말했다. 아울러 "한은의 예산승인권을 국회 또는 기획예산처와 같은 외부기관에 두어야 한다면 이 문제는 좀 더 시간을 두고 신중히 검토하도록 하겠다"고 밝혀 예산승인권을 국회나 기획예산처에 두는 데 반대한다는 입장을 분명히 하였다.

대한매일신문 등은 "여야 의원들이 한은에 대한 국정감사에서 한은의 경비예산 승인권을 재경부로부터 분리시켜야 한다고 이구동성으로 주장했다"고 보도하였다.[66] 언론은 전 총재의 답변 내용도 비교적 크게 보도하였다. 문화일보는 10월 12일자로 이를 보도하면서 "한은법 개정 논란이 재연됐다"고 하였다. 매일경제신문과 대한매일신문도 10월 13일 '한은법 개정 필요성 첫 제기: 전철환 한은총재'와 '한은 영토 넓히기 깃발 올렸나'라는 제목 아래 전철환 총재의 국정감사 답변 내용을 보도하였다.[67]

10월 18일 재경부에 대한 국정감사에서도 일부 의원들이 한은법 개정 문제를 제기하였다. 변웅전 의원은 "전철환 한은 총재가 한은 경비예산에 대한 승인권은 한은의 최고의결기관인 금융통화위원

---

66 대한매일신문, 1999. 10. 12자 등.
67 전철환 총재는 대한매일신문과 1999년 3월 4일 가진 인터뷰에서 1998년 4월 1일부터 시행되고 있는 개정 한은법에 대해 이미 "독립성을 높이긴 했지만 중앙은행 기능을 제대로 수행하기엔 미흡한 점도 있다"라며 문제점을 지적한 바 있다.

회에 부여하는 것이 바람직스럽다는 입장을 밝혔는데, 이에 대한 장관의 견해를 밝혀 줄 것"을 요구하였다.[68] 한영애 의원도 "중앙은행의 예산편성권이 재정당국 손에 있다면 중앙은행이 소신있게 통화신용정책을 펼 수 없으므로 예산승인권을 국회 등 다른 곳으로 이관해야 한다"고 주장하면서 이에 대한 장관의 견해를 물었다.[69] 그러나 강 장관은 이날 재경부의 한은 예산승인권을 규정한 한국은행법 개정 문제를 질의한 데 대해 답변하지 않았다.

전철환 총재는 이후에도 지속적으로 국정감사, 강연, 언론 인터뷰 등을 활용하여 한국은행법이 통화정책의 독립적 수행을 제약하는 많은 문제점을 안고 있음을 지적하면서 한은법 개정의 필요성을 역설하였다.

한국은행은 2002년 4월 1일 박승 총재가 취임한 직후부터 구체적인 계획 아래 한국은행법 개정 준비에 박차를 가하였다. 한국은행의 독립성을 제고하기 위해서는 무엇보다 법 개정이 선결되어야 한다는 박승 총재의 결단에 따른 조치였다. 그 결과 2003년 8월 12일 제7차 한국은행법 개정이 이루어졌다.[70] 제7차 개정은 그 이전까지 이루어져왔던 총 6차례의 한은법 개정과는 달리, 한국은행의 독립적 위상을 높이고 한국은행의 기능을 확충하는 방향으로 법 개정이 이루어진 사례로 평가되고 있다.[71]

---

68 재정경제부에 대한 국회 재정경제위원회 국정감사(1999. 10. 18) 회의록, p. 30.
69 위 회의록, p. 33.
70 제7차 한은법 개정논의 시작에서 국회 통과까지의 진행과정 및 개정내용에 대해서는 한국은행이 2006년 발간한 『제7차 한국은행법 개정에 대한 역사적 조명』을 참조하기 바란다.
71 개정 한국은행법의 주요 골자를 보면, 한국은행 부총재가 당연직 금융통화위원회 위원으로 참여토록 하였으며, 한국은행이 우리나라 지급결제제도의 총괄·감시기능을 원활히 수행할 수 있도록 관련 근거와 권한을 명시적으로 규정하는 한편, 과거 연간 단위의 물가안정목표제를 중기 물가목표제로 이행할 수 있는 근거를 마련하고, 한국은행 검사 및 공동검사 요구제도도 일부 보완하였다.

　개정 한국은행법에서는 모든 경비예산에 대해 재경부장관의
승인을 받도록 하였던 것을 급여성 경비예산에 대해서만 승인을 받
도록 함으로써 종전에 비해 한국은행의 자율성을 제고하였다.

Chapter 5

금융시장 안정을 위한 통화정책

대우사태 이후
금융시장 안정 정책

대우사태 이후 금융시장 불안 해소를 위한 정부의 대책

외환위기 이후 자금난을 겪고 있던 대우그룹이 1999년 7월 19일 유동성 위기 극복방안을 발표하였다. 대우그룹은 외환위기 이후 계열사 매각 등 다각적인 방법을 통해 구조조정을 과감하게 추진했어야 함에도 불구하고 오히려 확장 경영에 치중함으로써 시장으로부터 신뢰를 잃고 있었다. 이날 김우중 대우그룹 회장은 앞으로 대우그룹을 자동차와 (주)대우 중심의 전문그룹으로 개편하는 한편, 채권단에 총 10조원의 담보를 제공하고 채권단이 이를 임의로 처분하는데 동의하는 동의서도 함께 제출한다고 발표하였다.

그러나 대우그룹이 발표한 구조조정 실천방안에 대해 금융시장이 회의적인 반응을 보이면서 그 동안 물밑에서 나돌던 대우그룹의 유동성 위기가 사실상 표면화되었다. 이에 따라 대우그룹의 회사채 및 CP 거래가 중단되고, 이 회사채와 CP가 편입된 수익증권에 대한 환매 요구가 쇄도하면서 투신사까지 어려움에 처하게 되었다. 한국경제는 1.4분기 경제성장률이 5.4% 플러스 성장으로 돌아서는 등 빠른 회복세를 나타내고 있었다. 정부는 경기 회복세를 지속함과 아

울러 국정 최우선 과제인 금융 및 구조조정의 성공적인 추진을 위해
서는 무엇보다 금융시장 안정이 긴요하다고 판단하였다.

대우사태 발발 직후인 7월 25일 강봉균 재경부장관, 이헌재 금
감위원장, 전철환 총재는 회동을 갖고 대우그룹 구조조정과 관련된
금융시장 안정대책을 발표하였다. 이 대책은 저금리 정책기조를 유
지하고 금융기관에 대하여 유동성을 충분히 공급하는 한편 대우그
룹 구조조정을 신속히 추진함과 아울러 외국 채권 금융기관단과의
협의에 나서는 등 네 가지 내용으로 되어 있었다.

금감위가 금융시장에 가장 가깝게 위치하고 있다는 이헌재 위원장의 발언

1999년 대우사태가 발생했을 당시 금융시장 안정대책은 금
융감독위원회가 주도하고 있었다. 이것은 당시 금융 및 기업
구조조정이 금융감독위원회 및 금융감독원의 주요 업무로 자
리매김되고 있었던 데다 금융감독위원회가 스스로 정부부처
중 금융시장과 가장 가깝게 위치하고 있다는 인식과도 관련이
있었다.

이헌재 금융감독위원장은 1999년 10월 15일 국회 정무위원
회의 국정감사에서 한나라당 조순 의원이 "금융감독위원회가
조직 및 인력에 비해서 너무 많은 업무를 수행하고 있어 업무
가 부실해 질 수 있으므로 일의 구역을 다시 정리할 필요가 있
다"고 했던 질의에 대해 다음과 같이 답변하였다.[1]

　　금융 및 기업부문의 구조조정은 우리 경제가 직면하고 있는 문제의 어려움을 극복하고 선진경제로의 진입을 위해서는 불가피하게 요구되는 것이며, 따라서 누군가가 책임을 맡고 추진해야만 하는 업무로서 정부부처 중 시장에 가장 가깝게 위치하고 있는 금융감독위원회에 별도로 주어진 업무라는 점을 말씀드린다. 그 구조조정 업무가 범위도 넓고 업무량도 많아 현재의 금감위와 금감원 인력만으로는 다소 어려움이 있는 것이 사실이지만 금융 및 기업구조조정이 기본적으로 금융시장의 문제와 밀접한 연계성을 가지고 있어서 저희가 주도적으로 수행할 수밖에 없다는 점을 이해해 주시기 바란다.

　　금융시장에 가장 가깝게 위치해 있는 기관은 통상 중앙은행으로 생각되고 있다. 중앙은행과 금융시장간의 불가분의 관계를 고려하여 한국은행법 제4조 제2항에서는 "한국은행은 통화신용정책을 수행함에 있어 시장기능을 중시하여야 한다"라고 규정하고 있기까지 하다. 그런데 이헌재 위원장은 '정부부처 중'이라는 단서를 달긴 했어도 금감위가 금융시장에 가장 가까운 위치에 있다고 발언하였다.

　　또한 구조조정은 그 특성상 이 위원장의 발언에서와 같이 '금융시장의 문제와 밀접한 연계성'을 가지고 있다기보다는 '금융기관의 문제와 밀접한 연계성'을 가지고 있다고 봄이 타당하다. 더욱이 당시 금융감독위원회와 금융감독원이 주도적 위치에서 구조조정을 추진할 수 있었던 것은 이들 기관이 막강한 금융감독 권한을 갖고 있었기 때문이다. 이것은 일반 국민들이라도 다 아는 일이었다. 그럼에도 불구하고 금융시장에 가깝게 위치하고 있는 점을 들며 구조조정 업무를 수행하고 있다고 답변했던 것은 무슨 이유에서였을까? 그의 발언은 다음과 같이 두 가지 측면에서 해석할 수 있지 않을까 생각된다.

첫째, 경제정책 결정과 관련된 정부의 복잡한 역학구도를 염두에 둔 처신에서 비롯된 발언일 수 있었겠다. 당시 금감위는 나는 새도 떨어뜨릴 만한 권세를 가지고 있었다. 막강한 재량권을 가지고 주저함이 없이 구조조정에 매진하고 있었다. 그렇기 때문에 정부 내의 역학관계 속에서 눈에 보이지 않는 견제와 질시의 대상이 되고 있었던 것도 사실이다. 금감위원장 입장에서는 금감위가 금융감독 권한을 갖고 있다고 말하기 보다는 금융시장에 가깝게 위치하고 있다고 말하는 것이 대외적으로 겸손하고 덜 권위적으로 비쳐질 수 있다고 생각했을 수 있다. 그렇기 때문에 거의 10년이 지난 지금 시점에서는 이상하게 들리지만, 당시로서는 정부 내의 복잡한 역학구도를 헤쳐나가기 위한 금융위원장 나름대로의 처신이 담긴 발언이 아니었을까 생각된다.

둘째로는 금감위가 금융안정 업무를 수행함에 있어 한국은행 등 다른 기관보다 우월한 위치에 있다는 시각을 반영하는 발언이었다고 생각된다. 한국은행을 규율하는 법이 한국은행법인 것과 같이 금융감독위원회 및 금융감독원의 조직과 업무를 규율하는 법은 금융감독기구의 설치 등에 관한 법률이다.[2] 그런데 그때까지만 하여도 두 법률의 목적조항 등에 금융안정이 규정되어 있지 않았다.[3] 특히 금융안정이라 함은 금융시장, 금융기관, 금융 시스템 전반의 안정을 포괄하는 의미이기 때문에 금융안정을 이루기 위해서는 금융감독위원회와 한국은행의 긴밀한 협력이 필요한 실정이다. 금융감독위원회는 금융기관의 건전 경영을 담보할 수 있도록 금융감독 업무를 담당하고 있는 반면 한국은행은 통화신용정책을 통해 거시경제의 안정을 책임지고 있는 데다 금융기관에 대한 최종 대부자 기능을 수행하고 있기 때문이다.

그럼에도 불구하고 당시 이헌재 위원장은 금감위가 금융안정 업무의 주도권을 이미 확보하여 업무를 추진하고 있음을 대내외에 과시함과 아울러 앞으로도 이를 확고히 유지 발전시켜 나가야 한다는 의지를 표명하는 차원에서 그런 발언을 했던 것이 아니었나 생각된다. 이러한 그의 구상은 2008년 2월 29일부터 시행된 금융위원회의 설치 등에 관한 법률에 반영됨으로써 이제 금융시장 안정은 금융위원회·금감원 등의 설치 목적 중 하나가 되었다.

정부가 금융시장 안정대책을 발표하였음에도 불구하고 시장에서는 대우그룹이 발행한 회사채의 상환이 어려워질 것이라는 우려

---

1   금융감독위원회에 대한 국정감사(1999. 10. 15), 정무위원회 회의록, p. 5.
2   정부 조직개편에 따른 금융위원회 신설로 2008년 2월 29일 금융위원회 및 금융감독원을 규율하는 법률 명칭도 '금융위원회의 설치 등에 관한 법률'로 개정되었다.
3   '금융위원회의 설치 등에 관한 법률' 제1조에 금융위원회 등의 설치 목적으로 '금융시장의 안정'이 추가되었다.

가 높아지면서 회사채가 편입된 투자신탁회사의 수익증권에 대한 환매가 급증하는 등 금융시장 불안이 계속되었다. 이에 따라 정부는 8월 12일 투자신탁회사 수익증권 환매대책을 발표하였다.

개인투자자가 투신사에 수익증권 환매를 신청할 경우 대우그룹 채권이 편입된 비율에 해당하는 금액만큼 전액 환매를 연기하되 환매를 신청하는 날짜가 늦어질수록 환매해 주는 비율을 높게 책정하여 지급을 보장하는 비상 조치였다. 개인투자자들의 환매 신청을 가능한 한 늦춰나가기 위한 것이었는데, 90일(1999년 11월 10일) 이내에 신청할 경우 대우그룹 채권 장부가액의 50%를, 180일(2000년 2월 8일) 이내에 신청할 경우 80%를, 180일이 지나서 신청할 경우 95%에 해당하는 금액의 지급을 보장하였다.

이러한 정부 대책에도 불구하고 금융시장 불안이 계속됨에 따라 9월 18일 정부는 금융시장 불안요인 해소대책을 발표하였다. 이 대책은 정부가 8월 12일에 발표한 대우그룹 채권 환매원칙을 준수할 것임을 천명하고 투자신탁회사에 유동성을 지원하며 채권시장 안정기금 설립을 추진하는 등의 내용을 골자로 하고 있었다. 채권시장 안정기금(이하 채안기금이라 칭함)은 투자자들이 투신사 수익증권을 환매함에 따라 매물로 나오는 회사채 등 채권에 대한 수요를 확충하여 시장금리를 안정시킬 목적으로 은행연합회 내에 조합형태로 설립하기로 하였다. 채안기금은 이때로부터 2000년 3월 해산될 때까지 25조원이 조성되었다.[4]

---

4   기금출자 조성기준을 보면 은행의 경우 적기 시정조치에 따라 신규출자가 금지된 4개 은행(제일, 서울, 평화, 제주)을 제외한 8개 시중은행, 5개 지방은행, 5개 특수은행을 대상으로 은행별 총자산, 최근의 수신증가액, 자금포지션을 감안하여 배분하였다. 보험회사의 경우는 11개의 생명보험회사와 11개의 손해보험회사를 대상으로 운용자산 규모를 기준으로 비례 배분하였다(금융감독위원회·금융감독원에 대한 국회 국정감사(1999. 10. 4), 정무위원회 회의록[부록], p. 43).

콜금리 동결조치로 금리상승의 불확실성 제거

한국은행은 7월 중순까지만 하여도 금리인상 타이밍을 포착하느라 고심하여 왔으나 대우사태 발생에 따라 금융시장 안정에 주안점을 두는 쪽으로 통화정책 방향을 선회하였다. 전철환 총재는 7월 30일 제주신라호텔에서 개최된 한국표준협회 하계 세미나에서 '최근의 경제동향 및 하반기 통화신용정책' 이라는 제목으로 강연하였다.

여기에서 그는 "하반기중 통화신용정책은 중장기적인 관점에서 물가상승 및 경상수지 악화 가능성에 대비하되 중앙은행으로서의 책임에 상응하여 대내외적인 충격이 금융시장에 미칠 불안요인을 기동성있게 제거하는 데 주력하겠다"고 밝혔다.[5] 언론은 이 발언을 "대우사태에 따른 금융시장 불안을 가라앉히기 위해 시장이 안정될 때까지는 한국은행이 콜금리를 인상하지 않겠다는 메시지를 강하게 전달한 것"으로 해석하였다.[6]

강연 직후인 8월 5일 개최된 금융통화위원회에서 한국은행은 "금융시장 안정을 유지하는 데 중점을 두고 8월중 콜금리를 현 수준(4.75%)에서 안정적으로 유지"키로 의결하였다. 통화정책의 최우선 과제가 금융시장의 안정에 있음을 공식적으로 선포한 것이다. 이 때부터 한국은행이 2000년 2월 10일 콜금리를 0.25%포인트 인상할 때까지 콜금리는 4.75% 수준에서 동결되었다. 1999년 5월 6일 콜금리를 4.75% 수준에서 유지키로 결정했던 때로부터 기산하면 콜금리가 이 수준에서 동결된 것은 장장 9개월에 달하였다.

5　한국은행 보도자료, 「전철환 총재, 한국표준협회 최고경영자 경영전략 세미나 강연」, 1999. 7. 29, p. 19.
6　동아일보, 1999. 7. 31자.

그런데 계속해서 발표되었던 정부의 금융시장 안정대책은 그 후에 열린 한국은행 금융통화위원회의 통화정책방향 결정에 어떤 형태로든 영향을 주지 않았을까? 1999년 8월 5일의 콜금리 동결 결정은 열흘 전인 7월 25일 재경부장관, 금감위원장, 한은 총재(이하 경제수장 3인이라 칭함)가 회동하여 저금리 기조 유지 등을 결정하여 발표한 데 영향을 받지 않았을까? 그러나 돌이켜 생각해 보아도 8월 5일 금융통화위원회가 금융시장 안정에 중점을 두어 콜금리를 동결키로 한 결정은 경제수장 3인의 회동 결과에 관계없이 대체로 자연스러운 결말이 아니었나 생각된다.

당시는 대우그룹 사태에 따른 불확실성이 짙게 한국경제를 뒤덮고 있었다. 한국경제가 과연 대우그룹의 좌초로 야기된 험난한 행로를 제대로 헤쳐 나갈 수 있을지 의문을 제기하는 견해들이 많던 때였다. 특히 금융시장은 매우 불안정한 모습을 보이고 있었다. 급속한 경기호전에 따른 금리상승 기대로 7월 중순 이후 이미 장기금리가 상승하기 시작한 터였다. 거기에 더하여 대우그룹의 구조조정 계획 발표 이후 투자자의 불안심리로 투자신탁회사의 공사채형 수익증권의 환매가 늘어나는 가운데 시장금리가 큰 폭으로 상승하고 주가도 급등락을 거듭하고 있었다.

이것은 한국은행이 9월 2일과 10월 7일 개최된 금융통화위원회에서 콜금리를 동결하는 결정을 내렸을 때에도 마찬가지였다고 생각된다. 당시 대우사태로 금융시장이 긴박하게 돌아가고 있었기 때문에 금통위 개최 전인 8월 12일과 9월 18일 발표되었던 정부의 금융시장 안정대책과 관계없이 금융시장 안정에 주안점을 둔 한국은행의 콜금리 동결 조치는 예상할 수 있는 정책 수순이었다고 하겠다. 곧 한국은행은 대우사태가 어느 정도 수습되지 않는 한 인플레이선 억제 등을 위해 선제적 차원에서 금리 인상을 단행하기가 어려운 상황에 놓이게 되었다.

그렇더라도 경제수장 3인이 회동 결과를 발표할 때 한국은행 금융통화위원회의 통화정책 결정 권한을 침해하지 않도록 좀 더 세심한 배려가 있어야 했다고 생각한다. 예를 들어 7월 25일 경제수장 3인은 회동이 끝난 후 저금리정책기조를 유지할 것이라고 발표하였다. 필자의 생각으로는 이때 한국은행의 통화정책 자율성이 훼손되지 않도록 보다 간접적인 표현, 예를 들어 '금융시장 안정을 도모할 수 있도록 한국은행이 금리정책을 탄력적으로 수행' 과 같은 문구가 들어갔더라면 더 좋지 않았을까 생각해 본다.

대우사태 이후 '저금리정책' 을 둘러싼 동상이몽

1999년 7월 25일 경제수장 3인이 회동하여 저금리정책기조의 유지를 발표하였다. 정부는 그 이전부터 저금리정책을 강조하여 왔으나 특히 대우사태 발발 이후에는 더욱 지고지선의 경제정책인 것처럼 저금리정책에 집착하였다. 따라서 당시 정부와 한국은행이 함께 모여 금융정책 관련 회의를 열었을 때마다 '저금리정책 유지' 라는 말이 단골 메뉴로 언론에 보도되었다. 많은 경우 정부 측 인사들은 '저금리' 라는 말 앞에 '저물가' 라는 말을 추가하여 '저물가 저금리 정책' 이라고 목소리를 높였다.

경제원론 교과서에 나온 대로 경제정책의 목표로 물가안정, 완전고용, 국제수지의 균형 등 세 가지가 거론되거나 이에 소득

분배의 균형을 추가하여 네 가지가 운위되고 있다. 이론적으로 뿐만 아니라 실무에서도 다른 나라의 경우 우리나라에서와 같이 '저금리'가 경제정책의 목표로 제시되었다는 얘기는 들어보지 못했다. 콜금리 등 단기금리는 경제정책 목표를 달성하기 위한 수단이지 그 자체로 경제정책 목표가 될 수 없다. 당시 정책당국자들이 경제정책의 목표와 이를 달성하기 위한 정책 수단을 혼동하고 있었다는 얘기다. 3년 국고채 금리 등 장기금리도 경제정책이 추진되어 그 결과로 나타나는 국민경제의 모습을 반영해 주는 결과물이지 그 자체가 경제정책 목표가 될 수 없다.

그렇기 때문에 저금리를 경제정책 목표인 것처럼 신주단지 모시듯 했던 당시의 행태는 기이한 일이었다. 1997년 말 외환위기가 도래하기 이전까지 우리나라가 워낙 고금리에 시달려 왔기 때문에 모처럼 맞은 저금리 환경을 정부의 치적으로 홍보하기 위한 목적이 있었지 않았나 의심이 가는 대목이다.

흥미로운 점은 경제수장 3인이 합의했던 '저금리정책'이 정확하게 무엇을 뜻하는 지에 대해 당시 구체적인 설명이 없었다는 점이다. 첫째, 거론되는 금리가 콜금리 등 단기금리인지, 장기시장금리를 의미하는 것인지부터가 불분명하였다. 장기시장금리 중에서도 3년 국고채 금리인지, 3년 회사채 금리인지가 확실치 않았다. 둘째, 절대적인 금리수준을 말하는 것인지, 금리조정의 방향성, 다시 말해 금리인하를 강조하는 것인지도 불분명하였다.

이러한 모호함은 당시 정부와 한국은행이 적당한 선에서 합의문을 이끌어내는 데 어느 정도 도움이 되었을 것이라고 생각한다. 이러한 모호함 때문에 두 기관의 동상이몽이 가능했다는 얘기다. 한국은행 입장에서는 콜금리를 인상하면서도 아직 절대적인 금리수준이 과거에 비해 현저히 낮으므로 저금리정책이 유지되고 있다고 주장할 수 있었다. 금리의 절대수준을 중시하는 입장이다.

정부 입장에서는 절대 수준보다는 금리조정의 방향성을 중시할 수 있었다. 그래서 저금리정책이라 함은 금리를 가능한 한 낮춰나가는 정책을 뜻하는 것이라고 주장하면서 한국은행이 금리를 인상하려 할 경우 이를 막으려 하거나 더 나아가 계속적인 금리인하를 주장할 수 있었다. 귀에 걸면 귀걸이, 코에 걸면 코걸이 식으로 여러 가지 해석과 주장이 나올 수 있는 모호한 표현이었다. 그렇기 때문에 통화정책 당국인 한국은행은 내심 내키지 않으면서도 '저금리정책 유지'에 합의했던 것이 아닌가 생각된다. 이 정도 표현에마저 합의하기를 거부하면 정부의 금융시장 안정대책에 협조하지 않는 것으로 비난받기가 쉬웠기 때문이다.

이런 모호함 때문이었는지 1999년 12월 2일 개최된 금융통화위원회에서는 '저금리기조 유지'라는 발표와 관련된 문제 제기가 있었다. 이 문제를 제기한 금통위원은 "한국은행이 금리에 대해 정부와 협의하고 긴밀하게 협조하는 것은 필요하다고 보나 '저금리기조 유지'가 단기금리인 콜금리를 5% 이하로 끌고 가겠다는 것인지, 아니면 장기금리를 한 자리 수로 유지한다는 것인지에 대해 혼선이 빚어져 금융시장이 오히려 불안해지는 측면이 있다"고 말하고 "이에 대해 좀 더 명쾌하게 논

의도 하고 한국은행의 입장을 정립할 필요가 있다"고 주장하였다.[7]

위에서 언급된 이야기들은 정부가 '저물가 저금리'라는 경제정책 깃발을 높이 들고 달려 나가던 1999년 하반기 우리나라 경제정책의 단면을 보여주는 씁쓸한 풍속화였다.

대우사태 때문에 부득이 금융시장 안정에 중점을 두어 장기간 콜금리를 동결해 옴에 따라 한국은행이 인플레이션에 대한 선제적 대응과 금융안정 사이에서 고민했던 흔적은 금융통화위원회 의사록 곳곳에 배어 있다. 9월 2일 개최된 금융통화위원회에서 몇몇 금통위원은 "물가상승압력이 점차 높아질 것으로 예상하면서도 대우사태로 금융시장이 불안하다는 이유를 들어 금리 조정을 미룰 경우 경기 등 거시적 요인에 의한 물가부담을 어떻게 완화할 수 있을 것인지 신중하게 생각해봐야 할 것"이라고 주장하였다.[8]

아울러 금통위원들은 8월 12일 정부가 발표한 수익증권 환매대책이 거시경제 여건 변화에 대응하여 한국은행이 통화정책을 기동성있게 수행하는 것을 상당히 제약하는 측면이 있다는 우려를 표명하였다.[9] 정부의 대책은 긴박하게 돌아가던 투신사의 수익증권 환매사태를 일단 1999년 11월 10일과 2000년 2월 8일로 분산하여 미루는 조치였다. 그러므로 정부가 제시한 스케줄대로 수익증권 환매

---

7   한국은행 금융통화위원회 의사록(1999년도 제36차 회의), 1999. 12. 2, p. 4.
8   위 의사록(1999년도 제26차 회의), 1999. 9. 2, p. 5.
9   위 의사록, p. 4.

사태가 원만하게 마무리될 2000년 2월까지는 한국은행이 사실상 콜금리를 올릴 수 없도록 손발이 묶여 있는 것과 같은 어려운 입장에 처해 있음을 토로한 발언이었다.

10월 7일 개최된 금융통화위원회에서는 통화정책을 긴축기조로 전환하기 위한 논의에 들어감과 아울러 정책기조 전환을 위해 사전 예고에 착수해야 한다는 의견이 제시되었다. 콜금리 인상을 준비하자는 의견이었다. 먼저 한 금통위원은 "대우그룹 문제와 투신사 문제를 감안하면 콜금리를 현 수준으로 유지할 수밖에 없는 것으로 보이나 앞으로 물가상승압력에 대한 징후를 여러 측면에서 볼 수 있다"고 발언했다. 그리고 "통화정책이 물가에 영향을 미치는 데에는 파급시차가 존재하는 만큼 이번에 조치는 하지 않더라도 차제에 긴축적인 통화정책으로의 선회에 관하여 신중히 논의해 볼 필요가 있다"고 주장하였다.[10]

다른 금통위원도 "금융시장 안정이 초미의 과제인 상황에서 한국은행이 당장 금리를 인상해서 충격을 줄 수는 없더라도 GDP 갭이나 단위노동비용 등 물가 관련 정보변수가 물가상승 압력을 나타내고 있는 만큼 물가상승 압력이 있다는 점을 의결문에 표현할 필요가 있다"는 의견을 제시하였다.[11] 11월 4일 개최된 금융통화위원회에서도 물가상승 압력이 점차 높아지고 있다는 표현을 의결문에 넣자는 의견이 제시되었다.[12]

12월 2일 개최된 금융통화위원회에서는 "향후 물가불안이 예상되는 상황에서 중앙은행이 아무런 조치를 취하지 않게 되면 자칫

---

10   앞의 의사록(1999년도 제29차 회의), 1999. 10. 7, p. 5.
11   위 의사록, p. 6.
12   위 의사록(1999년도 제34차 회의), 1999. 11. 4, p. 4.

중앙은행이 물가에 대해서 실기하게 되는 것이 아닌가 우려된다"는 의견이 제시되었다.[13] 경기가 과열 상태로까지 치닫고 있음에도 불구하고 대우사태에 따른 금융시장 불안과 정부의 수익증권 환매대책 사이에 끼어 이러지도 저러지도 못하는 한국은행의 답답한 심정을 우회적으로 드러낸 발언이었다.

종합적으로 살펴볼 때 1999년 8~12월중 물가안정을 우려하는 금융통화위원들의 견해가 소수 의견이었기 때문에 이들의 의견은 콜금리 동결을 의결한 한국은행의 통화정책 방향에 영향을 미칠 수 없었다. 또한 월중 통화정책을 간략하게 요약하여 발표하는 의결문에도 이들의 의견이 제대로 반영될 여지가 좁았다. 그렇더라도 일부 금통위원들이 제기하였던 물가불안 우려는 대우사태 때문에 어쩔 수 없이 한국은행이 금융시장의 안정에 주안점을 두어 콜금리를 동결하면서도 경기가 과열 조짐을 보이고 물가상승 압력이 증대되는 경제현실 앞에서 고민하고 있었음을 보여준다고 하겠다.

그러나 2000년 1월 6일 개최된 금융통화위원회에서 금통위원들은 한국은행이 물가안정을 위해 행동을 취해야 할 시기가 임박한 데 대해 공감대를 형성하였다. 그 결과 회의 후 발표한 의결문에 "아직까지 금융시장의 안정기조가 정착된 것으로 판단하기 어렵다"고 하면서도 "경기상승의 지속에 따라 물가상승 압력이 현재화할 가능성에 대비하여 단기 유동화된 자금의 흐름과 임금, 주가, 부동산가격 등 인플레이션 관련 지표의 움직임을 더욱 주의깊게 관찰할 필요가 있다"고 명기하기에 이르렀다.[14]

---

13   앞의 의사록(1999년도 제36차 회의), 1999. 12. 2, p .5.
14   한국은행은 그로부터 한 달 뒤인 2000년 2월 10일 금융통화위원회를 열고 콜금리를 0.25%포인트 인상하였다.

이처럼 대우사태의 여파로 1999년 8월 이후 불가피하게 금융시장 안정을 위해 콜금리를 동결함에 따라 한국은행은 결과적으로 1999년중 경기가 높은 활황세를 보였음에도 불구하고 저금리정책 기조를 유지하였다는 비판을 받게 되었다.[15] 실제로 1999년중 우리 경제는 내외수요의 호조로 경제성장률이 10.7%의 큰 폭 플러스로 돌아서는 등 활황을 지속하였다. 분기별로 보더라도 경기 상승세가 급속하게 확대되는 추이를 나타내었다.[16] GDP 성장률이 1.4분기에 5.4% 플러스로 돌아서고, 2.4분기 및 3.4분기에는 각각 10.8% 및 12.8%로 성장세가 확대된 데 이어, 4.4분기에는 1988년 2.4분기 이후 가장 높은 13.0%를 기록하였다.

그렇더라도 재계 서열 2위였던 대우그룹이 해체되는 미증유의 사태로 금융시장이 요동치는 상황에서 한국은행이 금융시장 안정에 주안점을 두어 콜금리를 동결했던 조치는 불가피하였다고 판단된다. 특히 금융 및 기업 구조조정을 강도 높게 추진하고 있었기 때문에 한국은행이 향후의 인플레이션 억제를 위해 콜금리를 인상했다면 금융시장에서의 불확실성이 증대되어 구조조정을 안정적으로 추진하는 경제 환경을 조성하기가 매우 어렵지 않았을까 생각된다.

한국은행, 금융기관에 대한 유동성 지원 확대

대우사태 이후 한국은행은 콜금리를 동결함으로써 금리 상승을 둘러싼 불확실성을 제거하는 데 힘쓰는 한편 투신사 등에 대한

---

15   김경원·권순우 외, 「외환위기 5년, 한국경제 어떻게 변했나」, 삼성경제연구소, 2003, pp. 95~96.
16   한국은행, 「1999년 연차보고서」, p. 3.

각종 유동성 지원 조치 등을 통해 금융시장의 안정을 뒷받침하는 데 주력하였다.[17]

첫째, 수익증권에 대한 환매 요구가 크게 늘어나는 등의 사유로 투신사가 유동성 부족을 겪고, 이로 인해 금융 시스템 전체의 안정이 저해될 우려가 있을 경우에는 즉각 환매조건부 국공채 매입(RP), 통화안정증권 중도상환 등의 방식으로 투신사에 자금을 공급할 방침임을 밝혔다. 이를 위해 투자신탁운용회사에 대하여 1999년 8월 26일부터 한국은행 공개시장조작 참여를 허용하였다.

둘째, 금융기관에 대한 유동성 지원을 확충할 수 있도록 금융기관으로부터 환매조건부채권(RP)을 매입할 경우 적용하는 국채 및 통화안정증권의 담보인정비율을 액면가액의 70%에서 85%로 상향 조정하여 1999년 9월중 시행하였다.

셋째, 금융기관들이 채안기금에 원활하게 출자할 수 있도록 다각적인 유동성 지원 조치를 시행하였다. 은행지급준비금을 신축적으로 관리하는 한편[18] 만기 도래하는 금융기관 보유 통화안정증권의 조기 환매 조치 등을 취하였다.[19]

넷째, 투신사 수신이 급격히 감소하여 유동성 부족이 예상되는 경우에는 투신사 보유 국공채를 직접 매입할 계획임을 천명[20]함으로써 시중의 투신사 유동성 부족 우려를 불식시켰다.

1999년 10월 11일 한국은행에 대한 국정감사에서 정우택 의원

---

17 한국은행, 『통화신용정책 수행보고서(1999년 1월~2000년 2월)』, p. 72.
18 한국은행에 대한 국회 국정감사(1999. 10. 11), 재정경제위원회 회의록(부록), p. 86.
19 은행들이 채권시장 안정기금에 제2차 출자금 8조원을 1999년 10월 1일~10월 4일 출자하기로 함에 따라 한국은행은 일시적으로 은행들의 자금이 부족할 경우에 대비하여 10월 15일까지 만기 도래하는 은행보유 통화안정증권 5조원을 10월 1일~10월 4일 조기 환매하였다.
20 한국은행에 대한 국회 국정감사(1999. 10. 11), 재정경제위원회 회의록(부록), p. 87.

은 "한국은행이 투신사로부터 매입할 수 있는 국공채가 25조원 정도인 데 비해서 투신사의 공사채형 수익증권은 180조원에 달하고 있어 투신사 유동성 대책의 실효성이 미흡하다"고 지적하였다. 전철환 총재는 이에 대해 "투신사 수익증권에 대한 환매사태가 뱅크런(bank run)에 준하는 정도로 급격하게 발생할 경우는 투신사가 보유한 25조원의 국공채 매입만으로는 유동성 지원이 충분하지 못한 것이 사실"임을 인정하였다.

그는 "그러나 정부가 대우채권에 대한 지급비율 보장, 채안기금을 통한 회사채 매입, 대우그룹 워크아웃 계획의 조기 확정 등 다각적인 방안을 마련하여 시행 중에 있기 때문에 현재로서는 이와 같은 수익증권의 대량 환매사태는 발생하지 않을 것으로 기대된다"고 답변하였다. 이어서 "한국은행이 국공채 매입을 통해 투신사에 유동성을 지원할 방침을 밝힌 것은 정부의 다각적인 대책과 채안기금 및 은행의 채권매입에도 불구하고 투신사의 유동성 부족이 발생할 경우 중앙은행이 적극적으로 대처하고자 하는 것으로 이해해 주기 바란다"라고 답변했다.[21]

같은 날 국정감사에서 박명환 의원은 한국은행이 그 동안 투신사의 유동성 부족시 환매조건부 채권매매, 통화안정증권 중도상환 등의 방식으로 자금을 지원할 방침임을 여러 차례 밝힌 바 있음에도 불구하고 지금까지 투신사에 자금을 지원하지 않고 있는 이유를 물었다.[22] 이에 대해 전 총재는 "최근 수익증권 환매규모가 둔화되고 있는 데다 투신사들이 상당 수준의 유동성을 보유하고 있기 때문"

---

21   앞의 회의록, p. 58.
22   앞의 회의록(부록), p. 60.

이라고 그 이유를 밝혔다. 덧붙여 "채안기금에서 투신사 보유채권을 매입해 주고 있어 투신사 입장에서 최종대부자인 한국은행으로부터 자금을 지원받는 것보다는 채안기금을 통해 자금을 조달하는 것이 대외신인도 측면에서 바람직하다고 판단했기 때문인 것으로 보인다"고 답변하였다.

한국은행에 대한 국정감사가 있은 지 한 달 뒤인 11월 9일 대우그룹 채권에 대한 1차 환매 기한(11월 10일) 도래를 앞두고 한국은행은 유통시장에서 입찰을 통해 국고채 1조원을 직접 매입하였다.[23] 국채 직접매입을 통해 공개시장조작을 행한 것은 한국은행 역사상 처음 있는 일이었다. 이전까지만 하여도 국채 발행이 미미하고 국채시장이 발달되어 있지 않았기 때문에 국채 직접매입을 통한 공개시장조작은 이루어지지 못했던 터였다.[24] 이날 입찰대상 채권은 1998~99년중 발행된 3년 만기 국고채로서 낙찰금리는 8.30~8.35%에 달하였다. 이날 전례 없는 한국은행의 국고채 직접 매입조치에 따라 3년 만기 국고채 금리는 전날보다 0.07%포인트 하락한 8.38%를 기록하였다. 한국은행의 과감한 조치로 장기금리가 안정되었던 것이다.

채권시장 안정기금에 대한 의원들의 문제 제기

1999년 10월 4일, 국회 정무위원회가 금융감독위원회·금융감독원에 대해 국정감사를 실시하는 첫 날이었다. 이들 두 기관에 대

---

23 금융위원회 보도자료, 「한국은행의 국고채 직접 매입 결정」, 1999. 11. 10.
24 이전까지 한국은행의 공개시장조작은 통화안정증권의 매매 및 국공채 RP 거래를 통해 이루어지고 있었다.

한 국정감사는 10월 5일과 10월 7일, 10월 15일에도 계속되었다. 먼저 이헌재 금융감독위원장의 모두(冒頭) 업무보고가 있었다. 업무보고는 금융시장 안정을 위한 주요 시책, 금융 및 기업부문의 구조조정 추진계획, 금융기관에 대한 건전성 감독 강화 계획 등 세 부문으로 나뉘어 진행되었다.

그는 금융시장 안정을 위한 노력과 관련해서 채안기금의 조성과 그 성과에 주안점을 두어 보고하였다. 그날까지 채안기금 6조 1,000억원을 조성하여 적극적으로 채권매수에 나선 결과 회사채 수익률이 9%대로 하락하는 등 금융시장이 어느 정도 안정되고 있다고 밝혔다. 아울러 앞으로 "채안기금을 20조원까지 조속히 확충하여 장기금리를 안정시키고, 이를 뒷받침하기 위하여 금융기관의 유동성에 문제가 발생치 않도록 적극 대처"해 나가겠다고 보고하였다.[25]

업무보고 후 의원들이 질의에 나섰다. 김민석 의원이 먼저 채안기금의 문제점을 지적하면서 "채안기금은 미봉책이며 단기적인 효과만 있다는 문제 제기가 있다"고 주장하였다.[26] 그는 "채안기금에서 우량채권을 흡수할 경우 우량채권의 금리는 떨어지겠지만 매입대상에서 제외된 투자부적격 채권의 금리가 오르는 금리 양극화 현상이 초래될 것"이라고 말했다. 김 의원은 "더 큰 문제는 투신사 공사채형 수익증권의 경우 투기등급 채권만 남게 되어서 결국 대우채권 편입문제와는 또 다른 환매사태가 있을 수 있다"는 우려를 제기하였다. 그는 이 주장을 뒷받침하기 위해 「투신사 신탁자산의 투기등급

----

25 금융감독위원회 · 금융감독원에 대한 국회 국정감사(1999. 10. 4), 정무위원회 회의록, p. 2.
26 위 회의록, p. 17.

채권 편입현황」이라는 자료를 인용하였다. 이 자료에 따르면 "현재 투신사가 보유하고 있는 채권 가운데 채안기금에서 매수 가능한 대상채권이 61.8%이고, 유동성이 매우 제한되어 있는 투기등급 채권이 38.2%에 달하고 있다"는 것이었다.

김민석 의원의 질의에 이어 조순 의원이 질의에 나섰다. 그는 채안기금의 조성이 관치금융 행태를 적나라하게 드러내는 사례라고 비판하였다.[27] "금감위가 20조원의 채안기금을 마련할 목표를 설정해 놓고 은행과 보험사로 하여금 출자하라고 지시를 하고, 은행과 제2금융권에 대해서 금리수준이나 그 밖의 운영에 관해서 창구지도를 하고 있는데 이것은 결국 관치금융의 관행을 그대로 답습한 것"이라고 주장하였다. 그는 "채안기금이 필요하다는 것은 인정하지만 그것은 재경부가 해야 할 일"이라고 말하였다. "정부가 국채나 공채를 발행해서 그것을 공개된 시장에서 판매하든지, 또는 은행이나 금융기관으로 하여금 시장가격으로 인수하게 해서 기금을 조성하고, 기금 운용도 정부의 책임 하에서 이루어지도록 해야 한다"는 것이었다. 그런데 "금감위에서 (기금을 조성)해서 암묵적으로 (금감위의 뜻에 따라) 운용하게 만들고, 그 결과에 대한 책임은 은행에 도로 가게끔 해서는 우리나라 금융의 정상화는 백년하청"이라고 주장하였다.

김민석, 조순 의원의 질의에 대한 답변은 국정감사 마지막 날인 10월 15일에 이루어졌다. 이헌재 금감위원장은 채안기금 조성의 불가피성을 강조하였다. "수익증권 환매로 투신사가 보유채권을 시장에 매각함에 따라 발생하는 채권수익률의 상승과 채권시장 기능마비를 방지하고, 채권에 대한 신규수요를 창출함으로써 시중금리의

----

27   앞의 회의록, pp. 22~23.

안정과 금융 시스템의 정상화를 도모하기 위하여 불가피하게 한시적으로 채안기금을 설치한 것"이라는 설명이었다.[28] 그리고 "채안기금이 투자적격채권 위주로 매입함에 따라 우량채권과 비우량채권간의 금리 및 유동성의 양극화 현상이 나타나고 있는 점에 대해서는 정크 펀드 등을 허용함으로써 공사채시장의 활성화를 통해 최대한 안정성을 도모해 나가도록 하겠다"고 답변하였다.

조순 의원이 제시한 국채 발행을 통한 기금 조성방안에 대해서는 "절차상의 문제 등으로 상당한 시일이 소요됨은 물론 국민부담의 문제가 있다"고 어려움을 호소하였다. 따라서 "투신권으로부터 이탈된 자금이 들어와서 자금 여유를 보이고 있는 은행 등 금융기관들이 시장 참여자로서 시장안정에 함께 노력한다는 차원에서 기금을 조성하게 된 것"이라며 이해를 구하였다.

답변을 들은 후 조순 의원이 나섰다. "은행들이 금융시장 안정을 도모해야 하기 때문에 자금조성에 협조를 한다는 이야기인데 여기에는 두 가지 면에서 문제가 있다"고 했다.[29] 첫째, 금융시장 안정과 금리 안정은 별개의 문제로서 금융시장이 안정되자면 금리가 오히려 올랐다 내렸다 하도록 허용을 해야지 금리가 올라간다고 해서 채안기금이 나서서 채권 매입을 확대하는 식으로 해서는 안 된다. 둘째, 은행들이 합심해서 금리 안정을 도모해야 한다는 식으로 생각한다면 그것도 경쟁의 원리와는 어긋나는 것이다.

이 지적에 대해 이헌재 위원장은 "대우사태가 일어나 (시장이) 정상적으로 돌아가지 않고 있다. 투신시장에서는 자금이 대량 환매사태로 일시에 빠져나가 버리고, 그 자금이 은행의 단기 대기성 예

---

28   금융감독위원회 · 금융감독원에 대한 국회 국정감사(1999. 10. 15), 정무위원회 회의록, p. 7.
29   위 회의록, p. 12.

금으로 몰려 들어와 자금의 불균형이 생겼다. 그렇기 때문에 그 불균형에 대해서는 어느 정도 시장 참여자들이 모여서 균형 노력을 하는 것이 필요하다"고 답변하였다.

김영선 의원이 질의에 나서 세 가지 점을 지적하였다. 첫째, 20조원의 채안기금을 마련해서 채권시장에 개입한다고 하는데 이것은 과거 증권시장안정기금이 투신사들을 다 망쳐버린 것처럼 나라 전체를 어긋나게 하는 발상이다. 둘째, 금융 및 기업구조조정을 당초 조성한 구조조정자금 64조원 범위 내에서 추진하겠다고 금감위원장이 답변했었는데도 불구하고 이제 20조원의 채안기금을 만드는 것은 이름만 달리해서 다시 20조원을 민간에서 끌어들이는 것으로 민간경제의 위축이 엄청날 것으로 예상된다. 20조원의 채안기금이 사실상 구조조정자금과 다를 바 없다는 비판적 시각을 내비쳤던 것이다. 셋째, 조순 의원이 지적한 것처럼 시장경제에서 금리는 상하운동을 하기 마련이고 시장 참여자들은 자연스럽게 금리에 순응하면서 균형을 이루어나가면 되는 것인데, 채안기금을 가지고 금리의 순작동 기능을 인위적으로 다시 만들어내는 것은 시장경제에 어긋나는 일이다. 은행, 투신사 등 각 금융기관이 시장경제에 따라서 움직이면 되지 무엇 때문에 채안기금을 만들어 민간경제가 쓸 수 있는 캐퍼시티(capacity)를 줄이는 행위를 하느냐는 비판이었다.

이헌재 위원장이 답변에 나섰다. "대우사태가 일어나기 전에 시장금리는 7% 대였는데 열흘 사이에 무려 10%를 넘어서 11%로 올라가는 비정상적인 상황이 생겼다"고 말했다.[30] 이때 김영선 의원이 "그것이 정상이다"라고 말하였다. 이 위원장이 발언을 계속하였

30　이하 이헌재 금감위원장과 김영선 의원간의 일문일답 내용은 금융감독위원회 · 금융감독원에 대한 국회 국정감사(1999. 10. 15), 정무위원회 회의록, pp. 12~14에서 인용하였다.

다. "그리고 투신사로부터 무려 39조원 가까운 돈이 일시에 빠져 나
가면서 투신시장이라고 하는 우리나라의 무시할 수 없는 큰 시장의
안정 기반이 무너지는 상황에 있었다는 현실이 또한 시장경제원리
를 지켜야 된다는 당위와 배치되는 상황에 있었다"고 답변하면서
이에 대한 의원들의 이해를 구하였다.

　　김영선 의원은 이헌재 위원장의 거듭된 설명에도 불구하고 물
러서지 않았다. 김 의원은 "금융감독위원회가 시장경제에 순응하면
서 대책을 마련해야지 이런 식으로 돈 끌어대 가지고 돈을 바르는
것은 금융감독의 범위를 벗어나는 일"이라고 비판하였다. "기존의
기제(mechanism)들을 잘 작동시키는 방향으로 (일을 해나가야 하
며), 그 다음에 시장에 순응하면서 (대책을 마련해 나가야 한다)"고
도 주장하였다.

　　김 의원은 위기 시에는 위기에 반응하여 시장지표가 크게 변동
하는 것이 정상적인 것인데 (금리 등) 시장지표를 일정한 수준으로
유지하겠다고 하는 것은 시장기반을 흔드는 작위적인 행위라고 채
안기금의 조성을 비판하였다. 또 "1997년에도 환율을 800원 대로
일부러 인위적으로 억제하려고 하면서 외환위기가 와서 나라 전체
가 붕괴된 것 아닌가"고 말하였다. 김 의원은 끝으로 "지금 금리를
7% 대와 같이 일정한 변동 폭을 설정하고 그 안에서 유지하려고 하
는 것은 시장경제에 반하는 일이다. 제2의 IMF 도래 원인이 될 수
있다"고 경고하고, 채안기금을 통한 인위적인 금리안정화 조치를
더 이상 계속하면 안 된다고 주장하였다.

채권시장안정기금에 대한 한국은행의 견해

채안기금에 대해 한국은행은 어떤 입장을 나타내고 있었을까? 먼저 금융통화위원회에서 있었던 발언을 중심으로 살펴보도록 하자. 금통위원들은 금융시장이 채안기금에 의해 인위적으로 안정되어 온 점을 인정하면서도 이에 따라 파생된 문제점을 지적하였다.[31] 10월 7일과 12월 2일 개최되었던 회의에서 금통위원들은 채안기금이 대규모로 채권을 매입하기 시작한 이후 장기금리가 시장금리로서의 기능을 상실하게 되었다고 지적하였다. 따라서 "이러한 시장개입이 장기간 지속되면 한국은행의 통화정책을 상당히 제약할 가능성이 있다"고 지적하였다. 자유롭게 시장에서 형성되는 장단기금리는 중앙은행이 통화정책을 수행하는 데 필요한 예상물가상승률 등 주요 경제정보를 제공한다. 그런데 채안기금의 개입으로 장기금리가 이런 기능을 못하게 되었음을 우려하였던 것이다.

따라서 금통위원들은 "정부로 하여금 금리는 언제든지 움직일 수 있다는 인식을 가지도록 함과 아울러 채안기금은 금융시장 불안을 해소하는 데 초점을 맞추어야지 금리안정을 달성하는 데 초점을 맞춰서는 안 된다는 점을 정부 측에 전달할 필요가 있다"고 지적하였다. 금통위원들은 "채안기금은 어디까지나 금융시장이 이례적으로 불안할 때 가급적 한시적·단기적으로 운영되어야 할 것"이라는 의견도 개진하였다. 한국은행이 정부의 채안기금 운영을 통한 인위적인 장기금리 안정에 대해 우려하고 있었음을 보여주는 대목이다.

금통위원들은 "앞으로의 과제는 채안기금의 개입으로 이미 경

---

31   한국은행 금융통화위원회 의사록(1999년도 제29차 회의), 1999. 10. 7, pp. 4~5; 의사록(1999년도 제36차 회의), 1999. 12. 2, pp. 3~4.

직된 시장을 어떻게 정상화시키고 장기시장금리의 기능을 제대로 회복시키느냐하는 것"이라고 주장하였다. 아울러 "정부가 장기시장금리에 적극적으로 장기간 개입하는 것은 바람직하지 않기 때문에 정부 차원에서도 가급적 시장금리의 기능을 복원시키려는 노력이 필요하다"는 데 대해 의견을 모았다. 그러나 금통위원들은 이런 의견을 의결문에 명시할 경우 금융시장에 파장을 미칠 수 있음을 고려하여 비공식적인 경로로 정부에 전달키로 하였다.

채안기금은 국회의원들과 금통위원들이 지적한 문제점 이외에도 태생적인 한계 때문에 많은 문제들을 안고 있었다. 당시 한국은행 금융시장국은 채안기금의 조성과 운영에 따른 문제점으로, 채권시장의 발달을 저해하는 문제와 채안기금 출자기관들의 자금 출연에 수반된 부작용 등을 지적하였다.[32]

채안기금은 금리체계의 왜곡, 자율적 채권거래의 위축, 도덕적 해이에 따른 투기적 거래 조장 등의 문제점을 야기함으로써 우리나라 채권시장의 발달을 저해하였던 것으로 생각된다. 첫째, 채안기금이 뚜렷한 원칙 없이 매입대상 채권을 장기, 단기, 장기채권 순으로 순환매입[33]하거나 장기금리 산정에 포함되는 지표종목 국채만을 집중 매입함으로써 전반적인 금리체계의 왜곡이 초래되었다.[34]

---

32 한국은행 금융시장국, 「채권시장안정기금의 운용현황과 문제점」, 1999. 11. 12. 이 자료는 11월 12일 총재에게 보고된 후 11월 22일 집행간부 및 감사회의에서도 토의되었다. 채권시장의 발달 저해 및 자금 출연에 따른 부작용 등을 초래한 문제점에 관해 서술한 내용은 이 자료에 의존하였다.

33 채안기금은 장기금리를 낮추기 위한 기반을 조성하기 위하여 장기(9. 27~10. 5), 단기(10. 7~10. 13), 장기(10. 14 이후) 채권 순으로 순환매입을 하였다. 그러나 당시 한국은행은 채안기금에 의한 이러한 채권의 순환매입이 매입채권의 만기구조를 조절하는 데에는 별다른 효과가 없었던 것으로 분석하였다.

34 채안기금의 매입금리가 자의적으로 결정됨에 따라 한국은행은 금리동향을 이용하여 통화정책 판단을 하기가 어렵게 되었음은 물론 장단기금리에 걸친 통화정책 파급경로가 단절됨으로써 통화정책 수행에도 어려움에 직면하게 되었다.

둘째, 채안기금 조성 이후 동 기금이 채권을 매입할 것인지의 여부 및 이때 적용된 매입금리가 당일의 여타 채권거래에 직접 영향을 미치게 되었다. 채권시장에 참여하는 기관투자가들은 채안기금의 채권매입 규모 및 금리 등에 관한 정보가 입수되기 전까지는 거래를 자제하는 모습을 보였다. 그 결과 시장 메커니즘에 입각한 자율적인 채권거래가 크게 위축되는 등 채권시장의 기능이 저하되었다. 더욱이 채안기금의 활동에 따라 채권가격이 전반적으로 고평가 되었다[35]는 인식이 퍼지면서 신규 발행되는 국고채에 대한 수요가 크게 위축되었다. 채권 유통시장에서의 문제점이 발행시장으로까지 파급되어가는 양상을 보였던 것이다. 예를 들어 1999년 12월 8일 발행 예정이었던 국고채(3년 만기) 1조 3,000억 원은 국채전문 딜러를 통하여 시장조사를 한 결과 수요가 매우 부진한 것으로 나타남에 따라 결국 발행금액을 3,500억 원으로 대폭 축소하였다.

셋째, 채안기금의 채권금리 안정 노력이 시장 참가자들에게는 일종의 보험으로 작용하여 도덕적 해이를 야기하였다. 그 결과 단기자금으로 장기채권을 매입한 후 채안기금에 다소 낮은 금리로 매각하는 방식으로 단기 시세차익을 실현하는 투기적 거래가 조장되었다. 이러한 도덕적 해이는 채안기금이 채권매입을 통해 채권금리를 안정시키는 효과가 클수록 그 정도가 심각해지는 구조적인 것이었다.

이 경우 채안기금은 단기 시세차익을 노린 금융기관과의 거래를 통해 손실이 확대되는 부작용이 초래될 수 있었다. 특히 채안기금의 구조는, 의원들이 금융감독위원회에 대한 국정감사에서 지적

---

35 채안기금이 채권매입에 적극 나서게 되면 채권 수요가 증가하면서 채권가격은 상승하는 반면 채권금리는 하락하게 된다. 이처럼 채권금리와 채권가격은 역의 방향으로 움직이게 된다.

했듯이, 채안기금에 출자한 기관들이 출자금에 비례하여 채안기금의 손실을 분담토록 되어 있었다. 경우에 따라서는 채안기금 출자기관마저 출자에 따른 손실을 만회하기 위하여 채안기금을 상대로 단기 시세차익 거래를 확대할 인센티브가 존재하고 있는 상황이었다.

다음으로 채안기금에 출자하는 기관들의 자금 출연에 따른 부작용도 짚고 넘어가야 할 문제점이었다. 첫째, 은행들은 대우그룹 워크아웃과 관련한 출자전환, 원금상환 유예 및 이자감면 등으로 자금운용상의 부담이 가중되는 상황에 놓여 있었다. 따라서 채안기금에 출자하기 위해 부득이 보유하고 있던 채권을 매각하는 일들이 발생하였다. 이에 따라 채안기금이 채권매입을 통해 달성하려는 금리하락 효과가 어느 정도 상쇄되는 결과가 초래되었다.

둘째, 은행 및 보험사는 채안기금 출자로 인해 수지가 악화될 경우 대출금리 인상 및 예대마진 확대 등에 의해 해결할 수밖에 없었다. 그 결과 넓게는 금융시장 안정이라는 경제정책 목표를 위해서, 좁게는 투신사 및 투신사 거래고객을 보호할 목적으로 채안기금을 확대하면 확대할수록 은행 및 보험사 거래고객의 희생이 커질 수밖에 없는 이익상충(conflict of interests)의 문제가 제기되었다.

채안기금의 조성과 운영은 관치금융의 전형적인 사례로 지적될 만큼 여러 가지 문제점을 안고 있었으나 대우사태에 따른 금융시장 불안을 가라앉히는 데에는 기여했던 것으로 평가되고 있다. 정부는 채안기금의 활동기한을 대우그룹의 회사채가 포함된 수익증권에 대한 환매기한(2000년 2월 8일)이 도래하는 2000년 2월 경까지 한시적으로 설정하였다. 이에 대비하여 1999년 12월부터 채안기금의 활동을 가급적 줄여 나가도록 유도하기도 하였다. 이러한 신중한 기금 운영에 힘입어 채안기금은 일부에서 제기되었던 우려와는 달리 기금수지가 흑자를 나타낸 상태에서 청산할 수 있었다. 제2의 증권시장 안정기금으로 전락하는 사태를 막은 것이다.

그러나 채안기금의 조성과 운영은 물론 수익증권 환매 보장 조치 등 정부가 1999년 대우사태 이후 취하였던 비상조치 등에 대해서는 좀 더 정교하고 치밀한 연구 및 평가가 있어야 할 것으로 생각한다. 이것은 이들 조치의 공과를 따지는 차원을 넘어서 경제정책을 연구하는 사람과 경제정책을 입안하는 정책 당국자들에게 좋은 사례연구(case study) 대상이 될 수 있다고 생각되기 때문이다.

당시 일부 의원들이 지적했던 것처럼 대우사태 발생 초기에 정부의 개입을 최소화한 상태에서 시장을 믿고 시장에 그냥 맡겨두었다면 결과는 어떻게 되었을까? 매일경제신문은 대우사태 직후 금융시장 안정업무를 담당하였던 금융감독원 고위 관계자가 "투신권발 금융대란에 대비하기 위하여 1999년 9월 채안기금을 조성하였으나 1999년 11월 대우채 환매에는 소용이 없었다"고 회고했던 것으로 보도하였다.[36] 실제로 대우그룹 채권에 대한 1차 환매 시한(1999년 11월 10일)을 하루 앞두고 11월 9일 한국은행은 채안기금이 활동 중이었음에도 불구하고 국고채 1조원을 유통시장에서 직접 매입하는 비상조치를 취함으로써 시장을 안정시켰다. 채안기금만으로는 금융시장을 안정시킬 수 없었다는 얘기다.

특히 대우사태 발생 이후 투신권을 이탈한 자금은 은행권에 단기자금으로 옮겨가 있었으므로 투신사 등 금융기관들이 단기자금을 끌어들일 수 있는 고위험 고수익 상품을 신속하게 개발하여 판매에 나섰다면 투신사로의 자금 재유입을 유도하는 데 도움이 될 수 있지

---

36   매일경제신문, 2000. 3. 15자.

않았을까 생각해 본다. 이런 점에서 2000년 초에 있었던 하이일드 펀드 및 CBO펀드의 성공 사례를 짚어보는 것은 의미있는 일이 되겠다. 2000년 2월 대우채 환매를 앞두고 투신사 및 은행들이 이들 신규 고수익 상품을 개발하여 판매에 나섬에 따라 대우채 환매로 늘어난 시중 자금을 상당히 흡수할 수 있었던 것으로 알려지고 있다.[37]

한 마디로 2000년 2월 대우채 환매가 순조롭게 마무리된 데에는 채안기금의 활동보다는 국민들의 금리 민감도가 종전보다 크게 높아진 상황에서 시장 흐름에 잘 맞는 고위험 고수익 상품이 개발되어 판매된 것이 훨씬 더 기여했다는 얘기다.

또한 대우채권이 편입된 투신사 수익증권에 대하여 정부가 95%까지 거의 전액을 환매 보장해 주지 않고 투자자들이 응분의 위험을 지는 차원에서 투자 손실을 부담토록 하였다면 어떻게 되었을까? 직접 비교하기에 적합할는지 모르지만, 2008년 가을 리먼브러더스 투자은행의 파산 이후 몰아친 전 세계적인 주식시장 붕괴시 주식 및 펀드에 투자하였던 우리나라 투자자들은 투자 손실을 크게 입었으면서도 이를 조용히 감수하는 성숙한 모습을 보였다.

1999년 당시 투신사 수익증권에 대한 환매조치는 투신사 및 대우채 투자자들을 보호하고 금융시장 안정을 도모하는 데에는 이바지하였다. 그러나 수익증권의 환매를 보장해 준 결과 발생한 투신사 등의 손실을 보전해 주기 위해 막대한 공공자금이 투입되었다. 결국 투신사 및 개인 회사채 투자자를 지원해 주기 위해 세금과 같은 성격의 공공자금이 투입된 셈이다. 대우사태 이후 정부가 취하였던 여

---

37 매일경제신문은 2000. 3. 15자에서 "2000년 2월 2일부터 2월 10일까지 대우채 환매로 총 30조 5,445억 원이 지급되었으나 이 자금 중 21조 1,319억 원이 금융권으로 신규 유입돼 순유출 규모는 9조 3,676억 원에 그쳤다"고 보도하였다.

러 조치들의 성과와 부작용에 대해 많은 연구와 토론이 이루어져야
할 필요가 있음을 말해주는 사례라고 생각된다.

전철환 총재의 워싱턴 발언

발언의 발단

1999년 9월 29일 자정이 갓 넘었을 무렵 국내 신문사 야간 당직 기자들은 워싱턴에서 날아온 연합뉴스 경제기사를 보고 졸린 눈을 비볐다. 9월 29일 0시 3분에 제공된 연합뉴스의 기사 제목은 '한은 총재, 통화운용 긴축전환 시사' 였다.

당직 기자들은 돌발사태 발생에 대비하여 신문사에서 밤을 샌다. 당시 조간신문의 마감시간은 대체로 오후 5시 경이었다. 당직 기자들은 마감시간 이후 중요한 사건 사고가 발생할 경우 이미 게재된 기사 중 중요도가 떨어지는 기사를 빼고 대신 중요 사건 사고 관련 기사를 넣는 일을 맡는다. 한밤중에 발생하는 사건 사고는 당직 기자가 직접 취재하기도 하지만, 지사 및 해외 특파원이나 연합뉴스가 취재하여 보내온 기사를 골라서 넣기도 한다. 다음날 아침에 배달될 신문에 실릴 기사는 이렇게 최종 마감되어 인쇄에 들어간다.

이날 밤 연합뉴스가 각 언론사에 제공한 기사의 골자는 다음과 같았다. 워싱턴에서 열리고 있는 국제통화기금(IMF)·세계은행 합동 연차총회에 참석중인 전철환 총재가 한국기자단과 만난 자리에서 통화정책 방향을 긴축으로 전환하겠다는 방침을 시사했다는 것이다. 전 총재는 "국내외 여건에 비추어 내년 물가가 불안하다고 판단하고 있다"면서 "국내외 여건을 정밀 분석해 10월의 통화운용정책에 반영하겠다"고 말했다는 것이다. 전 총재의 이러한 발언으로 미루어 10월 이후에는 한국은행이 돈줄을 바짝 죄고 나설 가능성이 높아지고 있다는 것이었다.

9월 29일 아침에 배달된 경향, 국민, 세계, 한겨레, 한국 등 5개 신문은 연합뉴스 기사를 그대로 받아 1단 내지 3단으로 보도하였다. 기사 제목은 연합뉴스가 보내온 것과 거의 비슷하거나 '10월 통화 긴축운용 시사: 전 한은 총재 회견'과 같이 긴축기조 전환이 임박하였음을 알리는 자극적인 내용이었다.

9월 29일 금융시장은 이러한 워싱턴 발 보도에 민감하게 반응하였다. 9월 28일 채권시장안정기금의 개입으로 9.97%에 그쳤던 회사채 유통수익률이 전날보다 0.05%포인트 오른 10.02%를, 국고채 수익률도 0.22%포인트 상승한 9.12%를 기록하였다. 종합주가지수도 9월 28일의 900.73에서 9월 29일에는 31.85포인트가 떨어진 868.88로 장을 마감하였다.

어느 신문은 9월 30일 '통화긴축 주장은 2조원짜리 실언'이라는 제목 아래 3단 기사로 전 총재의 발언을 비판하는 기사를 실었다. 이 신문은 "(한국은행이 배포한 보도해명자료에 따르더라도) 전 총재 스스로가 '와전의 실마리'를 제공했다"고 지적하면서 "채권시장의 한 관계자가 '전 총재의 시의적절치 못한 발언 때문에 채권시장안정기금 2조원을 쏟아 부은 게 도루묵이 됐다'며 '전 총재 발언은 2조원짜리 실언'이라고 불만을 토로하기도 했다"고 보도하였다.

재경부장관이나 한은 총재가 국제통화기금·세계은행 연차총회 참석차 워싱턴을 방문하는 기간에 기자간담회를 갖는 것은 오랫동안 확립된 관행이었다. 기자간담회에는 워싱턴 특파원은 물론 서울에서 IMF 연차총회를 취재하기 위해 재경부장관과 한은 총재를 수행하여 워싱턴에 온 기자단 일행도 참석하는 것이 관례였다. 장관이나 총재 일정이 워낙 빡빡하기 때문에 기자간담회는 통상 오전 6시 30분이나 7시에 조찬을 겸해서 실시되었다. 간담회 장소도 장관이나 총재의 동선을 최소화하기 위하여 장관과 총재가 체류하는 호텔의 function room에서 개최되었다.

전 총재의 발언 내용은?

전철환 총재는 9월 28일 오전 7시 호텔에서 기자들과 조찬을 하는 자리를 가졌다. 기자간담회라고는 하지만 관례적으로 기자들과 편안하게 식사하는 자리였다. 별도로 준비하여 기자들에게 배포한 자료는 없었다. 식사는 한 시간 가까이 계속되었다. 필자는 비서실장으로서 전 총재를 수행하여 그 자리에 참석하고 있었다.

필자가 기억하기로 간담회는 대략 다음과 같이 진행되었다. 먼저 IMF 연차총회 의제 등과 관련된 대화가 오간 데 이어 화제는 한국경제와 통화정책 이야기로 넘어갔다. 전 총재는 9월 2일 금통위가 결정한 9월중 통화정책 방향을 중심으로 이야기를 풀어갔다. 대우사태로 야기된 금융시장 불안이 자금경색을 야기하지 않도록 8, 9월중 통화정책은 금융시장 안정에 중점을 두고 운영하고 있다고 밝혔다. 한 기자가 그 동안 외환위기 수습과정에서 돈이 많이 풀린 데다 원유가가 크게 올라 물가를 걱정하는 얘기들이 있는데, 어떻게 대처하려고 하느냐고 물었다. 전 총재는 지금으로선 물가가 괜찮은 데 내년에는 걱정된다고 말하였다. 다만 지금은 대우사태로 금융시장 안정이 긴요하기 때문에 대우사태가 마무리될 것으로 생각되는 내년쯤에 가서 통화정책 기조를 변경하는 문제를 검토해 볼 수 있다고 하였다.

한국은행은 1999년 5, 6월 경부터 금리인상을 통한 통화긴축을 지속적으로 예고하여 온 터였다. 금리인상 조치를 취하지 않을 경우 경제안정 기조가 흔들릴 수 있다고 우려하여 왔다. 대우사태의 발생으로 통화정책의 주안점을 일단 금융시장 안정으로 돌려놓았지만 금리인상 시점이 늦어짐에 따라 물가안정에 대한 걱정은 오히려 커진 상황이었다.

전철환 총재의 발언이 필자가 앞에서 설명한 윤곽 안에서 이루어졌음은 그날 기자간담회에 참석하고 직접 송고했던 동아일보, 대한매일신문, 내외경제신문 등의 기사에서 유추하여 짐작할 수 있다.[38] 첫째, 동아일보 워싱턴 특파원은 연차총회 의제와 관련된 기사를 취재하여 2단으로 보도하였다. '한국 최빈국 부채탕감 2천만 달러 부담: 전철환 한은 총재 미국서 밝혀' 라는 기사였다. 통화정책과는 거리가 먼 내용의 기사였다.

둘째, 대한매일신문 워싱턴 특파원은 금융시장 안정을 위한 한국은행의 대책에 맞추어 간담회 내용을 보도하였다. 전 총재가 "회사채 금리 적정수준은 연 7~8% 대라고 본다"라고 말하였다고 밝히고, 한국은행이 앞으로 금리 하향안정화를 위해 통화를 충분히 공급할 것임을 강하게 시사했다고 보도하였다. 다만 기사의 말미에 전 총재가 "내년 물가가 다소 걱정스럽다"고 말하였다고 덧붙였다.

---

38 동아일보, 대한매일신문, 내외경제신문, 1999. 9. 29자.

셋째, 석간인 내외경제는 IMF 총회 취재 중인 자사 기자의 기사를 '내년 물가불안 통화조절: 전철환 한은 총재 시사' 라는 제목 아래 2단 기사로 보도하였다.[39] "전철환 총재는 내년 물가가 불안하다고 보고 앞으로 통화정책의 기조를 조정하는 방안을 적극 검토할 방침이지만 대우문제 등으로 당분간 금리안정에 초점을 맞춘 통화정책을 고수할 계획이라고 밝혔다"는 것이다. 전 총재가 "물가안정은 통화당국의 최대 정책목표라고 밝히면서도, 단 통화신용정책의 조정 여부를 지금 예단해서는 안 될 것이라고 주문하고 금리안정을 위한 기존의 통화정책 기조를 당분간 고수할 계획이라고 밝혔다"는 것이다.

한국은행은 어떻게 대처했나

9월 28일 조찬을 겸한 기자간담회는 7시(현지시간)에 시작하여 8시 경에 끝났다. 9시부터는 총회 일정이 있었기 때문에 전 총재나 수행원 모두 서둘러야 했다. 오전 일정이 대체로 마무리되고 점심시간이 가까워지고 있었다. 한국은행 대표단 일원이었던 국제협력실 팀장이 필자에게 의외의 얘기를 전하였다. 조금 전 연합뉴스 특파원을 우연히 총회장에서 만났는데 "전 총재가 오전 기자간담회에서 통화긴축을 시사하는 발언을 했다"는 것이다.

필자는 업무상 기자들을 많이 만나던 터라 그 특파원이 했다는 말의 의미를 바로 깨달았다. '연합뉴스 특파원이 그렇게 기사를 쓰려고 하는구나' 라고 말이다. 국제협력실 팀장이 한국은행 자금부[40]에 근무할 때 그 특파원과 안면이 있던 터라서 기사를 쓰겠다는 얘

---

39   이 기사가 조찬간담회에서의 전 총재 발언내용을 비교적 정확하게 인용한 것으로 생각된다.
40   현재의 정책기획국 및 금융시장국.

기를 미리 해 준 것으로 생각했다. 한국은행 워싱턴 사무소 직원에게 그 특파원을 빨리 찾아 주도록 부탁하였다. 전 총재가 그런 뜻으로 발언한 것이 아니라는 점을 설득하려 하였다. 그러나 워싱턴 사무소에서도 그 특파원을 찾을 수 없었다.

빨리 보도해명자료를 내야 한다고 판단하였다. 그러나 점심 약속이 있었기 때문에 점심식사 후 보도해명자료를 만들어 배포키로 하였다. 이때 현지 시간은 오전 12시, 한국은 다음 날 새벽 2시였다. 연합뉴스가 오후에 기사를 써서 서울로 송고할 거라고 안이하게 생각하였는데 결과적으로 판단을 크게 그르친 것이다.

점심식사를 마치고 총재가 실제로 했던 발언을 요약한 보도해명자료를 만들었다. 필자는 사안이 워낙 중요하기 때문에 필자가 정리한 보도해명자료 내용에 혹 문제가 없는지 통화정책 라인에 확인할 필요가 있다고 판단하였다.[41] 현지시간으로 오후 2시 경이었으므로 한국시간으로는 새벽 4시 경이었다. 한참 단잠을 자는 직원을, 그것도 고참 국장인 선배를 깨운다는 것이 부담스러웠지만 워낙 중요한 일이라 주저할 수 없었다. 통화정책을 담당하는 국장 댁으로 전화를 드렸다. 사정을 설명하고 보도해명자료를 읽어드렸다. 담당국장은 별 문제가 없어 보인다고 했다. 이처럼 본부 확인을 거친 후 상황을 전 총재에게 보고하고 보도해명자료 배포 승인을 받았다.[42]

---

41 전 총재의 출장을 수행한 직원들은 필자를 제외하고 모두 국제협력실 라인에 속해 있었기 때문에 통화정책 방향과 관련된 내용에 대하여는 담당 부서의 코멘트가 필요하였다.

42 처음 배포한 해명자료의 내용은 다음과 같았다. 첫째, 한국은행의 통화정책기조는 지난 9월 2일 금융통화위원회에서 결정된 방향과 같으며, 10월중 통화정책방향은 10월 초에 열릴 금융통화위원회에서 결정될 것이다. 둘째, 현재 금융시장의 불안요인 등으로 콜금리와 장기금리 간의 격차가 확대되어 있으나 앞으로 대우문제 처리의 진전과 더불어 금융시장이 안정되면서 그 격차는 점차 줄어들 것으로 생각한다. 셋째, 물가안정을 설립목적으로 하고 있는 한국은행은 대내외 여건변화가 물가에 어떤 영향을 미칠 것인지 예의주시하고 있는데 최근의 국제원유가 상승 등이 물가에 미칠 영향은 내년에 가서 나타날 것으로 예상되나, 한국은행은 차후 동향을 예의분석한 후 이에 대처해 나가도록 하겠다.

한국은행 워싱턴 사무소 직원을 통하여 기자간담회에 참석하였던 특파원들과 서울에서 온 기자들에게 보도해명자료를 돌렸다. 연합뉴스 특파원에게는 워싱턴 사무소 직원이 잘 설명해 주도록 부탁하였다. 본부 공보실에도 보도해명자료를 팩스로 송부하고 적극적인 협조를 부탁하였다. 출근하는 대로 바로 한국은행 기자실에 보도해명자료를 배포하고 총재 발언의 진의를 잘 설명해 달라고 한 것이다. 연합뉴스 기사가 송고되더라도 파장을 줄이기 위한 조치였다. 필자로서는 나름대로 최선을 다했다고 생각하였다.

그러나 워싱턴 시각으로 9월 28일 밤(현지 시간)이 되자 서울에서 긴급 전화가 걸려왔다. 서울은 9월 29일 오전이었다. 진철환 총재의 워싱턴 발언 영향으로 시장이 크게 흔들리고 사방이 시끄럽다는 얘기들이었다.

필자를 포함한 한국은행 대표단은 연합뉴스 특파원이 기자간담회가 끝난 후 바로 서울로 기사를 송고한 사실을 까맣게 모르고 있었다. 기자간담회 종료 후 2시간 정도 지난 오전 10시 경(한국시간 9월 29일 0시 3분) 이미 연합뉴스 단말기에 그 특파원이 송고한 기사가 떠 있었던 것이다. 필자는 송고된 연합뉴스 기사를 보지 않고 보도해명자료를 작성한 셈이었다.

보도해명자료의 요체는 신속성·간결성·명료성이다. 그런데 기사를 보지 않고 보도해명자료를 작성하다 보니 "한국은행이 바로 10월에 긴축으로 전환할 방침이라고 전철환 한은 총재가 발언했다는 연합뉴스 기사의 내용은 사실이 아니다"라고 딱 부러지게 정면 부인하는 내용을 해명자료에 담지 못한 것이다. 설익은 보도해명자료 배포는 오히려 연합뉴스 보도가 전 총재가 실제 한 발언과 다소 차이는 있지만 '한국은행이 가까운 장래 또는 내년에 금리를 인상하려고 하는구나' 하는 느낌과 생각을 시장 참가자들에게 확인시켜 주는 계기가 되어 버렸다.

본부에서는 임직원들이 나서서 열심히 기자들을 설득하였지만 한계가 있었다. 처음부터 해명자료를 좀 더 명확한 내용으로 작성했더라면 한 번의 해명으로 확산을 막을 수 있었을 것이다. 그러나 해명의 의미가 명확하게 드러나지 않음으로써 임직원들의 구두 설득에도 불구하고 기자들의 반발과 오해를 증폭시킨 셈이 되어버렸다.

해명자료 배포에도 불구하고 석간신문들이 전 총재의 워싱턴 발언을 연합통신의 내용보다 더 확대하여 보도하면서 사태는 더욱 악화되었다. 본부에서는 긴박하게 전개되는 금융시장 상황을 전철환 총재에게 전화로 보고하고 제2차 해명자료를 내는 것이 좋겠다는 의견을 전했다. 2차 해명자료는 9월 29일 저녁 8시 30분 경에 각 언론사 데스크로 송부되었다. '전철환 총재의 기자간담회(9. 28) 발언과 관련하여'라는 제목으로 된 2차 해명자료는 다음과 같았다.

1. 9월 28일 한국은행 전철환 총재의 워싱톤 기자간담회 발언이 '10월중 통화정책 기조의 긴축전환 가능성 시사'라고 알려진 것은 사실과 다름.
2. 최근 실물경제는 생산 및 수요 관련 지표의 증가율이 높은 수준을 지속하는 등 경기상승 속도가 빨라지고 있으나 대우그룹 구조조정 추진 등과 관련하여 금융시장의 불안감이 해소되지 않고 있음.
3. 이러한 점을 고려하여 한국은행은 경기의 빠른 상승에도 불구하고 금융시장의 안정을 위해 콜금리를 현 수준에서 안정적으로 운용하고 유동성을 충분히 공급하고 있으며 이러한 정책기조에는 변화가 없음.

워싱턴 발언에 대한 반응

1999년 5월 6일 금융통화위원회에서 콜금리를 4.75% 수준에서 유지키로 결정한 이후, 전철환 총재는 지속적으로 금리인상을 통한 선제적인 통화긴축 가능성을 예고하여 왔다. 그만큼 경기가 빠른 속도로 달아오르는 데다 원유가 상승 및 엔고 등 해외요인까지 가세하여 2000년 이후 물가불안 등이 우려되었기 때문이다. 그러나 7월 들어 대우사태가 터지면서 어쩔 수 없이 금융시장 안정에 통화정책의 최우선순위를 둘 수밖에 없었다. 그러면서도 물가안정을 설립 목적으로 하고 있는 한국은행으로서는 금융시장이 안정되는 대로 긴축에 착수해야 한다는 조바심을 가지고 있었던 게 사실이다.

동아일보는 "대우문제 뒤처리에 매달리다 금리조절의 시기를 놓칠 경우 선거가 끼어 있는 내년에 통화팽창에 따른 인플레이션이 걷잡을 수 없는 단계로 치달을 소지가 크다는 우려가 한은 내에 짙게 깔려 있다"고 보도할 정도였다.[43]

전 총재의 워싱턴 발언은 사실상 이러한 한국은행의 속내를 내보인 셈이 되어 버렸다. 한국은행이 바로 10월중 긴축에 나서는 것처럼 보도된 것은 분명히 와전된 것이었다. 그러나 두 차례의 해명자료 발표에도 불구하고 금융시장은 전 총재의 워싱턴 발언에서 다음과 같은 메시지를 감지할 수 있었다. 그것은 "한국은행이 물가에 대하여 상당히 걱정하고 있으며 금융시장이 어느 정도 안정된 후에는 금리인상에 나설 가능성이 높으니 시장은 이에 대비하여야 한다"는 것이었다.

---

43 동아일보, 1999. 9. 30자.

특이하였던 것은, 전 총재 본인의 의도와 관계없이, 상당수 언론은 전반적인 경제여건을 종합적으로 고려하여 중앙은행 총재로서 당연히 할 수 있는 발언을 했다는 취지로 전 총재의 워싱턴 발언을 취급하였다는 점이다. 한국경제신문은 전 총재 발언의 의미를 짚어보는 기사를 9월 30일 게재하였다.

이 신문은 "미 연준 그린스펀 의장이 금리를 올리기에 앞서 수차례씩 구두로 인상 가능성을 시사한다는 점을 상기하면서 경제전문가들이 전 총재의 워싱턴 발언을 이같은 접근방식으로 해석하고 있다"고 보도하였다. 이 신문은 이들의 견해를 인용하면서 "금리를 인상하는 것으로 이미 통화정책 기조의 전환은 결정되었고, 남은 건 인상 시기와 인상 폭"이라고 보도하였다.

국민일보도 경제연구소 관계자의 말은 인용하여 "물가안정에 책임을 지고 있는 중앙은행 총재로서 충분히 할 수 있는 말을 한 것"이라며 "전 총재가 미국에서 그린스펀 미 연준(FRB) 의장 흉내를 내려고 했지만 뒷심이 부족한 것 같다"고 보도하였다.[44] 한국일보는 "KDI가 한걸음 더 나아가 지금부터 금리인상에 나서야 한다는 입장"을 밝혔다고 보도하였다.[45]

대우사태 와중에서의 금융시장 불안을 수습하기 위해 온 힘을 쏟고 있던 재경부와 금융감독위원회에서는 전 총재의 발언에 대해 크게 불만을 표시하는 것으로 보도되었다. 이들 부처가 "물가를 들어 왜 금리를 뒤흔드는가?" "중앙은행 총재의 한 마디로 인해 채권시장에 돈을 얼마나 더 쏟아 부어야 하는지 알고 하는 소리인지 모

---

44 국민일보, 1999. 10. 1자.
45 한국일보, 1999. 9. 30자.

르겠다"는 반응을 보이고 있다는 것이다.[46] 이들 부처는 한 발 더 나아가 현재로서는 통화긴축을 논의할 단계가 아니며 저금리정책 기조를 유지하여야 한다고 강조하였다. 언론들도 사설을 통해 아직은 "긴축으로 돌아설 때가 아니다"라고 주장하였다.

워싱턴 발언 파문의 의의와 교훈

전 총재의 워싱턴 발언 파문이 시장에 준 반향은 컸다. 전 총재의 워싱턴 발언과 이를 해명하는 두 차례의 자료를 통해 금융시장은 향후 통화정책 방향에 대해 많은 정보를 얻을 수 있었다. 그것은 "10월 초에 열릴 금통위에서는 금융시장 안정에 주안점을 두어 온 8, 9월의 통화정책 기조가 유지될 것이라는 것[47]과 11월 이후 금융시장이 안정됐다고 판단할 경우에는 물가불안요인을 선제적으로 차단하기 위해 한국은행이 통화정책을 긴축으로 전환할 수 있다는 것"이었다.[48]

전 총재의 워싱턴 발언 파문이 더욱 유의성있는 의미를 지녔던 것은 한국은행의 통화정책이 갖는 중요성이 과거 그 어느 때보다 높아졌다는 것을 극적으로 보여주었다는 점이다. 한국은행이 독립된 중앙은행으로 새롭게 출범한 1998년 4월 이후 전철환 총재가 여러 차례의 해외 출장에서 기자간담회를 다수 가졌어도 기자들에게 했던 통화정책 관련 발언이 큰 뉴스가 되어 시장의 주목을 받았던 사

---

46 세계일보, 1999. 9. 30자.
47 실제로 금융통화위원회는 10월 7일 "10월중 통화정책은 전월에 이어 금융시장의 안정에 중점을 두고 운영"키로 의결하고 콜금리를 동결하였으며, 이러한 통화정책 기조는 2000년 1월까지 지속되었다.
48 세계일보, 1999. 9. 30자.

레는 없었다. 기간을 더욱 연장하여 살펴보더라도, 해외에서 한은 총재가 했던 발언이 그만큼 문제가 된 적은 없었다.

전 총재의 워싱턴 발언 파문은 한국은행이 콜금리 변경을 주요 수단으로 하여 통화정책을 운용하기 시작한 이래 통화정책이 금융시장에 미치는 영향이 엄청나게 커졌음을 보여준 상징적인 사건이었다. 이는 한국의 금융시장이 외환위기 이후 깊고 넓어졌을 뿐만 아니라 빠른 속도로 글로벌 금융 시스템에 편입되면서 금리, 환율 등의 가격변수에 민감하게 반영하는 체제로 바뀌었음을 보여주는 것이기도 하였다. 대우사태라는 암 덩어리를 아직 성공적으로 도려내지 못하고 있는 상황이어서 다소 이르긴 하지만 한국은행이 시장 친화적 통화정책을 펼칠 수 있는 환경이 빠른 속도로 조성되고 있음을 보여준 중요한 사건이었다.

한편 전 총재와 한국은행은 워싱턴 발언 파문을 거치면서 많은 교훈을 얻었다. 이러한 교훈은 한국은행 비서실이 작성하여 10월 20일 전철환 총재에게 보고한 「해외출장시 언론의 오보 방지 대책」에 잘 드러나 있었다. 지금 보면 매우 상식적인 내용이지만, 워싱턴 발언 파문의 재발을 막겠다는 한국은행의 의지가 담겨 있는 문서라고 하겠다. 주요 내용 몇 가지를 소개하면 다음과 같다.

첫째, "해외출장 전에 기자회견 자료를 작성토록 준비하는데, 가급적 국제회의 관련사항으로 한정한다." 당시 비서실에서는 "다만, 통화신용정책 관련 자료의 경우에는 해외 기자회견을 통해 홍보 효과를 거둘 필요가 있다고 생각되는 사례로 극히 제한한다"라고 전 총재에게 보고하였다. 그러나 전 총재는 거기에 표를 하고 '가급적 국내경제 문제는 제외'라고 연필로 메모하였다. 통화신용정책 등 국내경제 문제는 워낙 민감하기 때문에 와전되는 경우 시장에 미치는 파장이 심대하게 된다. 따라서 국내경제 문제는 앞으로 해외 출장시 갖게 되는 기자간담회에서 다루어서는 안 되겠다는 다짐을 확고하게 한 것이다. 전 총재는 임기가 끝날 때까지 이 다짐을 대체로 지켰으며, 그 결과 해외는 물론 국내에서도 언론과의 접촉에서 의도치 않은 파장을 많이 줄일 수 있었다.

둘째, "국제회의 관련 사항이더라도 기자들과 만나는 간담회장에서는 원칙적으로 준비된 자료에 있는 내용을 충실하게 발표하는 정도로 발언하도록 한다. 뜻이 애매모호하여 다른 해석이 가능한 발언은 의도된 경우를 제외하고는 자제토록 한다." 전 총재는 이 원칙을 완강할 정도로 지켰다. 국제회의 관련 사항 등 사전에 준비된 화제가 소진될 경우는 총재로 부임하기 전 대학교수 시절 중국 및 티베트 등 오지를 여행했던 이야기 등으로 화제를 돌렸다. 이것은 국내에서 신문사 데스크 및 출입기자들과 식사할 때에도 마찬가지였다. 가능한 한 예민한 경제 이슈가 화제가 되어 의도하지 않은 파장을 일으키는 것을 막기 위함이었다.

셋째, "기자회견 내용을 녹취한다. 아울러 신속한 대응을 할 수 있도록 녹취와 관계없이 직원 1명이 기자회견 내용을 철저히 받아쓰도록 한다." 그때까지만 하여도 한국은행 총재의 해외출장시 개최하는 기자간담회에서 녹취는 이루어지지 않고 있었다.

넷째, "연합뉴스와 기타 인터넷 신문을 실시각으로 계속 점검한다. 특히 해외에서 총재 기자간담회가 예정된 날에는 본부 공보실도 비상근무에 돌입한다." 이것은 워싱턴 발언 파문의 경우 이미 관련 기사가 연합뉴스에 떴는데도 불구하고 이 사실을 알지 못했기 때문에 해당 기사를 입수하여 읽지도 않은 상태에서 보도해명자료를 불완전하게 작성하였던 실수를 반복하지 않기 위함이었다. 결론적으로 워싱턴 발언 파문은 한국은행이 언론을 더욱 신중하고 조심스럽게 대하게 하는 전환점이 되었다.

전 총재의 워싱턴 발언은 과연 '2조원짜리 실언' 이었을까

전 총재의 워싱턴 발언에 대해 정부 관계자와 시장 참가자들을 중심으로 많은 비판이 있었던 것은 사실이다. 대우사태에 따른 금융불안이 가시지 않은 상태였고, 회사채 금리를 안정시키기 위해 채권시장안정기금이 자금을 풀어 회사채를 사들이고 있었기 때문에 워싱턴 발언은 논란의 여지가 있었다.

반면 당시의 경제상황을 거론하면서 전 총재의 발언에 공감을 표시하는 전문가 및 시장 참가자들도 있었다. 물가안정을 책임진 중앙은행 총재로서 당시의 거시경제변수들을 감안할 때 선제적 차원에서 할 수 있는 발언이었다는 말이다. 그러나 앞에서 본 대로 일부 언론은 채권시장 안정기금을 운영하는 관계자가 전 총재의 워싱턴 발언을 '2조원짜리 실언' 이라고 비판했다고 보도하였다. 그 관계자의 말이 과연 신뢰할 만했던가를 살펴보도록 하자.

이것은 전 총재의 워싱턴 발언이 국내에 보도되어 금융시장에 영향을 주었던 9월 29일의 회사채 유통시장 상황을 빗대어 나온 비판으로 생각된다. 1999년 9월 들어 채권시장안정기금이 활동에 들어간 이래 9월 29일까지 회사채 매입에 투입한 금액은 모두 2조원이었다. 9월 29일 당일에도 채권시장안정기금은 회사채 유통수익률을 안정시키기 위하여 유통시장에서 회사채를 매입하였다. 만일 전 총재의 워싱턴 발언이 없었다면 회사채 유통수익률은 다른 날과 마찬가지로 대략 0.01~0.05%포인트 하락하였을 것으로 생각할 수 있다.

그런데 전 총재의 워싱턴 발언이 보도된 9월 29일 하루 회사채 수익률은 오히려 0.08%포인트 상승하여 10.02%에 달하였다.

회사채 유통시장 상황이 이러했다면 전 총재의 발언으로 채권시장안정기금은 얼마나 손해를 보았다고 해야 할까? 채권시장안정기금이 9월 29일까지 회사채를 사들이는 데에 2조원을 투입하였다고 하여 2조원 모두 손실을 보았다고 한다면 이것은 계산이 아니다. 터무니없이 숫자를 부풀렸다고 해야 할 것이다.

필자의 생각으로는 손실 규모는 많게 계산해서 32억 원 정도였을 것이다.[49] 더욱이 당시 채권시장안정기금은 매일 매일 결산했던 것이 아니기 때문에 32억 원이라는 손실액은 그냥 계산해 본 가상의 숫자였다. 실제로 실현되어 장부에 나타난 숫자는 아니었다는 말이다. 그만큼 손실로 실현될 지는 실제 결산시점에 가 보아야 알 수 있었다는 얘기다. 당시 채권시장안정기금의 관계자가 했다는 얘기가 얼마나 실체적 진실과 동떨어진 것이었던가를 알 수 있다.

다음으로 전 총재의 워싱턴 발언이 국내시장에 영향을 미쳤던 9월 29일, 종합주가지수는 31.85포인트 폭락하였다. 일부 언론은 이를 전 총재의 워싱턴 발언 탓으로 돌렸지만, 9월 30일자 한국경제신문은 그 원인으로 "상당 부분 악재가 한꺼번에 겹쳤기 때문이라는 게 전문가들의 분석"이라고 보도하였다. 이 신문은 전 총재의 발언 이외에 세 가지 악재를 더 들었다. 부채비율 2백%가 넘는 기업에 대

---

49 그 근거는 다음과 같다. 만일 전 총재 발언이 없었다면 채권시장 안정기금의 계속적인 회사채 매입에 힘입어 9월 29일 회사채 금리는 9월 28일(9.94%)보다 하락하였을 것이다. 이 때 하락폭이 다른 날들보다 훨씬 큰 0.08%포인트였다고 가정하자. 그렇다면 9월 29일 회사채 금리는 9.86%로 하락했을 것이다. 그런데 실제 상황에서는 전 총재의 워싱턴 발언 등에 따라 9월 29일 회사채 금리는 10.02%로 상승했다. 그러므로 채권시장 안정기금이 손실을 보게 된 금액은 대략 32억 원에 달하게 된다. 2조원×(10.02%-9.86%) = 32억원.

해 불이익을 주겠다고 한 이헌재 금융감독위원장의 9월 28일 발언, 1999년 8월중 경상수지 흑자폭이 감소했다는 발표, 9월 28일 미국 다우존스지수가 한때 10,081까지 폭락하면서 나왔던 '미국 증시의 10월 위기설' 등이 주식시장에 악재로 작용했다는 것이다.

　다만 전 총재로서는 자신의 발언이 시장에 큰 파장을 미치게 된 것을 매우 곤혹스럽게 생각하였다. 그 발언은 자신이 준비하여 선제적 차원에서 행한 것이 아니었다. 내용도 9월 초 금융통화위원회가 끝난 후 회의 결과를 설명하는 기자간담회에서 했던 발언과 비슷하였다. 새로운 내용이 아니었다. 그러나 기자간담회에 참석했던 워싱턴 주재 특파원은 최근의 국내 사정에 정통해 있지 않았다. 전 총재 발언이 좋은 기사가 될 만하다고 판단했던 것이다. 그 결과 발언이 와전되어 보도되는 사태가 발생했던 것이다.

　당시 필자는 기자간담회 참석자 명단을 서울에서부터 알고 있었다. 서울에서 건너갈 한국은행 및 재경부 출입기자 외에 현지 특파원들이 포함되어 있었음을 사전에 파악하고 있었던 것이다. 그렇기 때문에 더욱 만반의 사태에 대비했어야 했는데 그렇지 못하였다. 생각할수록 아쉬움이 컸다.

　전 총재 본인으로서는 전혀 예상하지 못한 일이 벌어져 결과적으로 금융시장의 혼란을 초래했다고 생각하였기 때문에 이런 상황을 선뜻 받아들이기가 힘들었다. 그는 9월 29일 워싱턴 현지에서 필자에게 투키디데스가 저술한 『펠로폰네소스 전쟁사』를 구입해 달라고 부탁하였다. 자신의 발언이 국내 언론에 보도되어 금융시장이 요동치고 있음을 보고받은 직후였다. 필자는 워싱턴 시내 서점에서 그 책을 사서 전 총재에게 드렸다. 그는 그날 밤 숙소에서 늦은 시간까지 그 책을 읽으면서 불면의 밤을 보냈다. 그리고 3주 후인 10월 21일 한국경제신문에 기고한 독서 에세이에『펠로폰네소스 전쟁사』를 소개하면서 워싱턴 발언 파문과 관련된 흉중을 솔직하게 털어놓는다.

> 이탈리아 사학자 B 크로체(1866~1952)는 "모든 역사는 현대사다"라고 정의했다. (중략) 필자는 어려움을 당할 때마다 크로체의 역사 정의에 따라 과거 역사를 돌이켜보는 버릇이 있다. 지난 9월 말 IMF-IBRD 연차총회에 참석하던 도중 전혀 사실과 다른 통화긴축 시사 발언에 대한 언론의 보도로 우리 금융시장의 혼란이 초래되고 필자 자신이 곤경에 처한 적이 있다. 이때 필자는 이를 거듭 해명하면서 30여 년 전부터 읽고 또 읽었던 역사책『펠로폰네소스 전쟁사』(431~404 B.C)를 구입해 밤늦게까지 다시 읽었다. 이 책을 읽으면서 오늘을 사는 지혜의 부족을 통감했다.

전 총재는 펠로폰네소스 전쟁에서 스파르타에 패배한 전몰장병에 대해 아테네의 정치지도자 페리클레스(Pericles)가 행했던 추도사를 인용하였다. 그는 이 추도사가 '시처럼 아름다운 민주시민의 생활철학'을 가르치고 있다고 하였다. 그러면서 페리클레스의 추도사 내용 중 "행동으로서 자신의 용감성을 보여준 영예로운 전몰장병의 명예를 지키기 위해서는… 한 사람이 말을 잘 하거나 잘못함으로써 많은 사람의 용기와 신념에 위해를 가해서는 안됩니다"라는 부분을 지적하였다. 그리고는 "마치 필자와 워싱턴 발언을 왜곡한 언론인에 대한 경고처럼 느껴진다. 이를 읽고 또 읽으면서 내일을 기약하는 마음이 간절했다. 문명사의 한 줄기를 담당하는 앞선 분들의 이상이 아직 우리에게 살아있기 때문이다"라고 끝맺었다.

워싱턴 발언 파문의 와중에서 전 총재가 당시 취재 언론에 대해

서는 물론 자신이 의도치 않은 발언으로 파문의 단초를 제공하게 된
데 대해 어떤 생각을 했는지를 짐작케 해 주는 대목이다. 자신의 발
언이 예기치 못한 파장을 일으켜 금융시장은 물론 많은 사람들을 어
렵게 만든 점을 십분 인정하였기 때문에 페리클레스의 추도사를 자
신에 대한 경고로도 받아들이면서 반성하고 자책하였던 것이다.

金利戰爭

Chapter 6

한은 개혁을 위한
꿈과 시련

조직개편과 명예퇴직, 그리고 세무조사

조직개편과 명예퇴직

전철환 총재는 취임 이후 한국경제가 하루 빨리 외환위기에서 벗어날 수 있도록 외환시장 안정을 고려하면서 금리를 꾸준히 인하하는 등 통화정책 수행에 만전을 기하기 위해 노력하였다. 전 총재는 그런 가운데에서도 한국은행 내부경영에 많은 관심을 쏟았다. 한국은행이 독립된 통화정책기관으로 새롭게 태어나기 위해서는 급변하는 국내외 경제정세에 맞추어 조직을 효율적으로 재정비하고, 유능한 직원들을 적재적소에 배치하여야 함을 잘 알고 있었기 때문이다.

한국은행은 1998년 4월 25일 금융통화위원회를 열고 조직개편 및 감량경영 계획을 의결하였다. 조직개편 내용을 보면 통화정책 수립 및 집행 기능을 강화하기 위하여 종전의 자금부를 확대 개편하였다. 통화정책을 입안하는 정책기획부(현재의 정책기획국)와 통화정책을 집행하는 금융시장부(현재의 금융시장국)로 분리한 것이다. 개정 한은법에 규정된 금융기관에 대한 자료제출 요구, 금융감독원에 대한 금융기관 검사 요구 및 금융감독원과의 공동검사 등의 기능을 수행하기 위하여 은행부(현재의 금융안정분석국)를 신설하였다.

대신에 조사제1부, 조사제2부, 금융경제연구소 등 3개부서로 나뉘어 있는 조사연구 부서를 1개 부서로 통합하였다. 또한 조직의 경량화를 위해 6개 내부 경영관리 부서중 2개 부서를 폐지하는 한편 2개 부서가 맡아 온 금융결제 업무를 1개 부서가 맡는 것으로 통합하였다. 결과적으로 종전 16개인 본점 부서가 13개로 축소 개편되었다. 감량경영을 위해서는 파리, 브뤼셀, 싱가포르 등 3개 해외사무소를 폐쇄하고 지점 기능을 최대한 줄이면서 기능을 재편할 계획 아래 한국은행의 총직원 2,800여 명을 2,400여명 수준으로 감축하기로 했다.

언론은 한은의 조직개편 결과를 보도하면서 한은이 통화정책 기관으로 우뚝 서기 위해 정책 수립 및 집행기능을 대폭 강화하는 한편 본점 경영관리 부서 및 해외사무소를 축소한 것을 평가하였다. 그러나 당초 폐쇄 계획으로 알려졌던 목포, 포항, 강릉, 울산 등 4개 지점을 존속시키기로 결정한 것에 대해서는 비판하였다.

동아일보는 4월 27일 한국은행이 감량경영을 결정하는 과정에서 정치적 외압을 물리치지 못하였음을 질책하였다. 이 신문은 한국은행이 당초 폐쇄할 방침이던 지점의 소재지가 각각 김대중 대통령, 박태준 자민련 총재, 조순 한나라당 총재, 차수명 한나라당 재경위 간사의 정치적 기반이라는 점을 지적하였다. 매일경제신문도 1998년 4월 29일자 사설 '한은의 부실한 구조조정'에서 "정치권이 이같이 한은의 정책 결정에 개입하고, 또 한은이 이런 간섭을 쉽게 받아들인다면 중앙은행의 독립성이 무슨 소용이 있는가?"라면서 독립성에 걸맞은 자기책임을 강조하였다.

조직개편 작업을 마무리 지은 후 전철환 총재는 1998년 4월 27일 오후 1시 유럽행 대한항공 비행기에 몸을 실었다. 4월 29일부터 5월 1일까지 스위스 제네바에서 개최될 예정인 제31차 아시아개발은행(ADB) 연차총회에 참석하기 위함이었다.

제네바에 체류하는 동안 전철환 총재는 한국은행 본부에서 걸려온 전화를 받고 깜짝 놀랐다. 한국은행은 만 10년 이상 근무한 직원들을 대상으로 4월 23일부터 4월 29일까지 명예퇴직 신청을 받고 있었다. 그런데 최종 마감결과 명예퇴직 신청자 수가 644명에 달하고 있다는 것이었다. 전 총재는 순간 할 말을 잊어버렸다.

이것은 한국은행이 목표로 했던 4백여 명을 훨씬 넘어서는 숫자였다. 644명이면 당시 한국은행 총 직원 2천 807명의 22.9%나 되었다. 신청한 대로 명예퇴직을 다 받아들일 경우 직원 네 명중 한 명이 줄어들게 되는 것이다. 만 10년 이상 근무한 직원들을 대상으로 보면 10명 중 3명꼴로 사표를 던진 셈이었다. 전 총재는 직원들의 사기가 크게 침체되어 있다는 것은 여러 차례 보고를 들어 알고 있었지만 이렇게까지 심각한 줄은 몰랐다.

한국은행은 예상했던 것보다 훨씬 많은 직원들이 명예퇴직을 신청하자 이들이 일시에 퇴직하더라도 업무 수행에 지장이 없을 지를 검토하였다. 어느 정도의 어려움은 불가피하겠지만 한국은행 스스로 정부가 명운을 걸고 추진하는 공공부문 구조조정에 적극 동참한다는 뜻에서 명예퇴직 신청자들을 모두 조기 퇴직시키기로 결정하였다. 소소한 어려움은 경영효율의 제고를 통해 대처해 나갈 수밖에 없다는 판단을 내렸던 것이다.

명예퇴직자들은 상하위 직급에 고루 분포되어 있었다. 직급별로는 부장급 8명을 비롯해 부부장급 35명, 과장급 31명, 조사역 75

명 등 책임자급만 149명에 달하였다. 한국일보는 4월 30일 "한국은행 명예퇴직에 당초 예상을 훨씬 뛰어넘는 많은 직원들이 신청하여 금융계를 놀라게 했다"고 보도하였다. 중앙일보도 5월 1일자에서 "안정성 면에서 최고의 직장으로 꼽히는 한국은행에 '작은 이변'이 벌어졌다"고 보도하였다.

한국은행에서 명예퇴직자가 많이 나온 것은 무엇 때문이었을까? 첫째, 1987년 이후 10년 이상 끌어온 한국은행 독립 문제가 한국은행 직원들의 오랜 여망과는 크게 거리가 먼 형태로 마무리되어 사기가 추락한 점을 들 수 있다. 1997년 말 개정된 한국은행법과 새로 제정된 금융감독기구 설치 등에 관한 법률을 보면서 한국은행 직원들은 크게 좌절하였다. 은행감독원이 한국은행으로부터 분리되면서 한국은행이 정통 중앙은행 기능을 제대로 수행할 수 있을지에 대한 의구심이 증대되었다. 한국은행 총재가 금융통화위원회 의장을 맡게 되어 독립성이 제고되었으나, 한국은행은 재경부장관의 예산승인권을 통해 재경부의 예산통제를 받게 되었다. 금통위 의결사항에 대한 재경부장관의 재의요구권 등 독소조항도 여전히 개정 한은법에 살아 있었다.

통화신용정책도 물가안정목표제라는 좁은 틀 안에서 기계적으로 수행토록 규정되었으며, 시장기능을 중시하도록 의무화되었다.[1] 이밖에도 한국은행이 줄기차게 주장하였던 금융기관의 외화금융에 대한 통제권이나 비은행금융기관의 은행 유사업무에 대한 정책 기능도 인정되지 않았다. 한국은행은 이제 팔다리가 잘려 거의 반신불

---

1   한국은행법 제4조 제2항에 "한국은행은 통화신용정책을 수행함에 있어서 시장기능을 중시하여야 한다"라고 규정함으로써 중앙은행의 정통적인 통화정책 수단 중 '도덕적 설득(moral suasion)' 등 질적 통화정책의 발동 가능성을 원천적으로 막을 소지가 있었다.

수 상태에 이르렀다는 말들이 돌아다녔다.[2]

둘째, 명예퇴직 시행을 앞두고 한국은행 내에는 흉흉한 소문들이 파다하게 떠돌아다니는 등 분위기가 뒤숭숭하였다. 이런 소문은 대체로 직원들의 인사와 급여, 후생 문제에 관련된 것이었다. 무엇보다도 한국은행이 외환위기 책임에서 자유로울 수 없으므로 금명간 대폭적인 조직축소가 있을 것이라는 거였다. 본점 부서 수를 줄임은 물론 지역본부와 해외사무소도 금명간 폐쇄될 것이라고들 했다. 따라서 승진이 적체됨은 물론 인원 감축이 불가피하게 된다고 하였다. 직무가 없어진 직원은 처음 재택근무 발령을 받지만 결국 구조조정 차원에서 면직될 것이라고 하였다.

공공부문 개혁과 맞물려 직원들의 급여, 복지수준도 현저히 낮아질 것이라고 하였다. 예를 들어, 연차휴가 등 각종 휴가제도가 줄어들거나 없어지고 누진제로 되어 있는 퇴직금제도도 1년 근무에 1개월 분 임금 지급방식으로 개편될 것이라고 하였다. 공무원들과는 달리 국민들과 같이 국민연금 적용 대상인 한국은행 직원들에게 퇴직금 감축 소식은 충격으로 다가왔다.

셋째, 한국은행이 4월 23일 금융통화위원회 의결을 거쳐 조기퇴직 직원들에게는 법으로 정해진 기본 퇴직금 외에 월급의 24~30개월치를 퇴직위로금[3]으로 주기로 함에 따라 그때가 퇴직하기에 좋

---

2 1997년 말과 1998년 초 외환위기 극복을 위한 외채 협상차 뉴욕을 방문한 모 정부 공무원은 공공연히 "한국은행법 개정으로 한국은행은 이제 아무 것도 아닌 존재로 전락하였다"고 언급한 바 있다. 과거 한국은행에서 근무하다가 금융감독원으로 이동한 일부 직원들은 개정 한국은행법에 금융기관에 대한 공동검사권과 금융감독원에 대한 금융기관의 검사요구권이 규정되어 있지만, 기관 간 역학 구도 등에 비추어 한국은행은 앞으로 법에 규정된 권한들을 제대로 행사하지 못할 것이라고 예측한 바 있다.

3 조선일보는 1998년 4월 24일자에서 "부도기업 속출, 빈손이 되는 근로자들이 속출하고 있는 가운데 한국은행이 퇴직금 외에 최고 2년 반치의 월급만큼 위로금을 더 얹어주는 명예퇴직을 실시, 비판여론이 일고 있다"고 보도하였다. 매일경제신문도 1998년 4월 24일자에서 "최대 30

은 시기라고 생각하였다. 이번에 시행되는 명예퇴직이 퇴직금 외에 특별위로금을 받을 수 있는 마지막 명예퇴직이 될 것이라는 말도 돌아다녔다. 당시는 외환위기 여파로 예금금리가 매우 높은 상황이었다. 명예퇴직을 신청한 직원들 중 상당수는 퇴직금과 위로금을 받으면 퇴직하더라도 그럭저럭 생활할 수 있을 것이라고 다소 안이하게 생각한 측면도 있었다.

결과적으로 다수 직원들이 명예퇴직함에 따라 한국은행은 강도 높은 구조조정을 실시한 것으로 평가받을 수 있었다. 전철환 총재는 외부 강연을 할 때는 물론 정치인과 언론인 등 여론 선도층 인사들을 만날 때마다 금융부문의 구조조정 노력과 연관하여 중앙은행인 한국은행도 직원 네 명 중 한 명꼴로 인력감축을 단행했음을 소개하였다. 정부부문과 공공부문을 통틀어 한국은행만큼 강도 높게 인력감축을 한 기관이 없었기 때문에 한국은행의 인력감축은 그만큼 세인의 평가와 주목을 받기에 충분하였다.

그러나 고용구조가 유연하지 못한 우리나라에서는 처음 취업하여 다니던 직장을 그만 두면 다시 직장을 얻기가 하늘의 별따기와 같다. 외환위기 당시 명예퇴직 위로금과 높은 금리의 매력에 혹하여 직장을 그만둔 퇴직자 중 많은 사람들이 어려운 생활을 하거나 빈곤계층으로 전락하였음은 한국 사회에서 잘 알려진 사실이다.

1998년 4월 한국은행을 명예퇴직한 직원들도 사정은 마찬가지였다. 전 총재는 퇴직 직원들의 어려움과 고충을 익히 들어서 잘 알고 있었다. 자신이 총재 재직 중 명예퇴직의 형식이긴 하였어도 이들을 한데로 내몰았던 것을 늘 가슴 아파하였다. 자신을 가리켜 공공연히 "직원들에게 백정 짓을 하였다"라고 말하기도 하였다.

개월분의 위로금을 내용으로 한 이같은 명퇴조건만 해도 다른 기업이나 공공기관들에 비해 파격적인 수준이라는 지적도 만만치 않다"고 보도하였다.

사상 최초의 세무조사

1998년 5월 한국은행은 국세청으로부터 세무조사 실시 통지를 받고 이 문제를 어떻게 처리할 것인지 고심하고 있었다. 한국은행은 1981년까지는 한국은행법에 의거 법인세를 내지 않아도 되는 면세기관이었다. 1981년의 한국은행법 개정으로 한국은행은 법인세 등의 조세의무를 부담하게 되었으나 국세청의 세무조사를 받은 일은 전혀 없었다.

그러나 사정이 달라졌다. 1996년 서울지방국세청은 한국은행의 법인세 납부와 관련하여 세무조사를 실시할 예정임을 유선 통보하였다. 이에 대하여 한국은행은 9월중의 정기 인사이동, 10월 초의 국정감사, 10월 하순 및 12월중의 감사원 감사 등을 이유로 세무조사를 연기해 줄 것을 구두 요청하였다. 이 요청이 받아들여졌으나 감사원 감사가 종료된 후인 1996년 12월 30일 서울지방국세청은 한국은행 앞으로 '세무조사 사전통지서'를 발송하였다. 한국은행은 이때에도 서울지방국세청과의 협의를 거쳐 '세무조사 연기신청서'를 제출하였으며, 이 요청도 받아들여진 바 있었다.

1998년 봄 국세청은 그 동안 미루어온 세무조사를 실시하겠다고 한국은행에 다시 통보해 온 것이다. 한국은행의 회계 관계자들은 이구동성으로 중앙은행으로서의 특수성과 외환위기 이후의 어려운 경제상황 등을 감안할 때 한국은행이 세무조사를 받지 않는 것이 바람직하다는 의견을 피력하였다. 실제로 한국은행은 이익이 발생한 때에는 법정적립금과 통화정책 목적 등을 위하여 정부의 승인을 얻어 적립하는 임의적립금을 차감한 나머지 순이익금 전액을 정부에 일반세입으로 납부토록 되어 있다. 손실이 발생할 경우는 적립금으로 보전하되 적립금도 부족하면 정부가 재정에서 보전하도록 되어 있다.

다시 말하면 회계 처리를 달리하여 법인세를 적게 납부하게 되면 법인세를 내고 난 순이익금이 많아지므로 재정에 납부하는 일반세입이 커지게 된다. 반대로 회계 처리를 보다 엄격하게 하여 법인세를 많이 납부하게 되면 순이익금이 적어지게 되어 재정에 납부하는 일반세입이 작아지게 된다. 법인세 납부 경로를 통하거나 일반세입 납부 경로를 통하든지 간에 한국은행의 당기순이익은 결과적으로 꼭 같은 금액이 재정에 납부되는 셈이다. 그러므로 국세청이 한국은행에 세무조사를 나오더라도 실익이 없다는 것이 실무자들의 주장이었다.

회계 관계자들은 세무조사는 한국은행에 대한 국민의 신뢰를 훼손함으로써 통화신용정책의 수행뿐만 아니라 외환위기의 조기 극복을 위한 금융 구조조정의 추진을 제약할 수 있다고 생각하였다. 더 나아가 중앙은행에 대한 세무조사는 외국에서 그 사례를 거의 찾아볼 수 없는 일이었다. 따라서 세무조사는 한국은행의 중립성과 공신력에 대한 의구심을 불러일으켜 선진국 중앙은행은 물론 주요 국제금융기구들과의 금융외교에 악영향을 미칠 것이라고 우려하였다.

관계자들은 이런 이유들을 들어 이번에도 세무조사를 연기해야 하며, 궁극적으로는 세무당국을 설득, 한국은행이 세무조사를 받는 일이 없도록 해야 한다는 의견을 개진하였다. 이러한 논리를 뒷받침하는 관련 규정도 있었다. 국세청의 '세무조사운영준칙' 은 "영세사업자 및 중소기업의 보호 육성, 정부정책의 효율적 지원 등을 위하여 필요한 경우에는 공평성을 크게 저해하지 아니하는 범위 안에서 세무조사의 대상 선정에서 제외할 수 있음" 을 규정하고 있다.

　　그러나 전철환 총재와 임원들은 실무자들의 의견을 종합적으로 청취한 후 한국은행이 바로 세무조사를 받기로 결정하였다. 한국은행 경영층은 왜 실무자들의 의견을 뿌리치고 세무조사를 받기로 결정했을까? 전철환 총재와 임원들은 국세청이 세무조사를 하게 된 여러 정황에 대해서 나름대로 생각한 바가 있었다.

　　1987년 6.10 항쟁 이후 한국은행법 개정을 둘러싸고 장기간에 걸쳐 재경원과 힘겨운 싸움을 벌이는 와중에 한국은행에 불리한 근거없는 루머들이 정치권과 언론에 많이 유포되었다. 이중에는 한국은행 직원들이 엄청난 고소득을 올리고 있으며, 특히 세금을 내지 않는 소득이 많다는 루머가 포함되어 있었다. 국세청이 끈질기게 한국은행에 세무조사를 나오려 하는 것은 기본적으로 세무행정상 필요에 의한 것이었지만, 이런 루머에 기초를 둔 의구심도 작용하고 있을 것으로 짐작되었다.

　　따라서 한국은행이 세무조사를 피하려 하면 할수록 외부의 의구심을 키울 수 있으므로 한국은행의 결백함을 밝히기 위해서도 오히려 당장 세무조사를 받아야 할 필요성이 컸다. 전철환 총재는 외환위기 직후 온 국민이 핏발 선 눈으로 한국은행을 환란의 공범자로 보고 있는 상황에서 한국은행의 대외 공신력 추락을 이유로 세무조사를 거부할 명분은 없다고 판단하였다.

　　전 총재는 충남대 경제학과 교수로 재직하면서 6년간 금융통화운영위원을 겸임한 터라 비교적 한국은행 업무에 정통해 있었다. 그렇기 때문에 한국은행 회계 관계자들이 합리적이고 법규에 맞게 관련 업무를 처리해 왔을 것으로 확신하였다. 그렇지만 업무상 부주의나 과실 등으로 인해 과거의 업무 처리에 문제가 있었다면 이번 기회에 깨끗이 도려내고 새롭게 출발하는 것이 새로운 중앙은행 출발에도 맞는 일이라고 생각하였다.

결국 한국은행은 1998년 6~7월중 서울지방국세청으로부터 세무조사를 받았다. 서울신문 등은 1998년 6월 22일자 보도를 통해 국세청이 6월 15일부터 모두 7명의 조사인력을 투입하여 중앙은행인 한국은행에 대해 법인세 납부실적 등 정밀 세무조사를 벌이고 있다고 보도하였다. 서울신문은 국세청이 지난 해 국책은행인 수출입은행에 대해서도 세무조사를 실시했으나 한국은행에 대한 세무조사는 한국은행 창립 이후 처음 있는 일이라고 보도하였다.

그해 9월 26일 중앙일보는 한국은행에 대한 세무조사 결과를 보도하였다. 이 신문은 국세청 관계자가 9월 23일 "설립 후 처음으로 한은에 대해 세무조사를 벌인 결과 직원들의 급여를 보충해주기 위해 각종 복리후생비를 지출하고도 이를 직원들의 소득에 합산시키지 않아 결과적으로 소득세를 탈루한 셈이 됐다"고 밝혔다고 전했다. 이 신문은 아울러 한국은행이 "국세청 조사과정에서 복리후생비가 지적된 것은 사실이지만, 이는 금융기관·공공법인의 공통된 관행"이라고 해명한 사실도 함께 소개하였다.

1998년 10월 28일 실시된 한국은행에 대한 국정감사에서 안상수 의원은 세무조사와 관련하여 전철환 총재에게 질의하였다.[4] 안 의원은 "국세청은 세무조사에서 한국은행의 법인세 납부실적, 임직원에 대한 명예퇴직금과 피복비 등 후생비 과다지급 여부, 근로소득 및 국공채 이자소득에 대한 원천징수 등을 정밀하게 조사한 것으로 알려졌다"고 지적하였다. 안 의원은 세무조사 결과 지적된 주요 문제점이 무엇인지 물었다. 아울러 외국에서도 중앙은행이 세무조사

---

4   한국은행에 대한 국회 국정감사(1998. 10. 28), 재정경제위원회 회의록, pp. 54~55.

를 받은 사례가 있는지, 한국은행에 대한 세무조사로 인해 중앙은행의 독립성이 훼손된 것은 아닌지에 대하여도 질의하였다. 전철환 총재는 이에 대해 다음과 같이 답변하였다.[5]

한국은행은 한국은행법에 의하여 순이익이 있는 경우에는 이를 정부에 납부하도록 되어 있으나 현행법상 법인세 납부의무가 있고, 따라서 세무조사를 받을 수 있는 바 지난 6~7월중 서울지방국세청으로부터 법인세 조사를 받은 바 있다. 이번의 세무조사 과정에서 관련 법규정 해석상의 실무적인 사항과, 그리고 중앙은행의 특수성이 반영된 우리 은행의 회계처리규정과 세법상의 세무처리 기준에 차이가 있는 사항 등이 일부 문제가 제기된 바 있음을 답변드린다.

한편, 중앙은행에 대하여 법인세를 부과하고 있는 나라는 경제규모가 큰 20여개 국가중 영국, 프랑스, 이탈리아, 벨기에 및 일본 등 5개국뿐이며, 중앙은행이 법인세를 납부하는 나라의 경우에도 실지(實地)조사에 의한 세무조사를 받는 경우는 없는 것으로 알고 있다.

끝으로, 한국은행은 기본적으로 법인세 부과의 실익이 없는 점, 그리고 외국에서는 중앙은행에 대한 세무조사의 사례가 없는 점 등을 고려할 때 중앙은행의 중립성과 공신력뿐만 아니라 국가 신인도에도 영향을 미칠 가능성이 있으므로 한국은행에 대한 세무조사는 가능한 한 하지 않는 것이 좋겠다고 생각한다.

필자가 한국은행 비서실장으로서 취득했던 정보에 따르면, 국세청이 한국은행에 대한 세무조사 방침을 통지했던 당시 한국은행

---

5   위 회의록(부록), p. 152.

이 이를 연기하려 한다는 정보가 정부 요로에 보고되었다고 한다. 정부 일각에서 한국은행이 이번에도 세무조사를 받지 않고 연기하려는 데에 대해 촉각을 곤두세우고 있었다는 말이다.

아무튼 당시에는 외환위기 극복을 위해 정부가 공공부문의 개혁 과제들을 의욕적으로 추진하고 있었고, 정부 및 사회 일각에 한국은행의 내부 경영에 대한 의구심이 있었던 것도 사실이다. 이런 상황에서 한국은행이 법에 따른 세무조사를 수용하였던 것은 적절했던 것으로 생각된다.

그러나 전철환 총재의 국정감사 답변에서와 같이 한국은행에 대해서는 법인세 부과의 실익이 없을 뿐더러 중앙은행에 대한 세무조사는 다른 나라에서 그 사례를 찾기 어렵다. 임직원 등에 대한 명예퇴직금과 복리후생비의 적정 지급 여부와 급여성 복리후생비의 소득세 납부 문제 등 내부 경영의 문제점은 정기적으로 실시되는 감사원 감사를 통해 적발하여 시정해 나갈 수 있다.

더욱이 한국은행에 대한 세무조사는 행정부가 한국은행 길들이기 차원에서 활용할 수 있는 소지가 있다. 잘못 운용될 경우 한국은행의 자주성과 독립성을 훼손할 수 있다는 말이다. 이런 점들을 고려할 때 앞으로 한국은행의 중립성과 대외 공신력을 제고할 수 있도록 한국은행에 대한 세무조사와 관련된 법률적인 제도개선 또는 운영의 묘가 마련되어야 할 것으로 생각된다.

'4대 과제 10대 실천계획'의 수립과 시행

전철환 총재는 취임 6개월이 되는 1998년 9월 6일 처음으로 직원조회를 가졌다. 이날 전 총재는 한국은행 강당에 모인 임직원들을 향하여 한국은행 개혁의 청사진을 제시하고 직원들의 전폭적인 지지와 동참을 호소하였다.[6] 먼저 한국은행의 부단한 개혁을 역설하였다. 이것은 독립된 중앙은행으로서의 권한과 책임을 다하여 국민경제 발전에 이바지하고 국민으로부터 신뢰를 얻기 위함이라고 밝혔다. 그리고 한국은행 개혁의 진정한 의미는 단순히 조직과 인력을 축소하는 데 있는 것이 아니라 오랜 기간 누적되어 온 비진취성과 구조적 취약성을 치유함으로써 경쟁력을 제고하고 국민의 신뢰를 회복하는 데 있음을 강조하였다.

한국은행이 지향할 목표로는 '경제안정을 선도하는 중앙은행'상을 정립하는 것이라고 선언하고, 이를 한국은행 개혁의 캐치프레이즈로 내걸었다. 이처럼 한국은행이 지향할 목표를 설정함에 있어서는 세계 각국이 설정한 중앙은행의 존립 의의와 "물가안정을 도모

---

6 전철환 총재 직원 조회사(1998. 9. 5), '다시 태어나는 한국은행', 전철환 총재 연설문집 『변환 성장을 위한 새 패러다임 2』, 한국은행, 2002. pp. 359~69. 이하 내용은 조회사의 골자를 정리한 것이다.

함으로써 국민경제의 건전한 발전에 이바지하는 것"을 설립 목적으로 규정한 한국은행법을 종합적으로 고려한 것이라고 밝혔다.

전 총재는 한국은행이 경제안정을 선도하는 중앙은행으로 새롭게 태어나기 위하여 한국은행 임직원들이 함께 실천해야 할 4대 과제를 제시하고, 각 과제를 구체화한 10대 시책을 제시하였다.

첫 번째 실천과제는 통화신용정책을 효율적으로 수행하는 일이라고 하였다. 이를 위하여 물가안정목표제를 조기에 정착시키고 통화정책과 외환정책이 서로 조화를 이루면서 운영될 수 있도록 두 정책을 효과적으로 연계할 수 있는 체제를 확립하는 것이 시급하다고 하였다. 또한 금융제도의 하부구조이자 통화정책 전달경로의 한 요소인 지급결제제도를 원활하게 운영하고, 그 기능을 확충해야 함을 강조하였다.

두 번째 실천과제는 통화신용정책을 운용함에 있어 '시장친화적인 정책수행방식'을 하루 빨리 정착시키는 일이라고 하였다. 따라서 금융·외환시장을 육성 발전시키는 시책을 꾸준히 추진함과 아울러 시장 동향을 신속하고 정확하게 조사 분석하는 데 총력을 기울여야 한다고 하였다. 아울러 금융기관의 경영실태를 효과적으로 파악 분석할 수 있는 체제를 확립하고 구체적인 방법을 개발하여야 한다고 역설하였다.

세 번째 실천과제는 조직역량을 극대화하는 일이라고 하였다. 이를 위하여 먼저 한국은행의 중립성을 높임과 아울러 그 기능을 활성화하여야 한다고 했다. 과거 어둡고 어려웠던 기간 중에 누적되었던 잘못된 관행과 행동양식을 과감하게 고쳐나가는 한편 중앙은행의 역할에 대한 긍정적 자세와 확신, 그리고 높은 긍지를 지니고 역량을 극대화해 나가야 한다고 하였다. 이와 함께 각자가 올바르다고 판단한 정책을 소신있게 실행에 옮기고 정책수행 결과에 대해서는 당당하게 책임지는 자세를 가져야 한다고 하였다.

한국은행 조직의 유연성과 전문성을 높여나가야 함도 강조하였다. 전 총재는 종합적인 관점에서 조직혁신을 체계적·지속적으로 추진하기 위하여 총재 직속기구로 조직혁신팀을 구성 운영하겠다고 밝혔다. 그리고 훌륭한 전통을 이어오고 있는 조사부 기능을 확충 강화함과 아울러 다른 부서들도 해당 분야에 대한 조사기능과 정책입안기능을 병행 발전시키도록 하겠다고 하였다.

네 번째 실천과제는 한국은행을 신뢰받는 중앙은행으로 만드는 일이라고 하였다. 이를 위해 먼저 통화신용정책이 일관성과 투명성을 확보토록 하는 한편 창구 및 관리 업무에서도 한 치의 오차가 없도록 만전을 기하고 한국은행을 찾는 고객들에게 마음에서 우러나오는 친절과 서비스를 제공하도록 해야 할 것이라고 하였다.

전 총재는 한국은행이 추진해 나갈 '4대 실천과제와 10대 시책'을 제시한 후 이에 임하는 결연한 의지를 다음과 같이 표명하였다. 실제로 그는 재임 4년 동안 '4대 실천과제와 10대 시책'에 대한 각 부서별 추진 현황을 지속적으로 챙겼다.

저는 앞으로 총재로 재임하는 동안 언제 어느 자리에서나 이들 과제와 시책을 생각하고 이를 달성하고자 모든 노력을 기울이겠습니다. 일상 업무를 수행하는 과정에서는 물론 기본업무운영계획을 평가하거나 확대간부회의 및 부서장 업무보고회 등을 개최할 때에도 이들 과제의 실천 상황을 면밀히 점검하도록 하겠습니다.

전 총재는 "개혁작업을 추진하는 과정에서 상당 기간 업무강도의 증대, 승진 승격의 지연, 급여 후생 수준의 동결 내지 저하 등 여러 가지 괴로움과 아픔이 따를 것"임을 예고하면서도 "개혁을 마치면 여러분들은 충분한 보상을 받을 수 있을 것"이라고 하였다. 그러면서 "많은 국민들뿐만 아니라 기업들도 구조조정 과정에서 일자리를 잃고 소득 감소와 부도의 위기를 감수해야 하는 고통"을 겪고 있는 점을 생각하여 "경제정책의 한 축을 담당하는 한국은행에 몸담고 있는 우리도 무거운 책임감과 함께 일반 국민보다 더 큰 고통을 감수하겠다는 마음가짐을 가져야 할 것"이라고 호소하였다.

전 총재는 마지막으로 한국은행 임직원들이 새로운 직업관을 지닌 토대 위에서 한국은행을 선진 중앙은행으로 만들기 위한 한국은행 개혁에 적극 동참하여 줄 것을 부탁하면서 조회를 마쳤다.

이제는 직장생활을 함에 있어서 과거와 같이 승진이나 급여 인상을 자기성취의 기준으로 여기기보다는 어느 한 분야에서든 최고의 전문가로 성장하고 이를 통해서 사회와 국가에 기여하는 것을 보람으로 여기는 직업관을 지녀 주시기 바랍니다.

우리가 소아적 이익에 연연하지 않고 대승적 차원에서 솔선수범하는 자세로 고통분담에 나선다면 한국은행은 국민으로부터 깊은 신뢰를 받고 우리 경제도 빠른 속도로 회생의 길로 들어설 수 있는 날이 그만큼 앞당겨질 수 있을 것이라고 확신합니다.(중략)

세월이 지나 우리 은행이 미국연방준비제도, 독일연방은행 등 주요국 중앙은행에 비견되는 훌륭한 중앙은행으로 탈바꿈하였을 때 여기 계신 임직원 한 사람 한 사람이 한국은행 개혁이라고 하는 역사적 과업을 위하여 몸과 마음을 바쳐 일했노라고 자신있게 말할 수 있기를 바랍니다. 이를 위해서 우리의 확고한 신념과 뜨거운 정열을 모으도록 합시다.

전 총재가 이날 발표한 조회사는 내용과 형식면에서 몇 가지 특징을 지니고 있었다. 첫째, 한국은행에는 종전까지 거의 조회라는 형식의 직원 회합이 없었는데 전 총재가 이례적으로 조회를 열었다는 점이다. 한국은행에서 주요 직원들이 모두 강당에 모이는 일은 총재 이취임식을 제외하고는 신년하례회 및 한국은행 창립 기념식 두 차례 뿐이다. 한은 총재는 이때 신년사와 창립기념사를 발표한다. 그런데 전 총재는 신속하게 본인이 총재 재임기간중 추진할 개혁 청사진을 직원들에게 제시하고 동참을 이끌어낼 수 있기를 희망하였다. 그 결과 총재 취임 6개월이 되는 날로 발표일자를 잡았기 때문에 직원들의 회합은 조회 형식이 될 수밖에 없었다.

둘째, 전 총재가 조회사로 발표한 '4대 실천과제와 10대 시책'은 전 총재가 취임 이후 가다듬어 온 여러 구상을 토대로 작성되었다. 이 점에서 초안을 작성하는 부서가 정책부서나 조사연구부서인 신년사·창립기념사[7]와 구별됨은 물론 통상 여타 총재들이 취임 이후 수립하여 발표하는 중장기발전전략과도 달랐다. 중장기발전전략 수립을 위해서는 직원들을 발령 내어 전담 팀을 한시적으로 설치하는 한편 직원 의견수렴을 위해 각 부서에서 임시로 차출한 부국장들로 위원회를 구성토록 한다. 이 전담 팀이 기본계획을 만들고 직원들의 의견을 수렴한 후 임원회의를 거쳐 기본계획을 확정한다.

이에 비하면 전 총재의 '4대 실천과제와 10대 시책' 입안 및 연설문 작성에는 전 총재가 처음부터 끝까지 관여하였으며, 비서실이

---

7   한국은행 총재의 신년사 및 창립기념사 작성은 1997년까지는 조사부가, 1998년 5월 조직개편 이후에는 정책기획부가 담당하였다.

실무작업을 수행했다는 점에서 특징이 있었다. 특히 조회사에서 제시된 목표들은 원론적인 내용이었고, 대부분 한국은행의 통상적인 업무 범위에 포함되는 것이었기 때문에 이를 확정하기 전에 별도로 직원 의견수렴 절차를 거칠 필요가 없었다. 실제로 전 총재의 조회사 발표 후 직원들은 조직개혁팀을 총재 직속으로 설치, 추진해 나간다는 발표에 다소 놀라움을 표시하였을 뿐 여타 내용은 흔쾌히 받아들이는 분위기였다.

셋째, 전 총재는 이렇게 취임 후 얼마 지나지 않은 시점에서 본인의 재임기간 중 펼쳐나갈 개혁 청사진을 제시함으로써 '개혁 총재'로서의 이미지를 대내외에 각인시킬 수 있었다. 또한 조회사 발표를 통해 한국은행 임직원들이 향후 4년간 지향하여야 할 좌표가 분명하게 제시됨으로써 한국은행이 통화신용정책 등 제반 업무를 효율적으로 수행해 나가는 데에도 긍정적 영향을 미쳤다. 따라서 한국은행 임직원들은 '한국은행 개혁'의 깃발을 들고 '경제안정을 선도하는 중앙은행' '국민들로부터 신뢰받는 중앙은행'이라는 목표를 향하여 달려 나가게 되었다.

1998년 국정감사와 강도 높은 경영개혁 추진

1998년 10월 29일, 전철환 총재는 출근하자마자 공보실에서 스크랩하여 가져온 신문기사 철을 훑어보면서 한숨을 내쉬었다. 어제 있었던 한국은행에 대한 국정감사 관련 기사들이 스크랩 철을 덮고 있었다. 국정감사에 나온 재경위원회 소속 의원들이 워낙 호되게 한국은행을 질책한 터라서 지레 짐작은 했지만 언론의 비판이 그처럼 혹독하리라고는 예상을 못하였다. 전 총재는 이제 내부경영 개혁을 가속화하는 것만이 실추된 한국은행에 대한 국민의 신뢰를 회복하는 길이라고 생각하였다.

10월 28일 국정감사에서 의원들은 한국은행의 방만한 경영 행태들을 구체적으로 지적하고 이를 시정할 것을 강도 높게 요구하였다. TV뉴스와 신문보도 등을 통해 이 소식을 접한 국민들은 분노와 상실감을 느꼈다. 당시 국민들은 외환위기 상황에서 형언할 수 없는 어려움과 고통을 겪고 있었다. 그런데 외환위기의 책임에서 벗어날 수 없는 한국은행이 아직까지도 과거의 방만한 경영행태를 답습하고 있다는 데에서 국민들은 할 말을 잊었다.

국정감사에서 의원들은 내부경영과 관련된 문제들을 많이 지적하였으며, 언론의 보도도 이에 집중되었다. 첫째, 1998년 봄 명예퇴직한 일부 퇴직자가 과다한 퇴직금을 받은 사실이 비판의 주요 표적이 되었다. 김종하 의원은 30년 근무한 부부장 및 27년 근무한 과장이 명예퇴직할 때 받았던 퇴직금의 수치를 제시하면서 "과연 한국은행이 IMF체제 하에서의 국민의 고통을 체감하고, 그 고통을 (국민들과) 함께 나누고 있는 조직인지 의심스러울 정도"라고 비판하였다.[8]

둘째, 의원들은 한국은행이 국내외에 이른바 호화사택을 소유하고 있음을 강하게 비판하였다. 정우택 의원은 "풍광 좋고 물 좋은 지방에는 꼭 아방궁 같은 호화 공관이 있는 것으로 언론에 보도되었다"고 지적하고, 앞으로 이들 공관들을 정리할 입장인지 밝혀줄 것을 요구하였다.[9]

셋째, 한국은행이 보유한 과다한 골프회원권이 논란이 되었다. 변웅전 의원은 한국은행이 골프회원권을 46장이나 보유하고 있으며, 전직 임원들까지 이를 사용하는 사례들이 있다고 비판하였다. 변 의원은 "한은이 51장의 회원권을 35장으로 줄이겠다고 약속했음에도 불구, 그간 매각 처분했다던 4장의 회원권은 실제는 은행감독원이 별도기구로 독립하며 사는 형식으로 그냥 보유하고 있는 게 아니냐"고 따졌다.[10] 정우택 의원은 "골프회원권에 대해 일부 보도가 나간 후 들리는 말에 의하면 한국은행은 한국의 호화사치 특수기관이라는 말을 하는 사람들도 있다"라고 하였다.[11]

언론은 10월 29일자 기사에서 '한은도 퇴직금 돈 잔치'(세계일

---

8   한국은행에 대한 국회 국정감사(1998. 10. 28), 재정경제위원회 회의록, p. 42.
    이밖에도 안상수 의원, 박주천 의원 등도 명예퇴직금 문제를 거론하였다.
9   위 회의록, p. 66.
10 위 회의록, p. 53.
11 위 회의록, p. 66.

보), '한은 명예퇴직도 돈 잔치'(조선일보), '흥청망청 한은'(한국일보), '도마 위 오른 한은'(중앙일보), '한국은행은 골프회원권 복마전'(서울경제), '한은서 골프사업?'(세계일보) 등의 제목 아래 의원들이 지적한 내용을 1~3단 기사로 각각 보도하였다.

조선일보는 10월 29일자 조선만평에 한 컷 짜리 만화를 실었다. 만화의 오른쪽 절반에는 한국은행 직원들이 퇴직금이 든 돈 자루를 등에 메고 웃으면서 한국은행을 떠나는 장면이 그려져 있었다. 왼쪽 절반에는 IMF 및 IBRD 직원들이 한국에 빌려줄 돈 자루를 어깨에 메고 한은 직원들이 나가는 쪽과 반대편 문으로 한국은행에 들어오고 있었다. 이들은 한은에서 나가는 퇴직 직원들을 의아한 표정으로 쳐다보면서 "돈 없다더니…"라고 말하고 있었다.

10월 30일자 한국경제신문은 네 컷짜리 만화로 한국은행의 내부경영 문제를 다루었다. 각 컷에는 관련된 그림과 함께 몇 마디 말이 붙어 있었다. 첫 번째 컷에는 사무직 두 사람이 '지방 해외 호화 공관'이라고 얘기하고 있었다. 두 번째 컷에는 '골프회원권 51개'라는 말 아래 골프장의 그린이 그려져 있었다. 세 번째 컷에는 퇴직자가 싱긋 웃으면서 퇴직금이 든 돈 자루를 메고 걷고 있었다. 마지막 컷에는 한은 관계자가 겸연쩍은 표정으로 IMF와 IBRD 관계자로부터 "제 정신 맞아?"라는 질책을 당하는 장면이 담겨 있었다.[12]

이날 국정감사에서 의원들이 한국은행을 신랄하게 질책한 내용은 이미 언론에서 호되게 비판을 했거나, 감사원이 1997년 하반기 한국은행에 대한 정기감사를 통하여 지적한 사항들이었다. 한국은

---

12 당시 일부 언론은 의원들이 "한은이 외국에서 맹활약중인 박세리나 펄신 등 프로골퍼들을 지원하는 업무와 연관있는 것도 아닌데 무슨 골프회원권이 이렇게도 많으냐"고 질책했다고 보도하였으나, 국정감사 회의록을 검토한 결과 그러한 내용의 의원 발언은 찾지 못하였다.

행 금융통화위원회가 1998년 4월 23일 명예퇴직 방안을 의결한 직
후 언론은 한국은행이 명예퇴직자에게 주는 위로금이 파격적 규모
라고 비판한 바 있었다.

감사원은 1998년 상반기중 한국은행에 1997년 정기감사 내용을
통보하고 이를 시정토록 촉구한 바 있었다. 그런데 외환위기에 따른
부동산시장 침체 등으로 한국은행은 지점 공관을 처분하지 못하고
있었다. 골프회원권 문제는 한국은행 관련 부서들이 사안의 심각성
을 제대로 인식하지 못한 관계로 과단성있는 감축과 신속한 매각이
늦어지고 있었다.

다시 말하면 의원들은 국정감사에 나서기 전에 감사원이 피감
사기관에 대하여 최근 몇 년간 정기 및 부정기 감사를 통해 시정토
록 지적한 사항과 이에 대한 해당기관의 조치결과를 조사하여 챙기
는 법이다. 국회가 국정감사를 나올 때까지 한국은행이 이행한 시정
조치 실적이 만족스럽지 않다고 판단하였기 때문에 의원들이 국정
감사장에서 이를 다시 문제 삼은 것이다.

전철환 총재는 감사원 감사나 국정감사 지적 내용에 다소 과장
되거나 부풀려진 내용이 있음을 알고 있었다. 명예퇴직시 특별위로
금을 지급하는 것은 당시 다른 금융기관이나 공공기관에서도 모두
이루어졌던 일반적인 관행이었다.

일부 한국은행 퇴직 직원들이 과도하다고 생각할 정도로 퇴직
금을 많이 받았던 것은 기본적으로 급여수준이 높은 데다 법정퇴직
금의 지급기준이 누진율로 되어 있었기 때문이다. 퇴직금 지급기준
을 단순 지급률로 바꾸기 위해서는 노동조합과 합의를 거쳐야 했으
므로 1998년 명예퇴직 시에는 당시 규정에 따라 퇴직금 지급시 누진
율 적용이 불가피하였다. 결국 한국은행은 2000년 말 노사합의를

거쳐 퇴직금 누진제를 폐지하고 1년 근무시 1개월분의 급여를 지급하는 방식으로 퇴직금 제도를 전면 개편하였다.

지방 근무 지점장 공관의 경우도 지방자치단체의 도시계획 추진과정에서 억지로 떠맡다시피 인수한 부동산이 많았으며, 일부 언론이 보도하였던 것과 같이 본부 임원들의 휴게시설로 쓰인 사례는 전혀 없었다. 더욱이 아방궁이라고 하기에는 적합하지 않은 오래되고 낡은 건물들이었다.

일부 언론은 런던 사무소장 공관이 테임즈 강이 내려다보이는 곳에 위치해 있다고 보도한 바 있지만, 사실관계를 보면 런던 공관은 테임즈 강에서 한참 떨어진 곳에 위치해 있었다. 한국은행은 1998년 국정감사에서 지적되었던 런던 사무소장 공관을 2000년 6월 매각 처분하였으며, 지방 소재 지점장 공관들도 대부분 매각 완료하였다.[13]

한국은행은 국정감사를 계기로 한국은행 개혁에 박차를 가하기로 했다. 국정감사를 통해서 국민들에게 각인된 한국은행에 대한 나쁜 인식을 바꾸려면 국민들의 의표를 찌를 수 있는 특단의 대책이 있어야 한다고 생각했던 것이다. 국정감사와 이에 대한 언론의 보도 등을 통해 직원들도 한국은행에 대한 국민들의 비판 여론을 소상하게 이해하였기 때문에 이것이 오히려 개혁을 가속화하는 데 도움이 될 수 있을 것이라고 판단하였다. 한국은행 직원들도 국민들의 비등하는 비판 여론을 체감하였으므로 감사원 등이 지적했던 사항들을 개선하는데 자발적으로 나설 것이라고 기대하였던 것이다.

한국은행은 1999년 2월 18일 '경영개혁 방안' 을 발표하였다.

---

13 제주지점장 공관은 여전히 원매자가 나타나지 않아 매각하지 못하고 있는 실정이다.

여기에는 국정감사 지적사항은 물론 그 동안 외부에서 제기되어 온 각종 사항에 대하여 이미 취한 시정조치 내용과 앞으로 취할 조치의 계획이 담겨 있었다. 먼저 1998년 초부터 추진하여 온 조직 및 인력 축소, 예산 및 급여의 감축 운용 및 부동산 매각 등의 추진 실적과 향후 이행계획이 담겨 있었다.

경영개혁 방안에서 한국은행은 '지점장 공관 규모 축소방안'에 의거, 기존의 15개 지점장 공관을 모두 매각 처분한 후, 5개 지역 본부장은 전용면적 35평 이내의 아파트로, 기타 지점장은 국민주택 규모 이내 아파트로 규모를 축소하고 있다고 밝혔다. 런던, 홍콩 등 규모가 큰 국외 사무소장 공관의 경우 적정 규모로 축소키로 하고 매각을 추진 중이라고 밝혔다. 1997년 말 현재 51개(명의 수 기준)의 골프 회원권도 41개를 매각 처분하여 1999년 2월 18일 현재 10개만 남은 상태라고 발표하였다.

또한 한국은행은 사적(史蹟)으로 지정되어 있는 구관(舊館)에 경제홍보관을 설치하여 국민들에게 상시 개방할 계획임을 발표하였다. 이것은 은행감독원 분리 및 대규모의 조직 감축 조치로 생긴 여유 공간을 국민들에게 봉사하는 공간으로 만드는 결단이었다. 이 약속에 따라 한국은행은 구관 1층을 화폐금융박물관으로 조성, 2001년 6월 12일 진념 부총리 등 외빈들을 초청한 가운데 개관식을 가졌다. 참고로 2007년 6월 12일 한국은행은 그때까지 사무실로 써왔던 구관의 2층 공간을 모두 어린이 청소년들의 화폐 체험학습 공간으로 조성하는 등 화폐금융박물관을 확장하였다.

이날의 확장 개관식에서 한국박물관협회 배기동 회장과 김종규 명예회장은 축사를 통해 "문화재로서 높은 가치를 지니고 있는 이렇게 훌륭한 건물 전체를 박물관으로 조성하여 국민들에게 바친 기관은 우리나라에서 한국은행이 유일하고도 처음”이라고 치하하면서 한국은행의 결정을 높이 평가하였다.

1999년 2월 18일 발표된 경영개혁안에는 마지막으로 ‘경영의 획기적 효율화’ 방안이 포함되어 있었다.[14] 여기에는 조직, 인사, 급여 및 의사결정체계 등을 망라하여 광범위하게 조직개혁을 추진하겠다는 전철환 총재의 비전이 담겨 있었다. 그는 이미 1998년 9월 5일의 조회사에서 ‘다시 태어나는 한국은행’을 만들기 위한 조치의 일환으로 조직개혁을 추진하겠다고 발표한 바 있었다.

이 개혁안은 총재 지시에 따라 발족한 조직개혁팀이 1998년 9월부터 1999년 2월까지 6개월간의 작업을 통해 마련한 것이었다. 한국은행의 조직체계를 21세기 정보화 시대에 걸맞게 능률과 경쟁을 중시하는 시스템으로 다시 설계함으로써 과감한 체질개선을 도모코자 하는데 목적이 있었다.

주요 내용을 보면 첫째, 직원 전문화를 위해 순환배치제도를 폐지하고 전 직원을 직군별로 나누어 전문화하기로 하였다.[15] 여태까지 순환 근무에 익숙해 온 직원들에게 이것은 큰 변화를 가져올 수 있는 조치였다.

둘째, 통화금융 및 국제금융 전문가 등 외부 전문가를 조사부, 국제부 등의 상위직으로 채용토록 하였다. 한국은행에 온존해 온 순혈주의에서 벗어나 외부 수혈을 통해 경쟁력을 제고하려는 조치였다.

셋째, 모든 직원이 각자의 고유업무를 수행하는 ‘단위업무담당

---

14   한국은행 보도자료, 「한국은행의 경영개혁」, 1999. 2. 18. 이하 내용은 이 자료를 인용하였다.
15   2009년 4월 현재 한국은행에는 통화정책직군(정책기획국, 금융시장국), 조사직군(조사국, 경제통계국), 국제직군(국제국, 외화자금국), 금융안정직군(금융안정분석국, 금융결제국, 발권국), 경영관리직군(기획국, 전산정보국, 총무국, 안전관리실) 등 5개 직군이 있다. 여기에 포함되지 않는 금융경제연구소, 감사실, 경제교육센터는 편의상 공통직군에 속한다.

제'로 전환키로 하였다. 또한 당시 최장 7단계[16]까지 이루어지던 결재단계를 2단계 이내로 대폭 축소키로 하였다. 이를 위해 부서내 모든 직원은 직급이 높고 낮음에 관계없이 동등하게 부서장으로부터 기안지시를 받을 수 있도록 하였다. 지시받은 직원이 기안한 문서도 바로 부서장에게 보고하고 중간라인에 있는 직원은 그 문서의 내용에 대해 자신의 의견만을 개진(comment)토록 하였다. 아울러 상위직 직무권한의 50% 이상을 하부에 위임키로 하였다.

넷째, 사전에 설정된 직무목표에 의한 성과를 중심으로 직원을 평가하고 이를 급여에 반영하는 목표관리제(Management by Objectives)를 도입키로 하였다. 직원의 능력평가제도를 도입하여 그 결과를 승진 및 연수에 반영하는 한편 부하직원이 상사를 평가하는 상향식 평가제를 도입키로 하였다.

다섯째, 연공서열 위주의 급여제도를 개선하여 직무성격 및 성과에 따른 직무급과 성과급으로 구성된 연봉제 보수체계를 구축하기로 하였다.

여섯째, 직책과 직위를 분리하여 모든 직위 명을 '○○○조사역'으로 변경하고, 장(長)의 직책을 맡은 경우에는 직책 명과 직위 명을 동시에 부여키로 하였다. 모든 직위 명을 '○○○조사역'으로 변경한 것은 관리자라 하더라도 자신이 직접 처리하여야 할 고유업무가 있다는 점을 명확히 함으로써 자발적인 업무수행을 적극 유도하기 위함이었다. 또한 정부 등 대외기관과의 원활한 업무수행을 위해 본부 부서의 명칭을 국(局)으로 변경키로 하였다.

마지막으로 부서내 실 조직을 대부분 팀으로 개편하여 부부장

---

16 당시 한국은행의 결재는 경우에 따라 행원, 조사역, 과장, 부부장, 부장, 이사, 부총재, 총재의 7단계로 이루어지고 있었다.

급을 팀장으로 전진 배치함으로써 중층화된 조직구조를 개선하고 부부장급 중간관리자 인력의 활용도를 극대화하기로 하였다.

이때 발표된 조직개혁방안은 한국은행의 조직문화에 비추어 가히 혁명적인 것이었다. 당초 전 총재가 조직개혁에 착수한 것은 취임 초 직원들의 여론을 경청한 결과였다. 많은 직원들이 전 총재에게 행내 조직, 인사, 의사결정 등 내부경영 면에 구시대적이고 불합리한 요소들이 많으므로 개선이 필요하다는 의견을 피력하였다.

조직개혁팀은 과학적인 조사방법론에 입각하여 직원 여론조사를 실시하고 이를 토대로 개선방안을 마련하였다. 이렇게 만들어진 개선방안에 대해서도 부서별, 직급별로 나누어 세밀하게 직원들의 의견을 수렴하였다. 최종적으로는 집행간부들이 여러 차례 회동하여 이를 확정하였다.

그러나 어떤 개혁이든지 적응과정에서 구성원들은 고통을 겪게 된다. 예를 들면 부부장 직책을 맡고 있던 직원들이 조직개혁의 피해자 그룹이라고 할 만하였다. 이들은 이미 과장 직책을 맡아 업무 최일선에서 진력한 후 부부장으로 승진하여 업무 뒷선에서 앞으로 맡게 될 부서장 수업에 힘쓰고 있던 터였다. 그런데 어느 날 갑자기 조직개혁에 의거 다시 팀장으로 업무 최일선에 투입되었으니 불만이 없을 리 없었다. 그밖에도 상당수 직원들은 새로운 제도에 적응하는 과정에서 고통을 겪게 되거나 직무의 증대, 승진 지체 등 손해가 예상됨에 따라 조직개혁 조치를 비판하고 이에 반발하였다.

전철환 총재는 이처럼 갑자기 조직 전체 차원에서의 혁신적인 변화 조치로 직원들이 겪게 되는 고통 등을 가리켜 '적응적 고통' 이라고 부르곤 하였다. 그는 인간의 본성이 원래 그러하다고 이해하려고 애쓰면서도 한편으로는 논리적으로 이들을 설득하려고 힘썼다.

예를 들어 경영개혁방안이 발표된 후 9개월 만인 1999년 11월 20일 열렸던 조회에서 전 총재는 다음과 같이 금반언(禁反言, estoppel)[17]의 원칙을 언급하면서 직원들의 이해와 동참을 호소하였다.[18]

우리나라는 지금 모든 면에서 그 어느 때보다도 급격한 변화를 겪고 있습니다. 특히 정보통신기술의 발전과 지식기반사회의 도래가 조직운영방식에 큰 영향을 미치고 있습니다.

조직구조 측면에서는 중간 관리층의 역할이 변화하면서 기존의 다단계 피라미드형 수직구조가 네트워크형 수평구조로 달라지고 있습니다. 업무수행 측면에서는 상사들이 부하직원들을 효과적으로 통솔하기 위해 종전에는 권위주의적인 업무수행태도가 효과적이라고 인식되었으나 이제는 분권화된 조직구조에 걸맞은 정보수집능력과 통합능력이 요구되고 있습니다. 따라서 누구보다도 중간 관리층이 시대조응의식과 개혁 수범에 앞장서야 합니다. 냉소주의와 패배주의는 필경 위기와 좌절을 야기합니다.

우리 은행도 이러한 시대적 조류에 부응하여 조직역량을 극대화할 수 있도록 기존의 패러다임에 입각하여 운영하였던 조직운영원리를 바꿔서 효율화하기 위해 많은 노력을 기울이고 있습니다. 우리 직원들을 대상으로 한 여론조사 결과를 보더라도 많은 직원들이 과거의 비효율적인 제도와 관행 등은 반드시 고쳐야 한다는 생각이었습니다만, 여러분은 아직도 금반언 원칙에 따라 이를 기억하고 변하지 않고 있을 것으로 알고 있습니다.

---

17   자신이 앞에서 어떤 언행을 한 바 있는데, 그 후에 앞에서 했던 언행과 모순되는 언행은 할 수 없다는 법률상의 원칙을 말한다.

18   전철환 총재 직원 조회사(1999. 11. 20), '경제안정을 선도하는 중앙은행', 전철환 총재 연설문집 『변환성장을 위한 새 패러다임 2』, 한국은행, 2002, p. 372.

전 총재는 아무리 좋은 개혁이라도 직원들이 진정으로 동참하지 않으면 성공할 수 없다고 생각하였다. 따라서 기회 닿을 때마다 조직개혁 과정에서 '적응적 고통' 을 겪고 있는 직원들을 위로하고 격려하였다. 아울러 일단 방침이 결정된 조직개혁 내용이라도 실행 과정에서 잘못된 점이 드러날 경우 직원들의 의견을 수용하여 유연하게 바꿔 나갈 수 있도록 관련 부서에 폭넓은 재량권을 부여하였다.

이와 같은 노력에 힘입어 직군별 직원 전문화, 외부전문가 채용, 결재단계의 축소, 상향식 평가제, 연봉제 보수체계, 팀제 도입 등 조직개혁 조치들이 비교적 빠른 시일 내에 한국은행에 정착되었다. 이 제도들은 그 동안 시행과정에서 제기되어 온 직원들의 의견을 폭넓게 수용하여 변용과 진화를 거듭해 왔으며, 그 결과 지금도 한국은행 조직 및 인사 운영체계의 골간으로 자리 잡고 있다.

그럼에도 불구하고 조직개혁 방안에 대해서는 도입 초기부터 한국은행 내에서 거센 논란이 있었으며, 이러한 직원들의 불만은 아직까지도 가라앉지 않고 있다. 이것은 과거 온존해 온 문제점을 과감히 개선하기 위하여 직원 의견을 수렴하고 심사숙고 끝에 새로운 제도를 도입했지만, 예기치 못했던 새로운 문제점들이 드러났기 때문이다. 이런 점에서 조직개혁 방안의 도입과 운용 사례는 많은 직원을 만족시켜줄 수 있는 지고지선의 개혁방안을 마련하기가 얼마나 어려운 일인가를 단적으로 보여준다고 하겠다.

한국은행에 대한 의전 확립

전환기 의전 확립의 중요성

전철환 총재는 인품이 워낙 소탈하여 의전에 별로 신경을 쓰지 않았다. 따라서 필자가 비서실장으로 4년 근무하는 동안 의전문제 때문에 총재로부터 특별한 지시를 받은 적은 없었다. 또 행사가 끝난 후 의전이 마음에 안 들어 꾸짖거나 스트레스를 준 일도 전혀 없었다.

기관장의 위상이 바로 기관의 위상으로 직결되는 게 세상의 이치다. 그렇기 때문에 기관장을 모시는 사람은 기관장과 관련된 의전에 각별히 신경을 쓰게 된다. 한국은행으로서는 전철환 총재가 1998년 한은의 독립성이 강화된 이후 처음 취임한 기관장이었기 때문에 위상에 걸맞는 새로운 관행을 확립한다는 차원에서 총재 의전에 각별한 관심을 기울일 수밖에 없었다.

필자도 비서실장으로서 나름의 기준을 설정하고 총재를 모시는 일에서 의전을 갖추려고 애썼다. 이 점은 정부 부처나 기업도 마찬가지일 것이다. 정부 부처 공무원들도 의전을 갖춰 장관을 잘 모시기 위하여 최선을 다해 일하는 것으로 알고 있다.

필자는 비서실장 재직중 의전과 관련하여 총재에게 보고하지 않는 것을 원칙으로 삼았다. 전 총재가 소탈하고 겸손한 분이어서 의전에 크게 관심을 갖지 않았기 때문에 이러한 일 처리가 그런대로 먹혀들었다고 생각해 본다.

여기에는 두 가지 이유가 있었다. 첫째는 업무가 과중한 총재에게 세세한 의전문제를 보고하는 것이 비효율적이라고 판단하였기 때문이다. 둘째로는 외부 기관이 주관하는 행사의 의전에는 항상 주최측과 제3자가 있기 때문에 총재께 사전에 보고드린 대로 의전이 정해질 수 있는 확률이 높지 않을 수도 있음을 고려한 자기방어책이기도 하였다. 특히 청와대 행사의 경우는 더더욱 그러하였다. 이런저런 문제가 있어서 이렇게 저렇게 하겠다고 보고드렸더라도 그대로 마무리짓지 못할 확률이 높았다. 어떻든 필자는 총재께 사전에 보고하지 않고 비서실장 책임 아래 최선을 다하여 총재를 모시려고 애썼고, 비교적 결과도 좋았기 때문에 기쁘고 보람도 있었다.

국회 재경위[19]에서의 업무보고

1999년 1월 20일 'IMF 환란조사 특별위원회' 의 외환위기 관련 청문회에서 전철환 총재는 의원들의 질문에 답변하느라 진땀을 흘리고 있었다. 전 총재가 의원들의 날카로운 답변에 고전한 데에는 그만한 이유가 있었다.

---

[19] 전철환 총재가 취임 후 처음으로 재정경제위원회에 참석, 업무보고를 한 것은 1998년 3월 24일이었다. 그러나 개정 한국은행법이 4월 1일 발효하게 되어 있는 사정 등으로 인하여 그 때까지 정부의 금융통화위원 인사가 이루어지지 않아 이 날 전 총재는 양해를 받고 한국은행 간부 소개를 생략하였다. 전 총재가 재경위에서 금통위원, 집행간부 및 감사 등 한은 간부들을 재정경제위원회 소속 의원들에게 처음 소개한 것은 1998년 10월 16일 열린 재경위 회의에서였다.

그는 충남대학교 경제학과 교수로 재직하다가 갑자기 1998년 3월 6일 한은 총재로 취임하였다. 1997년 말 외환위기가 발생했을 당시 경제정책 당국자가 아니었다. 따라서 경제가 급격하게 악화되었던 배경이나 당시 정부 및 한국은행이 절박한 상황에서 취하였던 정책들의 소상한 내용을 직접 체험하거나 충분히 알고 있지 못하였다. 더욱이 1997년 2월부터 8월까지 6개월간은 한국을 떠나 있었다. 미국 뉴저지에 있는 Rutgers대학교에서 초빙교수로 재직하고 있었다. 그만큼 국내 사정에 어두울 수밖에 없었다.

전 총재를 난감하게 했던 것은 의원들의 송곳같은 질문만이 아니었다. 외환위기 청문회는 이날 오전 9시 30분에 개회하여 밤 10시경에 끝났는데, 그는 식사시간과 휴회시간을 제외한 열 시간 가량을 꼬박 답변대 앞에 서 있어야 했다. 그는 한국은행이 준비한 몇 십 페이지에 달하는 보고서를 선 상태에서 낭독했다. 의원들의 질문에도 처음부터 끝까지 선 채로 답변하였다.

한국은행에 앞서 기관보고를 한 재정경제부는 달랐다. 이규성 장관은 짧은 모두인사만 하고 좌석에 앉았다. 재경부장관 대신에 기획관리실장이 나와 보고서 전문을 낭독했다. 이규성 장관은 보고가 끝난 후 질의답변 시간에도 자리에 앉은 채 답하였다. 이규성 장관 바로 옆 자리에는 정덕구 재경부차관이 앉아 있었다. 두 사람의 책상 위에는 '장관' 및 '차관'이라고 쓰인 명패가 놓였다. 장관이 의원 질의에 답변할 때 도움을 줄 수 있도록 차관 자리는 장관이 앉은 자리에 붙여 바로 오른 편에 놓인다.

전 총재가 청문회에서 선 채로 보고하고 질의에 답변했던 것은 재경위가 한국은행 총재에게 장관급 의전을 허용하지 않았기 때문이다. 한국은행 직원들은 재경위가 이처럼 한은 총재를 장관에 준해

예우하지 않는 데 대해 서운한 생각을 토로하였다.[20]

한국은행은 1997년 말의 한국은행법 개정으로 독립적인 통화정책기관으로 출범하였기 때문에 한은 총재에게도 장관 의전이 적용되어야 한다고 계속 주장하여 오던 터였다. 그러나 이는 재정경제위원회의 양해가 있어야 하는 사항이었다. 한국은행은 기획국장 등 국회를 담당하는 직원들과 고위 집행간부까지 나서서 재경위원회 전문위원들을 설득하였다. 그리고 기회가 닿을 때마다 재경위 소속 의원들에게 한국은행의 입장을 설명하며, 좋은 결실이 있을 수 있도록 해 줄 것을 요청하였다.

이런 노력은 1999년 8월 11일 한국은행이 통화신용정책 보고[21]를 할 때 결실을 맺었다. 재경위원회는 이때 한국은행 총재에 대해 장관 의전을 적용하기로 결정하여, 총재가 모두발언을 한 후 '총재' 명패가 놓인 자리에 앉을 수 있게 되었다. 총재 옆에는 부총재가 앉게 되었으며, 이 자리에는 '부총재' 명패가 놓였다. 이날 총재의 모두발언에 이어 통화정책 담당 부총재보가 준비된 보고서에 의거 통화신용정책 수행 현황을 보고하였다.

금융인 신년하례회

새해가 되면 신년하례회가 많이 개최된다. 금융 관련 인사들은 은행연합회가 주최하는 금융인 신년하례회를 새해인사를 나누기에

---

20 한겨레신문은 1999년 1월 23일자 '그린스펀과 전철환 총재'라는 칼럼에서 한국은행 직원들은 "의원들이 장관과 달리 한은 총재에게는 선 채로 직접 업무보고를 하게 할 정도로 우습게 보는 데 권위가 살아나느냐고 불만이다"라고 보도하였다.
21 개정된 한국은행법에 의해 한국은행은 통화신용정책의 수행상황을 매년 1회 이상 국회에 보고서로 제출하도록 되어 있으며, 출석을 요구하는 경우 답변토록 되어 있다.

좋은 기회로 여긴다. 그 자리에서 인사를 나누면 일일이 번거롭게 다른 기관의 사무실로 찾아갈 필요가 없기 때문이다. 인사를 받는 기관장도 사람들이 사무실로 찾아올 경우 생기는 시간 손실을 막을 수 있다. 모두에게 좋은 윈윈(win-win) 게임인 것이다. 그래서 금융인 신년하례회는 매년 성황을 이룬다.

1999년 금융인 신년하례회는 1월 5일 오후 2시 은행회관 국제회의장에서 개최될 예정이었다. 전 총재로서는 취임 후 첫 번째 맞는 신년하례회였다. 총재가 참석하는 행사는 의전에 만전을 기하기 위하여 비서실에서 사전에 주최측에 행사 진행절차 등을 알아보는 게 관례다. 이 일은 총재 수행업무를 담당하는 비서역의 책임으로 되어 있다.

신년하례회가 있기 전날인 1월 4일 박찬호 비서역이 은행연합회에 의전절차를 알아보고는 급히 필자에게로 달려왔다. 신년하례회 의전에 문제가 있다는 것이다. 통상 신년하례회는 주요 인사들의 신년 인사말과 뒤 이은 건배사로 공식 행사가 끝나고, 그 후 참석자들이 자유롭게 오가며 인사를 나누는 식으로 진행된다. 그런데 박찬호 비서역이 은행연합회로부터 입수한 신년하례회 식순에는 한국은행 총재의 신년 인사말이 빠져 있었다. 재경부장관과 금감위원장만 신년 인사말을 하는 것으로 되어 있었다.

필자는 바로 은행연합회 담당 임원에게 전화를 했다. 필자는 "이처럼 총재가 인사말 순서에서 빠지게 되면 도저히 총재를 모시고 신년하례회에 갈 수가 없다"고 말했다. 배수의 진을 친 것이다. 담당 임원은 필자의 전화를 받고 이 일이 잘못 처리되면 한은 총재가 신년하례회에 참석하지 않는 의외의 방향으로 일이 돌아갈 수 있음을 직감하였던 것 같다. 한 두 시간 후 담당 임원으로부터 전화가 왔다. 재경부장관, 금감위원장, 한국은행 총재, 이렇게 세 분이 신년 인사말을 하는 것으로 식순이 바뀌었으니 총재를 모셔달라는 것이었다.

필자는 은행연합회에서 신년하례회를 준비하면서 왜 한은 총재를 인사말 순서에서 제외했었는지 구체적인 사정을 알아보지는 않았다. 한국은행법 개정으로 은행감독권이 분리됨에 따라 한국은행의 위상을 그만큼 낮게 보았기 때문이 아니었을까 짐작해 보았을 뿐이다.

김대중 대통령의 SEACEN 총재 초청 오찬

한국은행은 1999년 5월 20일부터 5월 22일까지 서울에서 동남아중앙은행기구(SEACEN, South East Asian Central Banks) 총재회의를 개최하였다. SEACEN 총재회의는 중앙은행간 협의체로서 금융경제 분야에서의 상호교류 및 협력증진 등을 목적으로 1966년에 발족되었다.

총재회의는 회원국들이 매년 한 차례씩 윤번제로 개최하고 있는데, 한국은행은 1990년 SEACEN에 가입한 이후 1993년에 이어 두 번째로 총재회의를 개최하게 된 것이다. 총재회의에는 주로 동남아시아 국가들인 10개 회원국과 5개 옵서버국 중앙은행 총재 외에 IMF의 캉드쉬(M. Camdessus) 총재가 참석하여 언론으로부터 각광을 받았다. 캉드쉬 총재는 총재회의 개회식에서 초청연사로 기조연설을 하였다.

정부는 특히 캉드쉬 IMF 총재의 방한을 반겼다. 우리나라는 1997년 말 외환위기를 맞아 IMF로부터 긴급자금을 지원받아 간신히 위기를 넘긴 터였다. 외환위기를 당한지 1년 반이 지나고 있는 시점이었다. 정부는 한국경제가 위기 이후 이룬 업적과 성과에 대해 캉드쉬 총재가 긍정적인 언급을 해 주기를 은근히 기대하였다. 그가 긍정적 발언을 해도 좋을 만큼 성과를 이루었다는 자부심도 있었다. 구조조정에도 상당한 진척이 있었고, 성장, 물가, 국제수지 등 거시경제면에서도 청신호가 이어지고 있었다. 한국경제에 대한 캉드쉬 총재의 평가는 외환위기로 어려움을 겪고 있는 국민들의 마음을 달래주고 앞날에 대한 희망을 갖게 해 줄 뿐만 아니라, 국제적으로 국가신용등급을 올리는 데에도 도움이 될 것이라고 생각되었다.

캉드쉬 총재는 한국정부의 기대를 저버리지 않았다. 한국 방문에 앞서 일본에서 AFP 통신과 가진 회견에서 "가까운 장래, 즉 3개월 안에 한국이 더 이상 IMF 구제금융을 필요로 하지 않는다고 말할 것"이라고 선언했다.[22] 5월 19일 저녁 김포공항에 도착한 후에도 그동안 한국경제가 이룬 성과를 높이 평가하는 발언들을 쏟아냈다.

매일경제신문 1999년 5월 20일자에 따르면, 그는 "이번 방한의 유일한 목적은 김대중 대통령과 한국 정부, 한국 국민에게 축하의 뜻을 전하기 위한 것"이라고 밝히고, "한국경제가 반드시 성공할 것으로 확신한다"고 말했다. 아울러 "한국경제는 1997년 11월 당시 내가 예견했던 대로 더욱 강해진 모습으로 탈바꿈했다"고 평가하고 "IMF 성공이 바로 저 앞에 보이고 있다"고 덧붙였다. 캉드쉬 총재가 김포공항에 도착하여 부인과 함께 환영 꽃다발을 받는 사진은 다음 날 아침 여러 신문에 크게 보도되었다. 이것은 당시 IMF 체제 아래에서 IMF와 캉드쉬 총재에 대한 한국민들의 높은 관심을 반영한 것

---

22 세계일보, 1999. 5. 20자.

이었다.

김대중 대통령은 5월 20일 캉드쉬 IMF 총재는 물론 SEACEN 총 재회의에 참석한 각국 중앙은행 총재들을 청와대 오찬에 초청하였 다. 같은 날 오전 9시 30분에 열린 SEACEN 총재회의 개회식에는 김 종필 국무총리가 참석하여 개회사를 하였다. 이것은 중앙은행 총재 회의를 주최한 한국은행의 입장에서는 파격적이라고 생각할 만큼 감사한 정부의 배려였다. 한국은행이 1993년 SEACEN 총재회의를 개최하였을 때나 1년 뒤인 2000년 7월 동아시아·대양주 중앙은행 총재회의(EMEAP)를 개최했을 때에도 대통령 초청 행사나 국무총 리의 개회식 참석은 없었다.

이처럼 청와대를 포함한 행정부 전체가 SEACEN 총재회의에 큰 관심을 기울였다. 이것은 우리나라가 외환위기를 극복하기 위해 서는 국제적인 협력 및 공조가 절대적으로 필요하다고 정부가 판단 했기 때문이다. 덧붙여 캉드쉬 IMF 총재가 SEACEN 총재회의에 기 조연설자로 참석한다는 사실 자체도 중앙은행 총재회의에 대한 정 부의 관심을 높이는 데 기여하였다.

흥미로웠던 것은 캉드쉬 IMF 총재 스스로 1999년 5월 경 한국 을 방문하는 것이 좋겠다고 판단했다는 점이다. IMF 총재는 유엔 사 무총장에 비견될 만큼 스케줄이 바쁜 사람이다. 186개국(2009년 7 월 현재)에 달하는 IMF 회원국 재무장관 및 중앙은행 총재들과의 교 류 협력이 기본 업무인 데다 연중 열리는 통화금융 및 경제과제 관 련 주요 국제회의에 참석해 주도록 많은 초청을 받기 때문이다.

한국은행이 1999년 SEACEN 총재회의를 개최키로 결정된 것은 1998년 2월 인도네시아 발리에서 열렸던 총재회의에서였다. 한국은 행은 1999년 총재회의 개최가 확정된 직후 캉드쉬 IMF 총재 등 국제적으로 저명한 인사 몇 사람을 염두에 두고 물밑 교섭을 벌였다. 캉드쉬 총재에게는 1998년 8월 6일 비공식 채널로 한국은행의 의향을 처음으로 전하였으며, 1998년 10월 22일 전철환 총재 이름으로 공식 초청서한을 보냈다.

캉드쉬 총재는 결정을 미루다가 총재회의를 4개월 앞둔 1999년 1월 26일 초청을 수락한다는 편지를 한국은행에 보내왔다. 캉드쉬 총재로서는 외환위기 이후 1년간 한국경제가 이룬 성과에 비추어 5월경 한국을 방문하면 비교적 홀가분하게 "한국경제가 잘 되고 있어서 한국이 곧 IMF체제를 벗어날 수 있을 것"이라는 희망적인 메시지를 한국 국민들에게 할 수 있을 것으로 예측하였던 것이 아니었나 생각된다.

당시 IMF는 외환위기를 겪은 동아시아 국가들에게 IMF 신용을 공여하는 대가로 부과한 강도 높은 구조조정과 고금리정책이 지나치게 가혹하고 현실적합성이 떨어진다는 비판에 직면해 있었다. 따라서 캉드쉬 총재로서는 IMF 처방에 따른 프로그램을 모범적으로 이행하면서 위기에서 성공적으로 탈출하고 있는 한국경제의 사례를 국제적으로 부각시키는 것이 IMF의 이익과 합치된다고 판단할 수 있었다. 그런 점에서 서울에서 열리는 SEACEN 총재회의는 캉드쉬 총재에게도 국제적인 이벤트를 펼치기에 최적의 장소가 될 수 있었다.

청와대 오찬 행사가 잡혔기 때문에 한국은행은 의전에 각별히 신경을 써야 했다. 청와대의 대통령 행사와 관련하여 한국은행 실무자가 신경을 써야 할 의전은 대체로 두 가지 사항이었다. 곧 중앙은행 총재들이 오찬 장소에 들어가면서 김대중 대통령께 차례로 인사를 드릴 때의 의전과 오찬장의 좌석 배치와 관련된 문제였다.

첫 번째 의전과 관련하여 청와대 경제비서실은 김대중 대통령과 이규성 장관이 입구에 서 있으면 전철환 총재와 동남아시아 총재들이 줄을 지어 차례로 들어오면서 대통령께 인사드리도록 한다는 것이었다. 두 번째 의전과 관련해서는 대통령 맞은편 자리에 캉드쉬 총재가 앉고, 대통령 옆에는 이규성 장관이 앉도록 한다는 것이었다. 전철환 총재는 대통령 맞은편 캉드쉬 총재 옆에 앉도록 되어 있었다.

SEACEN 총재회의 담당 부서였던 국제협력실과 총재의 의전을 책임지고 있는 비서실은 두 가지 의전이 한국은행의 입장에서 볼 때 모두 문제가 있다고 판단하였다. 이를 바로 잡기 위하여 청와대 경제비서실은 물론 의전비서실 관계자들을 설득하기 위하여 백방으로 노력하였다.

청와대 관계자들을 설득하는 데에는 무엇보다도 이번 대통령이 베푸는 행사는 SEACEN 총재회의가 서울에서 개최된 데 따른 것이고, 이 행사의 주최는 재정경제부가 아니라 엄연히 한국은행이라는 사실관계를 강조하였다. 따라서 첫 번째 의전에 있어서는 대통령 옆에 전철환 총재가 서서 동남아시아 중앙은행 총재들이 들어올 때마다 대통령께 소개해 드리도록 해야 한다고 주장하였다. 이러한 주장은 쉽게 받아들여졌다. 전철환 총재도 대통령 옆에 함께 서 있다가 차례차례 들어오는 중앙은행 총재들을 맞이하도록 한 것이다.

두 번째 의전에 있어서도 SEACEN 총재회의의 주최자가 한국은행이기 때문에 대통령 옆에 한국은행 총재가 앉아야 한다고 주장하였다. 그러나 경제비서실 관계자들은 당초 생각을 바꾸려 하지 않았다.

필자는 여러 가지로 생각하다가 의전비서관에게 직접 전화를 드려 이 건에 대하여 올바르게 판단하여 줄 것을 요청하였다. 당시 의전비서관은 외교통상부 출신으로 노련한 직업외교관이었다. 의전비서관과는 그때까지 일면식도 없는 처지였다. 의전비서관은 한국은행의 주장이 합리적이라고 생각하고 오찬시 대통령 왼편에 전 총재가 앉도록 좌석 배치를 변경토록 조치해 주었다. 대통령 오른편에는 여성 통역담당관이 앉았다.

청와대 오찬이 있었던 5월 20일 밤 9시, KBS 뉴스는 캉드쉬 총재가 한국이 이제 외환위기를 성공적으로 넘기고 있다고 말하였다고 보도하면서, 김대중 대통령이 캉드쉬 총재 및 중앙은행 총재들과 오찬을 함께 하는 장면을 방영하였다. TV 뉴스는 김 대통령이 참석자들에게 건배를 제의한 후 왼편에 앉은 전철환 총재를 보며 잔을 드는 모습을 비춰주었다.

만찬이나 오찬 때 주최자(host)는 바로 앞에 앉은 주빈(main guest)과 건배하는 것이 상례다. 그러나 이날의 청와대 오찬처럼 주최자와 주빈간의 거리가 너무 멀어 잔을 마주 하기가 어려울 때에는 옆에 앉은 손님과 건배를 하게 된다. 어떻든 그날 밤 집에서 TV 뉴스를 보면서 필자는 최선을 다해 일했다는 자부심을 느꼈다.

동아시아 · 대양주 중앙은행총재회의(EMEAP)

청와대 의전비서관실에서는 2000년에도 한국은행을 한 번 더 도와주었다. 2000년 6월 19일 한국은행은 새 만원권을 발행할 예정이었다. 새 만원권에는 위변조 지폐를 더욱 쉽게 식별할 수 있는 몇 가지 장치와 컴퓨터 스캐너 및 컬러 복사기로 인한 은행권 위조를 방지할 수 있는 도안이 추가될 예정이었다. 통상 한국은행은 새로운 돈을 만들어 시중에 유통시킬 때에는 대통령에게 직접 보고하여 온 관행이 있었다. 언제부턴가는 새 돈에 대통령 서명을 받아 한국은행 화폐금융박물관에 전시하고 있다.

또한 한국은행은 창립 50주년인 2000년을 맞아 7월 7일과 8일 동아시아·대양주 중앙은행 총재회의 및 국제 심포지움을 개최할 예정이었다. 여기에는 일본, 중국, 호주, 뉴질랜드 등 아시아 및 대양주의 11개국 중앙은행 총재들이 참석토록 되어 있었다. 국제 심포지움에는 크로켓 국제결제은행(BIS) 사무총장 등이 초청연사로 참석할 예정이었다.

필자는 2000년 6월 청와대 경제비서관실에 전화하여 한은 총재의 대통령 보고를 주선해 주도록 요청하였다. 대통령께 보고드릴 내용은 위조방지 요소를 보강한 만원권 신규 발행과 동아시아·대양주 중앙은행 총재회의 및 국제 심포지움 개최 계획이라고 밝히고, 두 쪽으로 된 문서를 송부하였다. 보고 일시는 6월 19일 이후면 좋겠다고 알렸다. 얼마 후 경제비서실 관계자는 대통령께서 워낙 일정이 많으셔서 총재 면담이 어렵다고 통보해 왔다.

필자는 이 문제를 어떻게 해결할까 고민하다가 의전비서관에게 다시 전화를 드렸다. 총재가 대통령께 보고드리려는 목적을 설명하고 협조하여 줄 것을 부탁하였다. 며칠이 지나지 않아 필자는 청와대 의전비서관실로부터 대통령 면담이 6월 27일 오후 5시로 잡혔으니 준비하라는 전화를 받았다. 전 총재는 예정대로 6월 27일 대통령에게 업무보고를 하였다. 짧은 보고였으며 청와대 경제수석이 배석하였다. 이날의 대통령 면담은 이렇게 의전비서관의 협력으로 성사될 수 있었다.

아시아개발은행 연차총회 기자단 오찬

2000년 아시아개발은행(ADB) 연차총회가 열렸을 때의 일이다. ADB 연차총회는 태국의 치앙마이에서 열렸다. 치앙마이는 방콕에서 북서쪽으로 비행기로 2시간 정도 걸리는 태국 제2도시다. 연차총회가 여기서 열리게 된 것은 연차총회 유치를 계기로 이 지역을 발전시키려는 태국정부의 의지가 있었기 때문이다.

2000년 5월 6일 오전 10시, 연차총회 개회식에 이어 모든 일정이 순조롭게 진행되고 있었다. 저녁에는 방콕 주재 한국대사 초청 만찬이 열렸다. 주요 초청 대상자는 이헌재 재경부장관, 전철환 총재 및 총회에 참석한 우리나라 은행장들이었다. 만찬을 하는 중에 한국대사는 참석 인사들에게 치앙마이에 유명한 한국 음식점이 있으니 꼭 식사를 한번 하고 가라고 정보를 주었다.

그날 밤 필자는 숙소에서 재경부 직원들의 전화를 수 차례 받았다. 익일 한국은행이 오찬을 예약한 한국음식점을 재경부장관 오찬용으로 넘겨달라는 것이었다. 한국은행은 ADB에 참석중인 기자들과의 총재 오찬 장소로 그 한국음식점을 오래 전부터 예약해 둔 터였다. 당시 언론의 취재 관행상 IMF 연차총회에는 주로 재경부 출입기자들이 가고 ADB 연차총회에는 한국은행 출입기자들이 가는 것으로 되어 있었기 때문에 치앙마이에 출장 온 기자들은 대부분 한국은행 출입기자들이었다. 이들에게 편의를 제공하기 위하여 한국은행 공보실 직원도 기자들과 동행하여 출장 와 있었다. 따라서 한국은행은 총재와 기자단 오찬을 위하여 오래 전에 방콕 주재 한국대사관에서 얻은 정보를 토대로 한국음식점 1층 홀을 전부 쓰는 것으로 예약해 두었다.

필자는 총재의 오찬 장소를 넘겨달라는 요구에 불쾌하였지만 핑계를 잘 대어 현명하게 거절하는 것이 좋다고 생각하였다. 그래서 이미 기자들에게 오찬 장소가 공지되어 있는 사정을 설명하면서 바꿀 수 없음을 통보하였다. 갑자기 오찬 장소가 바뀌는 바람에 총재 오찬에 참석 못하는 기자가 있게 되면 누가 그것을 감당할 수 있겠느냐고 반문하였다.

그런 일은 국내에서도 가끔 발생하였다. 어떤 출입기자가 기관장과의 오찬 또는 만찬을 놓쳐 참석하지 못하게 되면 거기서 있었던 기관장의 주요 발언이나 사건 등을 취재하지 못하게 된다. 해당 기자는 경우에 따라 특종을 놓친 것과 같은 치명적인 피해를 입을 수 있다. 필자는 갑자기 약속 장소가 바뀌어 기자가 한 사람이라도 못 오게 되면 큰일난다는 이유로 완강하게 거부하였다.

다시 재경부 국장이 전화를 했다. 기자들은 재경부 공보관실에서 책임을 지고 새로 정한 오찬 장소로 잘 데리고 갈 터이니 양보해 달라는 거였다. 필자는 그래도 곤란하다고 하였다. 재경부 국장은 필자에게 전철환 총재께 직접 말씀드린다고 하였다. 나로서는 말릴 방법이 없었지만, 설마 이런 일로 총재께 전화를 할 수 있을까 반신반의하였다. 그러나 전 총재는 그날 밤은 물론 다음날 아침에도 아무 말이 없었다.

다음 날인 5월 7일 오전 필자는 연차총회 회의장에서 재경부 직원들을 만났다. 대부분 안면이 있는 사람들이었다. 그들은 그 자리에서도 필자에게 오찬 장소를 양보해 달라고 부탁하였다. 필자는 완곡하게 거부하였다. 결국 재경부 실무자들은 주인한테 요청하여 그 음식점 건물 2층을 정리하여 임시 식당으로 꾸몄다. 그날 재정경제부 장관은 그 한국음식점 2층에서 금융기관장들과 오찬을 하였다.

한국은행은 당초 예약한 대로 1층 홀에서 기자들과의 총재 주최 오찬간담회를 마쳤다.

　기자단 오찬 행사가 끝난 후 총재께 여쭈어 봤더니 재경부 국장이 전날 밤 부탁을 하는 전화를 하였다는 것이다. 전 총재는 "일정 관계는 비서실장이 알아서 하는 일이니 김 실장과 의논해라"고 말했다고 한다. 필자는 한국은행 총재에게 정부부처 국장이 전화로 그런 말씀을 드렸다는 게 상식적으로 받아들여지지 않았지만, 어떻든 필자로서는 비서실장의 책무에 걸맞게 의전을 지킨 셈이었다.

진념 장관의 총재 및 금통위원들과의 오찬

　2000년 8월 7일 전철환 총재가 집무실에서 인터폰으로 필자에게 들어오라고 하였다. 진념 기획예산처장관이 재경부장관으로 취임한 날이었다. 전 총재는 진념 장관이 금통위원들과 점심을 함께 하자고 하였다고 하며 이를 금통위원들에게 알려드리라고 지시하였다. 오찬 날짜는 8월 24일, 오찬 장소는 은행회관으로 장관과 총재가 이미 일정을 맞춰 둔 터였다.

　필자는 총재의 지시가 끝나자마자 그 자리에서 조심스럽게, 대통령이나 국무총리도 아닌데 재경부장관이 총재와 금통위원들을 함께 불러 모아 오찬을 한다는 게 의전에 문제가 있다는 취지의 말씀을 드렸다. 특히 이러한 오찬 회동 사실이 언론에 보도될 경우 한국은행의 위상이 실추될 수 있다고 덧붙였다. '겉으로는 한국은행이 독립되었다고 하는데, 기실 내면적으로는 재경부장관이 부르니까 총재와 금통위원들이 모두 나가 식사를 같이 하는 모습이구나. 독립이라는 게 그저 껍데기구나' 하는 생각을 국민들에게 줄 수 있기 때문이다.

　　전 총재는 진념 장관이 금통위원들을 오찬에 초청한다고 해서 별다른 생각 없이 가볍게 그 제의를 받아들였는데 잘못하면 한국은행 이미지에 안 좋은 영향을 미칠 수 있겠구나 생각하였다. 그러면 어떻게 하는 것이 좋겠느냐고 필자의 의견을 물었다. 필자는 총재가 다시 진념 장관에게 전화를 해서 다음과 같이 오찬의 형식과 내용을 바꾸는 것이 좋겠다고 조언했다.

　　첫째, 장관이 점심을 사는 것이 아니라, 총재가 장관의 취임을 축하하는 뜻에서 오찬에 초청하는 형식을 취하도록 한다. 그렇게 오찬 주최가 바뀌게 되면 한국은행이 취할 수 있는 자유도(degree of freedom)가 높아지게 된다.

　　둘째, 오찬 장소도 은행회관은 공식적인 회합이라는 느낌이 강하므로 조선호텔이나 프라자호텔 등으로 바꾸도록 한다. 공식 행사로 비쳐질 수 있는 부담을 가능한 한 덜기 위해서였다.

　　셋째, 오찬 참석자는 재경부장관과 총재, 금통위원들로 한정하고 배석자는 일체 없는 것으로 한다. 이것은 재경부와 한국은행이 무슨 행사를 하거나 회동을 하면 재경부 출입기자를 통해 대부분 신문에 보도되곤 하는 사례가 많았기 때문이었다. 또 배석하였던 재경부 관리가 출입기자들에게 행사 및 회의에 관련된 얘기들을 해 주면 타 언론사들과의 치열한 경쟁 속에서 늘 마감시간에 쫓겨 지내는 기자들은 관련 기관들에 사실 확인을 제대로 하지 않고 기사를 쓰는 사례가 많았다. 그런 기사들은 취재원이 재경부 공무원이기 때문에 당연히 재경부 입장을 알리거나 재경부 취향에 맞는 기사가 될 가능성이 컸다. 재경부와 한은의 입장을 균형있게 종합적으로 배려한 기사가 나오기가 극히 어렵다는 말이다. 그래서 오찬 행사가 언론에 보도되는 것을 막으려면 배석자가 없어야 한다고 필자는 생각하였다. 그래야만 보도될 경우 어느 쪽에서 발설했는지 쉽게 알 수 있다. 이처럼 보안조치를 미리 취하면 참석자들의 입에 자물쇠를 거는 효과도 거둘 수 있게 된다. 필자는 전 총재께 그런 생각을 말씀드렸다.

전 총재는 필자의 의견에 공감하였다. 그렇지 않아도 정부 관리들이 금리문제를 수시로 언급함에 따라 한국은행은 통화정책을 독립적으로 수행하고 있으면서도 겉에 드러난 모습(appearance)에서는 그렇지 않은 것처럼 비쳐져 속은 꺼멓게 타 들어가고 있었다. 그는 8월 7일 오후에 바로 진념 장관에게 전화하여 본인이 진 장관의 취임을 축하하는 뜻에서 오찬을 내겠다고 제의하였다. 오찬 장소도 프라자호텔로 바꾸겠다고 얘기하고 배석자 없이 오찬을 가지자고 제안했다.

필자는 총재실을 나오자마자 비서실 직원에게 오찬 장소를 예약하도록 지시했다. 그리고 배석자가 없으므로 오찬 장소에는 의자도 장관, 총재, 6명의 금통위원만 앉도록 딱 8개만 놓도록 해야 한다고 당부하였다.

8월 24일 오전 오찬을 앞두고 필자에게 재경부 관계자로부터 두 차례 전화가 걸려 왔다. 장관이 참석할 오찬에 관계자가 배석토록 해달라는 것이었다. 필자는 실무자는 배석시키지 않기로 한 것이 총재와 장관의 합의사항이라고 환기시켰다. 그 배경이 언론에 보도되는 것을 막기 위함이라는 것도 솔직하게 밝히고 재경부에서도 협조해 줄 것을 부탁하였다. 실무자가 장관을 수행하여 오찬 장소에 오더라도 자리가 없음도 주지시켰다. 재경부 측에서도 이에 공감하였다.

그날 오찬은 프라자호텔 중식당에서 배석자 없이 장관과 총재, 금통위원들만 참석한 가운데 이루어졌다. 오찬에 참석하였던 모 금통위원은 이 회동에서 진념 장관이 "금통위원들이 통화정책 수립시 정부 정책에 적극 협조해 줄 것을 촉구하였다"고 술회한 바 있다. 당시 재정경제부가 한국은행에 대하여 갖고 있었던 시각의 일단을 알 수 있는 사건이었다. 그러나 이 오찬 회동은 끝까지 언론에 보도되지 않았다.

다만 어떤 경로로 취재가 되었는지 모르겠으나 8월 26일 한국경제신문은 진념 장관과 전 총재의 오찬 사실을 보도하였다. 이 기사는 "진념 재경부장관과 전철환 한은 총재는 24일 서울시내 한 호텔 중식당에서 만나 재경부가 중앙은행 고유권한인 통화신용정책에 월권하는 일이 없도록 하는 한편 한은이 거시경제정책 운용에 적극 협력키로 합의했다"고 되어 있었다. 이 기사에는 금통위원들에 대한 언급은 전혀 없었다. 만일 진념 장관과 전 총재 및 금통위원 전원이 오찬회동을 했다는 사실과 함께, 오찬에서 진 장관이 한 발언이 언론에 보도되었다면 독립된 통화정책 수립기관으로서 한국은행 이미지가 적지 않게 훼손되지 않았을까 생각해 본다.

Chapter 7

경제안정화 정책에 시동을 걸다

외환위기 이후 최초의 콜금리 인상

콜금리 인상을 위한 준비

전철환 총재는 2000년 1월 13일 한국은행 기자실에서 2000년 통화신용정책 운영계획을 발표하면서 2000년 물가안정목표를 1.5~3.5%로 정하였다고 밝혔다. 또한 "통화정책 운용의 일관성을 유지할 수 있도록 중기 물가안정목표를 설정하여 2001년 이후에는 매년 소비자물가의 연평균 상승률을 2.5%선에서 유지하도록 노력하겠다"고 말하였다. 중기라면 대체로 향후 2~3년을 가리킨다. 한국은행은 이날 당해년도의 물가안정 뿐만 아니라 내년과 내후년의 물가안정에도 관심을 두고 중기적 시각에서 물가안정 기반을 확보하기 위하여 노력하겠다는 의지를 천명한 것이다.

한국은행은 왜 이때 중기적 관점에서의 물가안정을 강조하였을까? 1999년중 소비자 물가상승률은 1.4%로 미미한 수준이었다. 그냥 물가안정만을 얘기해서는 한국은행이 당해년도의 물가안정만 강조하는 것으로 받아들여질 수 있었다. 그렇게 되면 당시 물가가 안정되어 있었으므로 한국은행이 가까운 시일에 시중 유동성 관리 및 단기금리 조절 등에 나서지 않을 것이라는 기대가 시장에서 형성되거나 한국은행이 금융긴축에 나설 필요가 없다는 여론이 조성될 수 있었다.

이론적으로나 실증 분석을 통해 보더라도 시중의 유동성이나 통화량이 실제 물가에 영향을 미치는 데에는 3~5분기 정도 소요된다. 그러므로 한국은행으로서는 당장 물가가 안정세를 보이고 있더라도 중기적 차원에서 내년도 이후의 물가안정을 위해 필요하다고 판단될 경우에는 2000년 중 유동성을 조이기 위한 금리인상 등의 조치를 취할 수 있음을 선언해 두었던 것이다. 중기적 시각에서의 물가안정을 강조함으로써 한국은행은 통화정책 수행의 행동반경을 넓히고 자유도(degree of freedom)를 높이겠다는 의지를 분명히 밝힌 것이다.

전철환 총재는 물가안정을 위한 통화정책의 선제적 대응 전략에 대해서도 속내를 드러내 보였다. 즉 "금융시장 안정추이를 보아가며 장단기 금리격차의 축소를 유도함으로써 금리정책의 유효성을 제고토록 하겠다"고 선언한 것이다. 이것은 한국은행이 장단기 금리격차를 줄이기 위한 방안의 일환으로 단기금리를 인상할 수 있음을 예고한 공식 발표였다.

전 총재는 1월 19일 대한상공회의소가 주최한 조찬 강연에서도 장단기 금리격차 축소를 위한 단기금리 인상 가능성을 시사하였다.[1] 이날 강연은 그가 새해 들어 처음 하는 외부 강연이었으나 시장 참가자들이나 언론으로부터 별다른 관심을 끌지 못하였다.[2] 대우사태 이후 장기간 금융시장 안정에 중점을 두어 콜금리를 동결하는 통

---

1   한국은행 총재 강연 및 기고문, 「2000년 경제전망과 통화신용정책(대한상공회의소)」, 2000. 1. 19, p. 18.
2   한국경제신문이 1월 20일자 가판에서 2단 기사로, 시내판에서는 1단 기사로 보도했을 뿐 대부분의 언론은 전 총재의 강연을 취급하지 않았다.

화정책이 수행되면서 시장에서는 그 만큼 한국은행의 통화정책에 대한 관심이 높지 않았다.

한국은행, 콜금리 인상 없다는 정부 브리핑 부인

2월중 통화정책 방향을 결정하기 위해 금융통화위원회가 2월 3일 개최될 예정이었다.[3] 그러나 한국은행은 금융통화위원회가 열리기 3일 전인 1월 31일 회의 일정을 바꿨다. 2월중 통화정책 방향을 2월 10일에 임시 금융통화위원회 회의를 개최하여 논의키로 한 것이다. 최근 발표된 경제지표들을 충분히 검토할 시간을 확보하기 위해서라고 해명하였지만, 실제 이유는 다른 데 있을 것이라는 관측이 많았다.[4]

2월 2일부터 대우채권 편입펀드의 지급비율이 95%로 높아지게 되어 있었다.[5] 따라서 수익증권 보유자들이 어떤 행태를 보이느냐에 따라 금융시장 상황이 크게 달라질 것으로 예상되었다. 수익증권 보유자들이 대량 환매에 나설 경우 금융시장 불안이 고조될 우려가 있었으며, 환매 규모가 그리 크지 않을 경우 금융시장은 급속하게 안정될 가능성이 점쳐졌다.

이런 상황에서 한국은행이 2월중 통화정책 방향을 결정하기 위한 회의를 예정보다 1주일 뒤로 미루기로 한 것이다. 한국은행이 대

---

3 2월 3일은 2월의 첫째 목요일이었다. 한국은행은 매월 첫째 주와 셋째 주 목요일에 정례 금융통화위원회를 개최하며, 특별한 이유가 없는 한 월중 통화정책 방향은 통상 첫째 주 목요일에 열리는 금융통화위원회에서 결정하여 발표하여왔다.
4 매일경제신문, 2000. 2. 4자.
5 당초에는 2월 8일부터 대우채권 편입펀드의 지급비율이 95%로 높아지게 되어 있었으나, 정부가 환매창구의 혼잡을 방지하기 위하여 개인에 대해서는 조기에 환매할 수 있는 방안을 마련키로 결정한 데 이어, 투신·증권사의 환매준비가 완료됨에 따라 2월 2일부터 환매가 시작되었다.

우채권 편입펀드의 환매상황을 예의주시한 뒤 통화정책 방향을 기동성있게 결정키로 전략적인 판단을 내렸음을 의미한다. 지금 생각해 보아도 적절한 의사결정이었다.

그런데 2월 6일 돌발 사태가 발생하였다. 이날 오후 이헌재 재경부장관과 이용근 금감위원장, 전철환 한은 총재는 은행회관에서 대우채 환매 대책을 마련하기 위한 확대금융정책협의회를 개최하였다. 이날 회의가 끝난 뒤 배석하였던 금감위 고위간부가 "현재 금융시장 불안으로 인해 장기금리는 지나치게 높고 단기금리는 낮아 장단기 금리 간 격차가 너무 크다"며 "이같은 격차가 해소되어야 한다는 것이 정부 방침"이라고 전했다.[6] 그는 이어 "장단기 금리간 격차는 장기금리를 낮춰서 해소해야 할 것"이라며 "콜금리를 올릴 생각은 없다"고 덧붙였다.

국민일보는 이헌재 장관도 비슷한 발언을 한 것으로 보도하였다. 이 신문에 따르면 이헌재 장관은 회의가 끝난 후 기자들과 만나 "장단기 금리격차가 5%포인트 이상 벌어져 있으나 이는 대우사태로 인한 불안요인에 의해 장기금리가 상승한 측면이 있어서다. 이런 상태에서 단기금리를 인상하는 것은 금리체계 왜곡을 심화시킬 수 있다"며 "일단 장기금리가 대우사태 이전 수준으로 되돌아가 먼저 정상화돼야 한다"고 말했다는 것이다.[7] 장기금리의 인하가 선행되어야 하며, 단기금리 인상에는 반대한다는 뉘앙스의 발언이었다.

그 결과 3자회동이 있던 날 저녁 서울 시내에 뿌려진 조간신문 가판에는 '콜금리 인상 않기로'(한국경제신문), '콜금리 당분간 안 올린다'(동아일보), '콜금리 안올리고 장기금리 낮추기로'(한겨레)

....

6   동아일보, 2000, 2, 7자.
7   국민일보, 2000. 2. 7자.

등의 제목 아래 관련 내용이 보도되었다.

2월 6일 밤 전철환 총재는 한국은행 공보실에서 자택으로 팩스로 보내온 가판 기사들을 접하고 깜짝 놀랐다. 이날 오후에 있었던 경제장관 3자회동에서 콜금리에 관한 얘기는 전혀 나온 바가 없었다. 그런데 정부 쪽 관계자가 회의 결과를 발표하면서 콜금리를 안 올리기로 했다니 기가 찰 노릇이었다.[8] 그는 금융시장국장에게 보도해명자료를 내도록 지시하였다. 이 자료는 다음과 같이 두 문장으로 되어 있었다.[9]

금일(2월 6일) 열린 경제장관간담회는 대우채권 지급비율 인상과 관련하여 최근의 투신사 수익증권 환매동향과 유동성대책의 추진상황을 점검하는 회의였음. 오늘 회의에서 콜금리에 대해서는 논의되지 않았으며 논의될 성격의 자리도 아니었음. 끝

이 보도해명자료는 두 가지 목적 아래 작성 배포되었으며, 뜻한 대로 효과를 거두었다. 첫째, 경제장관간담회에서 콜금리에 대해 논의하지 않았음을 천명함으로써 정부쪽에서 콜금리를 올리지 않기로 했다는 발언을 정면으로 부인하였다. 둘째, 콜금리는 한국은행이 금융통화위원회를 열어서 결정하는 것이지 경제장관간담회에서 결정하는 것이 아님을 선언한 것이다.

한국은행이 이처럼 보도해명자료를 신속하게 발표한 것은 개

---

8   문화일보는 2000년 2월 8일 '한은 총재의 대노' 라는 제목의 기사에서 "전철환 총재가 (정부
     측에서) 의제에 오르지도 않고 논의된 일조차 없는 사실을 만들어 발표한 데 대해 대노했다"고
     보도하였다.
9   한국은행 보도해명자료, 「연합뉴스의 '정부, 콜금리 안올릴 방침(종합)' 제하의 기사
     (2000/02/06 18:46)와 관련하여」, 2000. 2. 6.

정 한국은행법의 발효에도 불구하고 행정부의 지속적인 금리간섭에 의해 퇴색되었던 한국은행의 위상을 드높이는 한편 한국은행이 독립적인 통화정책기관임을 다시 한 번 새롭게 선포하는 일이었다. 한국은행은 이를 통해 1998년중 정부의 국고채 인수 거부와 외환은행에 대한 직접출자 거부에 이어 한국은행의 독립된 위상을 다시 한 번 대내외에 과시하였던 것으로 평가된다.

언론은 이를 놓치지 않고 비교적 큰 기사로 보도하였다. 대우사태 이후 정부가 채권시장안정기금 등을 만들어 채권시장을 쥐락펴락 하는 과정에서 국민들과 시장의 관심에서 멀어졌던 한국은행의 통화정책이 다시 각광을 받기 시작하였다. 문화일보는 한국은행의 보도해명자료가 한국은행이 금리인상 가능성을 시사한 것으로 앞질러 관측 보도하였다.[10] 이 신문은 콜금리 인상 시기를 "이르면 이달 금통위 정례회의, 늦어도 4월 총선 직후"일 것으로 예측하였다. 금융시장에서는 한국은행이 4월 국회의원 총선거를 앞두고 콜금리를 올리는 것을 부담스러워 할 것이라는 관측이 많았다.

2월 8일에는 조간신문들이 콜금리를 둘러싼 한국은행과 정부와의 갈등을 중요기사로 보도하였다. 한국일보는 '정부, 장·단기 금리 차 해소 위해 콜금리 동결 주장에 한은·금통위, 월권 반발' 이라는 제목으로 보도하였다. 조선일보도 '콜금리 신경전, 한은 신축 운용, 재경부 노 터치' 라는 제목으로 보도함과 아울러 '멀고먼 금통위 독립' 이라는 제목의 기자 칼럼을 게재하였다. 매일경제신문도 '재경부·금감위의 월권' 이라는 제목으로 기자 칼럼을 실었다.[11]

---

10 문화일보, 2000. 2. 7자.
11 한국일보, 조선일보, 매일경제신문, 2000. 2. 8자.

언론은 콜금리 결정을 위하여 2월 10일 개최 예정인 금융통화
위원회를 앞두고 사설 등을 통해 콜금리 문제를 포함한 금리정책을
다루었다. 대체적인 논지는 대우채 환매가 순조롭게 진행되고 있는
등 금융시장이 급속히 안정되고 있으므로 이제는 정부 주도의 인위
적이고도 경직적인 저금리정책에서 벗어나 한국은행이 중심에 서
서 시장친화적 방법으로 금리인상을 검토해 나가야 한다는 내용이
었다.[12]

미 행정부의 왜곡 발표에 저항하였던 미 연준

역사는 반복되는 것일까? 2000년 2월 10일 금융통화위원회 개
최를 앞두고 대한민국 서울에서 숨 가쁘게 전개되었던 상황은 공교
롭게도 1950년 1월 통화정책을 둘러싸고 워싱턴에서 벌어졌던 미
행정부와 연준간의 갈등과 비슷한 점이 많았다.[13]

첫째, 두 사건 모두 발단이 비슷하였다. 두 나라 모두 행정부가
중앙은행 총재와의 회동 내용을 현저히 왜곡하여 언론에 발표하면
서 비롯되었다. 미 행정부는 트루먼 대통령이 연준 의장 및 이사, 지
역연준 총재 등 연방공개시장위원회(FOMC) 구성원 전원을 백악관
으로 초빙, 행정부 정책에 협조해 줄 것을 요청하였다. 그리고는 연
준이 행정부의 정책에 협조하는데 동의하였다는 내용의 보도자료

---

12 조선일보는 2000년 2월 8일 '금리는 한은에 맡겨야' 라는 제목으로, 매일경제신문은 같은 날
'누가 콜금리를 결정하는가' 라는 제목으로, 세계일보는 2000년 2월 9일 '한은, 제목소리 내야
한다' 라는 제목으로, 한국경제신문은 같은 날 '시장지향적인 금리정책을' 이라는 제목으로 각각
사설을 게재하였다. 그러나 내외경제신문(2000. 2. 8)과 서울경제신문(2000. 2. 9)은 금융시장
안정을 도모하기 위하여 유관기관 간 정책조화가 우선시되어야 함을 주장하는 사설을 게재하였
다.
13 졸저, 「미국 연방준비제도의 역량」(금융경제연구 제98-1호), 한국은행, 1998, pp. 32~34.

를 만들어 연준과 협의없이 배포하였다. 연준 간부들이 대통령의 발언을 경청하였을 뿐 통화정책 면에서 협조하겠다는 언급을 한 마디도 하지 않았는데도 말이다.

둘째, 미국과 한국 모두 사명감있고 열정과 용기를 지녔던 중앙은행 인사들의 결단이 있었다. 그 결과 외부에 공개되지 않을 뻔 했던 행정부와 중앙은행 간의 갈등이 세상에 드러나게 되었다. 미국에서는 1934년부터 1948년까지 연준 의장을 역임하였고, 사태 당시 연준 이사(Governor)[14]로 있던 에클즈(Marriner S. Eccles)가 실제 백악관에서 있었던 상황을 뉴욕 타임스, 워싱턴 포스트 등 주요 언론에 공개하였다. 한국에서는 전철환 총재가 나섰다. 총재 지시에 따라 한국은행은 정부 관계자의 브리핑이 사실이 아니라는 보도해명자료를 배포하였다.

그러나 다른 점들도 많았다. 첫째, 미국의 경우는 트루먼 대통령이 행정부에 협조해 줄 것을 연준 간부들에게 직접 당부한 데에서 사건이 비롯되었다. 한국은 재경부장관, 금감위원장, 한은총재가 확대금융정책협의회라는 이름 아래 회동한 데에서 사건이 벌어졌다. 미 연준의 대척점에는 백악관이 있었던 반면, 한국은행의 경우는 재경부와 금융감독위원회가 있었다.

둘째, 미국에서는 발단에서부터 백악관이 간여되어 있어 언론은 물론 의회가 문제를 삼았으며, 의회의 압력이 재무부와 연준간의 협상에 큰 동력으로 작용하였다. 그러나 한국의 경우는 사건의 성격

---

14 미국은 연준의 독립성을 보장하기 위하여 연준 이사들의 신분 보장을 철저히 하고 있다. 연준 이사들은 상원의 조언과 인준을 거쳐 대통령이 임명토록 하고 있으며, 연준 이사의 임기도 대통령의 임기인 4년보다 훨씬 긴 14년으로 되어 있다. 또한 연준 의장으로 있던 이사가 의장으로 재지명되지 않더라도 잔여 임기중 이사로 재임하는 것이 가능한데 에클즈의 경우가 여기에 해당하는 사례이다.

이 재경부·금감위와 한국은행간의 대립이었고, 청와대는 처음부터 관계되어 있지 않았다. 더욱이 2000년 4월에 있을 국회의원 총선거를 앞두고 국회가 휴회 중이어서 의원들도 이 일에 관심을 쏟을 겨를이 없었다.

결론적으로 위의 두 가지 차이점에 기인하여 미국에서는 '재무부와 연준간 협약(The Treasury-Federal Reserve Accord)'이 성립되는 기념비적인 성과가 있었다.[15] 미 연준은 제2차 세계대전 발발 이후 연방정부의 원활한 재정증권 발행을 뒷받침하기 위해 국채가격을 지지해 왔으나, 이 협약을 통해 그러한 의무에서 벗어났다. 재무부가 이 협약에서 연준이 돈을 찍어 국채가격을 지지할 의무가 더 이상 없다는 것을 확인했던 것이다. 국채가격을 일정 수준으로 유지했다는 것은 국채 금리를 정부가 제시한 수준으로 유지했다는 것과 같은 말이었다. 따라서 이 협약에 의거 연준은 정부가 제시한 대로 금리를 일정 수준에서 유지해야 했던 과거의 굴레에서 벗어나 실물경제 및 금융시장 등을 종합적으로 고려하면서 공개시장조작 등을 통해 금리를 탄력적으로 조절할 수 있게 되었다.

그러나 한국에서는 재경부·금융감독위원회·한국은행 등 세 기관이 회동했을 때 그 결과를 보도진에게 발표하는 문제와 관련하여 3자간 양해각서나 협약이 체결되는 등의 성과가 없었다.

한국은행, 콜금리 0.25%포인트 인상

2월 10일 한국은행은 금융통화위원회를 개최, 콜금리를 4.75%

---

15   이에 대해서는 앞의 졸저, pp. 29~34 참조.

내외에서 5.00% 내외로 인상하여 운영키로 의결하였다.[16] 전철환
총재는 금통위 회의가 끝난 후 기자회견을 갖고 콜금리의 인상 배경
을 설명하였다. 그는 그 동안 경기상승 및 금융시장 불안에 따른 장
기금리의 상승에도 불구하고 금융시장 안정을 위해 콜금리를 계속
낮은 수준에서 유지해 온 결과 장단기 금리격차가 크게 확대되었음
을 지적하였다. 이로 인해 시중자금이 단기화되고 금리정책의 유효
성이 저하되는 부작용이 나타나고 있다고 설명하였다. 따라서 장기
금리 하락을 유도하기 위해서는 실물경제활동에 비해 상대적으로
낮은 콜금리를 다소 상향하여 운영할 필요가 있는 것으로 판단한다
고 밝혔다.

한국은행이 콜금리를 인상하기로 결정한 데에는 전반적으로
안정되고 있는 금융시장 동향도 십분 고려되었다. 금융시장에서는
그 동안 경색되었던 채권거래가 활기를 띠면서 장기시장금리가 점
차 하락하고 있었다. 대우채권 환매와 관련하여 우려되었던 금융시
장 불안도 크게 해소되고 있는 것으로 판단되었다. 대우채권 환매시
지급해 주는 금액이 2월 2일부터 장부가액의 95%로 인상된 이후에
도 수익증권 환매로 인한 투자신탁회사의 자금유출 규모는 크지 않
았다.

전 총재는 경기상승세가 지속되는 가운데 아직까지 물가상승
압력이 현재화되고 있지는 않은 것으로 판단된다며 "콜금리 인상이
통화정책 기조를 긴축으로 전환한다는 의미는 아니다"라고 하였다.
또한 전 총재는 "콜금리 인상 조치에도 불구하고 장기금리는 하향

안정세를 유지하여 장단기 금리격차가 축소될 것으로 예상된다"고 말하였다. 전 총재는 이러한 전망의 근거로 "최근 장기시장금리가 금융시장 불안요인의 완화로 하락세를 보이고 있고, 경기상승에 대응한 금리인상 예상은 이미 시장금리에 상당 부분 반영되어 있다"는 점을 들었다.

드디어 콜금리가 4.75%에서 5.00%로 0.25%포인트 인상된 것이다. 한국은행은 1997년 외환위기 직후 IMF와의 협의 아래 환율 안정을 위하여 금리를 대폭 인상하였다. 1997년 12월 30일에는 환매조건부채권(RP) 금리가 35.08%에 달하였으며, 같은 날 콜금리는 31.44%를 기록한 바 있다. 외환시장이 점차 안정됨에 따라 한국은행은 1998년 초부터 콜금리를 꾸준히 인하하여 오다가 1999년 5월 6일 4.75% 수준으로 유지키로 결정하였다. 그러므로 2월 10일의 콜금리 인상은 1998년 초 콜금리를 인하하기 시작한 이후 처음 있는 조치였다.

콜금리 인상이 있었던 2월 10일, 시장은 어떻게 반응하였을까? 이날 채권시장에서는 금리인상이 호재로 받아들여졌다. 이날 3년 만기 국고채 금리는 9.08%, 3년 만기 회사채 금리는 10.07%로 전날보다 각각 0.02%포인트와 0.01%포인트 떨어졌다. 2월 29일에는 3년 만기 국고채 금리가 8.91%, 3년 만기 회사채 금리는 9.90%를 기록함으로써 2월 10일에 비해 모두 0.17%포인트 하락하였다.

한국은행이 예상하였던 대로 콜금리 인상에 따라 장기금리가 오히려 하락한 것이다. 콜금리 인상이 장기금리를 끌어올릴 것이라는 일각의 염려가 해소된 셈이었다. 주식시장에서도 콜금리 인상소식은 악재가 되지 못했다. 이날 종합주가지수가 9포인트 가량 하락한 것은 장 막판에 쏟아진 대량의 프로그램 매물 때문이었다. 오히

려 장중엔 15포인트 이상 오르는 등 한 동안 상승기조가 이어지기도 했다.[17]

언론들도 한국은행의 조치를 비교적 긍정적으로 평가하였다. 그 중에서도 2월 10일의 콜금리 인상조치를 한국은행 독립과 연결하여 평가한 두 편의 칼럼은 당시 금리인상 조치가 한국은행의 독립성 확보를 위한 기념비적인 사건으로 평가되었음을 말해준다.

경향신문 2월 14일자에 게재된 김학은 교수 칼럼은, 10여 년 전까지만 해도 한국은행 총재가 자신의 견해를 밝히는 글을 써도 각종 압력 때문에 어느 신문사도 이를 게재조차 해 줄 수 없었던 어두운 시절이 있었음을 먼저 소개하였다. 그런데 이와는 대조적으로 지난 2월 10일 한국은행이 재경부와 금감위의 강력한 반대에도 불구하고 콜금리 인상을 감행했고, 여기에 언론까지 공개적으로 한국은행 편을 들었다는 사실을 지적하면서 격세지감과 감개무량함을 느낀다고 술회하였다.

한국경제신문 2월 16일자에 실린 노성태 주필의 칼럼은 콜금리 인상 조치를 '한국은행의 새로운 독립선언' 으로 평가하였다. 이 칼럼은 "선거를 두어 달 앞두고 금리를 올리는 일은 중앙은행의 독립성이 확립된 미국 또는 독일에서나 가능할 것인데, 미국에서도 쉽지 않은 일을 이번 금통위가 어렵게 결정함으로써 한국은행과 통화정책의 독립성을 행동으로 선언했다"며 한은의 금리인상을 평가하였다. 2월 14일 한국경제신문은 '뉴스메이커' 난에 전철환 총재를 선정하고 '통화정책 주도 의지 과시' 라는 제목으로 전 총재의 삽화를 곁들여 보도하였다.

---

17   동아일보, 2000. 2. 11자.

금융통화위원회, 콜금리 인상안 부결

정부의 간섭으로 한은의 콜금리 인상 무산

2월 초 대우채권 환매가 원만하게 마무리되면서 금융시장 불안이 상당히 진정되었다. 이제 한국은행이 물가, 성장, 국제수지 등 거시경제 흐름에 주안점을 두어 통화정책을 수행할 수 있는 여건이 어느 정도 조성된 셈이었다.

2000년에 들어서도 실물경제는 높은 성장세를 지속하고 있었다. 1999년 4.4분기에 10.9%에 달하였던 GDP 성장률은 2000년 1.4분기에는 12.6%로 더 높아졌다. 실물경제가 급속도로 확장되면서 수입증가세가 높아짐에 따라 3월과 4월에는 경상수지 흑자 규모가 크게 축소되었다. 이제 외환위기 이후 지속되어 온 경상수지 흑자 기조가 무너지고 적자로 돌아서는 것이 아니냐는 우려까지 제기되었다.

그런데 5월 이후에는 경상수지 흑자폭이 확대되면서 경상수지의 적자 전환에 대한 우려가 사라진 반면 새로운 걱정거리가 나타났다. 새한그룹 및 현대건설의 유동성 위기를 계기로 금융시장이 다시 불안의 소용돌이로 빨려 들어가기 시작한 것이다. 문제는 이처럼 금융시장이 안정을 찾지 못하고 있는 가운데 6월 이후 물가가 큰 폭으로 상승하였다는 사실이다. 소비자물가는 2000년 1~5월 중에는 전년 말보다 0.4% 상승하는데 그쳤으나 6월 한 달 동안에만 0.5% 상승하였으며, 7월에도 0.3% 상승하였다. 경기가 높은 상승세를 지속하는 가운데 금융시장 불안과 물가불안이 동시에 한국경제를 엄습했던 것이다.

한국은행은 통화정책의 선택에 고심하였다. 물가안정을 위해서는 콜금리 인상으로 대처해야만 하나 그럴 경우 가뜩이나 불안한 금융시장을 더욱 위태롭게 할 뿐만 아니라 한창 진행 중인 금융 및 기업 구조조정의 근간을 흔들 우려가 있었다. 한국은행은 결국 2000년 5월부터 8월까지 4개월간 금융시장 안정에 중점을 두고 콜금리를 5.0% 수준에서 동결하였다. 1999년 7월 대우사태의 발생으로 통화정책의 신축적 운영이 제약받았던 것처럼 이번에도 금융시장의 불안이 한국은행의 발목을 잡은 것이다.

한국은행은 이번에도 어쩔 수 없이 금융시장이 안정되기를 기다릴 수밖에 없었다. 한국은행은 금융시장이 안정을 되찾는 대로 금리인상에 바로 나설 수 있도록 이 기간 중 인플레이션을 억제하기 위한 선제적 조치의 가능성을 꾸준히 예고하였다.[18]

18　2000년 7월 6일 금융통화위원회 종료 후 가진 기자간담회에서 전 총재는 "6월 들어 소비자물가가 큰 폭으로 올라 다소 불안한 모습을 보이고 있다"고 말하고 "앞으로 물가 동향에 세심한 주의를 기울이겠다"고 밝혔다. 7월 24일 한국은행의 확대연석회의에서도 전 총재는 "공공요금 인상과 국제유가 불안 등 비용측 상승요인과 경기상승세 지속에 따른 공급여력 축소 등으로 하반기 물가오름세가 상반기보다 높을 것"이라고 전망했다. 전 총재는 7월 28일 제주 신라호텔에서 열린 한국표준협회 주최 최고경영전략 세미나 강연에서도 "한국경제의 장기 안정성장이 가능하도록 물가안정 기반을 구축하는 데 중점을 두고 통화정책을 운용하는 것이 중요"하다고 역설하였다. 전철환 총재는 8월 3일 금융통화위원회를 마친 후 기자설명회에서 그 동안의 경기상승과 고유가 추세 지속, 공공요금 인상 등으로 하반기 물가불안에 대한 우려가 높아지고 있다고 밝혔다. 아울러 하반기 중 경제성장률이 상반기보다 낮아질 것으로 보이나 지속적인 성장으로 한국경제의 공급여력이 축소될 것으로 보인다며 이에 따른 총수요압력에도 예의주시해야 할 것이라고 말했다. 또한 전 총재는 8월 9일 전국경제인연합회 최고경영자 조찬회 강연에서도 인플레이션을 경고하였다.

한국에서의 신경제(New Economy) 도래에 대한 논란

이헌재 재경부장관과 전철환 총재는 2000년 6월과 7월 한 달 간격으로 한국에 신경제(New Economy)가 도래하고 있는지의 여부에 대해 견해를 밝혔는데 그 결론이 상이하여 주목을 끌었다. 당시 미국이 신경제 아래에서 장기호황을 누리고 있다는 평가가 일부에서 제기되고 있었기 때문에 한국에서의 신경제 가능성 여부에 대해서도 국민들의 관심이 높던 터였다.[19]

신경제란 당시 정보통신기술의 발전으로 집약되는 디지털 경제의 출현으로 인플레이션이 없는 고도성장이 가능하게 되는 경제를 일컫는 말이었다. 신경제 하에서는 공급효과(supply effect)를 통하여 생산이 늘어날수록 제품가격이 하락(공급곡선의 우하향 이동)함으로써 고성장과 저물가가 동시에 실현 가능하게 된다. 그 결과, 일부에서 당시 미국의 장기호황을 설명했던 것과 같이, 경기가 지속적으로 상승하더라도 인플레이션을 우려할 필요가 없고, 따라서 경기상승에 대응하여 통화정책을 긴축기조로 전환할 필요가 없다는 결론에 이르게 된다.

먼저 이헌재 재경부장관은 6월 23일 개최되었던 한국국제경제학회 하계정책 세미나에서 다음과 같이 말하면서 우리나라에서도 정보통신기술의 발달이 성장에 기여하고 있고, 유통구조면에서도 변화가 일어나 미국식 신경제의 조짐이 보인다고 평가하였다.

최근의 빠른 성장세에도 불구하고 물가가 안정된 모습

을 보이고 있는 것은 우리 경제에도 신경제적 요소가 작용하고 있지 않나 조심스럽게 관찰할 필요가 있다. 공산품의 경우 IT기술과의 접목을 통해 생산효율이 전반적으로 상승하고 있다는 것이 관련 전문가들의 평가이며, 이로 인한 추가 성장효과만 해도 연간 1~1.5%에 달할 것이라는 분석도 나오고 있다. 또한 유통혁명에 따른 재고 축소와 합리적인 재고관리도 전반적인 가격 안정을 뒷받침하고 있다.[20]

전철환 총재는 이보다 한 달 후인 7월 28일 제주 신라호텔에서 열린 한국표준협회 주최 최고경영전략 세미나에서 '디지털 경제의 흐름과 금융'이라는 제목으로 강연하였다. 그는 정보통신기술 발전이 잠재적 공급능력을 확대시키는 것은 사실이나 이는 민간소비 및 고정투자 등 수요를 확대시키는 효과[21]도 있기 때문에 인플레이션에 미치는 영향을 파악하기 위해서는 균형있는 접근이 필요하다고 강조하였다. 단기적으로 볼 때 정보통신기술 발달이 공급보다는 수요 쪽에 더 크게 영향을 미치는 것으로 분석되고 있어 오히려 인플레이션을 초래할 수도 있다는 견해도 제기되고 있음을 소개하였다.

특히 정보통신기술의 상용화 소요시간이 다른 기술혁신에 비해 짧은 것은 사실이지만 상용화 단계를 지나 실질적인 거시경제면에서의 성과로 나타나기까지에는 적어도 10년 이상 걸릴 수 있기 때문에 신경제 논의, 특히 인플레이션에 대한 과도한 낙관론은 성급한 감이 없지 않다는 의견을 피력하였다.[22]

한국경제는 1999년중 GDP 성장률이 10.7%에 달한 가운데
에서도 소비자물가상승률이 0.8%에 그쳐 이례적으로 고성장-
저물가를 달성하였다. 당시 일부에서는 이를 가리켜 우리나라
에서 신경제가 현실화되어 나타난 것이라는 견해를 제기하기
도 하였다. 그러나 전 총재는 강연을 통해서 1999년중의 고성
장-저물가는 1997년 말 외환위기로 크게 절하되었던 환율이 다
시 절상되면서 수입단가의 하락을 통해 물가상승압력을 상당
부분 상쇄해 주었던 데 크게 힘입은 것이라고 말하였다. 신경
제가 나타난 것이라기보다는 외환위기의 충격으로 저성장-고
물가를 나타냈던 98년 경제상황의 반사효과적인 측면이 강하
다는 것이다.

그러므로 전 총재는 미국의 사례를 들면서 구조조정의 지속
적 추진을 강조하였다. 미국이 고성장-저물가를 지속하고 있는
것은 80년대 후반기부터 꾸준히 진행해 온 구조조정이 밑바탕
이 되었다는 것이다. 따라서 우리나라가 미국과 같은 신경제
현상을 향유하려면 무엇보다도 당시 미진한 것으로 평가되던
금융 및 기업 구조조정을 꾸준히 추진하여야 함을 강조하였다.
통화정책 측면에서는 한국 경제의 장기 안정성장이 가능하도
록 물가안정 기반을 구축하는 것이 긴요하다고 밝혔다. 언론에
서는 전 총재가 정부 일각에서 제기되고 있는 이른바 '신경제
론'을 반박했다고 보도하였다.[23]

현실경제에 대한 진단이 다르면 정책 처방도 다르게 나오는
법이다. 당시 재경부는 물가가 안정되어 있으므로 금리를 인상
할 필요성이 없다는 입장이었는데, 그 저변에는 이헌재 장관의

연설문에 나타나 있는 것처럼 한국경제에도 신경제적 요소가 긍정적 영향을 미치고 있다는 다소 안이한 상황 인식이 작용하고 있었던 것이 아닌가 생각된다. 한국경제신문은 7월 31일자 사설에서 "정부의 이른바 신경제론이 현실과 지나치게 동떨어지게 되면 결국엔 정부 신뢰성에만 흠집을 남길 뿐이고, 정부가 신경제론에 도취해 있다면 이는 여간 위험천만한 일이 아니다"라고 주장하였다.

8월 7일 이헌재 장관의 후임으로 진념 기획예산위원장이 취임하였음에도 불구하고 재경부 쪽에서 금리정책을 보는 시각은 크게 달라지지 않았다. 8월 28일 진념 재경부장관은 한국경제신문과 가진 인터뷰에서 인플레 억제를 위한 금리인상 가능성을 물은 데 대해 "인플레 사전 대응책으로 금리를 올릴 것이라는 소문이 돌고 있지만, 총공급이 총수요에 모자랄 때 금리인상이 적절하다. 지금은 그런 때가 아니다. 한국은행도 비슷한 생각인 것으로 안다"라고 답변하였다.[24]

---

19   이하 내용은 한국은행 전철환 총재 강연 및 기고문, 「디지털 경제의 흐름과 금융(한국표준협회 강연자료, 2000. 7. 28)」을 요약하였다.
20   이헌재 재정경제부장관 강연집, 「한국경제의 기회와 도전」, 재정경제부, 2001, p. 220.
21   정보통신기술이 발전하게 되면 정보통신 관련산업의 수익증대와 미래 경제상황에 대한 낙관적 전망으로 주식, 부동산 등 개인이 보유하고 있는 자산의 가치가 크게 상승함으로써 부(富)의 효과(wealth effect)를 통하여 민간소비가 확대되는 한편 정보통신 산업 자체의 투자 활성화, 정보통신기술이 체화(體化)된 자본재에 대한 투자 확대 등으로 경제 전체의 고정투자가 급증할 수 있다.
22   예를 들어 전기는 1880년대부터 사용되기 시작하였지만 그로부터 40여년이 지난 1920년대에 들어 비로소 미국의 생산성 향상에 실질적인 도움을 주었다.
23   동아일보, 대한매일신문, 2000. 7. 29자.
24   한국경제신문, 2000. 8. 28자.

9월 7일에는 9월중 통화정책 방향을 결정하는 금융통화위원회가 개최될 예정이었다. 그런데 이날 아침 중앙일보는 진념 장관이 "금리인상엔 부정적"이라고 보도하였다. 중앙일보는 진념 장관이 "금리인상은 금융통화위원회 고유권한"이라며 말을 아끼면서도 "금리인상이 인플레를 잡기 위한 것이라면 안하는 것이 바람직하다"고 말하고 "최근 물가상승이 의보수가 등 가격상승에 의한 것이기 때문에 금리를 올려도 별 효과가 없다"는 점을 지적했다고 보도하였다.

같은 날 동아일보는 1면 기사로 진념 재경부장관, 이근영 금감위원장, 전철환 한은 총재가 9월 6일 조찬 모임을 갖고 금리인상 문제를 협의했다고 보도하였다. 이 신문은 "진 장관과 이 위원장은 최근 거시경제 동향과 자금시장 사정으로 미루어 금리인상은 시기적으로 바람직하지 않다는 의견을 제시했다"고 보도하였다.

한국은행은 같은 날 금융통화위원회를 개최하고 콜금리를 5% 수준으로 유지키로 결정하였다. 전철환 총재는 금통위가 끝난 후 기자실을 찾았다. 물가상승세 확대에 대처하여 통화정책면에서의 대응이 시급하나 금융시장의 불확실성을 감안하여 콜금리 동결을 결정하였다고 그 배경을 설명하였다.

기자들은 금융시장이 한은의 콜금리 인상을 수용하는 분위기였다고 말하고 금리를 올릴 수 있는 좋은 시기를 놓친 것 아니냐고 물었다. 이러한 시장의 기대는 금통위 개최 전날인 9월 6일에 발표되었던 2000년 2.4분기 GDP성장률 추계결과와도 연관이 있었다. GDP성장률이 1.4분기의 12.6%에 이어 2.4분기에도 9.6%로 매우 높게 나왔던 것이다. 그 결과 시장에서는 경제의 여유 공급능력이 소진되면서 초과수요 압력이 점차 두드러지게 나타날 것이라는 우려가 제기되었다. 그렇기 때문에 한국은행이 이번 달에 콜금리를 인상할 것이라는 기대가 조심스럽게 조성되고 있었다.

전 총재는 "최근 일주일 동안 국제유가 급등이라는 외부의 큰 충격이 발생했다. 현재로서는 경기둔화나 국제수지 악화 조짐은 없지만 앞으로가 불투명하기 때문에 유가 추이를 지켜본 뒤 금리인상 여부를 결정하기로 했다"라고 답변하였다.[25]

기자들은 진념 재경부장관이 금융통화위원회가 열리기 전날 금리인상을 통해 물가상승을 억제하는 것이 바람직하지 않다는 의견을 표명한 데 대해 총재가 어떻게 생각하는지 물었다. 그는 "대단히 유감이다. 다만 진 장관은 희망사항을 애기했을 것이다. 또 금리결정은 금통위 고유권한이라는 단서를 붙여 말했겠지만 앞으로는 그런 일이 없으면 좋겠다"고 했다.[26]

기자들은 어제 아침 진념 장관과의 회동에서 금리문제를 협의했는지 물었으나 그는 내용을 공개할 수 없다고 말한 것으로 보도되었다.[27] 기자들이 9월 6일 아침에 있었던 재경부장관, 금감위원장 및 한은 총재의 3자회동 시 금리문제가 협의되었는지를 물어본 것은 다음과 같은 점에 비추어 이 사안이 매우 중요하다고 판단했기 때문이다.

첫째, 금융통화위원회의 개최를 바로 하루 앞두고 3자가 회동하여 콜금리 변경 여부를 협의하고 거기서 결정된 내용대로 다음 날 열리는 금융통화위원회가 의결한다면 금융통화위원회는 사후 추인 기관과 같은 허수아비 기구로 전락해 버리게 된다. 9월 8일 파이낸

---

25 한겨레신문, 2000. 9. 8자.
26 한겨레신문, 매일경제신문, 2000. 9. 8자.
27 한겨레신문, 2000. 9. 8자.

설뉴스는 "3자회동 시 전철환 총재가 다른 기관장이 공식적으로 금리에 대해 언급하는 '결례'를 참았던 것"을 비판하면서 한국은행도 이에 책임이 있다고 주장하였다.

둘째, 9월 7일자 동아일보는 3자회동 기사의 뒷부분에 "전 총재가 '두 분의 의견을 적극 반영해 금통위에서 결정할 것'이라고 밝혔다"고 보도한 바 있었다. 이 기사를 읽으면 '3자회동 자리에서 전 총재가 재경부장관과 금감위원장의 콜금리 인상 반대 의견을 수용하였고, 이를 금통위원들에게도 설득하여 콜금리를 동결하는 쪽으로 노력하겠다고 약속했구나' 하는 느낌을 가질 수 있었으므로 기자들로서는 실체적 진실이 무엇인지 궁금했을 수 있다.

그렇다면 3자회동에서 어떤 일이 있었던 걸까? 그 개략적인 내용은 그로부터 두 달 후에 있었던 한국은행 국정감사에서 드러났다. 11월 3일 국정감사에서 손학규 의원과 전철환 총재는 3자회동 내용과 관련하여 일문일답을 주고받았다.[28] 손학규 의원은 "(9월 7일) 금통위가 있기 전에 재경부장관하고 금감위원장이 현 상황에서 금리인상을 통해 인플레 기대심리를 억제하는 것은 바람직하지 않다고 하는 발언이 있었던 것을 기억하지요?"라고 물었다. 전 총재는 "발언이 있었다"고 답변했다. 손 의원은 "그렇게 해서 정부쪽에서는 저금리 체제를 유지하겠다는 의지를 강력하게 표명했지요?"라고 다시 물었다. 전 총재는 이에 대해 "그때 내가 사전에 두 분한테 그런 말씀을 드린 일이 있다. 물론 정부로서 의사는 표명할 수 있지만 최종 금리 결정권은 금융통화위원회에 부여되어 있기 때문에 금융통화위원회가 어떤 의결을 하더라도 존중을 해 주시오 하는 것이

---

28   한국은행에 대한 국정감사, 재정경제위원회 회의록(2000. 11. 3), pp. 37~38.

내 요구였다"고 답변했다.

전 총재의 답변 내용을 토대로 할 때 당시 3자회동의 진행 상황은 대략 다음과 같이 정리할 수 있겠다. 전 총재는 9월 초 콜금리를 인상해야 한다는 생각을 갖고 있었기 때문에 3자회동이 있기 이전에 금통위 의장으로서 이미 금리인상 건을 의제로 상정하였다. 그리고 이 의안을 포함한 금통위 자료는 금통위원들과 열석위원인 재경부차관에게 배포되었다. 한국은행 규정상 금통위에 상정된 의안은 회의가 개최되기 2일 전까지 금통위원 및 열석위원에게 배포토록 되어 있기 때문이다. 최소한 9월 5일 이전에 회의 자료들이 배포되었다는 말이다.

재경부는 콜금리를 인상하는 내용의 금통위 안건을 받은 직후 재경부 장관, 금감위원장 및 한은 총재의 9월 6일 조찬회동을 제안하였거나 한국은행의 금통위 개최와 관계없이 3자간 조찬회동이 잡혀 있었을 수도 있다. 어쨌든 재경부장관이 조찬회동을 하자고 하는데 아무리 금통위를 앞두고 있다고 하더라도 거부하기는 전 총재로서도 어려운 일이었을 것이다.

조찬 석상에서는 정황상 재경부장관이 콜금리 인상 건을 화제로 올리고, 콜금리 인상은 곤란하다는 정부의 입장을 개진했을 것이다. 전 총재는 이미 콜금리를 인상하는 것으로 의안을 제안하였음을 밝히고 콜금리 인상 필요성을 강조하였을 것이다. 국정감사에서 전 총재의 답변 내용으로 볼 때 양측 주장이 팽팽하게 맞섬에 따라 재경부장관은 정부로서 콜금리 인상에 반대한다는 의사를 외부에 발표할 수밖에 없다고 배수진을 쳤을 것으로 추정된다. 정부 입장을 외부에 발표하려고 했던 것이 금융통화위원들에게 영향력을 행사하려는 의도였는지는 분명치 않지만 정황상 그럴 의도가 있었다고 볼 수밖에 없다.

이에 대해 전 총재는 "그렇다면 정부로서 의사는 표명할 수 있지만 권한이 있는 금통위에서 내린 결정은 존중해 달라"고 얘기하였다. 후술하는 바와 같이 2000년 9월 7일의 금통위 의사록에 따르더라도 전 총재는 회의가 끝날 때까지 본인이 상정하였던 금리인상안을 통과시키려고 애썼던 것으로 나타나고 있다.

그렇다면 전 총재는 왜 기자들이 3자회동에서 금리문제를 협의했는지 물은 데 대해 답변을 회피했을까? 그로서는 3자가 비밀리에 만나 격의없이 나눈 이야기를 기자들에게 털어놓는 것이 동양의 예의와 법도에 맞지 않는 일이라 판단하였기 때문이라고 추측된다. 그런 점에서 3자회동 결과를 공개하면서 금통위원들에게 영향력을 행사하려고 했던 정부 측에 대해서 상당히 서운한 생각을 가졌을 것이라고 추측할 수 있겠다.

11월 3일 한은에 대한 국정감사에서 손학규 의원은 반복적으로 이루어지는 정부의 금리정책 간섭 발언에 대해 전 총재의 의견을 물었다. 손 의원은 "선진국의 경우 금융통화위원회나 FRB 등 금리를 결정하는 기구 이외의 다른 행정부처에서 금리에 대해 사전적으로 발언을 하고, 그것이 (금리를 결정하는 기구의 금리 결정에) 영향을 미칠 수 있다고 하는 예상이 되는데도 그런 발언을 하는 것이 상례로 또는 일반적으로 가능한가?" 물었다.[29]

전 총재는 "다른 나라는 오랫동안 중앙은행의 독립성이 유지되어 왔고, 행정부 이외의 다른 기관에서도 중앙은행의 독립성을 존중하고 있기 때문에 그런 일이 거의 없다. (이와 대조적으로) 우리나라

---

29 앞의 회의록, p. 38.

에서 그런 일이 몇 번 있었기 때문에 내가 직접 내지 간접적으로, 때로는 공개적으로 유감의 뜻을 표명해서 지금은 많이 달라진 것으로 확신한다"고 답변하였다.

금통위원들은 무슨 이유로 콜금리 인상에 반대했을까

세상에 비밀은 없는 법이다. 수십 명의 출입기자들이 한국은행에 상주하면서 총재, 금통위원 및 주요 간부들을 예의주시하며 취재 경쟁을 벌이고 있었기 때문에 더욱이 비밀이란 있을 수가 없었다. 언론은 9월 7일의 금융통화위원회에서 의장인 전철환 총재를 제외한 6명의 금통위원 중 4명이 콜금리를 현 수준에서 동결하는 데 찬성하고 2명만 콜금리 인상 의견을 밝힌 것으로 전해졌다고 보도하였다.[30]

과반수의 금통위원들이 한은 총재가 제출한 콜금리 인상안에 반기를 들었다는 말이다. 총재가 금통위에서 졸지에 소수파로 전락했다는 말이다. 이날 전철환 총재는 금통위 의장 자격으로 콜금리를 0.25%포인트 인상하는 의안을 상정하였으나 결국 부결되는 사태를 맞았다. 그로서는 1999년 1월 콜금리를 탄력적으로 운영하는 방향으로 월중 통화정책 방향을 제안하는 의안을 상정했다가 부결된 뒤 겪은 또 한 번의 시련이었다.

언론은 진념 재경부장관의 발언이 금융통화위원회가 콜금리 수준을 유지토록 하는데 영향을 미쳤으며, 결과적으로 한국은행이 스스로 위상을 지키지 못함으로써 우스운 꼴이 되어버렸다고 비판

30　매일경제신문, 한국일보, 2000. 9. 8자.

하였다. 파이낸셜뉴스는 진념 장관이 콜금리 인상에 부정적 의견을 표명한 후에 열린 금통위 회의에서 전 총재가 제안한 콜금리 인상안이 부결되었다는 선후관계에 초점을 맞추어 '재경부 거센 입김에 금통위 독립성 상실'이라는 제목으로 보도하였다.[31]

한국경제신문은 기자 칼럼으로 이날의 한국은행 풍경을 '고개 숙인 중앙은행'으로 스케치하여 보도하였다. 한겨레신문은 '금융통화위원회는 허수아비?'라는 제목의 기자 칼럼을 게재하였다.[32] 대한매일신문은 '한은 위상 스스로 지켜라'라는 기자 칼럼을 게재하였다.[33] 내외경제신문은 이번 콜금리 동결 조치로 그 동안 행해 온 한은총재 발언의 신뢰성이 크게 훼손되었음을 지적하면서 "금통위원들의 이번 결정이 이솝의 우화 '늑대와 소년'에 나오는 양치기 목동처럼 한은을 신뢰성의 위기에 빠뜨리지 않을까 우려된다"고 주장하는 기자 칼럼을 게재하였다.[34]

9월 7일 금융통화위원회에서 콜금리를 동결키로 의결할 때 어떤 일들이 벌어졌던 걸까? 금융통화위원회 의사록을 통해서 살펴보기로 하자. 9월 7일의 금통위 의사록은 회의가 개최된 지 3개월이 경과한 2000년 12월 한국은행이 발간한 『조사통계월보』에 수록, 공개되었다.[35]

특이한 것은 토의에 참여하였던 금통위원 6명 중에서 콜금리 인상에 반대하는 위원은 전혀 없었다는 점이다. 모두가 콜금리 인상

31　파이낸셜뉴스, 2000. 9. 14자.
32　한국경제신문, 한겨레신문, 2000. 9. 8자.
33　대한매일신문, 2000. 9. 9자.
34　내외경제신문, 2000. 9. 8자.
35　이하 금융통화위원회 회의에서의 토의 내용은 한국은행 금융통화위원회 의사록(2000년도 제24차 회의, 2000. 9. 7)의 주요 내용을 정리하였다. 한편 2005년 4월 1일부터는 금통위 회의가 개최되었던 날로부터 6주가 경과한 후 돌아오는 화요일에 한국은행 홈페이지에 의사록이 공개되고 있다.

에 찬성하고 있었다는 말이다. 문제는 인상 시기였다. 금통위원 6명 중 2명은 9월 7일 당일에 바로 콜금리를 인상할 것을 강력하게 주장하였다. 반면 4명의 금통위원들은 당일 콜금리를 인상하는 것에 문제가 있다며 반대하였다.

이들 4명의 금통위원들도 구체적인 콜금리 인상 시기에는 다른 의견을 보였다. 다시 말해 9월 7일 회의에서는 콜금리를 종전대로 유지하되 추석(9월 12일)이 끝난 직후에 금통위를 다시 열어 콜금리를 인상하자는 의견과, 10월에 가서 콜금리를 인상하자는 의견으로 나뉘어졌다. 여하튼 회의 당일인 9월 7일에 콜금리를 인상하자는 데에는 과반수가 넘는 4명의 금통위원이 반대하였다.

전 총재는 과반수의 금통위원들이 콜금리를 인상하는 것에 반대함에 따라 대안을 제시하였다. 즉 9월 7일 당일에는 통화정책 방향에 대한 의결을 보류하고 추후에 결정할 것인지, 아니면 당일에는 콜금리를 현 수준으로 유지하는 방향으로 의결·발표하고 이 달 안에 다시 금융통화위원회를 열어 새로운 의안을 만들어 심의할 것인지 위원들의 의견을 물었다.

전 총재가 제시한 대안들은 모두 9월 중에 다시 회의를 열어 콜금리를 인상하는 것을 전제로 하고 있었다. 다만 당일 금통위 종료 후 "오늘은 통화정책 방향을 결정하지 않고 심의를 보류했다"고 발표하느냐, 아니면 "오늘은 콜금리를 현 수준에서 유지하는 것으로 결정하였다"고 발표한 후 9월 중에 다시 회의를 열어 콜금리 인상을 의결하도록 하느냐 하는 점에서 차이가 있었을 뿐이다. 전 총재로서는 어떻게 해서든지 9월 중에 콜금리를 인상하겠다는 의중이 담긴 제안이었다.

그러나 전 총재의 제안에 대해 한 금통위원은 "그 동안 한국은행은 정책의 투명성 및 시장의 기대와 경제주체들의 합리적인 예측 가능성을 제고하기 위해 매월 초 통화정책 방향을 발표하여 왔기 때문에 오늘 통화정책 방향을 결정하는 것을 보류하는 것은 곤란하다"는 의견을 개진하였다. 이 의견은 충분히 경청할 만한 가치가 있었다. 한국은행은 매달 초 금융통화위원회를 개최하여 콜금리를 현 수준에서 유지하거나 인상 또는 인하하는 것으로 명확하게 통화정책 방향을 결정하여 발표하여 왔다. 그런데 갑자기 한국은행이 "오늘 회의에서 콜금리 결정을 보류하였으며, 9월 중 금통위를 다시 개최하여 콜금리를 결정키로 했다"고 발표한다면 금융시장에는 혼란이 초래될 수 있다.

이 금통위원은 따라서 "만일 오늘 콜금리를 인상하지 말자는 의견이 다수라면 오늘은 콜금리를 현 수준으로 유지하는 것으로 발표하고, 다음 달에 콜금리 조정여부를 다시 결정하는 것이 합리적"이라는 의견을 개진하였다. 다른 위원들도 이에 동의하였다. 결국 9월 7일 회의에서는 콜금리를 현 수준에서 유지하기로 결정함과 아울러 전 총재가 제안하였던 콜금리 결정을 위한 9월중 회의는 열지 않기로 의결되었다.

콜금리 인상조치에는 찬성하면서도 9월 7일에 이를 단행하는 것에 반대했던 위원들의 논리는 무엇이었을까? 콜금리 조정 여부에 관하여 처음 발언한 위원은 "현재 기업자금 경색현상이 지속되고 있고, 금융시장 불안요인이 계속 잠복해 있어 금융시장 안정을 위한 범정부 차원의 노력도 여전히 중요하므로 이에 대해 인식을 같이 하고 협조하는 자세가 필요하다고 생각되므로 콜금리 인상은 신중히 접근할 필요가 있다"는 견해를 밝혔다.[36] 다른 위원은 "금융시장이 상당히 불안한 상태가 지속되고 있고, 더욱이 신용경색 해소를 위해

Primary CBO 발행 등 금융시장 안정대책이 추진되고 있는 상황에
서 금리를 변경할 경우 동 대책의 추진에 상당한 차질이 빚어질 것
으로 우려되는 데다 추석을 앞두고 이번 달에 콜금리를 인상하는 것
은 시기적으로 좋지 않다”고 말하였다. [37]

또 다른 위원은 “한국은행이 물가를 책임지고 있는 기관으로서
물가안정이라는 측면에서 접근하는 것도 중요하지만, 일부에서는
성장 및 국제수지 등 다른 면에서의 득실을 좀 더 신중하게 보자는
견해도 제기되고 있으므로 이러한 견해에 대해서도 조율하려는 노
력을 기울일 필요가 있는 만큼 오늘은 피하는 것이 좋겠다”는 의견
을 제시하였다. [38]

콜금리 인상을 미루자는 위원들에 대하여 당일 콜금리 인상을
주장하였던 위원들이 설득에 나섰다. 한 금통위원은 “물가는 3개월
연속 큰 폭으로 상승하였고, 하반기 및 내년에는 더 불안한 모습을
보일 것으로 예상되는 데도 불구하고 콜금리를 인상하지 않는 것은
중앙은행으로서 선택하기 어려운 정책방향” 이라고 말하고, “정부정
책과의 조화문제를 이유로 콜금리 인상을 연기하는 것은 바람직하
지 않다”는 견해를 피력하였다. [39] 다른 위원도 “정부정책과의 조화
문제도 중요하지만 한국은행 본연의 역할이 희생되어서는 안 되며
통화정책은 미시적으로 나무 하나하나를 보기보다는 거시적으로

36　한국은행 금융통화위원회 의사록(2000년도 제24차 회의, 2000. 9. 7), p. 9. 이 위원은 “이번
　　달에 콜금리를 인상하지 않을 경우 10월 이후에는 금융구조조정이 본격적으로 추진되면서 금융
　　시장상황이 불안정해지는 가운데 물가상승률도 상당히 높아져 콜금리 인상여부를 결정함에 있
　　어 상당한 딜레마에 빠지게 될 것으로 보인다”고 하면서 “추석 전후의 자금수급상황 등을 지켜
　　본 후에 다시 회의를 개최하여 협의를 하는 것이 좋겠다”는 의견을 제시하였다.
37　위 의사록, p. 11.
38　위 의사록, p. 12.
39　위 의사록, p. 11.

숲 전체를 보고 운영해야 한다”는 견해를 개진하였다.[40]

당일 콜금리 인상에 반대하였던 금통위원들은 그 이유로 대부분 ‘정부정책과의 조화문제’를 들었다. 이 점에 비추어 볼 때 금융통화위원회에 임박하여 콜금리 인상에 반대하였던 진념 장관의 발언이 이들 위원들에게 영향을 미쳤다고 추정할 수 있겠다. 더욱이 이날의 금융통화위원회를 약 2주일 정도 앞두었던 8월 24일 진념 장관은 전철환 총재 및 금통위원 전원과 오찬 회동을 가진 바 있다.

이 회동에 대해서는 앞의 제6장 제4절에서 살펴본 바 있다. 오찬 자리에서 진념 장관은 금통위원들에게 통화정책 수립시 정부의 경제정책에 적극 협조해 줄 것을 당부하였다. 이러한 정황이었기 때문에 이날 금통위원들 중 상당수가 콜금리 인상문제에 대해 전 총재가 정부와의 정책 조율에 좀 더 힘써 줄 것을 희망하였던 것이 아니었나 생각된다. 금통위원들의 그러한 희망이 당일 콜금리 인상에 반대하는 의사표시로 나타났던 것이다.

9월 7일 전철환 총재가 상정한 콜금리 인상안이 금통위원들의 반대로 금융통화위원회에서 부결 처리된 문제는 2000년 11월 3일 한국은행에 대한 재정경제위원회의 국정감사에서도 중요한 이슈가 되었다. 손학규 의원은 “9월에 총재의 제안이 부결됐을 때 행정부의 발언이 영향을 미쳤다고 생각하지는 않는지?” 물었다.[41] 전 총재는 “그렇게 생각하지 않는다”고 답변하였다. 이에 대해 손 의원은 다음과 같이 발언하면서 정부의 영향력 때문에 통화금융정책의 독립성과 중립성이 흔들릴 수 있음을 우려하였다.

(금융통화위원회에) 재경부 출신이 세 분이나 들어와 있다. 또 한

---

40 앞의 의사록, pp. 11~12.
41 한국은행에 대한 국정감사, 재정경제위원회 회의록(2000. 11. 3), p. 38.

분은 재경부 출신은 아니지만 증권업협회 추천으로 경력이 증권거래소와 증권업협회에서 죽 상근으로 일해 온 분인데 이런 경우에도 사실상 우리나라 재무행정 관행상 재경부의 영향력을 직접적으로 받고 있다고 우리가 인정하지 않을 수 없다. 결론적으로 총재인 의장을 포함해서 일곱 분 중에 네 분이 실질적으로 재경부의 영향력을 받거나 재경부의 전력을 가지고 있는데, 이것은 한국은행이 금융통화정책에서 독립성과 중립성을 유지하는 데 영향을 미치지 않겠는가?

전 총재는 손 의원의 질문에 대해 "(금융통화위원회의) 구성에 대해서 이견이 있을 수 있지만 현재 우리 금통위원들의 인격이나 식견으로 봐서 결코 과거의 출신(배경)에 따라서 의사를 변경한다고는 생각하고 있지 않다"라고 답변하였다.

9월 7일 금통위에서 누가 콜금리 인상에 찬성하고 반대했는지에 대해서는 의사록에 나와 있지 않기 때문에 알 길이 없다. 전철환 총재가 답변했던 대로 금통위원들은 그에 걸맞은 인격과 식견을 지니고 있기 때문에 과거의 배경에 구애받지 않고 국가경제의 발전이라는 큰 틀 안에서 올바른 의사결정을 했을 것으로 생각된다.

그런데 문제는 외부에서 금통위를 바라보는 시각이다. 국민들은 공무원 출신이거나 정부와 연관된 기관 출신의 금통위원은 아무래도 결정적인 순간에 정부쪽과 견해를 같이 할 가능성이 크다고 짐작해 버릴 수 있다. 국정감사에서 손학규 의원이 제기했던 질문도 그러한 맥락에서 행해졌을 것이다. 이를 볼 때 한국은행의 자주성과 중립성이 존중될 수 있도록 금융통화위원회가 제대로 구성되려면 드러나는 외양(appearance) 면에서 누가 보기에도 독립적인 인사라고 평가되는 사람들을 금통위원으로 임명하는 것이 중요하다는 것을 알 수 있다.

당시 금융통화위원회는 의장인 전철환 총재를 필두로 경제부처 고급공무원 출신 3인 및 증권업계에서 요직을 역임한 1인 이외에 한국은행 및 대학교수 출신 각 1인 등으로 구성되어 있었다. 국민들은 금통위원들이 이상과 신념에 투철한 인사들이라고 하더라도 과거 직간접적으로 정부와 관계를 맺었던 인연이 있을 경우 현직 재경부장관이 직접 당부했던 말을 냉정하게 뿌리치기가 어려울 것이라고 추정해 버린다. 재경부장관과 이들 금통위원들이 얼마 전까지만 하여도 좁은 한국 사회에서 공직자로 동고동락하였던 처지에 있었음을 중시하는 것이다.

그 결과 국민들은 9월 7일 금통위원들이 합리적 근거 하에서 콜금리 인상에 반대했다고 하더라도 재경부장관의 발언에 영향을 받아 콜금리 인상에 반대한 것이라고 믿어버렸다. 당시 국회의원의 발언이나 언론 보도가 이를 잘 말해준다. 이런 국민들의 정서에 비추어 볼 때, 전 총재의 콜금리 인상 제안이 부결된 것은 연고주의가 심한 한국적 상황이 통화정책 결정에까지 영향을 미친 비극이었으며, 거기에는 진념 장관의 발언이 불을 댕긴 역할을 하였다.

그런 점에서 진념 장관이 금융통화위원회를 바로 앞둔 시점에서 한국은행의 콜금리 결정에 반대하는 발언을 한 것은 최적의 통화정책 결정을 무산케 했다는 점에서 비판받아 마땅하다. 파이낸셜뉴스는 앞에서 소개한 기사의 끝 부분에서 "일부 금통위원들이 '장관이 저렇게까지 입장을 밝혔는데 바로 다음날 반대되는 결정을 내릴 수 있느냐' 고 말했다"고 보도하였다.[42] 당시에는 믿고 싶지 않은 내용이었지만 지금 와서 금통위 의사록을 분석하면서 그 기사가 진실에 가까운 것이 아니었나 하는 생각을 떨쳐버릴 수 없다.

　2000년 9월 7일 전철환 총재가 제안한 콜금리 인상안이 부결된 것은 한국은행법 제3조에서 한국은행의 자주성은 존중되어야 한다고 선언하고 있음에도 불구하고 금융통화위원회의 구성과 위원의 임명 등 이를 뒷받침하는 골격은 매우 취약하다는 점을 보여주었다. 이 사건은 금융통화위원회의 구성과 금융통화위원들의 임명에 다음과 같은 문제점이 있으며, 그 결과 정부의 의도 여하에 따라서는 한국은행의 자주적 운영이 구두선에 그칠 수밖에 없다는 것을 웅변으로 말해 주었다.

　첫째, 한국은행법 제13조에 규정된 금융통화위원회의 구성 조항은 총재를 제외한 한은 집행간부들의 금통위원 겸직을 배제하고 있었다. 이것은 1997년 12월 31일 한국은행법과 함께 국회를 통과했던 금융감독기구 설치 등에 관한 법률에서, 금융감독위원회의 위원으로 금융감독위원장 외에 금융감독위원회 부위원장과 상임위원 등 3명을 두었던 것과 비교하더라도 형평을 잃은 조치였다. 한 마디로 통화정책 결정에서 한국은행 집행부를 배제하려는 취지가 노골적으로 드러나 보이는 졸렬한 입법 조치였다.

　그 결과 전철환 총재는 만일 한은 총재가 정부의 의도에 반하는 내용의 의안을 제안했을 때 과연 금통위원 과반수의 찬성을 확보할 수 있을 것인가에 대해 확신하지 못했던 것으로 추정된다. 이것은 외환은행에 대한 한국은행의 직접출자 건과 관련해서 전 총재가 끝까지 이를 금융통화위원회에 상정하지 않았던 데에서 드러났다. 이런 점에서 2003년 9월 3일 한국은행법 개정시 한국은행 부총재를

42　파이낸셜 뉴스, 2000. 9. 14자.

당연직 금융통화위원으로 한 것은 한국은행의 자주성 확보에 도움이 되는 중요한 조치였다.

둘째, 손학규 의원이 국정감사에서 지적했던 것처럼 정부는 바로 얼마 전까지 정부 공무원이었던 인사들을 3명씩이나 금통위원으로 임명하였다. 이것은 국민들이 보기에 정부가 마음만 먹으면 얼마든지 이들을 통해 통화정책에 영향력을 행사할 수 있도록 금융통화위원회에 사실상 정부의 전초기지(base camp)를 구축한 것으로 생각할 수 있었다. 한국은행 최고의사결정기구의 겉모습(appearance)만 보아도 그 자주성과 중립성이 흔들리고 있음을 알 수 있었다는 뜻이다.

한국은행법 제3조에 따르면 한국은행의 자주성과 중립성은 존중되어야 하도록 되어 있다. 이 조항은 수동태 표현으로 되어 있어 한국은행의 자주성을 존중해야 하는 주체가 모호한 듯이 보이지만, 법을 지키는 데 모범을 보여야 할 곳은 다름 아닌 행정부이다. 그런데 어떻게 된 일인지 정부는 어제까지 공무원이었던 사람들을 대거 금통위원으로 임명하면서도 이것이 한국은행의 자주성과 중립성을 침해할 소지가 있다는 데 대해 오랫동안 눈을 감아버렸다. 최근 들어 공무원 대신 학계 인사 등을 금통위원으로 임명한 조치는 과거의 부적절한 사례에 비추어 볼 때 진일보한 것이라고 하겠다.

콜금리를
다시 0.25%포인트 인상

한국은행의 콜금리 인상과 이를 둘러싼 비판

10월 들어 콜금리를 결정할 금융통화위원회 개최일이 가까워짐에 따라 금융시장의 관심은 자연히 향후 통화정책의 향방에 쏠렸다. 9월중 소비자물가는 8월에 비해 1.5% 상승하는 등 물가오름세가 가팔라지고 있었다.

그러나 콜금리 결정을 앞두고 한국은행을 바라보는 시각은 9월초와 비교할 때 다음과 같은 점에서 차이가 있었다. 첫째, 경기 상승세가 점차 둔화되는 기미가 나타나고 있었다. 매일경제신문은 10월 2일 '물가 위해 금리 올릴 때 아니다' 라는 제목의 사설을 통해 "(국내경기가) 2001년부터는 하강국면에 진입할 가능성이 높아지고 있으므로 만일 정책당국이 저금리 기조를 포기하겠다는 신호라도 보내면 문제가 더욱 악화될 수 있다"고 주장하였다.

둘째, 2000년 7월 이후 큰 폭의 물가상승은 국제유가 급등, 공공요금 인상, 농축수산물가격 상승 등 공급측면에서 주도되고 있었는데, 이에 대해 금리인상으로 대처해서는 안 된다는 주장이 빠르게 조성되고 있었다. 10월 2일 한국경제신문은 "원유 등 국제원자재가

격에서 물가불안이 비롯되고 있기 때문에 재정경제부는 환율로 물가를 조정하는 게 낫다고 판단하면서 금리인상에 부정적인 입장"이라고 보도하였다. 매일경제신문도 앞에 인용했던 사설에서 "공급측면의 물가상승요인은 재고 비축 등 공급애로를 해소하는 방법으로 제거하는 것이 순리이며, 이를 금리인상으로 해결하려 한다면 공급과 수요를 모두 위축시켜 경제규모를 축소시키는 쪽으로 몰고 갈 뿐이다"라고 주장하였다.

다른 언론도 물가안정을 위해 아직 금리인상을 거론할 시점이 아니라는 논조가 많았다. 한국일보는 10월 1일 '효율적 물가 관리 대책 없는가' 라는 제목의 사설을 게재하였지만 금리인상에 대해서는 유보적인 태도를 보였다.[43] 조선일보도 10월 1일 '한 달 사이 물가 너무 뛰었다' 라는 제목의 사설을 게재하였는데, 물가안정을 위한 대책으로 공공요금 관리 및 원유가 등 외생변수들의 탄력적 수용을 강조하였다. 다만 파이낸셜뉴스는 10월 4일 '물가 이대로 두고 볼 것인가' 라는 제목의 사설에서 비교적 강하고 직접적인 어조로 금리인상 등 거시정책 기조의 수정을 거론하였다.

시장과 언론의 관측을 뒤로 하고 한국은행은 10월 5일 금융통화위원회를 열어 콜금리를 0.25%포인트 인상하였다. 전 총재는 금통위 회의를 마치고 기자실에서 콜금리 인상 배경을 설명하였다. 그동안 한국은행은 경기상승기조 하에서 물가 오름세가 빨라져 왔음에도 불구하고 금융시장 안정에 중점을 두고 콜금리를 안정적으로 운용해 왔다고 밝혔다. 그런데 이제 국제유가의 급등세가 진정되고,

---

43   이 사설은 "물가를 잡으려면 금리를 올리거나 환율을 내려야 하지만 현 상황에서는 어느 것도 선뜻 선택할 수 없다는 데 정부의 고민이 있다"고 주장하였다.

기업 및 금융 구조조정의 조기 추진계획이 발표되면서 금융시장 불안심리가 다소 완화되는 모습을 보이고 있다고 하였다.

반면 실물경제면에서는 경기상승 국면이 이어지고 경상수지도 흑자기조를 유지하고 있으나 물가불안이 현재화되고 있다고 우려하였다. 전 총재는 소비자물가가 9월 한 달에만 1.5%가 오르는 등 지난 6월 이후 4개월 연속 큰 폭의 오름세를 나타내었음을 지적하였다. 따라서 인플레이션 기대심리를 억제하기 위하여 콜금리 목표를 현재의 5.00%에서 5.25%로 상향 조정키로 했다고 설명하였다.

한국은행은 콜금리 인상조치가 긴축기조로의 전환으로 받아들여질 경우 예상보다 더 크게 소비와 투자의 위축을 가져오고 금융시장이 과민반응을 나타낼 가능성이 있음을 우려하였다.[44] 전 총재는 이날 기자 설명회에서 "이번 콜금리 인상이 통화정책을 긴축기조로 전환하는 것을 의미하는 것은 아님"을 강조하였다. 당시 경기상승 속도가 둔화되면서 일부 경제주체들은 향후 경제전망에 대해 불안하게 생각하고 있었다. 더욱이 구조조정이 진행 중이었기 때문에 금융시장에서는 일부 중견 대기업을 중심으로 신용경색이 해소되지 않는 등 여전히 불안요인이 내재해 있었다. 그의 발언은 경제주체들과 금융시장을 모두 안심시키기 위한 다목적 성격이 짙었다.

10월 5일의 금리인상은 1998년 이후 한국은행이 물가안정을 목표로 단행한 최초의 금리인상 조치였다. 이보다 8개월 전인 2월 10일에도 콜금리가 0.25% 인상되었지만 그것은 장단기 금리격차를 축소하기 위한 조치였다. 콜금리 인상에도 불구하고 시중금리가 오히려 하락하는 등 금융시장은 콜금리 인상을 비교적 호의적으로 받

---

44   한국은행 금융통화위원회 의사록(2000년도 제26차 회의, 2000. 10. 5), p. 9.

아들였다.

　10월 4일 연 7.99%로 마감하였던 국고채 금리(3년물)는 10월 5일 0.03%포인트 하락하였으며, 다음 날도 0.10%포인트나 떨어져 10월 6일에는 7.86%로 장을 마감하였다. 회사채(3년물, AA-등급)금리도 10월 5일과 6일에 각각 0.03%포인트 및 0.04%포인트가 하락하여 10월 6일에는 8.78%를 나타내었다. 중앙일보는 금융시장 참가자들을 인용하여 "그 동안 시장이 가장 불안해했던 것은 정책의 불확실성이었는데 한은이 콜금리를 올려 인플레 기대심리를 차단하면서도 통화정책을 긴축기조로 바꾸지는 않겠다고 분명히 밝힌 게 채권매수 심리를 부추겼다"고 보도하였다.[45]

　언론은 한국은행이 콜금리를 인상한 데 대해 비교적 충실하게 사실 보도를 하였다. 그러나 일부 언론은 논평 형식이나 사설을 통해 한국은행이 뒤늦은 금리인상으로 실기하였음을 비판하였다. 대한매일신문은 "콜금리 인상은 물가불안을 더 이상 방치할 수 없다는 데에서 나온 불가피한 선택으로 풀이되지만 '실기' 비판도 적지 않다"고 보도하였다.[46] 내외경제신문과 파이낸셜뉴스도 각각 '선제효과 의문가는 금리인상'과 '뒤늦은 금리인상'[47]이라는 제목의 사설로 한국은행이 금리인상을 통해 물가오름세를 잡기에는 늦은 감이 있다고 비판하였다. 두 사설은 한은이 선제적으로 물가오름세에 효과적으로 대응하지 못한 데에는 통화정책에 간섭했던 정부에도 책임이 있다고 지적하였다. 9월 7일 한국은행이 콜금리를 인상하려 했으나 진념 재경부장관 발언의 영향으로 무산되었던 것을 지적한 비

45　중앙일보, 2000. 10. 7자.
46　대한매일신문, 2000. 10. 6자.
47　내외경제신문, 파이낸셜뉴스, 2000. 10. 7자.

판이었다.

　10월 5일 단행된 콜금리 인상 조치는 인플레이션 기대심리의 억제를 통해 2000년 10월 이후 1년 내지 1년 반 정도 중기적 차원의 물가안정을 확보하기 위한 것이었다. 그런데 일부 언론은 한국은행의 콜금리 인상 조치를 왜 뒷북 대응이라고 비판했을까? 10월 5일의 콜금리 인상조치를 두 가지 측면으로 나누어 살펴보면, 어떤 배경에서 비판이 제기되었던 것인지 좀 더 잘 이해할 수 있다.

　첫째, 10월 5일의 콜금리 인상은 한국은행이 물가안정목표제의 운용 취지에 맞추어 오로지 물가에 정조준하여 취한 조치였다. 한국은행이 콜금리를 인상할 때 경기는 주요 고려 요인이 아니었다. 한국은행은 크게 보아 실물경제가 견실한 성장을 이어가고 있으며, 다소 과속의 느낌도 없지 않다고 판단하고 있었다. 그러므로 콜금리를 0.25%포인트 인상한다고 하여 경기 상승세가 크게 낮아질 것으로는 생각하지 않았다. 당시 경기 상승세가 너무 가파르다고 판단하여 이를 완화하기 위한 목적으로 콜금리를 인상했던 것은 아니었다는 말이다.

　그러나 한국은행이 콜금리를 인상한 2000년 10월에 이미 경기가 하강국면에 접어들었다는 주장들이 제기되고 있었다. 사후적으로 보면 이때 경기가 눈에 띄게 꺾였던 것으로 분석된다. 통계청이 편제하는 경기종합지수(composite index)에 따를 경우 우리나라는 경기순환상 1998년 8월 경기확장 국면에 접어들어 2000년 8월 정점에 이르렀다가 이후 수축국면에 진입했던 것으로 분석되고 있다.[48] 만일 한국은행이 당시 통화정책의 주요 변수로 물가를 생각하지 않

48　『알기쉬운 경제지표해설』, 한국은행, 2006, pp. 102~103.

고 오직 경기만을 고려하는 상황에 있었고, 경기동향에 대해서도 사후적으로만 얻을 수 있는 경제정보를 사전에 확보하고 있었다면 선제적 측면에서 오히려 콜금리를 인하할 수도 있었다는 말이 된다.

경기활성화를 위해 통화정책이 적극적인 역할을 담당해야 한다고 생각하는 사람들은, 경기침체의 기미가 보일 때에는 중앙은행이 기민하게 금리를 인하하여 다시 안정성장 궤도로 진입할 수 있도록 해야 한다고 기대한다. 이런 생각을 가진 사람들에게 10월 5일 콜금리 인상 조치는 납득하기 어려운 것이었다.

둘째, 한국은행이 콜금리를 9월에 인상하려고 했던 것이나 10월에 실제로 인상했던 목적은 당시 비용상승에 기인하여 진행되고 있었던 물가 오름세를 진정시키려는 데 있던 것이 아니었다. 당시의 콜금리 인상은 비용상승에 의한 물가상승이 전반적인 인플레이션 기대심리를 높여 가까이는 4.4분기 이후, 멀게는 내년도 이후 2차적인 물가상승을 유발할 우려가 있으므로 이를 억제하기 위한 선제적 차원의 조치였다.

그러나 시중에서는 콜금리 인상이 현재 진행중인 물가오름세를 진정시키기 위한 조치인 것으로 잘못 이해하는 경우가 많았다. 따라서 9월 중 물가가 1.5% 대폭 상승한 직후인 10월 5일 콜금리 인상 조치가 취해졌기 때문에 뒷북 대응이라는 비판이 나왔던 것이다. 일부 금융통화위원들의 반대에 부딪쳐 콜금리 인상을 당초 계획대로 9월에 관철시키지 못한 것이 매우 아쉬운 대목이었다.

2000년 10월의 콜금리 인상은 위의 두 가지 측면에서 따져볼 때, 한국은행으로서는 모든 경제정보를 최대한 활용한 토대 위에서 물가안정을 위하여 선제적 차원에서 단행한 조치였다. 그럼에도 불구하고 당시 한국은행이 크게 구속받고 있었던 물가안정목표제의 큰 틀 속에서 수행되던 통화정책의 세밀한 체계를 잘 이해하지 못하는 사람들에게는 '늑장 대응' 또는 '뒷북 대응'이라 비판받기에 좋은 소재를 제공한 측면이 없지 않았다.

이와 관련하여 한국은행은 10월 초 금융통화위원회를 앞두고 정부 및 언론 일각에서 한국은행이 비용상승(cost-push) 인플레이션에 대해 금리인상으로 대응하려는 것을 수긍하지 않는 데 대해 부담을 느꼈다. 한국은행은 비용상승 인플레이션이라고 하더라도 인플레 기대심리를 높여 전반적인 물가상승을 초래할 수 있기 때문에 이를 억제하기 위해 금리인상이 필요함을 국민들에게 홍보할 필요가 있다고 판단하였다. 이러한 노력의 일환으로 당시 통화정책을 담당하였던 강형문 부총재보는 10월 9일 조선일보에 '인플레 기대심리'라는 제목의 글을 기고하였다.

인플레 기대심리

강형문(한국은행 부총재보)

물가상승 속도가 빨라지고는 있지만 한국은행이 통화정책으로 대응할 필요는 없다는 주장이 일부에서 제기되고 있다. 그 주장의 논거는 최근의 물가상승이 국제유가 급등, 공공요금 상승 등에서 비롯된 비용상승 인플레이션이므로 수요견인 인플레이션의 억제수단인 통화정책을 가지고는 효과를 거두기 어렵다는 것이다.

흔히 인플레이션을 비용상승형과 수요견인형으로 나누어 설명하지만, 이 둘은 엄격히 구분될 수 있는 것이 아니며 서로 복합적으로 작용하는 것으로 보아야 한다. 예를 들어 경기과열은 수요견인 인플레이션으로 나타나지만, 다른 한편으로는 노동력 부족을 통하여 임금상승을 초래함으로써 비용상승 인플레이션의 원인이 되기도 한다. 90년대 초 건설경기의 과열로 건설업 임금뿐 아니라 전 산업 임금상승률이 동반 급등했던 기억은 지금도 새롭다.

더군다나 인플레이션의 원인에 대한 이러한 분석은 최근 들어 경제이론에서 중요한 위치를 차지하고 있는 기대(expectation)의 역할을 간과하고 있다. 인플레이션은 단지 생산비용이 늘거나 수요가 공급을 초과해야만 발생하는 것이 아니라, 어떤 이유에서건 경제주체들이 '물가가 오를 것이다' 라는 기대를 갖게 되면 자기실현적(self-fulfilling)으로 상승하게 된다는 이론이 설득력을 얻고 있다. 따라서 물가안정을 위해서는 사람들의 인플레 기대심리를 어떻게 효과적으로 억제하느냐가 중요한 관건이 된다.

이러한 관점에서 최근의 사태를 보자. 국제유가가 상승하면 석유류 가격이 오르고 원유를 재료로 사용하는 제품의 가격이 같이 상승할 수밖에 없다. 이는 일회성의 외생적 요인에서 비롯된 물가상승이므로 불가피하게 수용할 수밖에 없다. 그런데 이로 인해 사람들의 인플레 기대심리가 자극을 받기 때문에 심각한 문제가 발생한다. 석유와 별 관계없는 제품들까지 편승인상의 대열에 서게 되고, 앞으로 물가상승률이 높아질 것이니 임금도 그만큼 받아야 되겠다는 주장이 나타난다.

이는 또 다른 비용상승 인플레로 이어지는 악순환의 고리를 형성할 수 있다. 다시 말해 시작은 일회성의 충격이었다 하더라도 인플레 기대심리라는 확산장치를 거치면서 물가가 걷잡을 수 없이 상승할 수 있는 위험이 도사리고 있는 것이다.

중앙은행이 통화정책 면에서 대응을 하려는 것은 인플레 기대심리를 통제하여 일회성 요인이 추세적 요인으로 발전해 나가는 것을 차단하자는 데 목적이 있다. 그 동안 우리 경제가 누려왔던 물가안정 추세가 바뀌려고 하는 중요한 시점에서 물가안정의 책무를 부여받고 있는 중앙은행이 물가를 염려하고 또 정책 실천을 통해 대응하는 의연한 자세를 보여주는 것은 일반의 물가오름세 심리를 제어하는 데 효과적일 수 있기 때문이다.

콜금리 변경을 위한 최적 타이밍

10월 5일 한국은행의 콜금리 인상은 중앙은행이 최적 통화정책을 수행하기 위해 콜금리 변경의 타이밍을 포착하는 것이 얼마나 어려운 일인지를 단적으로 보여주었다. 2000년 10월 5일의 콜금리 인상조치와 관련된 여러 논의들을 접하면서 상상력이 풍부한 사람이라면 한 가지 중요한 의문을 제기할 수 있을 것이다.

앞에서 본 대로 2000년 7월부터 9월까지 3개월간 물가는 2.7%나 올랐다. 한국은행이 물가안정을 위한 선제적 대응을 강조한다면 이처럼 물가가 오르기 전에 콜금리를 올려야 했다는 말이 아니고 무엇이겠는가? 그런 점에서 2000년 2월 10일 콜금리 인상 조치는 물가

안정 확보 측면에서 적절한 조치였다고 평가할 수 있겠다.

그렇다면 선제적 차원에서 콜금리 인상을 고려할 수 있었던 시기는 2000년 3월부터 6월까지의 4개월간으로 좁혀지게 된다. 그런데 현대그룹의 자금난 등으로 인해 한국은행은 2000년 5월 이후 8월까지 금융시장 안정에 주안점을 두어 콜금리를 동결한 바 있다. 그렇다면 다시 콜금리를 인상할 수 있었던 시기는 2000년 3월과 4월 두 달로 더욱 좁혀지게 된다.

한국은행이 2월 10일 콜금리를 0.25%포인트 인상한 데 이어 3월과 4월 금융통화위원회에서도 콜금리를 각각 0.25%포인트 인상했다면 어떻게 되었을까? GDP 성장률은 1999년 4.4분기 10.9%에 이어 2000년 1.4분기에도 12.6%의 높은 상승세를 지속하고 있었다. 더욱이 3~4월 중에는 경기 과열의 부담이 수입 급증으로 나타나면서 경상수지 흑자규모가 크게 축소됨에 따라 향후 경상수지가 적자 기조로 전환되지 않을까 하는 우려까지 제기되고 있었다.

한국은행이 물가안정목표제라는 작은 틀 안에 갇혀 있지 않고 경제의 안정적 성장을 통화정책 목표의 최우선 순위에 두는 유연하고 폭 넓은 시각을 지니고 있었다면 두 자리 수가 넘는 경기 활황세가 지속되고, 수입 급증으로 경상수지 균형이 무너질까 전전긍긍하는 상황이었으므로 당연히 콜금리 인상을 통해 경기과열을 식히는 방안을 검토했을 것이다.

실제로 2000년 3월 9일의 금융통화위원회에서 한 금통위원은 "지난달 한국은행이 콜금리를 소폭 상향 조정했기 때문에 이번 달에는 관망하는 것이 좋겠다는 의견도 나쁘지는 않다"고 전제하면서도 한국은행이 다시 행동에 나설 것을 제안하였다.[49] 즉 "경기상승세가 지속되고 물가상승압력이 나타날 때 적절히 선제적인 조치를 취하지 않을 경우 자칫 실기하게 된다"고 하면서 "이번에도 콜금리를 소폭 상향조정하는 것이 좋겠다"는 의견을 제시하였다.

그러나 이 위원의 의견에 동의하는 금통위원들은 아무도 없었다. 그 결과 이 위원은 본인의 그러한 뜻을 통화정책 방향을 발표하는 의결문에 명시하는 수준에서 만족해야만 했다. 이에 따라 의결문의 마지막 문단은 "경기상승 지속에 따른 수요압력으로 수입이 급증하고 임금 상승세가 확대되고 있음에 비추어 앞으로 대내외 불균형의 발생 가능성에 대하여 보다 더 유의할 필요가 있다"라고 매듭지어졌다.[50]

2000년 4월 6일의 금융통화위원회에서 어느 위원은 "현재와 같이 경기상승세가 지속될 경우 앞으로 물가 오름세가 확대될 가능성이 있고, 낮은 금리로 인해 단기 부동자금이 부동산으로 유입될 우려도 있다는 점을 감안하여 콜금리를 소폭 인상하는 방안에 대해서도 논의할 필요가 있다"는 의견을 제시하였다.[51] 그러나 이때에도 이 위원의 발언에 동조하는 위원은 아무도 없었다.

그 결과 금융통화위원회는 3월과 4월 대내외 불균형의 발생 가능성에 유의하면서도 콜금리를 종전과 같은 5.00% 수준으로 유지하였다. 총수요 증대에 따른 물가불안 및 경상수지적자 등 대내외 불균형 발생 가능성을 좀 더 지켜보자는 판단에서였다.

그런데 흥미로운 것은 당시 재경부가 통화정책에 대한 나름의 독특한 개념을 제시하면서 그 좁은 틀 속에 한국은행을 가두어 두려고 시도하였다는 점이다. 이것은 당시 한국은행의 통화정책이 이러

---

49 한국은행 금융통화위원회 의사록(2000년도 제9차 회의, 2000. 3. 9), p. 9.
50 위 의사록, p. 11.
51 한국은행 금융통화위원회 의사록(2000년도 제12차 회의, 2000. 4. 6), p. 5.

한 재경부의 시도에 영향을 받았는지 여부와는 직접 관계가 없는 일이다. 다시 말해 재경부의 이러한 시도가 한국은행의 통화정책에 영향을 미침으로써 한국은행의 통화정책이 종속적으로 이루어졌음을 뜻하는 것은 아니라는 말이다.

그러나 앞에서 본 대로 금융통화위원회에는 정부 및 정부 유관기관에서 장기간 공직생활을 했던 인사들이 대거 포진해 있었다. 자연히 이들과 재경부 고위인사들 간에는 평소 공식 비공식 경로를 통해 많은 접촉이 있었을 것으로 짐작할 수 있다. 이런 상황에서 재경부장관이 일관성있게 피력하였던 독특한 통화정책관(通貨政策觀)은 어떤 형태로든지 금융통화위원들에게 영향을 주었을 것으로 생각할 수 있겠다. 이헌재 재경부장관의 발언을 추적해 보도록 하자.

2월 10일 한국은행의 콜금리 인상 이후에도 이헌재 재경부장관의 금리 관련 발언은 계속되었다. 이헌재 장관은 콜금리 인상이 있던 2월 10일 외신기자 회견에서 한국은행의 콜금리 인상조치와 관련, "인플레 압력이 현재화하지 않고 근원 인플레이션이 목표치 범위에서 움직이면 한은이 단기금리를 급격히 올리지 않을 것으로 기대하고 있다"고 발언하였다.[52]

금융시장에서는 전철환 총재가 기자간담회에서 이번 금리인상은 장단기 금리격차를 축소하는데 초점을 맞춘 조치라고 강조하였음에도 불구하고 한은의 콜금리 인상이 통화정책의 긴축기조로의 전환을 알리는 신호탄이 될 가능성에 대해 촉각을 세우고 있었다. 대우사태에 따른 금융시장 불안으로 한국은행은 콜금리 조정과 관련해서 오랫동안 손발이 묶여 있었다. 그런데 2월 초 대우채 환매

---

52   한국일보, 2000. 2. 11자.

이후 금융시장이 안정되고 있는 것을 계기로 한국은행이 적극적으로 인플레이션 차단 노력에 나설 것이라는 기대가 있었던 것이다. 따라서 이헌재 장관의 발언은 안정되어 있던 물가 측면을 부각시키면서 '금리인상이 웬 말이냐? 현재 물가가 안정되어 있으므로 한국은행의 콜금리 인상은 더 이상 없다' 고 쐐기를 박기 위한 것이었다고 해석된다.

2월 14일 동아일보와의 인터뷰에서도 이헌재 장관은, 2월 10일 한은의 콜금리 인상이 인플레이션과는 무관한 조치임을 다시 한 번 강조하였다. 이헌재 장관은 "한은의 콜금리 인상은 장단기 금리격차를 줄이기 위한 것으로 인플레와는 무관하다. 저금리 정책은 계속된다. 한은은 단기금리인 콜금리를 올리면서 장기금리인 회사채금리의 안정을 약속했다"고 대답하였다.

이 장관은 또한 "한국은행은 올해 국제유가와 농산물을 제외한 나머지 물가상승률(근원 인플레이션)이 1.5% 이하면 금리를 내리고 3.5% 이상이면 금리를 올리기로 정부와 약속했다"고도 밝혔다. 한국은행이 정부와 협의를 거쳐 1월 13일 정했던 2000년 물가안정목표를 거론한 것이다. 소비자물가가 1.5%와 3.5% 범위 안에 있으면 한국은행은 정부와의 협의 내용에 따라 금리를 인상해서는 안 된다는 발언이었다.

참고로, 이헌재 장관은 2000년 1월 21일 전국경제인연합회 국제경영원에서 행한 강연에서 한국은행의 통화정책을 물가안정이라는 상당히 좁은 범위로 한정짓는 통화정책관(觀)을 피력한 바 있다.[53] '2000년도 경제정책의 방향과 과제' 라는 제목의 강연에서 그

---

53   이헌재 재정경제부장관 강연집, 『한국경제의 기회와 도전』, 재정경제부, 2001, p. 39.

는 다음과 같이 말하였다.

> 통화는 한은이 정부와 협의하여 물가목표〔에너지·농산물 등 통화당국이 통제하기 어려운 요인을 제외한 근원인플레이션(core inflation) 목표 : 1.5~3.5%〕에 맞추어 통화신용정책을 적절히 수행해 나가도록 하고, 국채관리도 적자보전이라는 소극적 기능에서 벗어나 발행물량과 시기를 조절해 통화조절수단으로서의 적극적인 기능을 수행할 수 있도록 하겠다.

이헌재 장관의 발언은 한국은행의 통화정책을 소비자물가 안정이라는 좁은 틀 안으로 묶어둘 뿐 아니라 더 나아가 재경부가 국채관리를 통해 한국은행의 통화정책에 영향을 미치려는 의도를 내보이는 것이었다는 점에서 우려할 만하였다.

이헌재 재경부장관은 2월 28일 서울경제신문과 가진 인터뷰에서도 "저금리정책기조에 변화가 없으며, 금리는 앞으로 좀 더 내려갈 여유가 있고, 정부는 금리를 3년만기 회사채 기준으로 8%대 초중반 수준에서 안정적으로 운용해나갈 방침"임을 밝혔다.

이헌재 장관은 이와 같이 기자회견 및 언론 인터뷰 등을 통해 추가적인 콜금리 인상이 바람직하지 않으며 정부의 저금리정책 기조에도 변함이 없다는 소신을 피력하였다. 2월 10일의 콜금리 인상은 한국은행이 장기금리를 안정시킨다는 조건 아래 1회성으로 양해한 조치였지 금리정책을 한국은행의 재량에 맡기는 신호탄도 아니며, 예상되는 인플레이션을 이유로 한 금리인상은 허용될 수 없음을 확실히 해 두는 발언이었다.

금융시장에서는 대우채 환매가 원만하게 마무리된 데다 채권시장안정기금도 곧 해체토록 되어 있어서 정부의 인위적인 저금리 정책이 종언을 고할 것이라는 기대가 형성되고 있었다. 그의 계속된 금리 발언은 이러한 시장의 기대와 여망과 관계없이 앞으로도 종전과 같이 정부가 금리를 계속 관리해 나가겠다는 선언에 다름이 아니었다.

자기 소관 업무도 아닌 통화정책에 대해 재경부장관이 언급하는 것 자체가 한국은행의 자주성과 독립성을 침해하는 일이었다. 그런데 더 나아가 재경부장관이 경제정책의 군기반장이 된 것처럼, 물가가 안정되어 있으므로 금리인상이라는 말을 꺼내지 못하도록 으름장을 놓는 상황이 전개되고 있었다.

이헌재 장관의 계획된 금리정책 발언들은 어떤 경로를 통해서든지 한국은행의 독립적인 통화정책 운영을 제약할 소지가 있었다. 당시 우리나라는 2000년 4월 13일 제16대 국회의원 총선거를 앞두고 있었다. 앞에서 인용했던 어느 칼럼의 내용대로 선거가 임박한 시점에서 금리를 올리기는 중앙은행의 독립성이 보장된 미국이나 독일에서도 어려운 일이다.

이런 상황에서 2000년 3월과 4월 한국은행이 두 자리 수의 경제성장률과 더불어 크게 축소되던 경상수지 흑자규모를 지적하면서 "이제 과열된 경기를 좀 누그러뜨려 경제안정을 도모할 수 있도록 콜금리를 인상하겠다"고 했다면 어떤 일이 벌어졌을까? 2000년 9월 초 전철환 총재가 제안한 콜금리 인상안이 금통위에서 부결되었던 사례가 반복되지 않았을 것이라 장담하기 어려웠다고 생각한다.

결론적으로 국민경제의 발전을 위해 콜금리 변경 등 최적 통화정책의 결정은 좌고우면하는 정치감각이나 상황논리에 의해서가 아니라, 오직 주도면밀한 경제예측에 입각하여 합리적으로 이루어져야 할 것이다. 그런데 기본 속성상 행정부처는 경제정책 수행에 있어 선거를 의식하거나 대통령의 업적을 고려하지 않을 수 없다.

한국은행은 순수한 경제논리에 입각하여 경제의 안정적 성장을 추구하는 일을 전업으로 하고 있는 전문가 집단이다. 그러므로 우리 경제가 중장기에 걸친 안정적 성장을 통해 선진경제로 발전하기 위해서는 행정부가 통화정책에 간여하지 못하도록 한국은행의 독립성을 실질적으로 확고히 보장하기 위한 제도 개선 및 관행의 확립이 이루어져야 할 것이다.

Chapter 8

경기침체에 대처한 금리인하

2001년 2월의
금리인하

금리인하를 둘러싼 논란

2001년 1월 3일 미 연준은 전격적으로 단기금리인 연방기금금리를 종전의 6.5%에서 6.0%로 0.5%포인트 인하하였다. 이러한 금리인하 조치는 공개시장위원회(Federal Open Market Committee, FOMC) 정기회의에서가 아니라 긴급 소집된 위원들과의 전화회의(conference call)에서 결정되었고, 인하 폭도 통상적인 0.25%포인트의 두 배인 0.5%포인트였다는 점에서 파격적인 것으로 받아들여졌다. 미 연준은 매출 및 생산 둔화, 소비자 신뢰 저하, 일부 금융시장 여건의 악화, 에너지 가격 상승으로 인한 소비자 및 기업의 구매력 약화 등을 금리인하 조치의 배경으로 설명하였다.[1]

한국은행은 1월 11일 콜금리 결정을 위한 금융통화위원회를 개최할 예정이었다. 그런데 이에 앞서 미 연준이 이처럼 전격적으로 금리를 인하함에 따라 우리나라에서도 콜금리 인하를 둘러싼 논란이 제기되기 시작하였다. 금융시장에서는 콜금리 인하 기대에 힘입

---

1   한국은행 해외경제정보, 「주간 해외경제」 제2001-1호(2001. 1. 1~1. 6), p. 12.

어 1월 4일 3년만기 국고채 수익률이 전날보다 0.27%포인트 하락한 6.37%를 나타내었으며, 3년만기 회사채(AA-등급) 수익률도 전날보다 0.14%포인트 하락한 7.97%로 7%대에 진입했다.

정부와 여당은 금리인하를 희망하고 있는 것으로 보도되었다. 1월 5일자 중앙일보는 정부가 상반기에 재정지출을 조기 집행키로 한 데 맞추어 콜금리를 함께 인하해야 경기부양 효과를 극대화할 수 있다고 재경부 관계자가 금리인하를 희망하였음을 보도하였다. 크게 위축되고 있는 소비를 되살리고 투자심리를 회복시키려면 금리인하가 필요하다는 주장이었다. 한국일보도 1월 6일 "정부가 이미 한국은행에 콜금리 인하 필요성을 비공식적으로 전달한 것으로 알려지고 있다"면서, 정부 관계자가 "실물경기는 물론 원활한 구조조정을 위해서도 금리인하가 필요하다"고 말했다고 보도하였다.

이들 보도에는 모두 재경부 등 정부 관계자의 직책과 이름이 나오지 않았기 때문에 이들이 실제 재경부를 대표할 수 있는 고위인사였는지는 분명치 않다. 다만 재경부장관의 금리 관련 발언은 없었다. 대한매일신문은 1월 10일 민주당의 강운태 제2정조위원장이 "경기부양은 물론 시중자금의 국공채 편중현상을 해소하기 위해서는 콜금리 인하가 필요하다"고 금리인하를 희망하는 의사를 표명하였다고 보도하였다. 신문들은 전문가 및 시장 참가자들의 의견을 인용하면서 한국은행의 콜금리 인하에 대한 찬반 의견을 대체로 균형 있게 소개하였다.

이처럼 콜금리 인하를 둘러싼 관측이 무성한 가운데 한국은행은 1월 11일 금융통화위원회를 열고 콜금리를 현 수준에서 유지키로 결정하였다. 전철환 총재는 금통위 회의가 끝난 후 기자실을 방문, 콜금리를 동결키로 한 배경을 설명하였다. 그는 생산 및 수요 관련 지표의 증가율이 낮아지고 수출 증가율도 하락하는 등 경기 둔화 속도가 빨라지고 있다고 설명하였다. 그러나 12월 중 소비자물가가 0.4% 상승하였으며 최근 환율이 큰 폭으로 오른 데다 앞으로도 공공요금 인상 등 물가 불안요인이 잠재해 있는 상황이어서 콜금리를 현 수준에서 유지하기로 결정하였다고 밝혔다.

그는 미 연준과 비교할 때 한국은행이 금리정책을 보수적으로 운영할 수밖에 없는 사정을 설명하면서 국민들의 이해를 구하였다. 미국의 경우 경기과열을 방지하기 위해 1999년 6월 이후 2000년 5월까지 여섯 차례에 걸쳐 금리를 1.75%포인트나 올렸기 때문에 그만큼 경기하강기에 금리를 내릴 여지가 크다는 것이다. 이와는 대조적으로 한국은 지난 해 경기상승기에 두 차례에 걸쳐 0.5%포인트만 올렸기 때문에 금리를 신축적으로 운용할 폭이 좁은 형편이라고 설명하였다.

전 총재는 이 설명회에서 한국은행이 "향후에는 경기상황을 면밀히 점검하여 신축적으로 대처해 나갈 것임"을 밝혔다. 금융시장에서는 이를 한국은행이 앞으로의 금리인하 가능성을 시사한 것으로 해석하였다. 1월 11일 금통위 의사록을 보면, 이러한 시장의 해석은 정확하였던 것으로 판단된다. 의사록을 보면 금통위원들은 12월중 실물지표가 대부분 입수되지 않았을 뿐 아니라 미국의 추가 금리인하 가능성도 있는 점을 감안할 때 1월 11일 회의에서 콜금리 인하를 결정하기는 어려운 것으로 판단하였다.

그러나 금통위원들은 미국 경기가 예상보다 더 나빠짐으로써 수출이 더욱 부진할 것으로 예측하였으며, 우리나라의 구조조정도 계획만큼 원활하게 진행되지는 못하고 있는 것으로 우려하였다. 그렇게 되면 2001년 하반기에 경기가 회복될 가능성이 당초보다 줄어들게 된다. 따라서 금통위원들은 앞으로 경기상황이 더 악화될 경우에는 한국은행이 즉시 필요한 조치를 취할 방침임을 1월에 천명해두는 것이 좋겠다고 판단하였다.[2]

한국은행이 1월 11일 콜금리를 동결하기로 결정하였음에도 불구하고 3년만기 국고채 금리는 전날보다 0.19%포인트 하락한 5.95%를 기록하였다. 이것은 풍부한 시중자금이 신용경색 때문에 기업으로 흘러들어가지 않고 안전자산인 국고채로 집중되고 있는 데다, 이날 콜 금리의 동결로 2~3월의 금리인하 가능성이 오히려 높아졌다는 기대심리가 확산된 데 기인하였다. 자금시장 안정대책의 시행 등으로 신용도가 다소 낮은 기업들이 회사채를 발행하는 데 성공하는 등 회사채시장이 점차 활력을 회복함에 따라 회사채금리도 하락세를 보였다.

전철환 총재는 1월 29일 한국은행의 확대연석회의에서 "지난해 9월 이후 둔화되기 시작한 실물경제활동이 최근 들어 더 빠른 속도로 위축되고 있다"면서 "2001년에는 물가안정을 도모하면서도 지나친 경기둔화를 방지해야 하는 상반된 요구에 직면할 가능성이 높으므로 이 두 목표 사이에서 최대한 정책운용의 묘를 발휘하겠다"고 밝혔다.[3] 또한 정부에 대해서는 물가안정을 위하여 적극 협력해 줄 것을 촉구하였다. 그는 "정부가 공공요금 인상요인의 자체 흡수 등을 통해 물가안정에 기여하는 한편 경기조절 기능도 장기적인 재정건전화 방향에서 벗어나지 않는 범위 내에서 발휘하는 것이 바람직하다"고 충고하였다.

정부에 대한 전 총재의 발언은 한국은행이 직면했던 고민을 우

---

2   한국은행, 금융통화위원회 의사록(2001년 제2차 회의, 2001. 1. 11).
3   한국은행 보도자료, 「확대연석회의 총재 훈시 요지」, 2001. 1. 29, p. 2.

회하여 드러냄과 아울러 물가안정을 위해 적극 협조해 줄 것을 촉구하는 대정부 통첩의 성격이 짙었다. 한국은행은 국민에게 제시한 물가안정목표를 지켜야 할 책무가 있는데, 당시 한국은행이 이를 지키지 못할 가능성이 제기될 정도로 물가오름세가 가파르게 진행되고 있었다.

그런데 다른 한편으로는 물가불안과 함께 경기침체가 진행되고 있었다. 만일 한국은행이 물가 불안을 이유로 콜금리 인하를 주저한다면 경기침체가 장기화되거나 더욱 가속화될 수 있었다. 한국은행이 물가불안과 경기침체 사이에 끼어 이러지도 저러지도 못할 상황에 처하게 된 것이다.

한국은행은 이 상황에서 경기진작을 위해 콜금리 인하에 나서려면 물가안정을 위한 정부의 전폭적인 협조가 긴요하다고 판단하였다. 한국은행은 정부가 공공요금을 동결하고 재정을 방만하게 운용하지 않는다면 콜금리 인하 시 총수요 증대와 함께 나타날 수 있는 물가상승 요인을 상당 부분 상쇄할 수 있을 것이라고 판단하였다.

따라서 이날 전 총재의 발언은 한국은행이 경기진작을 위해 향후 콜금리 인하를 검토할 터이니 정부도 물가안정을 위해 적극 협력할 태세를 갖추어달라는 공개적인 협조 요청이었다. 물가안정 및 경기활성화를 함께 달성하기 위해 한국은행과 정부가 취할 수 있었던 최적의 정책 조합을 제시하였던 셈이다. 시장에서는 대체로 이같은 전 총재의 발언을 2월 8일 열릴 금융통화위원회에서 한국은행이 콜금리를 인하하겠다는 신호로 받아들였다.

미 연준은 1월 31일 공개시장위원회(FOMC)를 열고 연방기금금리를 연 6.0%에서 5.5%로 0.5%포인트 인하하였다. 1월 3일 연방기금금리를 0.5%포인트 인하한 후 한 달도 지나지 않아 큰 폭의 금리인하를 단행한 것이다. 일부 국제금융기관들은 미 연준이 2001년 상반기 중에 금리를 0.5%포인트 이상 추가 인하할 것으로 예상하였다.[4]

한편 1월 말에 발표된 우리나라의 2000년 12월중 산업활동 및 2001년 1월중 물가 관련 지표들은 한국경제가 경기침체에 물가급등이 겹치는 스태그플레이션의 초기 상황에 있는 것이 아니냐는 우려를 낳게 하였다. 언론은 각각 물가불안과 경기침체를 경계하는 사설들을 게재하였는데, 물가불안을 염려하는 사설들이 훨씬 많았다.[5] 이것은 당시 정부와 여당이 경기가 이미 저점을 지나 회복국면에 들어서 있다고 줄곧 주장하여 옴에 따라 경기침체의 리스크가 다소 낮게 평가되고 있었기 때문이 아니었던가 생각된다.

콜금리 0.25%포인트 인하

1월 말 들어 우리나라 실물경제지표들이 발표된 데다 미국이 1월 초에 이어 한 차례 더 금리를 큰 폭으로 인하함에 따라 시장의 관심은 급속도로 2월 8일 개최될 금융통화위원회로 옮겨갔다. 시장에서는 대체로 금융통화위원회가 급락하는 경기와 1월중 전년 동기 대비 4.2%까지 치솟은 물가 사이에서 고민하겠지만, 경기조절에 주안점을 두어 금리를 0.25%포인트 인하할 것으로 예상하였다. 시장에서는 그 근거로 한국은행이 지난 1월중 경기위축에도 불구하고 콜금리를 내리지 않아 부담을 느끼고 있는 데다 미국이 한 달 사이에 금리를

---

4   한국은행 해외경제정보, 「주간해외경제」 제2001-5호(2001. 1. 28~2. 3), p. 3.
5   물가불안을 우려한 사설로는 2001년 2월 1일자 한국경제신문 '물가동향 심상치 않다', 국민일보 '물가 방심은 절대 금물', 내외경제신문 '물가불안 너무 방심했나', 2월 2일자 서울경제신문 '물가비상', 2월 5일자 한국일보 '심상찮은 물가 고삐 죄어야' 등이 있었다.

1%포인트 내리는 등 세계적인 경기부양의 조짐까지 나타나고 있어 이를 무시하기가 어려울 것이라는 점을 들었다.[6]

한편 정부쪽에서는 2월 금융통화위원회를 앞두고 통화정책에 간섭하는 공개적인 발언들을 하지 않았다. 한겨레신문이 2월 8일 기자 칼럼에서 금리 인하와 관련한 '정부의 압박'을 거론[7]하였지만 어떤 인사가 얘기했는지 구체성이 결여되었고, 발언의 내용도 금리 간섭 또는 한국은행에 대한 압력이라고는 보기 어려운 것이었다. 대체로 여러 신문들이 1월 초와는 대조적으로 사설과 칼럼을 통해 한국은행이 콜금리를 인하해야 한다고 주장하였다.

한국은행은 2월 8일 금융통화위원회를 열고 콜금리를 5.25%에서 5.0%로 0.25% 포인트 인하하기로 의결하였다. 전철환 총재는 금통위 회의를 마친 뒤 기자실을 방문하여 금리인하 배경을 설명하였다. 전 총재는 물가가 높은 오름세를 보이고 있지만 당초 예상보다 경기가 급속하게 냉각되고 있어 콜금리를 인하하였다고 밝혔다. 전 총재는 2001년 경제성장률이 지난 해 12월 한국은행이 전망하였던 5.3%보다 크게 낮은 4%대에 그칠 수 있으며, 특히 상반기에는 3%대로 떨어질 수 있다고 경고했다.[8]

<hr>

6   한국경제신문, 조선일보, 대한매일신문, 세계일보, 2001. 2. 2자.
7   한겨레신문은 '콜금리 인하론 유감'이라는 칼럼에서 "이번 달에는 정부까지 들고 나섰다. 곧 개각이 예정된 탓인지 어떻게든 주가를 떠받치려는 의도를 숨기지 않는다. 재정경제부에서는 '물가는 경제정책 결정의 하위변수'라는 '막말'까지 서슴지 않는다"고 기술하였다.
8   실제로 2001년 GDP 성장률은 전년의 9.3%에서 3.0%로 크게 낮아졌다. 이를 분기별로 보면 1.4분기 3.7%, 2.4분기 2.9%, 3.4분기 1.9%로 계속 낮아지다가 4.4분기 들어 3.7%로 높아졌다(한국은행, 『2001년 연차보고서』, pp. 4~5).

물가와 경기상황에 따른 통화정책의 대응
(2001. 2. 8 콜금리 인하조치)[9]

전 총재는 2월 21일 도산 아카데미연구원의 월례 조찬 세미나에서 '최근의 경제동향과 통화신용정책' 이라는 주제로 강연하면서 한국은행이 물가와 경기 상황을 함께 고려하여 통화정책을 수행하고 있음을 알기 쉽게 설명하였다. 돌이켜보면 그 자리는 당시 한국은행이 법에 규정된 물가안정목표제의 큰 틀을 지키면서도 물가안정을 훼손하지 않는 범위 안에서 경기침체 상황에 대응하여 적극 행동에 나설 필요가 있음을 한은 총재가 국민들에게 직접 설명했다는 의미를 갖는다.

전 총재는 중앙은행의 1차적 정책목표가 물가안정에 있는 것은 사실이지만 중앙은행은 통화정책을 결정할 때 물가 이외에 경제성장과 국제수지 균형도 함께 고려한다고 밝혔다. 아울러 중앙은행은 경기순환 주기를 감안하여 물가와 경기의 상호관계, 상대적 중요성 등을 종합적으로 고려하여 정책을 탄력적으로 운용하는 것이 일반적이라고 말하고 경기상황에 따른 통화정책을 사례별로 나누어 설명하였다.

먼저 물가가 안정되어 있는 상황에서 경기가 침체되거나 또는 경기가 지나치게 상승하여 인플레이션 발생이 분명할 때에는 완화적인 통화정책 또는 긴축적인 통화정책을 구사하는 등 정책선택이 상대적으로 쉽고 논란의 여지도 크지 않다고 말하였다.

그러나 물가가 불안한 움직임을 보이는 가운데 경기가 하강 국면에 들어서면 정책선택이 매우 어려워진다고 밝혔다. 전 총재는 2001년 2월 8일의 금융통화위원회 회의가 이처럼 정책선택이 어려운 경우였다고 설명하였다. 2001년 1월중 경제상황을 보면 내수 및 수출이 모두 위축되면서 실물경제가 예상보다 빠르게 둔화되고 있었다. 그럼에도 불구하고 소비자물가는 전년 동기 대비 4.2%의 높은 상승률을 보였다.

금융통화위원회는 이때 소비 및 투자심리가 크게 위축되어 있기 때문에 통화정책면에서의 대응이 불가피하다고 판단하여 콜금리를 0.25%포인트 인하하였다. 당시에는 그 동안의 환율 오름세에 따라 물가상승압력 등 불안요인이 있는 것이 사실이었다. 그럼에도 불구하고 한국은행은 금리인하 조치를 단행하였다. 이것은 하반기로 갈수록 물가가 점차 안정되어 연간 전체로는 물가상승률이 물가안정목표 범위.내에 머물 것으로 전망되었던 데다 경기가 매우 위축된 상태이므로 콜금리의 소폭 인하가 물가상승을 부추기는 요인으로 작용할 소지가 크지 않을 것이라고 판단되었기 때문이다.

금융시장에는 이미 콜금리 인하 요인이 반영되어 있었기 때문에 콜금리 인하가 시장에 미친 영향은 미미하였다. 콜금리 인하가 발표된 2월 8일 종합주가지수는 상승하였지만 콜금리 인하보다는 같은 날 김대중 대통령이 증권시장에 연기금을 추가 투입하겠다는

9   한국은행 보도자료, 「도산 아카데미연구원 초청 총재 강연」, 2001. 2. 21.

발언에 오히려 영향을 많이 받았다. 3년만기 국고채 유통수익률은 5.25%로 전날에 비해 0.05%포인트 상승했다.

언론은 최근 경기하락세가 예상보다 심화되고 있는 데 대응하여 한국은행이 콜금리를 인하하였다고 긍정적으로 평가하였다. 지난 달부터 콜금리 인하가 어느 정도 예상되어 왔던 터라 언론은 콜금리 인하 사실보다도 기자간담회에서 전철환 총재가 금리인하의 배경으로 언급한 2001년 경기전망에 더욱 무게를 두어 보도하였다.[10]

또 한국은행이 금리를 인하한 배경과 앞으로 기대되는 효과에 대하여 긍정적으로 보도하면서도 신용경색이 아직 해소되지 않고 있는 데다 금리인하 폭이 작고 시기 면에서도 늦었기 때문에 금리인하 효과가 바로 나타날 것으로 섣불리 기대하는 것은 무리라고 조심스럽게 지적하였다.[11] 언론은 사설들을 통해 전철환 총재가 경기의 경착륙을 경고하면서 콜금리를 인하한 것을 긍정적으로 평가하면서도 금리인하에 따른 물가오름세의 확산과 부동산·주식시장에서의 거품 발생을 우려하였다.[12]

이처럼 여러 언론이 개괄적으로는 콜금리 인하를 긍정적으로 평가하였으나 한겨레신문은 2월 9일자에 '거수기 금통위 대수술론 제기'라는 제목으로 콜금리 인하를 비판하였다. 한국은행은 이 보도에 대하여 해명자료를 내어 반박하였다.[13] 이 기사가 당시 대내외 경제여건에 비추어 금리인하가 적정한지 여부나 금리인하의 타이밍 등을 비판하였다면 한국은행이 그렇게 대응하지는 않았을 것이

---

10 동아일보, 2001. 2. 9자 등.
11 서울경제신문, 경향신문, 한국일보, 문화일보, 2001. 2. 9자.
12 내외경제신문, 세계일보, 매일경제신문, 2001. 2. 9자; 동아일보, 2001. 2. 10자.
13 한국은행 언론보도 해명자료, 「2.9자 한겨레신문 보도내용에 대한 해명」, 2001. 2. 9.

다. 이 기사는 금융통화위원회의 콜금리 결정과정을 비판하면서 금통위를 수술하여야 한다고 주장하였다. 한국은행은 이 기사가 상당 부분 정황에 입각하여 작성됨으로써 사실보도와는 거리가 있다고 생각하였기 때문에 보도해명자료를 내었다.

한국은행의 보도해명은 크게 세 가지 줄기로 이루어져 있었다. 첫째, 금리인하 결정이 정부의 압력에 굴복한 것이라는 주장에 대하여 한국은행은 "최근 들어 정부는 금리정책에 관한 직접적인 발언을 자제하고 있으며, 2월 7일 경제부총리의 금리 관련 발언이 있었던 것으로 보도되었으나 이는 금리인하가 예상된다는 의견을 표현한 것일 뿐으로 이번 금리인하 결정은 금통위의 자유로운 토론과 독자적인 판단에 의해 이루어졌다"고 반박하였다.

매일경제신문 보도에 따르면 2월 7일 진념 부총리는 소비자단체장과의 오찬간담회 후 기자로부터 금리인하 가능성이 있다고 보느냐는 질문을 받았다. 진념 부총리는 "금리인하는 한국은행이 결정할 일이지만 금리인하의 필요성을 세상이 다 인정하고 있는데 한은이 이에 반대하겠느냐"고 답변하였다.

한겨레신문의 기사는 이 발언을 정부가 한국은행에 금리인하 압력을 가한 것으로 인용하여 보도하였다. 그러나 한국은행은 진념 부총리의 발언은 기자 질문에 가볍게 자기의 예측을 얘기한 것이지 한국은행에 압력을 넣을 목적으로 행한 발언으로 생각하지 않을 뿐만 아니라, 실제로 한국은행은 그 발언을 압력으로 느끼지 않았다는 뜻을 밝힌 것이다.

둘째, 금리인하가 시장의 압력에 굴복한 것이라는 관점에 대해서도 반박하였다. 한국은행은 "최근 콜금리 조절에 관한 금융시장의 관심이 크게 고조되어 콜금리의 인하 여부는 물론 인하 폭 및 시

기에 관하여 시장 참가자들 사이에 많은 언급"이 있어 왔음을 주지
시켰다. 그런데 결과적으로 한국은행의 금리인하가 금융시장에서
의 기대와 일치하였다는 이유로 이를 시장의 압력에 굴복하였다고
주장하는 것은 지나치다는 의견을 피력하였다. 한국은행은 미국 등
주요 선진국의 사례를 인용하였다. 선진국에서도 중앙은행의 금리
인하 직전 금융시장에서 금리인하 기대가 고조되는 것이 일반적이
며, 이러한 상황에서 중앙은행이 금리를 인하하였다고 해서 중앙은
행의 금리 결정이 시장의 압력에 굴복하였다고 보지는 않는다는 것
이었다.

셋째, 금통위 회의시 발언자의 이름을 공개하지 않는다는 주장
에 대해 해명하였다. 금리조정 등 통화정책과 관련된 금통위 의결시
명시적으로 반대 입장을 표명한 금통위원의 이름은 「금융통화위원
회 회의규정(제13조)」에 의거 공표하고 있다고 밝혔다. 아울러 그
동안 금통위가 통화정책 방향을 의결할 때 반대의견을 표명한 금통
위원의 실명을 1998년 10월, 1999년 2월 및 5월 등 여러 차례에 걸쳐
『조사통계월보』를 통해 공표해 왔음을 소개하였다.

전철환 총재, 국고채시장의 과열을 경고

2001년 2월 들어 금융기관들이 국고채를 계속 사들인 결과 3년
만기 국고채 유통수익률이 초단기금리인 콜금리보다 낮아지는 등
장단기금리의 역전 현상이 나타나고 있었다.[14] 채권시장이 국고채
투자로 과열되어 있었던 것이다. 시장에서는 경기가 크게 둔화되고

---

14 예를 들어 2001년 2월 12일 3년만기 국고채 유통수익률은 5.00%로 하루짜리 초단기금리인
콜금리 5.07%보다도 낮은 수준을 기록하였다.

있는 상황에서 한국은행이 3월이나 늦어도 상반기 중 콜금리를 추가 인하할 것이라는 기대가 있었다.

또 시중 유동성이 풍부한 상황이었기 때문에 시장 참가자들이 단기 매매차익을 겨냥한 머니게임 대상으로 국고채를 이용하고 있다는 우려도 커지고 있었다. '국고채 폭탄 돌리기'라는 말도 그래서 생겨났다. 국고채 중에서도 3년만기물에 매입수요가 집중되고 있었는데, 이는 국고채 3년물의 경우 매매 쌍방이 많아 사고팔기가 용이하였기 때문이다.

한국은행은 이와 같은 시장 움직임이 금융시장의 안정은 물론 한국경제에 부정적인 영향을 줄 우려가 크다고 판단하였다. 금융기관들이 국고채와 같이 원리금상환을 정부가 보증하고 있는 무위험자산을 지나치게 선호하게 되면 자산 운용이 국고채 쪽으로 크게 쏠리게 된다. 그 결과 기업에 대한 자금공급이 원활하게 이루어지지 못하게 되어 경기회복이 더디어지고 기업구조조정이 어렵게 될 수 있다.

이에 따라 전철환 총재는 2월 16일 은행회관에서 열린 은행장들과의 오찬 간담회에서 은행이 국고채 등 안전자산에 대한 투자가 과도하지 않도록 신중을 기해 줄 것을 당부하였다.[15] 이 발언은 금융기관들이 안전자산인 국고채에 대한 투자를 크게 확대하고 있는 상황에서 행해졌기 때문에 채권시장에 큰 영향을 미쳤다. 언론은 전총재가 '국고채 폭탄 돌리기'를 경고한 것으로 대서특필하였다.

전 총재가 국고채 시장이 과열되어 있음을 경고했던 것은 금융기관들이 안전자산 위주의 자금운용에 몰입하고 있는 데에서 벗어

---

15   한국은행 보도자료, 「전철환 한국은행 총재, 은행장과의 간담회 개최」, 2001. 2. 16.

나 기업에 대한 대출을 늘리는 등 기업자금 공급을 확대해 줄 것을 당부하기 위함이었다. 또한 이처럼 시장 참가자들이 국고채를 사들이는 데 혈안이 될 정도로 국고채 시장이 과열되면 어느 시점에 가서는 국고채 가격이 크게 하락하는 등 조정을 받을 수밖에 없고, 그 결과 발생하는 자본 손실은 앞으로 금융기관에 큰 부담이 될 수 있다는 우려도 감안되었다.

시장에서는 그의 발언이 그 동안 시장 일부에서 제기되어 온 추가적인 콜금리 인하 전망에 대해 부정적인 견해를 피력한 것으로 해석하였다. 이에 따라 국고채 매물이 쏟아지면서 국고채 금리가 계속 오름세를 보였다. 여기에는 데이비드 코 IMF 서울사무소장이 2월 21일 "한국에서의 추가 금리인하는 바람직하지 않다"고 밝혔다는 보도도 일부 작용하였다.

전 총재의 경고성 발언으로 금융시장은 예상치 못한 방향으로 급반전하였다. 국고채 금리가 급락 추세에서 오름세로 전환한 것은 좋았으나 그 상승 속도가 너무 빨랐다. 국고채 금리 상승은 덩달아 회사채 금리까지 끌어올리면서 전반적인 시중금리 급등으로 이어졌다. 3년만기 국고채 유통수익률은 2월 21일 5.72%로 마감됨으로써 전 총재의 '국고채 과열' 발언이 있기 전날인 2월 15일에 비하여 영업일수 기준으로 불과 4일만에 0.58%포인트 급등했다. 사상 최저치였던 2월 12일의 5.00%에 비하면 0.72%포인트 오른 것이다. 3년만기 회사채 유통수익률도 2월 15일의 6.44%에서 2월 21일에는 6.79%로 0.35%포인트 상승했다.

정부와 한국은행은 국고채 금리의 이상 급등현상을 방치할 경우 회사채금리의 동반 급등으로 이어짐으로써 정부가 목표로 하는 저금리정책의 기반이 흔들릴 수 있다고 판단하였다. 2월 24일 재경부, 금융감독위원회와 한국은행은 금융정책협의회를 개최하고 금융시장 동향을 점검한 후 금융시장 안정을 위한 대책을 발표하였다.[16]

정부와 한국은행은 최근의 금리상승은 큰 폭의 하락세를 보였던 국고채 금리가 조정을 받는 과정에서 나타난 일시적 현상으로 판단하였다. 따라서 앞으로 국고채를 비롯한 시장금리의 하향 안정기조를 유지하여 회사채시장과 제2금융권에 자금 유입이 촉진될 수 있도록 여건을 조성키로 합의하였다. 이를 위해 국채 · 통화안정증권 · 예금보험채권 등 국공채의 신규발행 규모와 시기를 신축적으로 조정하는 한편 한국은행도 금융기관들과의 환매조건부채권(RP) 거래 등을 통해 시중유동성을 탄력적으로 공급해 나가기로 하였다.

그러나 이러한 대책에도 불구하고 장기시장금리는 한국은행의 콜금리 동결, 물가 상승세 지속, 환율상승으로 인한 향후 물가불안 우려, MMF 환매증가에 따른 투자신탁회사의 편입채권 매각 확대 등의 영향으로 4월 하순까지 빠른 상승세를 지속하였다.[17] 전 총재의 국고채시장 과열 경고 발언이 채권시장에 예상치 못한 파장을 미침에 따라 당초 긍정적으로 평가하였던 일부 언론은 조심스럽게 전 총재의 발언을 비판하는 논조로 돌아섰다.[18]

전 총재의 '국고채 과열' 경고 발언의 시사점

전철환 총재의 '국고채 과열' 경고 발언은 한국은행이 금융시

---

16 금융위원회 보도자료, 「최근 금융시장 동향과 대응방향(금융정책협의회 결과)」, 2001. 2. 24.
17 한국은행, 『2001년 연차보고서』, p. 60.
18 내외경제신문, 2001. 2. 21, 24, 26자.

장 동향을 분석하고 시장 참가자들의 의견을 수렴하여 주도면밀하게 준비한 것이었다. 전 총재가 우연히 기자를 만나 질문에 답하는 과정에서 했던 이른바 정제되지 않은 발언이 아니었다는 말이다. 당시 한국은행 정책기획국이 만든 보도자료가 은행장들과의 오찬 간담회 시간에 맞추어 한국은행 기자실에 배포되었다는 사실 자체가 이를 뒷받침해 준다.

한국은행은 지금까지도 전 총재의 '국고채 과열' 경고 발언이 불가피하였다고 옹호하고 있다. 한국은행은 중앙은행으로서 금융기관들의 건전 경영에 지대한 관심을 가질 수밖에 없다. 금융기관의 건전 경영은 금융안정을 확보하기 위한 핵심사항이기 때문이다. 전 총재의 발언이 그런 맥락에서 불가피하였다는 설명은 설득력이 있다.

그런데 전 총재가 직접 나서서 국고채시장의 과열을 경고한 데에는 한국은행이 밝혔던 회사채시장으로의 시중자금 선순환과 금융기관의 자본손실 방지 이외에 다른 목적이 있지 않았을까 생각해 본다. 당시 채권시장에서의 쏠림현상으로 기관투자가들의 일방적인 국고채 매집이 계속되면 장단기금리의 역전 현상이 지속될 뿐더러, 역전된 금리차도 더 확대될 소지가 있었다. 이러한 장단기금리의 역전은 한국은행이 정책금리를 재차 인하할 것이라는 시장의 기대가 작용한 것이었다.

중앙은행은 이러한 시장의 기대가 합리적이라고 판단되면 이를 유용한 시장 정보로 간주하여 통화정책 결정에 반영할 것이다. 그러나 시장의 기대가 시장 참가자들의 비이성적인 과열 행위에 의해 빚어진 것이라고 판단된다면 이를 뿌리칠 수밖에 없다. 한국은행은 국고채시장의 과열은 단기차익을 노린 시장 참가자들의 머니게임 결과로 빚어졌기 때문에 비합리적인 것이라고 판단하였다. 그렇기 때문에 이러한 시장의 기대를 '국고채 과열 경고' 발언을 통해 바로잡아 줄 필요가 있다고 판단하였던 것이다.

이러한 견해는 금융통화위원회 회의에서의 남궁훈 금통위원의 발언에도 나타나고 있다. 2001년 2월 8일 콜금리 인하를 결정한 금융통화위원회에서 그는 명백히 콜금리 인하에 반대 의사를 표명하였다. 그는 콜금리 인하에 반대하는 이유를 세 가지로 나누어 밝혔는데, 그 중 다음의 이유가 시장의 기대와 관계되어 있었다.[19]

콜금리 인하에 대해 형성된 시장의 기대가 국민경제 전체를 고려해서라기보다는 콜금리 하락으로 이득을 얻는 일부 시장 참가자들에 의해 형성된 부당한 압력에 의한 것은 아닌지 시장기대의 정당성에 의문이 가는 점들을 감안할 때 콜금리 목표를 현 수준으로 유지하는 것이 타당하다고 생각된다.

더욱이 전철환 총재는 그 동안 금리인상이 필요하다고 판단되는 시점에서도 구조조정의 추진과정에서 야기된 금융시장 불안을 잠재우기 위하여 금리인상을 자제할 수밖에 없었던 사례가 많았음을 고려했을 수 있다. 실제로 그는 1월 11일 금통위에서 금리를 동결키로 결정한 후 가졌던 기자간담회에서 "한국은 미국과 달리 2000년 경기상승기에 금리를 조금밖에 올리지 못했기 때문에 금리를 신축적으로 크게 인하할 여지가 좁다"고 말한 바 있었다.

다시 말해 2000년 중의 금리인상은 횟수로는 두 차례, 인상 폭

---

19   한국은행 금융통화위원회 의사록(2001년도 제5차 회의, 2001. 2. 8), p. 13.

도 한 차례에 각각 0.25%포인트씩 합하여 0.5%포인트에 그쳤다. 경제안정을 위하여 금리를 더 높은 수준으로 인상했어야 함에도 불구하고 어려운 금융시장 사정 때문에 그러지 못했던 것이다. 필요할 때 적절하다고 생각되는 만큼 금리를 제대로 올리지 못하였다는 자괴감은 전 총재로 하여금 금리인하를 더욱 신중하게 생각하도록 만들었던 것이다.

그러므로 한국은행으로서는 시장 참가자들의 비이성적인 군집행동에 의해 장단기금리의 역전 현상이 지속되는 결과 한국은행이 시장의 기대를 수용하여 쫓기듯이 금리를 계속 인하하는 상황을 미리 피하고자 하였을 수 있다. 이렇게 생각해 보면 '국고채 과열' 경고 발언은 경제안정 기조가 유지될 수 있도록 한국은행이 시장의 불합리한 기대에 내몰려 콜금리를 연이어 인하하는 등 일방적으로 금리인하 쪽에 치우친 통화정책을 수행하지는 않겠다는 선언이었다고 볼 수 있다.

2001년 7월의 금리인하

7월, 콜금리 0.25%포인트 인하

7월 5일의 금융통화위원회를 앞두고 금융시장은 콜금리가 과연 인하될 것인지 여부에 대해 비상한 관심을 기울이고 있었다. 경기부진이 가시화되고 있었음에도 불구하고 한국은행은 2001년 3월부터 6월까지 열렸던 네 차례의 금융통화위원회에서 콜금리를 동결하여 왔다. 그 동안 소비자물가상승률이 한국은행이 연초에 설정하여 국민들에게 발표한 물가안정목표(3±1%)의 상한인 4%를 웃도는 상황이 계속되어 왔기 때문이다.

언론은 경제를 보는 금통위원들의 시각과 이들의 평소 정책 성향 등을 취재한 결과를 바탕으로 금리인하와 금리동결을 지지하는 금융통화위원들의 숫자가 엇비슷하다고 보도하였다. 아울러 콜금리 인하와 동결을 전망하는 경제논리와 이를 뒷받침하는 경제통계를 정리하여 소개하였다. 그러면서도 시장에서는 한국은행이 콜금리를 인하할 것으로 기대하고 있다고 보도하였다.

7월 5일 한국은행은 금융통화위원회를 열고 콜금리를 0.25%포인트 인하하기로 의결하였다. 전철환 총재는 금통위가 끝난 후 기자실에서 질문에 답하였다. 그는 "금리인하 시기를 놓고 토론을 벌이느라 시간이 오래 걸렸다"고 말하였다. 금리인하를 하기에 이 달이 적기인지 8월이나 그 이후가 나은지를 놓고 논란이 있었다는 말이었다. 금통위 의사록에 따르면 이날 표결결과는 4대 3이었다.[20] 금리인하를 지지한 전 총재를 빼고 나머지 금통위원들이 반반으로 나뉘었다는 말이다.

언론은 한국은행의 콜금리 인하를 큰 제목 아래 균형있게 보도하였다. 조선일보는 7월 6일 '물가안정 자신… 경기부양으로 선회'라는 제목 아래 "불황이 길어지자 한국은행이 경기부양을 선택했다"고 보도하였다. 동아일보도 7월 6일 '경기 비상처방…약효는 미지수' 라는 제목으로 콜금리 인하 배경과 문제점을 보도하였다. 경향신문은 7월 9일 '통화정책, 시장선도 아쉽다' 라는 제목의 기사에서 한국은행의 통화정책이 시장과 정부에 끌려 다닐 뿐만 아니라 금리조정의 타이밍과 변경 폭에 문제가 있다고 비판하였다. 그러면서도 이 기사는 우리나라 금융시장의 미성숙과 한은의 완전 독립적이지 못한 위상 등이 이런 문제의 원인이 되고 있다는 전문가의 견해를 함께 실었다. 중앙일보도 7월 6일 한은의 통화정책이 선제적이지 못하고 '뒷북' 을 치는 등 적절한 타이밍을 놓치고 있다고 비판하는 기사를 게재하였다.

6개 신문이 7월 5일의 콜금리 인하와 관련된 사설을 게재하였다. 세계일보(금리인하, 물가가 걱정이다), 서울경제신문(금리인하 효과 살려야), 내외경제신문(금리인하로 물가걱정 없나) 및 파이낸셜뉴스(금리인하 이후의 과제) 등 4개 신문 사설은 경기진작을 위한

20　황의각 위원, 강영주 위원, 남궁훈 위원이 콜금리 인하에 반대했다.

콜금리 인하의 불가피성을 인정하면서도 그 효과가 극대화되도록 후속 조치에 만전을 기함과 아울러 물가상승과 부동산투기 등 금리 인하의 부작용을 최소화하는데 소홀함이 없기를 촉구하였다.

한국경제신문(콜금리 인하폭 적정한가)은 콜금리 인하를 올바른 선택이라고 평가하면서도 "콜금리 인하폭은 미흡한 감이 있으므로 추가적인 금리인하 조치에 주저함이 있어서는 안 될 것"이라고 주장하였다. 반면 한국일보는 콜금리 인하를 논하는 사설(죽도 밥도 아닌 콜금리 인하)에서 "이번 콜금리 인하조치가 분명한 지향점과 목표를 제시하지 못하였음"을 비판하였다. 한국은행조차도 인하 효과가 그리 크지 않을 것이라는 것을 전제로 콜금리 인하를 단행함으로써 정책 효과를 극대화시키지 못하고 있음을 지적하는 비판이었다.

금통위원들의 금리인하 논리와 공방

7월 5일 금융통화위원들은 한국은행 집행부가 제출한 콜금리 인하 의안을 둘러싸고 치열한 논전을 벌였다.[21] 콜금리 인하에 찬성하는 위원들은 최근 실물경제지표들이 상당히 악화된 것으로 나타난 점을 들면서 지난 6월 21일 한국은행이 하반기 경제전망을 발표했던 것보다 경기가 더욱 나빠질 가능성이 크다고 주장하였다. 그리고 집행부서의 경제전망 등을 인용하면서 앞으로 3.4분기 또는 4.4분기에 가면 물가상승률이 물가안정목표 범위 내로 수렴되는 것이 확실시된다고 말하였다.

정책효과의 파급시차 면에서도 이번에 콜금리를 조정하지 않고

---

21   한국은행 금융통화위원회 의사록(2001년도 제18차 회의, 2001. 7. 5), pp. 9~14.

물가상승률이 3%대로 하락할 9월 경에 가서 콜금리를 인하하게 되면 금리인하가 금년도 성장에 별 도움을 주지 못할 것으로 예상된다고 밝혔다. 그리고 콜금리 인하가 물가에 미치는 시차는 상대적으로 길기 때문에 콜금리를 7월에 인하하더라도 물가에 미치는 부정적 영향은 금년보다 내년 이후에 나타날 것으로 전망된다고 주장했다. 그러므로 통화정책의 선제적 운영 차원에서도 7월이 경기진작을 위하여 금리를 조절하기에 적합한 시점이라고 주장하였다. 이런 점들을 종합해 볼 때 그 효과가 그리 크리라고 기대하지는 않지만, 콜금리를 소폭 인하하는 것이 좋겠다는 의견들을 개진하였다.

한편 콜금리 인하에 반대하는 금통위원들은 소비자물가가 불안하여 금년도 물가목표는 물론 내년 이후 중기목표 달성이 매우 어려운 상황임을 강조하였다. 그리고 실물경제는 경기가 계속 부진한 모습을 보이고 있으나 4.4분기 이후에는 점차 회복국면에 진입할 것으로 예상된다고 밝혔다.

물가안정목표를 지키지 못하는 상황에서의 콜금리 인하는 한국은행법의 취지를 위배하는 것이라는 견해를 밝힌 위원도 있었다. 한국은행법상 한국은행의 통화신용정책은 물가안정을 최우선 목표로 하여 운영하도록 되어 있으므로 경기진작이 필요하다 하더라도 이를 위한 정책조치는 물가안정을 저해하지 않는 범위 내에서 이루어져야 한다는 것이다. 따라서 연초에 한국은행이 설정한 물가안정목표를 지키지 못할 개연성이 큼에도 불구하고 콜금리 목표를 인하하는 것은 한국은행법의 취지에 위배될 소지가 있다는 주장이었다.

다른 금통위원은 이번에 콜금리 목표를 인하하게 되면 내년 초에 가서 2001년도 통화정책을 평가받을 때 물가상승률이 목표를 초과하는 상황에서도 한국은행이 콜금리 목표를 인하하는 등 통화정책을 완화기조로 운영하였다고 비판받을 우려가 있다고 하였다. 더욱이 7월 2일 정부가 하반기 경제운용방향을 발표하면서 2001년 중 소비자물가상승률을 4% 이내로 억제하도록 노력하겠다고 한 지 불과 며칠 지나지 않았는데 물가안정을 책임지고 있는 한국은행이 물가불안을 부추길 수 있는 콜금리 인하를 결정하는 것은 바람직하지 않다는 의견도 제시하였다.

콜금리 인하가 실물경제 및 주식시장 등에 미치는 효과가 제한적이라는 견해도 있다고 주장하였다. 특히 기업수익성의 개선 없이 금리인하만으로 주식시장의 회복과 채권시장의 안정을 도모할 수 있는 것인지 회의적이라고 말했다. 그러므로 이들은 7월중에는 콜금리를 현 수준에서 유지하면서 대내외 여건 변화를 좀 더 지켜볼 필요가 있다고 주장하였다.

이들은 정부가 구조조정을 실효성있게 추진하지 않으면서 경제문제를 항상 콜금리 인하로 해결하려는 것은 바람직하지 않다고 밝혔다. 그러므로 한국경제의 최우선 정책과제는 향후 구조조정을 철저히 추진하여 금융시장 불안요인을 해소해 나가는 것이라는 견해를 개진하였다. 한국경제가 어려움을 겪고 있는 요인의 하나는 그동안 구조조정이 지연되어 왔기 때문이며, 이것이 항상 금융시장 불안요인으로 작용하고 있다는 것이다.

한국은행 집행부에 대한 질책성 발언들도 있었다. 모 위원은 관련 부서가 콜금리 인하에 따른 긍정적인 효과만을 강조하는 것은 바람직하지 않다고 밝혔다. 예를 들어 앞으로 경기부진이 지속되면서 기업의 수익성이 악화되어 금융시장이 불안해 질 우려가 있다든지, 콜금리를 소폭 인하하더라도 물가불안을 초래할 가능성이 크지 않다고 말하는 것은 논리의 비약으로 보이므로 보다 신중을 기하여야 할 것이라고 충고하였다.

집행부 간부들은 콜금리 인하에 반대하는 위원들을 설득하기 위하여 많은 노력을 기울였다. 먼저 콜금리 목표를 소폭 인하하고자 하는 것은 향후 물가에 대한 전망을 기초로 하여 중장기적으로 물가 안정과 배치되지 않는 범위 내에서 경제성장 및 금융시장 안정을 함께 도모하기 위한 것임을 누누이 설명하였다.

아울러 경기상황 악화 가능성 및 이에 대응한 콜금리 인하 필요성이 갑작스럽게 제기된 것은 아니라는 점을 부각시키려고 노력하였다. 지난 6월중 통화정책방향을 결정할 때 이미 실물경제가 예상보다 상당히 악화되고 있음을 인식하기 시작하였다고 밝혔다.[22] 그러한 관점에서 6월중 통화정책방향 의결문에 '경기부진의 지속 여부에 유의' 한다는 표현이 추가되었음을 환기시켰다.[23]

집행부 간부들은 물가안정목표제를 채택하고 있는 다른 나라 사례들도 설명하였다. 2001년 들어 물가상승률이 당초 설정한 물가목표를 상회하였음에도 불구하고 캐나다는 4월 및 5월에, 호주는 3월 및 4월에, ECB는 5월에 각각 금리를 인하한 바 있음을 설명하였다. 다른 나라들도 통화정책의 파급과정에서 필연적으로 불확실성이 따르게 되는 점 등을 고려하여 물가목표 범위의 이탈은 상황에 따라 어느 정도 용인되어야 한다는 입장을 취하고 있다고 답변하였다.[24]

---

22 집행부서 간부는 2001년 들어 계속 전월 대비 기준으로 플러스 상태를 유지하였던 제조업 생산 증가율이 4월 들어 1.3% 감소한 것으로 나타났음을 지적하였다.

23 2001년 6월 7일 금융통화위원회가 의결한 '2001년 6월중 통화정책방향' 의 마지막 구절이 "앞으로도 통화정책은 경기부진의 지속 여부에 유의하면서 금융 및 외환시장 상황을 종합적으로 감안하여 탄력적으로 운용해 나갈 것임"이라고 되어 있음을 지적한 것이다.

24 관련 부서에서는 물가안정목표제도를 채택하고 있는 국가들마다 다소 차이가 있지만 뉴질랜드의 경우 동 제도를 엄격하게 운영하고 있는 반면 스웨덴, 캐나다 등은 다소 신축적으로 운영하고 있으며, 우리나라는 후자에 가깝다고 할 수 있으나 그렇다고 하여 물가안정목표를 소홀히 하는 것은 전혀 아니라고 밝혔다.

　　금통위에서 행해졌던 토론 내용을 보면 몇 가지 흥미있는 사실을 발견할 수 있다. 콜금리 인하에 반대하였던 금통위원들은 여러 가지 경제논리를 내세움은 물론 한국은행법까지 거론하면서 줄기차게 논거를 제시하는 모습을 보였다. 이들 금통위원들은 집행부 간부들에게 질책성 질문을 많이 하였다. 이러한 발언은 집행부 간부들에게 행한 것이었지만, 어떻게 보면 집행부의 정점에 있는 전철환 총재를 겨냥한 것일 수 있었다. 소비자물가상승률이 한국은행이 목표로 하는 물가상한을 이미 몇 달째 넘고 있는 상황인데, 콜금리 인하를 의안으로 제출한 데 대한 의구심과 서운함이 그러한 발언들에 담겨 있었지 않았나 생각된다.

　　이와는 대조적으로 콜금리 인하에 찬성하는 금통위원들은 발언 회수나 분량이 상대적으로 많지 않았다. 이것은 이날 통화정책 방향에 관한 토론 내용을 분석한 다음 표에 잘 나타나 있다. 콜금리 인하에 찬성하는 금통위원들의 발언 회수는 5회였으며, 발언을 요약한 분량도 48줄에 그쳤다. 반면 콜금리 인하에 반대하는 위원들은 8회에 걸쳐 발언하였으며, 발언을 요약한 분량도 61줄에 달하였다. 이로 미루어 전철환 총재가 고심 끝에 콜금리 인하를 의안으로 제안하였고, 이에 찬성한 금통위원들도 심사숙고 후 콜금리 인하에 찬성하였다고 추측할 수 있다.

　　격론을 거친 끝에 전 총재는 이견을 조정하기 위해 정회를 선언하였다. 정회 후 다시 회의가 열리기까지 한 시간 가까이 전 총재와 금통위원들은 집행부서 간부들을 제외한 채 의견 조율을 하였다.[25] 콜금리 인하를 제안한 의안이 통과될 지 여부는 사실상 이때 판가름

25　한국경제신문은 2001년 7월 6일자에서 "금통위는 이 날 9시 30분에 시작돼 11시 52분 정회를 선언했으며, 금통위원들은 자리를 뜨지 않고 막판 조정에 들어가 낮 12시 50분께 가까스로 표결을 실시했다"고 보도하였다.

금통위(2001. 7. 5)에서의 '통화정책 방향' 토론 내용 분석

	금리인하 찬성	금리인하 반대	중립적 질문	집행부서 답변	합 계
발언 회수(회)	5	8	2	7	22
발언 분량(줄)	48	61	12	41	162

*발언 회수 및 분량은 의사록(pp.9~14)을 기준으로 몇 회 발언하고 의사록에 몇 줄 요약되어 있는지를 계산하였다. 중립적 질문은 ①향후 원화환율 전망에 대한 질문 ②여타 물가안정목표제를 채택하고 있는 국가의 경우 물가상승률이 물가목표를 상회하고 있는데도 불구하고 중앙은행이 금융완화정책을 채택한 실적이 있는지에 대한 질문 등이다.

낮다고 볼 수 있다.

속개된 회의에서 전철환 총재는 콜금리 목표를 0.25%포인트 인하하는 내용의 원안에 대해 표결을 붙였다. 콜금리 인하에 찬성하였던 위원이나 반대하였던 위원 모두 고뇌 끝에 표결에 임하였다. 금통위 의장인 전 총재를 포함하여 네 위원이 찬성함에 따라 이날 콜금리는 원안대로 0.25%포인트 인하되었다. 물가안정만을 내세워 계속 방치하기에는 경제가 더욱 악화되고 있는 반면 물가는 하반기 갈수록 점차 안정될 전망이므로 한국은행도 통화정책을 통해 경기 회복을 뒷받침하기로 결단을 내린 순간이었다.

경향신문은 7월 6일 '미지의 금리 처방'이라는 제목의 기사에서 "처음에는 금통위원 7명 가운데 금리인하 반대론자가 1명, 한 두 달쯤 더 두고 보자는 의견이 3명 정도로 동결 쪽이 더 많았다"고 보도하였다. 그러나 "정회 시간에 의견조율이 이루어져 처음 금리인하에 반대했던 위원 1명이 찬성 쪽으로 돌아섬에 따라 속개된 회의에서 표결을 거쳐 콜금리 인하가 공식 결정됐다"는 것이다. 이처럼 콜금리 인하에 반대했던 금통위원들이 많았기 때문에 앞의 표에서 본 대로 반대론자들의 발언 회수와 발언 분량이 많았던 것은 자연스러운 일이었다.

금통위 의사록은 공식적인 회의내용만을 기록 관리하도록 되어 있다. 그렇기 때문에 의사록에는 경향신문이 보도한 비공식적인 의견 조율에 관한 내용은 없다. 따라서 정회시간에 전철환 총재와 금통위원들이 어떻게 의견을 교환하고 조율하였는지에 대해서는 확인할 수 없다. 다만 앞에서 의사록에 수록된 위원들의 발언을 분석한 결과에 비추어 보더라도 당초 금리인하에 반대하였던 금통위원 한 사람이 찬성 쪽으로 입장을 선회하였다는 경향신문의 보도내용은 정확했을 것으로 생각된다.

정부의 경기부양 의지와 전 총재의 추가 금리인하 시사

콜금리를 0.25%포인트 인하한지 얼마 지나지 않은 7월 12일, 여당인 민주당은 대대적인 경기부양을 추진하기 위하여 당정협의를 추진 중이라고 발표하였다. 민주당 강운태 제2정조위원장은 경기부양대책의 핵심 내용이 부동산양도소득세를 대폭 낮추고 콜금리를 추가 인하하는 내용이 될 것이라고 밝혔다. 민주당은 미국 등 세계경제의 회복이 지연될 가능성이 높아지면서 우리나라의 경기회복도 그만큼 늦어질 전망이라고 밝혔다. 따라서 2002년 이후 잠재성장률 수준으로 우리 경제가 회복되려면 지금부터 내수진작책을 강구하는 것이 긴요하다고 밝혔다. 강운태 위원장은 콜금리와 관련해서는 "금융통화위원회에서 결정할 사안이지만 콜금리를 좀 더 내리는 등 저금리정책도 병행해야 한다"며 "이 경우 물가가 오르는 문제가 있지만 현재의 물가는 수요 측면이 아닌 공급 측면에서 상승

한 것이기 때문에 금리를 추가로 내려도 물가에는 큰 영향을 미치지
않을 것"이라고 말했다.[26]

　전철환 총재는 7월 16일 확대연석회의에서 "대내외 경제 여건
에 불확실성이 크다는 점을 감안하여 실물경제활동 및 물가 상황을
면밀히 점검해 가면서 시의성있게 (향후 통화정책을) 운용해 나갈
것"이라고 밝혔다.[27] 시장에서는 일제히 이 발언을 경기침체가 지
속될 경우 경기부양을 위해 추가로 콜금리를 인하할 수 있음을 시사
한 것으로 해석하였다.[28]

　그러나 언론은 한국은행이 콜금리 변경을 통해 통화정책을 수행
하기 시작했던 1999년 5월 이후 두 달 연속해서 금리를 인상하거나
인하한 사실이 없다는 점도 아울러 보도하였다. 콜금리 변경 자체가
지난 2년 2개월 동안 네 차례에 불과하였다고도 소개하였다.[29] 이런
보도의 이면에는 한국은행이 금리정책을 지나칠 정도로 신중하게 운
용해 왔는데 이번이라고 예외이겠느냐는 관측을 깔고 있었다.

　한국은행이 확대연석회의를 개최했던 7월 16일 청와대에서는
김대중 대통령 주재로 국무회의가 열렸다. 이날 김 대통령은 "인플
레이션을 자극하지 않고 물가를 안정시키는 범위 안에서 경기를 활
성화하는 지혜를 발휘해야겠다"면서 "국내 경기를 활성화해 내수를
진작시켜야 한다"고 지시했다. 김 대통령이 내수진작을 통한 경기부
양을 공식적으로 지시한 것은 2001년 들어 처음 있는 일이었다. 언
론은 정부가 재정의 조기 집행, 건설투자의 활성화, 고용효과가 높은
서비스산업의 발전 등을 추진함과 아울러 한국은행과의 협의를 통

26　국민일보, 2001. 7. 12자.
27　한국은행 보도자료, 「확대연석회의 총재 훈시 요지」, 2001. 7. 16, p. 4.
28　머니투데이, 한국경제신문, 2001. 7. 16자.
29　대한매일신문, 2001. 7. 17자.

해 콜금리를 추가 인하하는 방안도 검토하고 있다고 보도하였다.[30]

　　이처럼 당정이 경기부양 의지를 확고하게 천명하고 있는 상황에서 전철환 총재는 7월 18일 한경밀레니엄 포럼 초청 토론회에서 '최근 경제동향과 통화신용정책' 이라는 제목으로 강연하였다. 그는 1998년 한국은행법의 전면 개정으로 한국은행의 목표는 '물가안정' 으로 단일화되어 있으나, 현실적으로 경기상황의 변화도 중시하면서 통화정책을 수행하고 있다고 밝혔다. 한국은행이 7월 5일 콜금리를 0.25%포인트 인하하였던 것도 경기회복을 겨냥한 것이었다고 말하였다.[31] 전 총재는 앞으로의 통화정책은 "실물경제활동 및 물가상황을 면밀히 점검해 가면서 시의성있게 대처해 나갈 예정" 이라고 밝혔다. 언론은 전 총재의 이러한 강연 내용이 경기부진이 지속될 경우 한국은행이 콜금리를 인하할 가능성이 있음을 시사한 것으로 풀이하였다.[32]

　　전 총재의 강연이 있었던 7월 18일 3년만기 국고채 금리는 하루에 0.13%포인트 하락하면서 5.6%대에 진입하였다. 국민일보는 2001년 7월 19일 시장 관계자들이 이러한 강세장을 '대통령과 한국은행 총재의 합작품' 이라 한다고 보도하였다. 7월 16일 대통령의 경기부양 지시와 7월 18일 전 총재의 금리인하 시사 발언이 절묘하게 어우러지면서 콜금리 추가인하 기대감이 확산되고 있음을 가리킨 것이었다.

　　머니투데이도 7월 19일 '전 총재가 불붙인 강세장' 이라는 제목으로 빠르게 돌아가는 채권시장 동향을 보도하였다. 이 신문은 "한

30　조선일보, 2001. 7. 17자.

31　한국은행 총재 강연(한경 밀레니엄 포럼) 주제발표 자료, 「최근의 경제동향과 통화신용정책」, 2001. 7. 18, pp. 12~13.

32　내외경제, 2001. 7. 18자 등.

은 총재가 콜금리 인하를 강하게 시사한 것은 정부와의 교감 속에서 나온 것으로 보인다는 점에서 강세기조가 쉽사리 꺾이지 않을 것 같다"고 전망하였다. 머니투데이는 7월 20일 "중앙은행에 맞서지 말라"는 투자 격언이 요즈음 채권시장에서 회자되고 있다고 보도하면서, 은행의 채권 딜러가 "대통령이 경기활성화를 지시한 후 한은 총재가 압박을 느끼는 것 같다"고 말했다고 보도하였다.

그러나 전 총재의 금리인하 시사 발언이 대통령의 경기활성화 관련 지시에 따라 이루어졌다는 채권 딜러들의 관측은 사실관계를 오해한 데에서 비롯된 것이다. 이를 총재의 강연·연설 관련 업무의 내부 절차에 따라 살펴보도록 하자.

전 총재는 외부 강연이 많은 편이었기 때문에 총재가 직접 원고를 작성하는 경우는 드물었고 대부분 관련 부서가 초안을 작성하였다. 총재 강연과 관련된 실무가 제대로 진행되려면 강연이 있기 3~4일 전에는 원고 초안이 총재실에 도착해야 했다. 총재가 초안을 읽고 본인 생각과 다르다고 생각되는 부분을 수정 가필하면 원고가 확정된다. 총재실에서 이를 관련 부서에 되돌려 보내면 그 부서가 컴퓨터 수정작업을 완료하고 이를 보도자료로 만들어 기자실에 배포한다. 이것이 총재 강연과 관련된 보도자료 배포의 실무처리 절차였다.

한경 밀레니엄 포럼의 강연은 7월 18일 오전 7시에 있었다. 한국은행 공보실은 엠바고를 오전 6시로 정하여 총재 강연 보도자료를 7월 16일 오후 2~3시 경에 기자들에게 배포하였다.[33] 17일은 제헌절로 공휴일이었기 때문에 강연 원고 배포는 7월 16일에 이루어졌다.

---

[33] 당시 한국은행 보도자료 제목은 「전철환 한은총재, 한경 밀레니엄 포럼 초청 강연」이었으며, 보도자료 일련번호는 '2001년 7월 16일 공보 2001-7-17호'였다. 보도자료 일련번호 밑에는 "이 자료는 7월 18일 석간부터 취급하여 주십시오. 단, 통신/방송/인터넷 매체는 7월 18일 6:00 이후부터 취급 가능"이라고 적혀 있었다. 이 보도자료가 7월 16일에 배포 완료되었던 사실은 당시 한국은행 「주간보도계획(2001.7.16~ 7.23)」에도 잘 나타나 있다.

7월 15일은 일요일이었다. 전 총재는 정책기획국이 7월 13일이나 14일 오전에 보내온 초안을 읽고 필요한 부분을 수정 가필하여 7월 14일이나 7월 16일 오전에 정책기획국으로 돌려보냈을 것이다.

정책기획국은 총재실에서 보내온 강연 원고의 수정작업을 마친 후 보도자료 표지를 붙여 7월 16일 점심시간 무렵에 공보실에 넘겼을 것이다. 이렇게 시간을 거슬러 올라가며 짚어보면 전 총재가 7월 16일에 있었던 김대중 대통령의 경기부양 필요성 발언을 들은 직후 7월 18일에 있을 한경 밀레니엄 강연 자료에 콜금리 인하를 시사하는 발언을 넣기는 불가능하였다는 정황이 명백해진다.

그저 오비이락이었을 뿐이다. 김대중 대통령의 국무회의 지시와 관계없이 전철환 총재가 경제동향을 예의주시하면서 내린 판단과 소신이 강연문에 녹아 있었다고 봄이 타당하다. 전 총재는 이미 7월 12일 한국은행 확대연석회의에서 시의성있는 통화정책을 펼쳐나가겠다고 명백히 밝힌 바 있지 않았던가?

'유동성함정' 논란

전철환 총재는 7월 20일 은행회관에서 열린 은행장간담회에서 은행들이 시장금리에 연동된 대출을 확대해 주도록 요청하였다.[34] 한국은행 자료에 따르면 당시 은행여신 중 시장금리 연동대출의 비중은 34% 수준에 머물러 미국(62%) 등 선진국에 비해 크게 낮은 것으로 지적되었다. 시장금리 연동 대출의 확대는 은행 및 금융 소비자는 물론 한국은행에도 모두 도움이 되는 것으로 분석되었다.

---

34 한국은행 보도자료, 「전철환 한국은행 총재, 은행장과의 간담회 개최」, 2001. 7. 20. pp. 1~2.

은행들의 예금금리는 이미 시장금리에 맞추어 기민하게 조절되고 있는 터였다. 앞으로 대출금 중 더 많은 비중이 시장금리에 연동되어 정해지면 은행들로서는 주요자산인 대출금의 금리와 주요 부채인 예금의 금리가 동시에 시장금리에 연동되어 움직이게 된다. 따라서 아무리 시장금리가 단기간에 큰 폭으로 변동하여도 은행들은 금리변동에 따른 리스크를 최소화할 수 있을 것으로 기대되었다.

소비자의 경우도 대출금리가 시장금리에 연동되어 변동하기 때문에 한국은행의 콜금리가 낮아지는 등 금융 완화기에는 대출이자 부담이 줄어들게 되는 이점이 있게 된다. 한국은행은 콜금리 변경에 따른 시장금리 변동이 바로 은행들의 여수신금리 변동으로 이어짐으로써 금리정책 파급경로가 한층 원활히 작동되는 긍정적 효과를 기대할 수 있었다.

전 총재가 은행장들에게 이와 같이 요청한 것은 7월 5일 콜금리를 0.25%포인트 인하한 후 예금금리는 떨어졌으나 대출금리는 하락하지 않은 데 대한 지적으로 풀이되었다. 이에 따라 언론은 그가 사실상 시장금리변동에 맞추어 대출금리를 내려줄 것을 은행장들에게 촉구한 것으로 보도하였다.[35] 연합뉴스는 은행들이 한은 총재의 요청에 상응하여 대출금리를 내리는 방안을 검토하기 시작했다고 보도하였다.[36]

전철환 총재는 관치금융 논란이 제기될 소지가 있었음에도 불구하고 은행장들에게 이런 요청을 하였다. 금리정책의 파급효과를 둘러싼 논란과 관련이 있었기 때문이다. 당시는 콜금리를 낮춰도 경제에 미치는 효과가 없다는 얘기들이 많았다. 한국은행이 2001년

---

35 연합뉴스, 2001. 7. 20.
36 연합뉴스, 2001. 7. 21.

들어 2월과 7월 두 차례에 걸쳐 콜금리를 인하하였음에도 불구하고 학계와 연구기관은 물론 한국은행 내부에서도 콜금리 인하 효과에 대하여 회의적인 견해들이 많았다.

한국은행은 한국은행법 개정으로 은행감독권을 금융감독원에 넘겨준 상태에서 오직 통화정책 하나에 조직의 명운을 걸고 있었다. 통화정책은 콜금리 변동을 축으로 한 금리정책을 중심으로 수행된다. 한국은행이 콜금리를 내린 것은 경기회복을 뒷받침하기 위한 것이었다. 그런데 금리정책의 효과가 없다면 한국은행이 매달 금융통화위원회를 열어 경제상황을 점검한 후 콜금리를 올리고 내리고 할 필요가 없다. 극단적으로 말하면 한국은행은 그 존립 의의조차 애매해질 수 있다. 따라서 한국은행의 존재의의를 확고히 하려면 국민들로부터 통화정책의 수행 결과를 제대로 평가받는 것이 긴요하였다.

그러므로 한국은행은 통화당국으로서 침체된 경기를 되살리기 위해서는 물론 조직의 활로를 개척하기 위해서도 금리인하 조치가 실물경제에 긍정적 영향을 미칠 수 있도록 금리정책의 파급경로를 복원하는 것이 시급한 과제였다. 따라서 전철환 총재를 비롯한 간부들은 금리정책의 효과가 제대로 작동될 수 있도록 하는 문제에 대하여 비상한 관심을 기울이고 있었다.

우연의 일치였을까? 한국은행이 8월 9일의 금융통화위원회에서 콜금리를 재차 인하할 가능성이 고조되면서 실물경제 회복에 미치는 통화정책의 효과를 둘러싸고 뜨거운 논란이 제기되었다. 한국도 이제 일본과 같이 유동성함정(liquidity trap)에 빠질 조짐이 보인다는 이른바 유동성함정 논란이었다.

한국경제도 이대로 가면, 아무리 금리를 내려도 돈이 은행과 기업에 머무를 뿐 투자와 소비로 연결되지 않는 일본식 유동성함정에 빠질 수 있다는 지적이었다. 언론이 학계와 연구기관 전문가들의 견해를 토대로 문제를 제기하면서 이 논란은 확산되었다.[37] 한국 경제가 유동성함정에 빠져드는 조짐이 보인다고 주장한 경제전문가들은 이를 뒷받침하는 사례로 다음의 몇 가지 사실을 제시하였다.

첫째, 통화당국이 돈을 아무리 많이 풀어도 곧바로 금융권으로 되돌아와 버리기 때문에 금융과 실물의 괴리현상이 심화되고 있다. 그 결과 금융시장에서는 사상 초유의 초저금리가 지속되고 있는데도 실물경제에서는 기업 설비투자나 가계소비가 좀체 늘지 않고 있다. 총통화잔액은 외환위기 당시나 2000년 말에 비해 크게 증가하였고 1998년 초에 30%를 넘나들던 콜금리가 4.75%까지 내려왔으며, 평균 대출금리도 7%대로 낮아졌다. 그러나 투자, 소비 등 실물경기는 되살아날 조짐을 보이지 않고 있다.

둘째, 국고채 금리가 크게 떨어지는데도 주식시장은 여전히 침체를 벗어나지 못하고 있다. 그나마 증시가 활황일 땐 돈이 주식시장에서 돌았지만, 지금은 부동산시장으로 흘러들어가 물가만 자극하고 있다.

셋째, 저금리는 이자 생활자들의 고통만 가중시키고 있어 민간소비를 오히려 위축시키고 있다. 한 전문가는 이런 점에서 '지금의 저금리는 나쁜 저금리'라고 주장한 것으로 보도되었다.

한국경제가 유동성함정에 빠져들고 있다고 주장한 사람들은 이를 뒷받침하는 실증분석 결과를 제시하지는 않았다. 이러한 주장이 정교한 조사연구 및 실증분석을 토대로 이루어지지 않았다는 말

37　한국경제가 유동성 함정에 빠졌다고 주장되었던 논지는 한국경제신문(2001. 8. 1), 동아일보(2001. 8. 1), 조선일보(2001. 8. 2), 매일경제신문(2001. 8. 2)의 보도내용을 요약 정리하였다.

이다. 이들은 한국은행의 콜금리 인하 효과가 가시적으로 나타나지 않고 있는 사실만을 적시하면서 이를 근거로 한국경제가 유동성함정에 빠지고 있다고 하면서 콜금리 인하에 신중을 기해야 한다고 주장하였던 것이다. 금리인하 효과가 없다는 주장을 극화(劇化)하기 위해 케인즈의 유동성함정 이론이 활용되고 있는 것이 아닌가 하는 느낌이 들 정도였다.

한국경제가 유동성함정에 빠질 조짐이 있음을 우려하는 경제전문가 중에는 금리를 인하하더라도 경기부양 효과가 없다는 점을 들면서 콜금리 인하에 반대하는 사람들이 많았다. 서울대의 정운찬 교수는 2001년 8월 4일 한겨레신문과의 인터뷰에서 다음과 같이 말하였다.

금리를 낮추면 일시적으로는 효과를 볼지 모른다. 하지만 효과는 곧 사라지고 부작용만 생긴다. 지금은 미래가 불확실한 상황이라 금리를 낮춰도 투자가 늘지 않는 것이다. 또 금리를 낮추면 금융자산을 가진 사람들의 부와 소득이 줄어들기 때문에 오히려 소비가 위축될 가능성이 있다. 중앙은행의 금리 인하는 죽어야 할 부실기업의 생명을 연장해주는 부작용만 낳는다.

한국은행은 이러한 유동성함정 논란에 대해 이론적 차원에서 대응하는 한편 금리인하의 효과에 대한 홍보를 강화하는데 주력하였다. 크게 두 가지 골격으로 나누어 대응하였던 것이다.

먼저, 케인즈가 주장했던 유동성함정 이론을 토대로 개념적 측면의 분석 및 실증 분석을 병행 실시하고, 거기서 얻은 조사결과를 바탕으로 한국경제가 유동성함정에 빠지지 않았다는 결론을 내렸다. 이론적 차원의 대응이라고 할 수 있었다. 한국은행은 이러한 조사연구 결과를 보도자료로 발표하면서 "한국경제가 유동성함정에 빠진 것이 아니다"라고 반박했다.[38]

첫째, 케인즈가 주장한 유동성함정[39] 개념에 비추어 한국경제가 유동성함정에 빠질 가능성은 거의 없다. 비록 금리수준이 낮다 하더라도 금융 중개가 활발히 이루어지는 가운데 조금이라도 높은 수익을 기대할 수 있는 채권 등 금융상품으로 자금이 신속하게 이동하고 있는 한국의 금융상황은 근본적으로 유동성함정과는 다르다. 한국은행 관계자는 "7월 초의 콜금리 인하 이후 은행대출과 유가증권투자 등 민간 신용이 13조원 이상 늘었고, 회사채시장도 되살아났음"을 그 예로 들었다.[40]

둘째, 실증분석 결과에 비추어 보더라도 한국경제가 유동성함정에 빠질 가능성은 거의 없다. 저금리 하에서도 통화수요는 금리에 대하여 그다지 민감하게 반응하지 않는다. 통화수요의 금리탄력성이 1보다 클 경우 통화수요가 금리에 대해 탄력적이라고 하는데, 실증분석을 해 보면 1999년 이후 통화수요의 금리탄력성이 커지기는 하였으나 2000년이나 2001년 1.4분기에도 여전히 1미만으로서 비

38　한국은행 보도자료, 「2001년 8월중 통화정책방향 관련 기자간담회 자료」, 2001. 8. 9. pp. 6~8.

39　유동성함정은 영국의 경제학자 케인즈가 1936년 처음으로 소개한 개념이다. 금리가 더 이상 낮아질 수 없다고 생각하는 최저수준에 도달함에 따라 모든 사람이 곧 다시 금리가 상승할 것으로 예상함으로써 채권 등 이자부 금융자산을 모두 내다 팔고 현금만을 보유하게 되는 상황을 가리킨다. 이 경우 통화수요는 금리가 조금만 변동하여도 급격하게 변함으로써 금리에 매우 탄력적이다. 따라서 통화공급을 아무리 확대하더라도 경제주체는 현금만을 보유하고자 하며 금리를 현재보다 더 낮출 수도 없어 실물경제에 어떠한 영향도 주지 못하는 상태에 빠지게 된다. 이와 같은 상황에서는 시중에 돈이 거의 돌지 않아 통화유통속도가 매우 낮아지게 되므로 이를 근거로 한 나라의 경제가 유동성함정에 빠졌는지 여부를 판단하기도 한다. 케인즈는 이러한 극단적인 상황이 실제로 일어난 적은 없으며, 앞으로도 일어날 가능성이 크지 않다고 지적한 바 있다 (출처: 위에서 인용한 보도자료).

40　한국경제신문, 2001. 8. 1자.

탄력적인 것으로 나타났다. 더욱이 통화유통속도가 1999년 이후 하락하는 모습을 보이고는 있으나 외환위기 이전보다는 여전히 높은 수준을 나타내고 있는 점도 유동성함정에 빠졌다고 볼 수 없는 반증이다. 결론적으로 한국은행은 한국경제가 케인즈가 주장했던 유동성함정에 빠져 있다고 볼 수 없다고 밝혔다.

다음으로 한국은행은 금리인하의 효과에 대한 홍보를 강화함으로써 당시 제기되었던 유동성함정 논란 및 금리인하 무용론을 함께 잠재우려 노력하였다. 한국경제가 유동성함정에 빠졌다는 논란은 정교한 이론적 분석을 토대로 학술적 차원에서 제기된 것이 아니었다. 언론에서 일종의 유행처럼 퍼져 나간 것이다. 한국은행은 그러한 사실에 주목하고 기자들을 대상으로 금리인하의 효과에 대한 비공식 브리핑을 강화하는 한편 전철환 총재가 직접 나서서 대국민 홍보를 하기로 방침을 정했다.

전 총재는 8월 23일 한국능률협회가 주최하였던 금융인조찬회에서 '금리인하의 효과에 관한 견해'라는 제목으로 강연하였다.[41] 그는 금리인하 등 통화정책의 효과가 실물경제에 제대로 신속하게 파급되고 있지 못한 것은 일부 대기업을 중심으로 구조조정이 마무리되지 않아 신용위험이 남아 있는 데다 세계경제의 동반부진 등 대내외 경제여건이 불확실한 데 기인하는 것이라고 설명하였다. 이것은 한국경제가 유동성함정에 가까이 가 있는 상황이 아니라 금리인하 등 금융완화의 효과가 실물경제에 파급되는 데에 제약이 있는 상황이라는 분석이었다. 따라서 이런 제약 요인이 해소되면 금리인하 효과도 점차 가시화될 것이라고 하였다. 콜금리 인하 효과가 시차를

---

41   한국은행 보도자료, 「전철환 한은 총재, 한국능률협회 초청 강연(제목: 금리인하의 효과에 관한 견해)」, 2001. 8. 23.

두고 투자와 소비 쪽으로 파급될 터이니 좀 더 지켜봐달라는 주문이기도 하였다.

그는 이런 상황에서 통화정책은, 금리를 낮은 수준에서 유지하고 유동성을 충분히 공급함으로써 경제회복 동인(動因)이 가시화될 때까지 경제가 지탱할 수 있도록 하는 역할을 수행하고 있다고 설명하였다. 구체적인 예로, 세계경제 여건이 좋지 않지만 앞으로 투자를 하려고 계획하는 기업에게는 저금리가 투자유인이 될 수 있다고도 지적하였다. 나아가 금융부담 완화를 통하여 기업의 기대수익을 증대시키고 수익성 악화를 방지함으로써 향후 투자여력을 비축하는 데에 기여하는 측면도 있다고 말했다.[42] 금리가 큰 폭으로 하락함에 따라 국고채 등 저수익-무위험 자산에 대한 투자에서 벗어나 다소 위험이 있더라도 회사채 등 수익률이 높은 자산에 투자하려는 유인이 커졌으며, 그 결과 기업자금 공급이 원활하게 이루어지는 효과를 거두고 있다고 덧붙였다.

전 총재는 저금리가 노년층 등 이자소득 생활자들의 소득을 감소시켜 소비를 위축시킬 수 있는 것은 사실이지만, 대출금리 하락은 개인 채무자들의 이자지급 부담을 낮추어 그만큼 소비를 늘릴 수 있다는 점도 염두에 두어야 한다고 밝히면서, 저금리에 따른 이자소득 생활자들의 소득감소 문제에 대해서는 사회정책 측면에서 노령층을 대상으로 한 비과세저축한도 확대 및 이자소득세 경감 등 보완대책을 강구할 필요가 있다고 말했다.

---

42 전 총재는 "2001년 상반기 중 순이익 상위 10개사의 금융비용은 전년 동기에 비해 12.6% 줄어들었으며, 그 결과 매출액대비 금융비용 비중도 3.2%에서 2.5%로 낮아짐으로써 이익증대에 기여하였다"고 밝혔다.

2001년 8월의 금리인하

한국은행, 8월 9일 콜금리를 다시 인하

한국은행은 8월 9일 금융통화위원회를 열고 콜금리를 0.25%포인트 인하하기로 결정하였다. 이에 따라 콜금리는 사상 최저 수준인 4.5%로 떨어졌다. 전철환 총재는 회의가 끝난 후 기자실에서 콜금리 인하 배경을 설명하였다. 반도체 등 정보통신산업을 중심으로 생산이 계속 위축되고 수출 감소폭이 더욱 확대되는 가운데 설비투자의 감소추세가 지속되고 있다고 밝혔다. 더욱이 미국 등 세계경제가 단기간내 회복될 전망이 불확실한 실정이어서 경기부진이 예상보다 심화될 우려가 있다고 하였다.

그는 "2001년 경제성장률은 한국은행이 지난 6월 예측했던 3.8%보다 낮아질 전망"이라고 밝혔다. 2001년 2.4분기 경제성장률도 당초 예상치인 3.3%를 하회함은 물론 1998년 4.4분기 이후 가장 낮은 2%대에 머물 것으로 예측하였다.

그는 금융시장에서도 일부 대기업의 구조조정과 관련한 불확실성 및 경기부진에 따른 기업 수익성 악화 우려 등 불안요인이 있다고 밝혔다. 다만 물가 면에서는 부동산가격 상승 등 불안요인이 있으나 7월중 소비자물가 상승률이 다소 낮아졌으며, 앞으로도 상승세가 점차 둔화될 것으로 예상된다고 덧붙였다. 전 총재는 이와 같은 경제상황을 종합적으로 감안, 콜금리를 현재의 4.75%에서 4.50%로 하향 조정키로 결정하였다고 덧붙였다.

콜금리 추가 인하에 따라 시중금리가 크게 떨어졌다. 3년만기 국고채 수익률은 콜금리가 인하된 8월 9일 5.14%로서 전날보다 0.20%포인트 하락하였으며, 콜금리 인하가 있은 다음 날인 8월 10일에는 0.12%포인트 떨어진 5.02%를 기록하였다. 시장에서는 이러한 금리 하락이 경기회복의 지연에 대처하여 한국은행이 콜금리를 재차 인하할 것이라는 기대심리가 반영된 결과로 분석하였다.[43] 그러나 콜금리가 인하되던 날 주식시장에서는 콜금리 인하효과가 나타나지 않고 주가가 하락하였다.

대부분의 언론은 해설기사 등을 통하여 경기침체가 예상보다 심각한 점을 감안하여 한국은행이 콜금리를 재차 인하하였다고 그 배경을 상세하게 소개하였다.[44] 특이하였던 것은 한국은행의 금리 인하 조치에도 불구하고 주요 언론 중 이를 다룬 사설이 없었다는 점이다. 경기침체가 가속화되고 있었기 때문에 콜금리 인하의 불가피성에 대해 국민들 간에 상당한 공감대가 형성되어 있었음을 보여주는 증좌였다고 생각된다.

그러나 콜금리 인하조치는 진념 부총리 겸 재경부장관이 행한 금리 관련 발언 때문에 모양새가 구겨져 버렸다. 연합뉴스는 진념

---

43 동아일보, 2001. 8. 11자.
44 2001년 8월 10일자 신문에 실린 해설기사들은 '경제 심각, 한은도 경기부양 보조', '경기침체 예상보다 심각, 부양 선회'(서울경제신문), '꺼져가는 경기 불씨 되살리기 처방'(동아일보), '산업생산 빨간 불, 회복전망 컴컴'(한겨레신문), '경제 어렵다, 전격 금리처방'(조선일보), '경기 추가하강 막기 응급 처방'(한국경제신문), '2분기 성장 2%대 추락 가능성, 향후 경기 추가 하락은 막자'(매일경제신문) 등의 제목을 달고 있었다.

재경부장관이 금융통화위원회가 열리기 하루 전인 8월 8일 "재정정책만으로는 경기대책을 다하지 못한다"며 "통화신용정책도 따라야 한다"고 강조했다고 보도하였다. 진 부총리는 이날 기자간담회에서 "대외경제환경, 우리 경제정책을 감안해서 절제하는 경기대책이 필요하며, 통화신용정책에 관해서도 중앙은행 총재와 인식을 같이하고 있다"고 밝혔다.

파이낸셜뉴스는 "진념 장관의 금리 관련 발언 때문에 금리인하의 모양새가 '엉망'이 됐다"고 보도하였다. 문화일보도 진념 장관의 발언을 콜금리 인하 결정과 연관시켜 "한국은행이 정계-재경부에 끌려 다녀 독립성을 잃고 있다"고 비판하였다. [45]

8월 9일 콜금리 인하조치와 진념 장관의 발언

파이낸셜뉴스의 평가대로 진념 장관의 발언 때문에 한국은행이 모처럼 연속하여 콜금리를 인하한 조치의 모양새가 구겨져 버렸다. 금리인하 조치의 빛이 퇴색되어 버린 것이다. 지금 보아도 적확하고 타당한 평가였다고 생각한다. 그러나 8월 10일자 문화일보의 보도 내용에는 사실관계에 비추어 몇 가지 짚고 넘어가야 할 점이 있었다.

첫째, 이 기사는 "8월 9일 한국은행의 콜금리 인하 결정은 8월 8일 진념 부총리 겸 재경부장관이 콜금리 인하 사인을 보낸 데 이어 나온 조치였기 때문에 예정된 수순이었다"고 보도하였다. 그러나 한국은행은 진념 장관의 발언이 있기 전날인 8월 7일에 이미 콜금리

<hr>

45   파이낸셜뉴스, 문화일보, 2001. 8. 10자.

인하를 내용으로 하는 금통위 의안의 배포를 마친 터였다. 금융통화위원회 의사관리규정에 따라 금통위가 열리기 2일 전에 안건을 금통위원들에게 배포하도록 되어 있기 때문이다. 따라서 콜금리를 인하하는 내용의 금통위 의안이 배포되어 있는 상황에서 진념 장관의 금리 관련 발언이 나왔던 것이다.

선후관계나 인과관계로 볼 때, 콜금리를 인하하는 내용의 금통위 의안이 진념 장관의 발언에 영향을 미쳤으며, 진념 장관의 발언에 영향을 받아 한국은행이 부랴부랴 콜금리를 인하하는 내용의 금통위 안건을 만든 것이 아니었다는 말이다. 한국은행 집행부의 콜금리 인하 의사는 진념 장관의 발언 이전에 이미 확고하게 굳혀져 있었다. 한 마디로 진념 장관의 발언에 영향을 받아 한국은행이 콜금리 인하를 단행한 것이 아니었다는 말이다.

둘째, 이 기사는 "한국은행 집행부가 금통위 회의 전부터 이미 콜금리 인하를 밀어붙였다"고 하고, 이를 진 장관의 발언 때문이었던 것으로 암시하면서 '재경부 → 한국은행 → 금통위'로 이어지는 통화정책결정 메커니즘이 작동하였던 것처럼 보도하였다. 금통위원들이 진념 장관의 발언과 한국은행 집행부의 밀어붙이기 때문에 콜금리 인하에 단순히 동조하였다는 뉘앙스이다.

이 부분도 8월 9일 금통위 의사록에 비추어 보면 사실관계에 맞지 않았다. 의사록을 보면, 대다수 금통위원들이 토론과정에서부터 금리인하에 호의적인 발언을 하였다. 금통위원들은 금리인하 조치의 불가피성을 인정하면서도 다만 그 부작용으로 일부 지역에서의 주택매매가격 상승 등에 대해 우려하였다. 문화일보는 기사에서 금통위원의 발언을 인용, 그날 금통위에서 "표결까지는 가지 않았다"고 하였지만, 의사록에 따르면 장승우 위원은 금리인하에 명백히 반대 의사를 표명하였다. 이런 점들에 비추어 볼 때 이날 금통위원들이 자유롭게 찬반 의견을 개진하는 데에는 전혀 제약이 없었다고 봄이 타당하다.

셋째, 진념 장관의 발언 때문에 "동결론과 인하론이 팽팽하던 시장이 8월 9일 오후 일찌감치 채권 유통수익률이 급락하는 등 콜금리 인하론을 기정사실로 받아들이는 분위기였다"는 보도내용을 살펴보자. 전철환 총재가 금통위를 마치고 기자실에서 콜금리 인하 결정을 발표한 시각은 정확하게 8월 9일 오전 11시 30분이었다. 기자설명회는 12시 5분에 끝났다. 따라서 "8월 9일 오후 일찌감치 채권 유통수익률이 급락한 것"은 전 총재가 한국은행의 콜금리 인하 결정을 발표한 데 따른 것이지, 그 전날 진념 장관의 발언 때문이 아니었다. 실제로 3년만기 국고채 유통수익률은 진념 장관의 발언이 있었던 8월 8일에는 전날보다 0.03%포인트 하락한 5.34%로 마감되었으나, 한국은행의 콜금리 인하가 있었던 8월 9일에는 전날보다 0.20%포인트가 하락한 5.14%로 장을 마쳤다.

한겨레신문도 8월 15일자에서 한국은행의 콜금리 인하조치는 물론 그간의 한국은행 정책을 비판하는 정운찬 서울대 경제학과 교수의 칼럼을 게재하였다. '한국은행에 바란다' 라는 제목으로 되어 있는 이 칼럼에 대해서도 몇 가지 석명(釋明)이 필요하다고 생각한다.

첫째, 정 교수는 "며칠 전 진념 부총리가 경기회복을 위해서 금리인하가 필요하다고 역설하면 (한국은행은) 영락없이 곧 바로 금리를 인하하였다"고 주장하면서, 금리인하를 강행하는 한국은행의 행태에 석연치 않은 점이 많다고 비판하였다. 8월 8일에 행해진 진념 부총리의 공개적인 금리인하 요청 발언이 한국은행의 콜금리 인하 결정에 영향을 미쳤는가의 인과관계에 대해서는 앞에서 서술하였으므로 생략토록 하겠다.

둘째, 정 교수는 칼럼에서 한은이 금리인하를 단행한 데에서 "한 수 더 떠 강력한 재정정책의 집행까지 주문"하였다고 비판하였다. 이 비판은 콜금리 인하시 금융통화위원회가 의결한 '2001년 8월중 통화정책방향' 의결문의 마지막 항목과 관계가 있었다. 마지막 항목에서 금융통화위원회는 "지난 7월에 이어 금번의 콜금리 목표 인하가 실물경제 호전으로 이어지기 위해서는 재정 면에서도 경기부진에 보다 적극적으로 대응하는 한편 기업구조조정을 과감히 추진하여 경제의 불확실성을 해소하는 것이 긴요"하다고 정부에 주문하였다. 정운찬 교수는 이 부분을 가리켜 전 총재가 "강력한 재정정책의 집행을 주문"하였다고 비판했던 것으로 짐작된다.

한국은행은 당시 정부의 재정운영에 내재된 문제점을 진념 부총리 등 정부 관계자들에게 누차 지적해 왔던 터였다. 이 내용은 한국은행 조사국이 7월에 완료하였던 「최근 재정운영이 경기에 미친 영향과 과제」라는 조사연구결과에 집약되어 있었다.[46] 이 보고서에 따르면 정부는 2001년 초부터 경기활성화를 위한 재정의 조기집행 방침을 정하고 이를 추진하여 왔으나, 실제로는 경기침체를 오히려 가속화시키는 방향으로 재정 집행이 이루어져 왔던 것으로 분석되었다.

이 보고서의 내용은 경기진작을 위해 노심초사하고 있었던 정책당국자에게는 충격적이었다. 따라서 '8월중 통화정책방향'에 들어

---

46 이 연구결과는 『조사통계월보』 2001년 8월호에 같은 제목(한국은행 조사국 박형수 · 김용선 조사역 공동 집필)으로 발표되었다. 이 연구에 따르면 2001년 1.4분기 통합재정수지는 12조 3천억 원의 흑자를 기록하여 경기상황과 거꾸로 운영된 것으로 나타났다.

있는 금융통화위원회의 재정 관련 의결내용은 정부가 경기침체를 더욱 심화시키는 방향으로 다루어 왔던 재정 운영을 지양하고 경기활성화에 도움이 될 수 있도록 재정을 운영해야 한다는 주문이었다.

셋째, 정운찬 교수는 "경제위기를 맞은 뒤 3년 동안 한은은 침묵과 부동으로 지내왔다"고 비판하였다. 그러면서 정 교수는 "한국은행이 제 목소리를 내면서 재경부와의 협조 속에 구조조정을 앞당길 수 있는 여러 정책제안을 할 수도 있었다"고 주장하였다. 한국은행이 1998년부터 2000년까지 "침묵과 부동으로 지내왔다"는 비판은 받아들이기 어렵다고 생각한다. 정운찬 교수의 평가가 옳은 것인지의 판단은 전적으로 국민들의 몫이다. 그런 점에서 외환위기 직후 4년간 한국은행의 정책을 되돌아보고 정리하는 이 책은 국민들이 한국은행을 올바르게 평가하는 데 도움이 될 수 있으리라 기대한다.

당시 한국은행은 국고채 직접 인수 및 외환은행에 대한 직접 출자를 거부한 데에서 나타나듯이 발권력을 동원하여 구조조정에 참여하거나 공적자금을 지원하는 것에 대해 일관성있게 반대하여 왔다. 이것은 앞의 제4장에서 살펴보았던 대로 한국은행법 규정 및 중앙은행 원리에 대한 성찰을 바탕으로 한 것이었다.

정 교수는 칼럼에서 "예를 들어 정부가 공적자금으로 모든 은행을 건전은행으로 만들려는 무모함을 보일 때 한은이 나서서 그보다는 부실한 은행들을 퇴출시키고 그 부작용으로 나타날지 모를 금융시장 불안을 일부는 공적자금으로 해소하되, 모자랄 경우 한국은행이 유동성을 풀어서라도 정부의 재정 부담을 줄여주겠다고 제안할 수도 있었을 것"이라고 주장하였다.

은행감독권이 없는 한국은행이 금융구조조정에 직접 나서서 중요한 역할을 맡기가 어렵게 되어 있음은 주지의 사실이다. 특히

"한국은행이 유동성을 풀어서라도 정부의 재정 부담을 줄여주는 것"을 제안하면 좋았을 것이라는 언급은 국고채 인수 거부 및 외환은행에 대한 직접출자 거부 등 당시 한국은행의 주요 정책결정과는 극명하게 대비되는 주장이다. 정 교수가 외환위기 직후 한국은행의 업무 추진실적을 애써 평가하지 않았던 것도 이와 같은 정 교수의 중앙은행론 또는 중앙은행관(中央銀行觀)과 관련이 있었던 것으로 생각된다.

9.11 테러공격 직후의 과감한 금리인하

9.11 테러공격 직후 콜금리 0.5%포인트 인하

9월 6일의 금융통화위원회를 앞두고 금융시장은 콜금리가 다시 인하될 것인지 여부에 관심을 기울이기 시작하였다. 8월 말에 발표된 실물지표에 따르면 경제는 매우 안 좋은 것으로 나타났다. 세계적인 정보통신(IT)산업의 불황 등의 여파로 반도체, 컴퓨터 부문의 생산이 크게 줄면서 2001년 7월중 산업생산은 전년 동기 대비 5.9% 감소하였다. 1998년 10월(−8.8%) 이후 2년 9개월 만에 나타난 가장 높은 감소율이었다. 공장가동률도 1999년 2월의 69.1% 이후 가장 낮은 71%에 머물렀다. 더욱이 8월 30일(현지시간) 미국 다우지수가 1만선 아래로 하락한 것을 시작으로 주요국의 주식시장이 급락세를 나타내면서 세계경제가 동시에 깊은 침체의 늪에 빠지는 것이 아닌가 하는 불안감이 확산되었다.

9월 6일의 금융통화위원회를 앞두고도 정부의 금리 관련 발언과 관련된 해프닝이 있었다. 9월 3일 조선일보는 시내판에서 재경부 고위 관계자가 "급속한 경기하강을 막기 위해서는 재정지출 확대와 함께 금리인하를 동시에 시행하는 것이 바람직하므로 재정경

제부는 한국은행에 콜금리를 추가 인하해 줄 것을 요청할 방침"이
라고 말했다고 보도하였다.

그러나 같은 날 머니투데이는 이러한 정부의 콜금리 추가인하
요청 기사와 관련하여 재정경제부 고위 관계자가 "콜금리 인하는
금융통화위원회의 권한이고 금리인하는 전적으로 한국은행이 알아
서 결정할 문제"라고 말했다고 보도하였다. 이 관계자가 "정부는 금
융통화위원회에 어떤 입장도 전달할 위치에 있지 않다"고 했음도
덧붙였다. 한편 연합뉴스는 9월 3일 한국은행이 "재정경제부로부터
콜금리 인하와 관련해 어떠한 요청도 받은 바 없다"고 밝혔다고 보
도하였다.

금융시장에는 금융통화위원회의 금리 결정을 앞두고 이제나
저제나 정부 인사들의 금리 관련 발언이 나올까 과천 쪽을 예의주시
하는 움직임이 있었던 것으로 추정된다. 일부 금융시장 관계자들이
경험을 통해 일종의 인과관계를 발견하고, 이에 입각하여 행동하는
모습을 보였다고 표현하는 것이 적합할 지도 모르겠다. 시장 참가자
들이 나름대로 설정했던 인과관계의 가설은 다음과 같이 정리할 수
있다.

금융통화위원회를 하루 이틀 앞두고 정부 인사가 콜금리에 대
한 정부의 희망사항을 공개적으로 표명한다. 그러면 금융통화위원
회는 기다렸다는 듯이 정부의 희망을 수용하여 콜금리 목표를 결정
한다. 이들은 이러한 인과관계에 대해 거의 확신을 가지고 있었다고
해도 과언이 아니었다. 이러한 인과관계에 대한 고찰을 바탕으로 시
장 참가자들은 나름대로의 생존법칙을 터득하였던 것으로 추정된
다. 이들은 정부 인사의 발언이 있을 경우에는 금통위 결과를 기다
릴 필요도 없이 신속하게 채권을 사든지 팔든지 행동에 나서야만 하

였다. 그렇게 해야 이익을 극대화하거나 손실을 최소화할 수 있었기 때문이다. 그들로서는 사활이 걸린 문제였으므로 시장 참가자들의 이러한 행태를 비난하는 것은 어쩌면 온당한 일이 아니었다.

이러한 행태를 보였던 금융시장 관계자들의 시장정서(market sentiment)는 9월 6일의 금융통화위원회를 앞두고 머니투데이가 9월 4일, 5일 연 이어 보도한 기사에 잘 나타나 있다. 머니투데이는 9월 4일 "9월 금통위를 앞두고도 (콜금리가 인상되었던) 8월과 비슷한 모양새로 가는 듯한 인상을 주고 있다"고 보도하였다. 이 신문은 그러한 관측을 뒷받침하는 증거로 7월의 경기 관련 지표가 급격히 내리막길을 걷고 있는 데다 진념 부총리 등 정부 인사들이 공격적으로 발언[47]하고 있는 점을 들었다.

9월 5일 머니투데이는 "9월 4일의 채권시장은 9월 6일 금통위에서 콜금리를 이번에도 0.25%포인트 내릴 것이란 기대감은 살아있지만 확신을 하지 못하는 모습을 보여줬다"고 보도하였다. 이 신문은 시장이 이처럼 추가인하 여부에 가닥을 잡지 못하고 있는 이유로 "정부쪽에서 콜금리 인하에 대한 암시를 줄 만한 타이밍이 됐으나 암시를 줄만한 코멘트가 나오지 않고 있음"을 들었다.

머니투데이의 보도에 따를 경우 금융시장은 목을 빼고 정부 관계자의 입을 쳐다보고 있었다. 많은 경우 그래왔듯이 "정부 고위인사로부터 콜금리 인하를 암시하는 코멘트가 나올 타이밍"인데 그런게 없어서 시장 참가자들은 안절부절 못하고 있었다.

금통위를 앞두고 반복적으로 행해지는 정부의 금리 관련 발언

47　머니투데이는 2001년 9월 4일 진념 부총리가 8월 29일 행한 '20년대와 같은 공황' 발언과 강봉균 KDI 원장이 8월 30일 행한 "경제가 IMF 때보다 더 어려워질 수 있다. 4.4분기에도 경제회복이 어렵고 재정확대, 금리인하 등의 조치가 필요하다"는 발언을 그 사례로 들었다.

이 이처럼 시장 참가자들에게 혼란을 주고, 더 나아가 금융시장을 교란시키고 있었던 사실을 이 기사 이상으로 절묘하게 묘사할 수 있었을까? 금통위를 앞두고 터져 나오는 재경부의 금리 관련 발언 때문에 결과적으로 한국은행의 통화정책이 줄곧 정부에 휘둘리고 있는 것처럼 시장에 비쳐지고 있었던 것이다. 한국은행 입장에서는 억울한 일이었다. 실제로는 재경부와 무관하게 통화정책을 독립적으로 수행하고 있었는데도 불구하고 말이다.

한편 블룸버그 통신은 한국은행이 수출 둔화와 산업생산 감소로 침체된 경기를 부양하기 위해 9월에도 콜금리를 인하할 가능성이 높은 것으로 조사됐다고 보도했다.[48] 블룸버그 통신이 은행, 증권 등 주요 금융기관에 근무하는 16명의 애널리스트들을 대상으로 설문조사를 실시한 결과, 이 가운데 13명은 한국은행이 9월 6일의 금융통화위원회에서 콜금리를 0.25%포인트 인하할 것으로 예측하였다는 것이다.

그러나 한국은행은 9월 6일 금융통화위원회를 열고 콜금리를 현 수준인 4.5%에서 동결키로 결정하였다. 전철환 총재는 기자설명회에서 "경기부진 전망에 따라 콜금리를 이미 상당 폭 인하한 바 있으며, 정부도 재정지출 확대 등 경기대응노력을 강화하고 있으므로 정책 효과가 어떻게 나타나는지 좀 더 지켜보는 것이 바람직할 것으로 판단된다"며 콜금리 동결의 배경을 설명하였다. 전 총재가 언급한 '정부의 경기대응노력'은 경기부양을 위한 5조 555억 원의 추가 경정예산안이 9월 3일 국회에서 통과된 사실을 가리킨 것이었다.

이런 상황에서 9월 11일(미국 현지시간) 뉴욕과 워싱턴 등에 대

---

48   연합뉴스, 2001. 9. 4.

한 연쇄테러 사건이 발생하였다. 한국은행은 테러가 발생한 직후인 9월 12일 오전 8시 긴급대책회의를 열고 금융시장에 미칠 충격을 완화하기 위해 시중에 유동성을 충분히 공급하기로 결정하였다. 9월 17일 은행회관에서 개최된 비상경제장관간담회에서 한국은행은 기업지원을 위하여 한국은행의 총액대출한도를 2조원 증액키로 한다고 발표하였다.

한편 미 연준(FRB)은 9.11 테러사태로 뉴욕 증권시장이 나흘간 휴장한 후 9월 17일(현지시간) 다시 문을 여는 데 맞추어 연방기금금리를 0.5%포인트 인하하였다. 이것은 테러사태가 증권시장에 미칠 부정적 영향을 차단하기 위하여 취한 조치였다. 연준이 이날 2001년 들어 8번째로 금리인하 조치를 단행함에 따라 미국 연방기금금리는 연초의 6.5%에서 3.0%로 낮아졌다. 같은 날 유럽중앙은행(ECB)도 금리를 0.5%포인트 인하하였다. 미 연준과 유럽중앙은행의 금리인하 조치는 금리정책을 결정하는 정례회의에서가 아니라 긴급히 소집된 임시회의에서 단행되었다. 이 조치에도 불구하고 9월 17일 미국 다우존스 산업평균지수는 684포인트(7.11%) 하락한 8,921로 장을 마감하면서 9,000선이 무너졌다.

한국은행도 9월 19일 미국 테러사태에 대응하여 임시 금융통화위원회를 열고 콜금리를 종전의 4.5%에서 4.0%로 0.5%포인트 전격 인하하였다. 한국은행이 콜금리 변경을 주축으로 통화정책을 운영한 이후 임시 금통위에서 콜금리 변경을 한 사례가 없었던 데다 여태까지의 콜금리 변경 폭이 0.25%포인트에 그쳤다는 점에 비추어 9월 19일의 조치는 파격적인 것이었다.

한국은행의 콜금리 인하조치는 철저히 보안이 유지된 가운데 기습적으로 단행되었다. 전철환 총재는 9월 19일 금융통화위원회 회의 직후 가진 기자설명회에서 콜금리 인하 배경을 설명하였다. 9월 들어서도 수출 감소폭이 크게 확대되는 등 실물경제가 계속 부진한 모습을 보이고 있는 가운데 미국 테러사건의 충격이 겹침에 따라 경기둔화가 더욱 심화되고 장기화될 가능성이 커지고 있었다. 그는 예상치 못했던 대외여건의 악화가 실물경제 및 금융시장에 미치는 충격을 최소화하기 위하여 콜금리를 0.5%포인트 인하함과 동시에 유동성을 신축적으로 공급하기로 결정하였다고 밝혔다.

전 총재는 질의답변을 통해 신속하게 금리를 인하한 것은 하루라도 빨리 시장을 안정시키기 위한 것이라고 설명하였다. 이미 주요 국들이 금리인하를 단행함에 따라 채권시장에서는 한국은행이 조만간 콜금리를 인하할 것이라는 풍문이 돌고 있었기 때문에 미루면 시장이 요동칠 염려가 있었다고 밝혔다. 전 총재는 금리인하폭이 0.5%포인트로 예상보다 컸던 데 대해서도 설명하였다. 미국 테러사건으로 세계경제 동향을 예측하기가 더 어려워졌기 때문에 불확실성을 줄이려면 시장에서 예상하는 것보다 더 충분한 정도로 대응하여야 함을 강조하였다.

한국은행의 금리인하 영향으로 이날 채권시장에서 국고채와 회사채 금리는 사상 최저치 수준으로 떨어졌다. 3년만기 국고채 금리는 4.67%를 기록하여 전날보다 0.23%포인트 하락하였으며, 회사채 3년물은 6.16%로 전날보다 0.18% 하락하였다. 그러나 콜금리 인하는 주식시장에 별다른 영향을 미치지 못했다.

9.19 금리인하 조치에 대한 언론의 비판

언론은 사설 등을 통해 한국은행의 금리인하 조치에 대해 대체로 긍정적으로 평가하였다.[49] 아울러 콜금리 인하 조치가 경기부양 효과를 나타내려면 대출금리가 함께 인하되어야 하며, 물가 불안 등에도 대비해야 함을 역설하였다. 그러나 일부 언론은 기사 및 사설을 통해 한국은행이 단행한 금리인하 조치의 독자성 및 타이밍의 적절성에 대해 비판의 목소리를 높였다. 왜 이러한 비판들이 제기됐었는지 그 배경을 살펴보고, 그러한 비판이 타당했었는지에 대해서도 짚어보도록 하겠다.

첫째, 일부 언론은 금리인하가 한은의 독립적인 결정이 아니라 정부 및 여당의 압력에 따른 것이라는 의구심을 제기하였다.[50] 이러한 비판은 9월 18일 집권당인 민주당의 강운태 제2정책조정위원장이 콜금리 인하를 건의하는 방안을 검토키로 했다고 발언했던 것이 도화선이 되었다.

그는 9월 18일 민주당 4역회의에서 "통화신용정책은 물가를 자극하지 않는 범위에서 이뤄질 것"이라고 발언하고, "콜금리를 한 번 더 내리기를 희망하지만 이는 한국은행 금융통화위원회에서 결정할 사안"이라고 밝혔다. 강 위원장은 또 총액대출한도 2조원 확대, 기업구매자금 대출 확대 등의 검토방침도 밝혔다.[51]

한국은행의 콜금리 변경이 임박한 시점에서 여당 고위 관계자가 콜금리 인하를 희망하는 발언을 했는데, 공교롭게도 그 발언이 있고 바로 다음 날 금리인하 조치가 단행되었다. 그 결과 한국은행의 금리인하 조치가 정부·여당과의 사전 조율을 거쳐 이루어졌다는 인상을 외부에 주게 되었던 것이다. 다음 장에서 서술하는 대로,

---

49　한국경제신문, 매일경제신문, 한국일보, 문화일보, 서울경제신문, 파이낸셜뉴스, 2001. 9. 20자.
50　국민일보, 문화일보, 내외경제신문, 머니투데이, 2001. 9. 19자; 세계일보, 한국일보 사설, 2001. 9. 20자; 조선일보, 2001. 9. 24자.
51　문화일보, 2001. 9. 18자; 서울경제신문, 2001. 9. 19자.

이 문제는 2001년 9월 24일 한국은행에 대한 국회 재정경제위원회의 국정감사에서 최대 이슈로 떠오르게 된다. 그러므로 어떤 상황이 벌어졌었는지 실체적 진실을 규명하는 일은 다음 장으로 넘기도록 하겠다.

또한 한국은행의 9.19 금리인하 조치가 정부 및 여당의 압력을 수용하여 이루어진 조치로 비쳐졌던 데에는 금리인하안을 처리할 금융통화위원회의 개최 일정을 한국은행이 치밀하게 조율하지 못했던 데에도 일부 원인이 있었다. 그 결과 언론으로부터 9.19 조치가 '정부에 등 떠밀린 뒷북 대응'이라고 비판받기에 이르렀던 측면이 있었다. 이 점에 대해 살펴보도록 하자.

내외경제신문은 9월 14일 "미국 테러사태에 따른 경기침체 장기화 가능성과 미국의 연방기금금리 추가인하 가능성 등이 겹치면서 한은의 콜금리 인하론이 급부상하고 있지만, 한은은 10월 11일 금융통화위원회를 열 계획으로 현재로서는 미국과 같이 통화정책 결정을 위한 임시회의를 열 계획은 갖고 있지 않다고 밝혔다"고 보도하였다. 이 신문은 9월 18일에도 "9월 20일 열리는 금통위는 한은의 일상 업무와 관련된 안건을 처리하기 위한 것으로 금리 조정을 위한 정례 금통위는 10월 11일 열린다"고 보도하였다. 9월 19일자 한국경제신문도 "한국은행이 콜금리를 인하하는 것은 확실시되지만, 인하 시기는 10월 11일 금통위 정례회의가 될 전망"이라고 보도하였다. 9월 20일 열리는 정례회의에는 금리 문제가 안건에 올라가지 않는다고 한은이 밝혔다고도 소개하였다.

이런 기사 내용들에 비추어 볼 때 한국은행은 9.11 테러사태 직후에는 금리인하를 위한 임시 금통위 소집을 고려하지 않았던 것으로 추정된다. 콜금리 인하를 위한 금융통화위원회 개최 시기를 정례 금융통화위원회가 열리는 10월 11일로 상정하고 있었다는 말이다. 이것은 한국은행이 콜금리 변경을 축으로 통화정책을 수행하기 시작한 1999년 이래 콜금리 결정을 위한 임시 금융통화위원회를 개최한 전례가 없었던 관행을 존중한 데 따른 것이다. 또한 통화정책을 투명하고 예측가능하게 수행해 나가기 위해서는 금통위 개최 일정을 사전에 정하여 공지하는 한편, 이를 지키는 것이 바람직하다고 판단하고 있었기 때문이기도 하였다.

그런데 미국의 금리인하 조치 이후 주요 선진국이 신속하게 정책 공조에 나섰던 데다 국내 금융시장에서도 한국은행이 주요국의 콜금리 인하 흐름에 동승할 것이라는 관측이 제기되었다. 9월 20일자 한국경제신문이 보도했던 대로 9월 18일 오후 채권시장에서는 "오늘밤 전격적인 금리인하가 단행된다"는 루머가 퍼지고 있었다. 이에 따라 전철환 총재는 금융시장의 혼란을 미연에 방지할 수 있도록 9월 20일로 예정했던 정례 금통위를 기다리지 않고 서둘러 9월 19일 오전 임시 금통위 개최의 단안을 내렸던 것이다.

한국은행이 임기응변식으로 금통위 일정을 조정함에 따라 출입기자들은 급작스럽게 결정된 9.19 금리인하 조치를 취재하느라 큰 불편을 겪었다. 더욱이 기자들은 9월 20일 열릴 금통위에 금리문제가 상정되어 있지 않았다는 사실을 매우 중시하였다. 9월 20일 개최될 금통위에서 콜금리가 인하되려면 금통위 회의운영규정에 의해 회의 개최 2일 전인 9월 18일까지 금리문제가 의안으로 올라와 있어야 하는데, 한국은행이 확인해 준 바로는 그때까지 상정이 되어 있지 않았다.

기자들은 이 점을 들어 9.19 콜금리 인하조치가 갑자기 정부의 압력에 떠밀려 주먹구구식으로 이루어졌다고 비판한 것이다. 그러나 기자들은 금융통화위원회 회의운영규정[52]상 콜금리 인하 의안을 총재가 회의 당일 본회의장에서 긴급 의안으로 상정할 수 있도록 되어 있다는 데 대해 전혀 알지 못하고 있었던 것 같다.

그러므로 9.11 테러사태 이전이나 직후 한국은행이 비상사태에 임하는 일관성 있는 원칙이나 계획(contingency plan)을 확정하여 움직였다면 9.19 금리인하 조치에 대해 훨씬 나은 평가를 받을 수 있지 않았을까 생각해 본다. 다시 말해서 당시 한국은행은 정례 금통위 일정에 구애받지 않고 "비상사태에는 비상한 방법으로 대처한다"는 비상사태 대응원칙을 사전에 내부적으로 정할 수 있었을 것이다.

또한 언론에 "지금이 비상사태라면 한국은행은 비상한 방법으로 대처할 가능성도 있다"라고 밝히면서 긴급한 사유가 있는 경우 회의 당일 의안을 바로 상정할 수 있도록 되어 있는 금통위 회의운영규정을 기자들에게 브리핑해 줄 수 있었을 것이다. 그렇더라면 그러한 비상시국에 한국은행이 금리인하 조치를 훌륭하게 마무리짓고도 언론에서 비판받는 일은 없지 않았을까 생각해 본다.

결론적으로 당시 언론이 9.19금리인하 초기와 관련하여 한국은행의 독자성을 문제삼았던 것은 무엇보다도 집권여당 고위 당직자의 콜금리 인하 발언 때문에 겉으로 드러난 모습(appearance)에서 한국은행의 정책결정이 정부 여당에 종속되어 있다는 느낌을 준 것이 주요 원인이었다. 다음으로 한국은행이 비상상황에서 긴급하게 조치를 취하는 데 필요한 회의 개최 일정 조정 등 실무를 미숙하게 처리했던 데에도 일부 원인이 있었다.

---

[52] 금융통화위원회 회의운영규정 제5조(의안의 부의)는 "긴급한 사유가 있는 경우에는 본회의에서 위원 2인 이상의 찬성으로 발의하여 의장에게 부의를 요구할 수 있으며, 의장은 직접 발의하여 부의할 수 있다"라고 규정하고 있다.

둘째, 금리인하의 타이밍이 적절하지 않았다는 비판에 대해서
살펴보자. 이에 대해서는 중앙일보가 대표적으로 기사, 사설, 칼럼
을 통해 일관되게 지적하였다. 한 마디로 한국은행의 콜금리 인하가
너무 늦었다는 비판이었다.

9월 20일자 중앙일보는 "9월 19일 임시 금융통화위원회를 열어
결정한 콜금리 인하도 시장에선 때를 놓친 것으로 평가하고 있다"
고 보도하였다. 중앙일보는 같은 날 '경제정책, 할 일과 피할 일'이
라는 제목의 사설에서도 "다만 정책의 타이밍이나 내용 면에서는
아쉬움이 있다. 금리인하는 기왕 하려면 지난 주가 적기였다"고 주
장하였다. 이 신문은 9월 21일 데스크 칼럼에서 "미국이 금리인하
를 발표한 3시간 뒤 유럽중앙은행이 화답했다. 같은 날 캐나다와 스
위스 · 스웨덴 중앙은행도 보조를 맞췄다. 한국은 하루 뒤인 9월 19
일 허겁지겁 뒤쫓아 콜금리를 낮췄다"고 한은의 조치를 희화적으로
묘사하였다.

중앙일보의 보도대로 9.19 금리인하 조치가 너무 늦은 것이었
을까? 필자는 한국은행이 금리인하의 타이밍을 맞추기 위해 노력한
점은 평가할 만했다고 생각한다. 다음 표에서 보는 대로 한국은행의
콜금리 인하는 일본 · 대만 · 홍콩 등 아시아 국가들에 비해서는 하
루가 늦었고, 구미 선진국보다 이틀 늦었지만, 이들 국가와의 시차
를 고려하면 비교적 신속하게 이루어졌다.

중앙일보의 주장대로 미국 등 선진국이 금리인하를 단행하기
전, 다시 말해 9.11 테러가 있었던 직후에 콜금리를 인하했어야 하
지 않았느냐는 견해는 다소 현실성이 결여되었다고 생각한다. 논리
적으로나 실제 시장상황에 비추어 보더라도 한국이 아닌 미국에서
테러사태가 일어나 그 충격으로 미국의 금융시장이 요동치면서 그

파고가 한국 금융시장에까지 밀려왔던 것이다. 테러 피해를 당한 미국이 먼저 금융시장을 안정시킬 대책을 시행하고, 이에 맞추어 다른 나라들이 정책 공조를 펼치는 것이 순리였다. 실제로도 그런 방식으로 전 세계적인 정책 공조가 이루어졌다.

9.11 테러사태 이후 각국의 금리인하 추이

(단위: %포인트)

	금리를 인하한 국가 및 인하 폭
9월 17일	미국(0.5), EU(0.5), 캐나다(0.5), 스위스(0.5), 스웨덴(0.5) 등 5개국
9월 18일	일본(0.15), 영국(0.5), 대만(0.5), 홍콩(0.5), 덴마크(0.5) 등 5개국
9월 19일	한국(0.5), 뉴질랜드(0.5) 등 2개국

* ( ) 내는 금리 인하폭

중앙일보의 주장대로 한국은행이 9.11 테러 발생 직후 미국에 앞서 금리를 인하하였다면 어떠하였을까? 아마 "테러는 미국에서 일어났는데 뚱딴지처럼 한국이 먼저 금리를 인하하느냐"는 논란에 휩싸였을 것이다. 미 연준에 앞서 한국은행이 선제적으로 금리인하를 단행했는데, 금리 인하폭이 0.25%포인트에 그쳤다면 문제는 더욱 복잡해졌을 것이다. 당시 거의 제로 금리를 유지하고 있었던 일본을 제외한 다른 나라들이 모두 금리를 0.5%포인트 인하하였기 때문에 금리 인하폭의 적정성을 둘러싼 논쟁이 제기되었을 것이다. 이 경우 한국은행은 재차 금리를 인하해야 하는 어려운 선택에 직면했을 수도 있었을 것이다.

한편 2001년 들어 한국은행은 경기침체 및 9.11 테러사태 등에 대처하여 몇 차례에 걸쳐 금리인하 조치를 단행하였으나, 앞에서 본 바와 같이 금리정책의 효과 및 금리정책 결정 과정에서 한국은행의 독자적 역할 여부 등을 둘러싸고 일부 언론 및 학계인사들의 비판에 시달렸다. 한국은행의 통화정책 등에 대해 언론 및 학계인사 등이 전개하였던 주장과 논란을 접하면서 느꼈던 전 총재의 우울하고 답답한 마음은 그가 쓴 독서 에세이에 잘 드러나 있다.

전 총재는 8월 22일 한국경제신문에 옥스퍼드대 철학교수 윌리암슨(Timothy Williamson)의 『지식과 그 한계(*Knowledge and its Limits*)』라는 신간에 대해 에세이를 썼다. 이 에세이는 먼저 전 총재 자신의 깊은 자성으로부터 시작하고 있다. 전 총재는 "오랫동안 좁게는 자신의 지적 한계, 넓게는 인간능력의 근본적인 한계를 절감해 왔다"고 토로하였다. 아울러 "통화신용정책 등의 성공 가능성을 높이고 진리와 인식의 정확성에 한 발자국 더 접근해야 한다는 절박함에도 불구하고 실제로는 당초 설정했던 기대에 미치지 못함을 통감한다"고 밝혔다. 전 총재는 또 지식인들이 빠지기 쉬운 허위의식도 날카롭게 비판하고 있다.

'무엇을 믿는다는 것'(believing something)과 '그것을 안다는 것'(knowing it)은 확실히 다르다. 그런데도 많은 사람들은 믿는 것을 아는 것으로 착각한다. 제대로 정확하게 알지 못하기 때문에 모르는 것을 아는 것으로 믿는 잘못을 저지르는 것이다. 그래서 우리는 사물에 대한 어떤 믿음을 지니기에 앞서서 존재본질, 운동법칙, 변화 등을 제대로 알아야 할 필요가 있다. 지적 수준이 매우 높더라도 불가지성(不可知性), 즉 앎에 대한 회의만이라도 지녀야 한다.

전 총재는 이어 현실세계에서는 "검증을 통해 앎을 획득하기보다는 검증을 필요로 하는 단순한 지식의 편린 또는 자료를 지니고 있다는 자체만으로 자기가 어떤 것을 아는 것으로 치부하여 지식화하는 경우가 많다"고 비판하였다. 아울러 "검증을 거치지 않은 심리상태에 불과한데도 이를 지식화하고 신념화함으로써 허위의식으로 정착되는 경우도 흔하다"며 지식인들이 범하기 쉬운 잘못에 대해 은유적인 형태로나마 쓴소리를 하였다.

당시 한국은행은 언론의 비판에 대해서는 겸허하게 경청하는 자세를 견지하면서도 언론이 심각하게 사실관계를 왜곡하여 보도하는 경우는 공식적으로 보도해명자료 등을 통해 바로잡으려고 노력하였다. 반면 학계인사들이 칼럼 기고 등을 통해 제기하는 비판에 대해서는 일체 대응하지 않고 지켜보는 자세를 견지하였다. 이것은 전철환 총재 스스로 학계에 30여년 가까이 몸담아온 경제학자로서 학문의 자유를 존중하려는 자세가 반영된 결과였다고 생각된다.

그러나 이러한 태도가 경제학자들이 한국경제 및 통화정책에 대해 제기하였던 비판이나 주장을 한국은행이 100% 그대로 수용하였음을 뜻하는 것은 아니었다. 현실 경제문제에 대해 경제학자들이 제기하였던 여러 비판에 대해서 전 총재가 어떤 생각을 갖고 있었는지는 2001년 9월 21일 한국경제발전학회가 주최한 국제 심포지움의 축사에 잘 드러나 있다. 전 총재는 이날 '경제발전과 경제학의 역할'이라는 제목으로 연설하였다.[53]

전 총재는 먼저 "우리나라가 1997년 외환위기를 겪은 지 얼마 지나지 않았는데도 또 다시 경기부진에 접어든 것은 대외여건이 크게 악화된 데에 주원인이 있지만 저를 포함한 정책담당자의 역량에 한계가 있는 데다 우리나라의 경제학 연구가 현실문제에 대해 적절

---

53   한국은행 총재 강연 및 기고문, 「전철환 총재, 한국경제발전학회 축사」, 2001. 9. 21.

한 해결방안을 제시할 수 있을 정도로 깊이가 있고 폭이 넓지 못한 측면도 있기 때문이다"라고 분석하였다. 그러면서 전 총재는 "현실 문제를 해결하는 데 유용한 경제이론과 대응책 제시가 많을수록 우리나라가 직면한 경제문제를 풀어가기가 훨씬 용이할 터인데도, 실제로는 우리 경제현실을 잘 설명해 주는 기초연구가 충분하지 않다"고 아쉬움을 토로하였다.

이처럼 원론적인 관점에서 '경제학자들에 대한 몇 가지 바람'을 말한 후 전 총재는 끝 부분에서 경제학자들에 대한 고언을 솔직하게 털어놓았다. 전 총재는 "일반인들의 잘못된 경제지식을 바로잡는 데에도 여러 선후배 경제학자님들이 관심을 가질 필요가 있다고 생각한다. …언론 등을 통해 주장을 펴는 이들 중에는 잘못된 경제지식과 정확하지 않은 경제용어에 기초하여 주장을 펴는 이가 적지 않은 것을 보게 된다. 이 결과 초래되는 혼란은 생각보다 크다. 이는 국민여론을 오도하고 잘못된 정책을 유도하기도 한다"고 비판하였다. 몇몇 언론은 전 총재가 경제학자들을 향해 공개적으로 쓴소리를 했다고 보도하였다.[54]

54　연합뉴스, 2001. 9. 20; 서울경제신문, 경향신문, 2001. 9. 21자.

Chapter 9

경제안정을
위한
고난의 행로

금리정책 간섭에 대한 국정감사에서의 공방

국정감사와 당정의 금리정책 간섭

9월 24일 한국은행에서 실시된 2001년 국회 재정경제위원회 국정감사는 한국은행의 통화정책과 관련된 독립성과 자율성 확보 여부에 맞추어 진행되었다. 방아쇠는 한나라당 손학규 의원이 먼저 당겼다. 손 의원은 미국의 테러사태와 관련해서 한국은행이 지난 9월 19일 0.5%의 금리인하를 단행했는데 이때 정부여당과 협의했는지 여부를 따져 물었다.[1] 전철환 총재는 "전혀 협의한 일이 없다"고 답변하였다. 그는 이어서 "금리 인하는 금융통화위원회의 고유권한이다. 국민경제를 구성하는 주체가 의사표시는 할 수 있다. 그러나 (국민경제를 구성하는 주체가) 직접 저희와 얼마의 금리를 언제 어떻게 내려라, 올려라 하는 얘기는 해 본 일이 없다"고 답변하였다.

이에 대해 손학규 의원은 "9월 19일 금리인하를 발표하기 하루 전인 9월 18일 여당 4역회의에서 여당의 경제를 담당하는 고위 당직자가 한국은행 총액대출한도를 당초 1조원에서 2조원 이상으로 증

---

1 손학규 의원과 전철환 총재 간의 일문일답 내용은 한국은행에 대한 국정감사(2001.9.24), 재정경제위원회 회의록, pp. 10~13을 요약 정리하였다.

액하기로 결정한 사실을 전하면서 '한은 및 금융통화위원회에서 콜 금리를 추가로 인하하는 문제를 검토하고 있다'고 밝혔다"고 지적 하였다. 그러면서 손 의원은 전 총재가 이를 보도한 신문기사를 보 았는지, 그리고 보았을 때 느낌이 어떠했는지 물었다. 이에 대해 전 총재는 다음과 같이 답변하였다.

> 금리와 통화신용정책에 관한 권한은 금융통화위원회에 있다. 이 해당사자 간 또는 경제주체 간에 의사표시는 할 수 있어도 그것이 한국은행에 직접 영향을 미치지는 않는다. 그렇더라도 가급적 통화 신용정책에 영향을 미칠 수 있는 위치에 있는 인사들은 통화신용 정책을 수립하기 전후 1주일 정도는 언급하지 않는 것이 바람직하 다. 그렇게 언급하지 않는 것이 세계적인 관행이다.

전 총재의 답변 후 손학규 의원이 다시 발언에 나섰다. "정부 여당으로부터 그런 얘기가 나왔을 때 한국은행이 거기에 대한 적절 한 태도나 입장을 밝힌 적이 있었는가?" 전 총재는 "통화신용정책 에 있어서 만일 금리를 내리는 것이 좋다는 의사표시가 금통위 밖에 서 나올 때 그것에 반대한다고 하면 금리를 올린다는 뜻이거나 동결 한다는 뜻이 된다. 따라서 통화신용정책을 결정하기 전에 외부 발언 에 대해 코멘트 하는 것은 오히려 안 하느니만 못하다"고 답변하였 다. 그는 이어서, 금통위가 끝난 후에는 "우선 기자회견 때를 비롯 해서 여러 번 바람직하지 않다는 의사표시를 하였다"고 말하고 한 국은행이 원하지 않더라도 기자들이 질문을 하는 때가 상당히 많다 고 덧붙였다.

손 의원은 물러서지 않고 사실관계에 대해 질의를 했다. 우선 9

월 19일 금리인하를 결정한 금통위가 언제 소집되었는지 물었다. 전 총재는 "9월 18일 밤 11시에 결정했다. 9월 19일 아침 7시 반에 임시 금통위를 개최하겠다는 뜻을 통보했다"고 답변하였다. 손 의원은 다시 임시 금통위를 9월 19일 오전에 소집하겠다는 생각은 언제 했는지 물었다. 전 총재는 "우리 시간으로 9월 18일 새벽 미 연준이 연방기금금리를 0.5%포인트 인하한다고 발표[2]하였는데 바로 이때 금리인하 준비작업이 시작되었고, 작업이 끝나는 시점에 맞추어 금통위 소집을 결정하였다"고 답변하였다. 전 총재는 당시 한국은행은 다른 중앙은행들이 미 연준의 금리인하 조치에 따르리라는 것을 예상하고 있었다고 덧붙였다.

손 의원은 "그런데 어떻게 여당의 책임있는 당직자가 '한국은행 및 금융통화위원회에서 콜금리를 추가로 인하하는 문제도 검토하고 있다'고 발언할 수 있느냐"고 재차 전 총재를 추궁하였다. 전 총재는 "다른 사람이 얘기한 것을 (그 배경에 대해 내가) 어떻게 답할 수 있느냐"고 하며 "양심을 걸고 절대 협의한 일이 없다"고 답변하였다.

손학규 의원은 9월 19일 금리인하 조치 이전에도 재경부장관 등 정부 당국자들이 금통위를 앞두고 금리정책의 방향에 대해 언급했던 사례들을 들었다. 첫 번째 사례로는 2001년 8월 9일 한국은행이 콜금리를 인하하였을 때 진념 부총리가 금리인하 필요성을 사전에 시사한 사실이 있음을 적시하였다. 아울러 2000년 9월 금융통화위원회를 앞두고 재경부장관과 금감위원장이 "금리인상은 바람직하지 않다"라는 발언을 했고, "결국, 금통위 의장인 총재가 제안한

---

2   미 연준은 뉴욕 증시가 9월 17일에 개장되는 데 맞추어 연방기금 금리를 0.5%포인트 인하하였는데, 연합뉴스는 9월 18일 새벽에 이를 보도하였다.

금리인상안이 금융통화위원회에서 부결되는 도저히 생각할 수도 없고 있을 수 없는 일이 벌어졌었다"고 지적하였다.

이때 민주당 강운태 의원이 의사진행발언에 나섰다.[3] 강운태 의원은 먼저 손학규 의원이 지적한 집권당 당직자의 발언과 관련된 당사자가 자신임을 밝혔다. 그러면서 경제정책과 관련하여 지금 상황에서 금리가 인하되었으면 좋겠다거나, 미국 테러사태에 따른 충격을 흡수하기 위해 총수요관리 차원에서 총액한도대출 등을 확대했으면 좋겠다는 등의 발언은 정당의 당연한 임무이자 일상적인 활동이라고 주장하였다.

강 의원은 본인이 당의 경제정책의 일부분을 담당하는 입장에 있기 때문에 그런 차원에서 소신을 밝힌 것이었다고 그 배경을 설명했다. 아울러 자신이 손 의원의 발언처럼 금리인하와 관련하여 한은 총재와 사전에 교감을 했거나 한은 총재에게 영향력을 행사했다든지 하는 일은 전혀 없었다고 해명했다. 그러면서 강 의원은 한은 총재가 정당의 여러 가지 입장과 의견, 전문가들의 판단 등을 토대로 금융통화위원회에서 독자적·중립적으로 금리를 결정한 것으로 판단한다고 발언하였다.

강운태 의원의 의사진행발언이 끝나자 다시 손학규 의원이 발언권을 얻었다. 그리고 단도직입적으로 전 총재에게 물었다. "한국은행 총재는 정부 당국자나 집권당의 당직자, 특히 책임있는 위치에 있는 당직자가 설사 개인적인 차원에서든 당 차원 또는 정부 입장에서든 금리나 통화신용정책에 대해서 발언하는 것이 바람직하다고 생각하는가, 바람직하지 않다고 생각하는가?" 전 총재는 잠시 생각

---

3   강운태 의원, 손학규 의원 및 전철환 총재 3자간의 일문일답 내용은 앞의 회의록, pp. 13~14를
     요약 정리하였다.

을 가다듬고 "아까도 말한 것처럼 금통위 일자를 전후해서는 안 하
는 것이……. 말을 할 수도 있다. 그러나 자칫 외부에서 영향을 미치
는 것으로 오해할 우려가 있다. 그래서 외국에서는 보통 1주일 전후
에는 발언을 안 하는 것이 관행이다"라고 답변하였다.

손 의원이 다시 물었다. "말할 수는 있다, 그런 표현이 문제를
일으킨다. 좀 더 분명히 말해 주시오. 그런 것들이 바람직한가, 바람
직하지 않은가?" 전 총재가 "바람직하지 않다는 표현을 여러 번 했
다"고 답변하였다.

다른 의원이 전 총재에게 별도의 주제와 관련하여 질의한 데 이
어 한나라당 안택수 의원이 발언권을 얻었다.[4] "한국은행은 지난해
두 차례 금리를 올렸고, 올해는 네 번 금리를 내렸는데 그때마다 금
리정책에 대해 진념 재경부장관의 언급이 있었고, 그 방향대로 결정
이 났다"면서 "한국은행이 정부에 끌려 다니는 것 아니냐"고 비판
했다. 그러면서 안택수 의원은 전 총재에게 "(조금 전 손학규 의원
한테 답변한 대로) 정부 여당과 전혀 협의한 일이 없다는 답변을 계
속할 것인지, 정정할 것인지" 물었다. 국정감사에서 허위의 증언을
한 때에는 국회에서의 증언·감정에 관한 법률에 의해 고발될 수 있
으므로 신중을 기하여 답변해 줄 것을 요청하는 발언이었다. 전철환
총재는 이에 대해 "금리인하 결정에 사전 협의가 있었다는 것은 절
대 사실이 아니며 양심을 걸 수 있다"고 정부와의 사전 협의를 극구
부인하였다.

이날 한국은행에 대한 국정감사 분위기는 9월 25일 한국일보의
'국감 이모저모' 기사에 잘 묘사되어 있다. 이 신문은 "국회 재경위

---

4 안택수 의원과 전철환 총재 간의 일문일답 내용은 앞의 회의록, pp. 15~16을 요약 정리하였다.

의 한국은행 감사에서는 통화정책의 독립성을 놓고 의원들이 잇따라 문제를 제기하고, 전철환 한은 총재는 얼굴까지 붉혀가며 강하게 반론을 펼쳤다"고 보도하였다.

전철환 총재, 정부 금리관련 발언 자제 요구

한국은행에 대한 국정감사는 점심식사를 위해 12시 21분 휴회에 들어갔다가 오후 2시에 속개되었다. 오후 감사에서는 민주당 김근태 의원이 나서 통화정책의 중립성 및 독립성과 관련된 질의를 하였다. 김근태 의원은 통화정책의 중립성과 독립성을 위해 한국은행이 정부 당국자들에게 바라는 바를 물었다.[5] 전 총재는 다음과 같이 답변했다.

정부나 한국은행 모두 거시 및 미시적 정책수단을 가지고 있기 때문에 경제 전반에 대한 시각과 운영방안에 대해서 협의를 할 수 있다. 그러나 법률에 의해 통화신용정책은 금융통화위원회의 소관사항이다. 그런데 오비이락의 형태로 정치권이나 정부가 사전에 통화정책에 영향을 미친다고 오해될 소지가 있는 발언을 할 때가 상당히 많다.[6] 이것은 아마도 과거 50여 년 동안 정부가 중앙은행 업무에 대하여 영향을 많이 미쳐온 관성이 있기 때문이 아닌가 생각된다. 앞으로 그런 언급을 해도 통화정책에 영향을 미치지 않는다고 국민들이나 시

---

5   김근태 의원과 전철환 총재 간의 일문일답 내용은 앞의 회의록, pp. 25~26을 요약 정리하였다.
6   전철환 총재는 이 대목에서 금리인하 조치와 관련하여 한국은행이 민주당과 사전에 협의한 사실이 없는데도 불구하고 본인과 강운태 의원이 금리인하에 대해 협의했고, 그것이 금리결정에 영향을 미친 것으로 오해를 받게 되었는데, 이것은 한국은행의 9.19 금리인하 조치 이전에 강 의원이 금리관련 발언을 했던 것이 원인이었다고 설명하였다.

장이 믿을 때쯤 되면 관계가 없지만 지금은 많은 오해를 하게 되어 있
는 상황이다.

그런 오해를 불식시키기 위해서는 통화정책을 결정하는 금융통
화위원회가 개최되는 전후 1주일 정도 기간 중에는 정부나 정치권
인사들이 통화정책에 관하여 간접적이거나 직접적으로 영향을 미
칠 수 있는 의사 표현을 안 해주는 것이 소망스럽다고 생각한다. 대
신에 피치 못하게 언급을 해야 할 경우가 있다면 '중앙은행의 의사
결정 특히 금통위의 결정을 존중한다' 는 식의 세련된 형태로 말씀
해 준다면 중앙은행의 중립성 내지는 독립성을 유지하는 매우 중요
한 관행이 될 것이다.

전철환 총재는 과거 장기간에 걸쳐 잘못된 관행이 지속되는 과
정에서 누적되어 온 국민들과 시장의 불신을 해소하기 위해서는 선
진국과 같이 우리나라도 상당한 노력을 기울여야 할 필요성이 있다
는 의견을 피력하였다. 김근태 의원은 전철환 총재의 답변에 공감하
면서 한국은행이 통화신용정책을 독자적이고 중립적으로 수행해야
만 통화신용정책에 신뢰성이 있게 되고, 글로벌 경제에서 우리나라
의 금융 경쟁력을 높이는 데 도움이 된다고 강조하였다.

민주당 강운태 의원이 질의하게 되었다.[7] 강 의원은 전철환 총
재가 "정당이나 정부에서 통화신용정책과 관련하여 언급은 할 수
있으나 금통위에서 정책을 결정하기 일주일 전후에는 발언을 하는
것이 바람직하지 못하다"라고 말했는데, 정당 및 정부가 발언하는
것과 금통위의 독립성 및 중립성을 지키는 것과는 직접적인 관련성

---

7   강운태 의원과 전철환 총재 간의 일문일답 내용은 앞의 회의록, pp. 32~34를 요약 정리하였다.

미 연준의 통화정책에 대한 행정부의 실용적 태도

미국 행정부는 아이젠하워 대통령 이래로 연준의 통화정책에 대해 공개적으로 비판하거나 간섭하는 것을 가능한 한 자제하여 왔다. 대통령이나 행정부 인사들은 공개적인 방법으로 무례하고 거칠게 연준을 다룰 경우 오히려 자기들이 원하는 것을 이룰 수 없다는 것을 잘 알고 있다.

연준과 행정부 간에는 다양한 대화 채널이 마련되어 있다. 대통령과 연준의장 간의 면담, 연준 의장과 재무장관과의 정례 오찬, 연준 이사들과 대통령 경제자문회의 위원들 간의 빈번한 접촉 등이 이에 해당된다. 행정부로서는 이러한 채널을 통해 그들의 희망이나 경제정세에 대한 판단을 연준에 충분히 전달할 수 있기 때문에 구태여 무리하면서 공개적인 방법을 쓸 필요가 없는 것이다. 특히 경제를 알고 금융시장의 생리를 이해하는 행정부 관리들은 공개적으로 연준을 비난하거나 연준 정책의 변경을 요구하는 것이 연준의 자존심을 건드리고 시장을 혼란시켜 행정부가 의도하는 목표의 달성을 더욱 어렵게 한다는 점을 잘 깨닫고 있다.

이런 점들이 반영되어 클린턴 행정부의 경우 연준의 통화정책에 대한 논평이나 평가가 비교적 신중한 편이다. 연준이 금리를 인상할 때마다 클린턴 행정부는 재무장관과 대통령경제자문회의 의장 공동 명의로 "행정부는 연준의 독립성을 존중하며 연준이 취하는 조치를 승인하거나 비판하지 않는다"는 내용의 성명서를 발표하였다. 1996년 2월 14일 의회에 제출한 『1995년 대통령경제보고서(Economic Report of the President)』에서도 대통령 경제자문회의는 연준의 통화정책을 평가함에 있어 신중한 입장을 견지하였다. 즉 연준이 경제성장률을 높이기 위해 금리를 더 낮추었더라도 물가상승률이 더 높아지는 위험은 매우 작았을 것(minimal risk of reigniting inflation)이라고 회고하였으나 연준을 비판하는 것은 자제하였다.

클린턴 행정부 하에서도 연준의 통화정책에 영향을 미칠 수 있는 공개적 압력이 없었던 것은 아니다. 백악관 비서실장이었던 파네타(Leon E. Panetta)는 1995년 6월 11일 NBC TV의 'Meet the Press' 라는 대담 프로에서 경기 침체의 가능성이 있음을 우려하고 연준의 금리인하를 촉구하였다. 언론은 이를 이례적인 일로 판단하고 크게 보도하였다.

그러나 루빈(Rubin) 재무장관 등 클린턴 행정부의 고위 보좌관들은 이 보도에 매우 신속하게 대응하였다. 금융시장에 미칠 부정적 영향을 극소화하기 위한 것이었다. 그들은 파네타가 행한 발언의 중요성을 의도적으로 낮추려고 노력하였다. 그들은 파네타가 잘못 말했으며, 연준 정책에 대한 행정부의 판단이 바뀌지 않았다고 해명하였다. 루빈 재무장관은 "연준에 관한 우리의 정책은 클린턴 행정부 출범 이래 일관성이 있어 왔다. 그것은 연준의 정책에 대하여 코멘트하지 않는 것이다"라고 말하였다.

(졸저, 「미국연방준비제도의 역량」, 한국은행 금융경제연구 제98-1호, 1998, pp. 56~58.)

이 있을 수가 없으며, 있어서도 안 된다고 피력하였다. 그러면서 강 의원은 "정당이 발언을 하고 안하는 것이 중요한 것이 아니고 '한국 은행의 독자성을 해치려는 의도가 있는 발언, 또는 실질적으로 영향력을 행사하거나 간섭을 하는 발언은 옳지 못하다, 바람직하지 못하다' 라고 이해를 하고 싶은데, 총재의 진의는 무엇인지" 물었다. 전철환 총재는 재차 다음과 같이 답변하였다.

> 정부 여당은 물론이고 민간이나 야당까지도 의사표시는 할 수가 있다. 그러나 오랜 관행 때문에 금통위를 전후한 1주일 이내에 통화신용정책에 대해 발언하게 되면 본래의 뜻은 발언하는 측이나 한국은행 등 양측이 똑같이 통화신용정책에 간섭하거나 간섭받을 의사가 없는 데도 불구하고 밖에서 볼 때에는 정부 여당 등이 간섭을 하고 있으며, 한국은행도 간섭을 받고 있다는 오해를 받을 소지가 있다. 이것 때문에 언론도 그렇고 국회의원들도 걱정하는 것이 아닌가 싶다.

강운태 의원은, 전 총재 답변대로라면 통화신용정책을 결정하는 금통위를 전후한 1주일, 다시 말하여 한 달의 절반에 해당하는 기간 중에는 통화신용정책과 관련된 발언을 삼가야 하는데, 이것은 정당이 경제정책을 하지 말라는 얘기와 같다고 전 총재의 답변을 비판하였다. 강 의원은 "예를 들어 정당이 적극적으로 한은 총재에게 전화해서 이번에 금통위를 여는데 가급적 금리를 인하하는 게 좋겠다, 등등의 행위는 지금까지 한 일도 없지만 해서도 안 되고 지극히 바람직하지 못하다고 본다. 다만 일상적인 경제정책에 대해서 의견을 얘기하는 것까지 한은 총재가 바람직하지 못하다고 선을 긋는 것이야말로 바람직하지 못하다고 생각한다"고 지적하면서 이에 대한 의견을 물었다. 전 총재는 다음과 같이 답변하였다.

(통화신용정책에 대한 의견을 얘기해도) 기술적으로 할 수 있다. '금리를 내려야 한다' '통화량 공급을 늘려야 한다' 등 직접적으로 의사표시를 안 해도 얼마든지 의견을 말할 수 있다. 예를 들어 '통화신용정책에 관한 고유권한은 금통위에 있다,' 이렇게 말하면 무슨 뜻인지 안다. 국회의원 입장에서나 정부 입장에서 '한국은행의 의사를 존중한다' 거나 '한국은행이 경기상황을 봐서 잘 판단하리라고 본다' 이렇게 말해도 괜찮다. 그렇다고 해서 의사표시가 안 되는 것은 아니다. 그런데 직접적으로 의사표시를 하게 되면 자칫하면 오해를 받게 된다.

강운태 의원은 "오해를 받기 때문에 정당이 통화신용정책에 대해서 발언하는 것이 바람직하지 않다"는 총재 답변 자체가 바람직하지 않다고 비판하였다. 그러한 오해가 있다면 한국은행이 나서서 적극 해명하여야 함을 역설하였다. 아울러 2000년 여름 재경부가 적극적으로 금리를 인하하자고 주장했는데도 결국 한국은행이 소신껏 금리인하를 하지 않았음을 사례로 들면서 "한은의 독립성·중립성을 보장하는 것과 정책을 다루는 정당과 정부가 통화신용정책에 대해 자기 견해를 얘기하는 것은 다르다고 본다"고 밝혔다.

한국은행이 해야 할 일은 경제주체의 다양한 의견과 외국의 동향, 시장상황 등을 종합적으로 판단해서 독자적이고도 중립적으로 통화신용정책을 결정하는 것이라고 강조하였다. 결론적으로 강 의원은 통화신용정책을 결정해 나감에 있어 정당이나 정부가 아예 발언조차 하지 않는 것이 바람직하다는 것은 이해가 안 된다고 말하고, 한국은행이 참고할 것을 촉구하였다.

여러 언론이 한국은행의 국정감사 내용을 기사로 취급하였다. 언론은 금융통화위원회를 앞둔 시점에서 행해진 정부 인사 및 집권당 당직자들의 통화신용정책 관련 발언으로 한국은행의 자주성과 독립성이 크게 훼손되었음을 의원들이 비판한 것을 큰 줄거리로 다루었다. 언론은 아울러 전철환 총재가 의원들의 추궁에도 불구하고 콜금리 결정에 정부나 집권당과 협의한 적이 없다고 밝혔다고 보도하였다. 또한 이러한 오해를 씻을 수 있도록 정부여당 관계자들은 금통위를 전후한 시점에서 통화신용정책에 대한 발언을 삼가는 것이 바람직하다고 전 총재가 강조했다고 전하였다.

한국은행에 대한 2001년 국회 국정감사는 다음과 같이 몇 가지 면에서 큰 의의가 있었다. 첫째, 정부 및 집권당 고위인사 등에 의해 반복적으로 행해지던 금리 관련 발언 행태가 한국은행법에 규정된 한국은행의 자주성과 독립성을 심대하게 침해하는 결과를 초래하고 있음을 국회 차원에서 확인하고, 국회가 이의 개선을 모색하는 계기가 되었다.

둘째, 2001년 국정감사는 결과적으로 기대하지 않았던 수확을 한국은행에 안겨주었다. 이것은 집권당인 민주당의 강운태 정조위원장의 용기있고 품위있는 행동과 관계가 있었다. 국정감사장에서 강운태 의원은 금리인하 관련 발언을 했던 당사자가 본인임을 솔직하게 고백하였다. 그리고 실체적 진실에 입각하여 본인이 9.19 금리인하 조치와 관련 전철환 총재와 협의한 바가 없다고 명백하게 밝혔다. 강운태 의원의 해명 발언은, 일부 언론이 보도하는 것과는 달리, 한국은행 통화신용정책이 정부나 집권여당에 의해 휘둘리고 있지 않음을 국민들에게 알려주는 계기가 되었다. 그리고 한국은행이 나름대로 독립적인 위치에서 통화정책을 수행하려고 애쓰고 있다는 인식을 국민과 금융시장에 심어주는 데에도 기여하였다.

같은 날 국정감사 후반부의 이한구 의원의 발언에서도 그러한 인식의 변화가 감지될 수 있었다. 민간 유수의 경제연구소장 출신인 야당 경제통 의원이 엄중한 국정감사장에서 한국은행의 독립성을 평가해 주었기 때문이다. 이한구 의원은 "그 동안 죽 관찰하고 국정감사에 와서 파악한 결과 한국은행의 독립성이 그런 대로 지켜지고 있다는 인식을 갖게 되어 칭찬 드린다"고 발언하였다.[8] 당시 정부와 여당의 반복되는 금리간섭 발언 때문에 한은의 독립성에 대한 외양(外樣)이 일그러지고 있는 데에 노심초사하고 있었던 한국은행 임직원들에게 위로가 되는 발언이었다.

이날 이한구 의원의 발언은 1년 전인 2000년 11월 3일 한국은행에 대한 국정감사에서 행해졌던 김만제 의원의 발언을 연상시키기에 충분하였다. 김만제 의원은 다년간 경제부총리를 역임하였던 한나라당의 경제통 의원이다. 야당의원인 그는 외환위기 이후 2000년까지의 한국은행 통화정책을 다음과 같이 평가하였던 것이다.[9]

지난 2년 동안에 IMF 위기를 겪으면서 제가 퍽 다행스럽게 생각

---

8 당시 이한구 의원은 "그리고 또 칭찬드릴 것이 한국은행의 독립성에 관계되는 부분이다. 사실은 작년에 제가 '한국은행 독립성 잃은 것이 아니냐?' 하고 굉장히 비판을 많이 했지만 그 동안에 죽 관찰하면서 느낀 것이 그래도 정부 보고 '공공요금 때문에 인플레율 못 지키게 생겼다. 그러니까 제대로 좀 해 달라' 하는 요구를 한 것으로 저는 알고 있다. 또 오늘도 그렇고, 정부 여당이 금리에 대해서 너무 무책임하게 발언하거나 하는 경우에 대해서 유감이라고 표명할 정도는 독립성이 있구나, 이렇게 느끼게 됐다. 그래서 이런 부분은 누가 뭐라고 해도 계속 지켜 주어야 될 일 아니냐, 이런 생각이다"라고 발언하였다(앞의 회의록, p. 46).
9 한국은행에 대한 국회 국정감사(2000.11.3), 재정경제위원회 회의록, p. 72.

하는 것은 한국은행이 기대했던 만큼 이상의 실적을 올려서 우리가 이만큼 위기를 탈출했다는 것이다. IMF 위기로부터 지금 2000년까지 오면서 이 정도로 거시경제가 그런대로 괜찮게 움직인 것은 다분히 통화관리에 좌우되었고, 그 덕분이다.

그래서 중앙은행의 위상에 대해서 이야기를 하면 물론 (금융기관) 검사권이 없어서 너무 조용하고 또 은행에 뻐기고 다니기는 좀 힘들겠지만 적어도 지난 2년 동안의 업적을 보면 여러분들의 독립적인 통화신용정책이 큰 성과를 거둔 것은 틀림없는 사실이다. 누가 뭐라고 그래도 그것은 실적이 말을 해준다. 아무리 정치적으로 독립해 있어도 통화정책이 엉망이 되어서 물가가 오른다든지 GNP가 뚝 떨어진다면 무슨 소용이 있겠나? 지난 2년 동안의 실적을 보면 상당히 좋았다.

마지막으로, 2001년 국정감사가 더욱 중요한 의의를 갖는 것은 전철환 총재가 처음부터 끝까지 흔들림 없이 금통위를 전후한 시점에서는 정부 및 여당 인사가 통화신용정책 관련 발언을 삼가야 함을 논리정연하고 끈질기게 설파하였고, 여야를 막론하고 다수 의원들이 이에 수긍하는 분위기가 조성되었다는 점이다.

아쉬운 점이 없었던 것은 아니었다. 국정감사에서 표출된 의원들의 문제의식은 4일 후인 9월 28일 실시된 재정경제부에 대한 국정감사에서 전혀 발견할 수가 없었다. 재정경제위원회는 9월 10일에 이어 9월 28일 재정경제부를 상대로 국정감사를 벌였다. 그렇지만 재경위 의원들 중 누구도 금융통화위원회를 앞두고 재경부장관이나 재경부 고위관리들이 통화신용정책과 관련하여 행한 발언을 문제 삼지 않았다. 다시 말해 한국은행 국정감사에서 피해자 격인 한은 총재에게 제기하였던 질문을 가해자 격인 재정경제부 장관 및 재경부 고위인사들에게는 전혀 제기하지 않았다.

의원들의 문제의식이 국정감사를 통해 재정경제부장관에 대한 주의 환기 또는 재정경제부 고위관리들의 경각심을 촉구하는 결의안 채택 등 구체적인 행동계획(action plan)으로 이어졌다면 어떻게 되었을까? 그렇게 되었다면 국회 차원에서 한국은행의 자주성과 독립성을 제고하는 중요한 조치로 기록되었을 것이다. 그와 같은 조치는 정부와의 역학관계에서 한국은행에 더욱 힘을 실어 주게 된다. 그랬더라면, 2002년 이후 한국은행이 적시에 필요한 만큼 적절하게 금리를 인상하는 등 통화정책을 보다 효율적으로 수행하는 데에도 상당히 기여할 수 있었을 것이다.

비유해서 얘기하면 재경위의 한국은행 국정감사는 의사가 각종 검사와 문진 등을 통해 환자를 주도면밀하게 진찰한 결과 병의 원인이 밖에 있다는 것을 정확하게 파악하였으나, 외부의 병원체를 박멸할 처방은 내리지 않은 셈이 되어 버렸다. 환자에게 오로지 운동 및 식이요법 등을 통해 저항력을 키우는 데 힘쓰라고 충고하는 미흡한 처방이었다는 점에서 아쉬움이 있다.

한편 10월 18일자 한국경제신문에는 '통화신용정책은 고유의무'라는 제목의 강만수 디지털경제연구소 이사장의 칼럼이 실렸다. 강만수 이사장은 한국은행이 10월 11일 콜금리를 동결한 조치를 비판하는 한편 전철환 총재가 9월 24일 국정감사에서 "한국은행이 정부 여당 관계자들과 금리인하에 대해 사전에 협의한 바 없다"고 밝혔다는 사실에 놀라움을 표시하였다. 강 이사장은 미국의 사례를 인용하면서 "중앙은행의 독립은 정부 여당도 언급을 삼갈 정도로 고립하고 정부 여당과 사전에 협의함이 없이 독단하는 '천상천하 유아독존' 이 아니다"라고 주장하였다.

한국은행 강형문 부총재보는 10월 23일 한국경제신문에 '통화정책 독단과 신중' 이라는 제목의 칼럼을 기고하였는데, 이것은 강 이사장의 칼럼에 대하여 반응을 보인 것이었다. 강 부총재보의 칼럼은 강 이사장이 행했던 두 번째 비판에 맞추어져 있었다. 강 이사장이 한은의 콜금리 동결을 비판했던 데 대해서는 전혀 언급하지 않았다. 이것은 금리정책에 대해서는 보는 시각에 따라 얼마든지 비판할 수 있다는 한국은행의 열린 자세를 반영한 것이다.

강형문 부총재보는 우선 중앙은행의 통화정책도 경제정책 가운데 하나이므로 국민경제의 발전을 위해 정부와 중앙은행간의 상호협조가 반드시 필요하다고 전제하면서 다음의 두 가지 점을 역설하였다.

첫째, 법에 의해 통화정책의 최종 결정권한은 중앙은행인 한국은행에 있다. 정부와 한국은행은 여러 채널을 통해 경제정세와 정책방향을 논의하고 의견을 교환하지만 통화정책은 금융통화위원회가 기업·금융회사뿐만 아니라 정부를 포함한 여러 경제주체들의 견해를 수렴하고 이를 종합적으로 분석한 후 결정한다.

둘째, 통화정책은 경제 뉴스에 민감하게 움직이는 금융시장이 그 대상이기 때문에 통화정책을 대외적으로 공개할 때에는 금융시장을 혼란시키지 않도록 매우 조심해야 한다. 그런데 중앙은행이 아닌 정부나 정치권에서 공개적인 목소리가 나온다면 시장 혼란이 더욱 커질 수 있다. 중앙은행의 결정이 정부의 공개적 언급과 일치한다면 그것이 우연이었다 하더라도 중앙은행은 신뢰를 잃게 되며, 중앙은행의 결정이 사전에 이루어진 정부 당국자의 언급 내용과 다른 것으로 나타난다면 사람들은 이를 경제정책의 난맥상으로 받아들일 것이다. 더구나 정부의 공개적인 언급은 시장에 미치는 영향을 세밀히 계산하지 않고 이루어질 가능성이 크므로 그만큼 시장 혼란을 초래할 우려가 크다.

그런데 강형문 부총재보는 이 기고를 통해 한국은행은 정부 당국자들과 만나 경제정세와 바람직한 정책방향 등에 대하여 논의하고 의견교환을 할 필요성이 있으며, 실제로도 그러한 형태로 협력관계가 이루어지고 있음을 인정하였다. 그렇다면 강 부총재보의 기고 내용은 전 총재가 국정감사에서 의원들에게 답변하면서 "한국은행은 정부 여당 관계자들과 금리인하에 대해 사전에 협의한 바 없다"고 했던 발언과 상충되는 것일까? 전 총재는 국정감사를 규율하는 법률에 규정된 위증죄를 범한 것일까? 필자는 그렇게 생각하지 않는다.

전 총재가 금리인하에 대해 정부 여당 관계자들과 사전에 협의한 바 없다고 했던 발언은 다음과 같은 뜻이었다. 한은 총재는 재경부장관 등 정부측 인사와 공식·비공식 회의에서 만나 경제동향과 향후 전망 등에 대하여 당연히 의견을 교환할 수 있다. 그런 연후에 회의 순서는 자연스럽게 향후 경제정책 방향으로 논의가 진전될 수 있다. 전 총재가 발언한 '정부 여당 관계자들과의 사전 협의'는 바로 이때부터 전개되는 상황과 연관된다고 하겠다.

한국은행법에 의해 통화신용정책은 한국은행 소관사항이며 한국은행에서도 총재가 단독으로 결정하는 것이 아니라 합의제 기관인 금융통화위원회가 결정토록 되어 있다. 전 총재의 발언내용은 따라서 재경부장관 등 정부 인사와 한은 총재가 참석한 회의에서 향후 경제정책 방향을 논의하더라도 통화정책과 관련해서는 이러한 특수성이 존중되어야 하며, 실제로도 이를 지키도록 전 총재가 노력하고 있다는 뜻을 말한 것이었다.

곧 전철환 총재는 재경부장관 등과의 회합에서 향후 콜금리를 몇 %포인트 인하한다는 등 통화정책의 구체적인 방향이 논의 대상이 되는 것을 원천적으로 막으려고 노력하고 있었다는 것이다. 그리고 정부 당국자가 이를 거론하려 할 때에는 직접 나서서 통화정책은 금통위 결정사항임을 들어 논의가 부적절함을 밝히고, 한국은행의 판단과 결정을 지켜봐 달라고 요청하고 있었다고 보면 되겠다. 그럴 경우 정부측 참석자들은 싫든 좋든 이를 양해할 수밖에 없게 되며, 결과적으로 향후 통화정책의 구체적 방향에 대한 논의는 정부 인사들과의 회의에서 이루어지지 않게 된다.

그러므로 강형문 부총재보의 기고를 통해 한국은행은 "정부 당국자들과 대내외 경제정세에 관해서는 의견교환을 할 필요성을 충분히 인정하지만, 구체적인 통화신용정책의 방향은 정부의 견해 등을 종합적으로 고려하여 한국은행 금통위가 독자적으로 결정하여 왔고, 앞으로도 그렇게 할 것"이라는 의지를 다시 한 번 밝힌 셈이다.

한국은행법의 문제점 제기

최종대부자 기능은 설거지에 불과한 것인가

1999년 10월 11일 한국은행에 대한 국회 재정경제위원회 국정감사장에서 때 아닌 설거지 이야기가 튀어 나와 뜨거운 국감 분위기를 잠시 식혀주었다. 정세균 의원은 전철환 총재가 중앙은행의 최종대부자 기능을 설거지로 비하해서 표현했다고 지적하고, 이것은 "금융구조조정을 바라보는 한국은행의 방관자적 시각을 그대로 드러낸 것이 아닌가 우려를 갖게 한다"고 말했다.[10]

이러한 정세균 의원의 비판은 "대우 관련 사태와 이와 연관된 투신권 문제가 초미의 과제로 금융시장을 억누르고 있는 상황인데도 불구하고 한국은행이 금융구조조정이나 금융안정을 위해서 구체적인 방안을 모색하거나 이것을 금융감독원과 협의하는 등 보다 적극적인 자세를 보여주고 있지 못하다"고 한국은행을 질책하는 과정에서 나왔다.

전철환 총재가 한국은행의 최종대부자 기능을 설거지라고 표

---

10 한국은행에 대한 국회 국정감사(1999. 10. 11), 재정경제위원회 회의록, pp. 35~36.

현했던 것은 국정감사가 있기 한 달 전인 9월 15일 서울회현로타리 클럽 초청 조찬강연에서였다. '한국경제의 현황과 새로운 경제 패러다임'이라는 제목 아래 행해진 이날 강연에서 전 총재는 금융시장동향을 설명하면서 "금리가 적정 수준보다 2% 포인트 정도 과대평가돼 있다. 심리적 안정을 되찾으면 내려갈 것으로 보고 있다. 11월 대란설이 나오고 있지만 그런 일은 발생치 않을 것이다"라고 단언하였다.

이때 청중석에서 전 총재의 전망이 너무 낙관적이라는 질의가 나왔다. 전 총재는 이에 대해 "정부와 금융감독위원회 소관이어서 구체적으로 말할 수는 없다. (그러나) 시장안정을 위해 한국은행은 최종대부자(lender of last resort)의 역할을 다할 것이다. 최종대부자보다는 '설거지'라는 표현이 명확할 것 같다. 설거지하겠다"라고 답변했던 것이다.[11] 강연 자료에는 없었던 표현이었는데, 질의에 답하는 과정에서 불쑥 튀어나왔고, 그 자리에 와 있었던 서울경제신문 기자가 이를 민첩하게 받아 적어 기사화하였던 것이다.

정세균 의원의 질책성 질의에 대해 전 총재가 답변에 나섰다. 전 총재는 "(제가 그때 말한) 설거지는 최종대부자라는 말의 가장 편한 우리말일 뿐이다. 다른 학문적 의미를 갖고 있는 것이 아니기 때문에 정 의원께서 양해를 해 준다면 그 정도로 이해해 주었으면 고맙겠다"고 말했다.[12] 그러나 정세균 의원은 "오해의 소지가 있다"면서 고삐를 늦추지 않았다. 전 총재는 "사실 가장 평범한 우리말을 쓰면 비하하는 것으로 받아들이고 있는 점을 저도 이해는 하고 있다. 그러나 사실은 (설거지라는 말은 최종대부자 기능을) 우리말로

---

11   서울경제신문, 1999. 9. 15자.
12   이하 전철환 총재와 정세균 의원 간의 일문일답 내용은 앞의 회의록 p. 85에서 인용하였다.

표현한 가장 편한 말이다. 그래서 표현했던 것인데 그렇게 오해가 많이 있었다면 이 자리를 빌려 다시는 그런 말을 안 쓰도록 노력하겠다"라며 재차 정세균 의원의 양해를 구하였다.

정세균 의원은 "설거지야 (요리를 하고 식사까지) 다 하고 나서 뼈다귀니 뭐니 청소하는 것이 아닌가. 중요한 일이기는 한데 한국은행이 이 부분에 있어서 통화신용정책도 그렇고 금융산업 발전을 위해서도 그렇고 앞장서서 끌고 가야지 뒤에서 청소하는 것은 아니다"라고 전 총재에게 점잖게 충고하였다.

전 총재는 이에 대해 "최종대부자(기능)에 대한 대응용어일 뿐이다. 지금 말씀한 것처럼 밥상을 차려서 앞에서 적극적으로 해야 한다는 점에서는 저희 은행의 한계가 없지는 않지만 그런 뜻은 아니다"라고 재차 해명하면서 정세균 의원의 양해를 구하였다. 정세균 의원은 "아무튼 금융시장 안정을 위해서 한은이 적극적으로 노력하겠다고 하는 확고한 생각을 가지고 있는 것 아닌가?"라고 묻고 전 총재가 "그것은 틀림없다"라고 답하자 그제야 물러섰다.

중앙은행의 최종대부자 기능이란 무엇인가? 중앙은행은 개별 금융기관이 심각한 유동성 부족으로 위기에 처할 경우 긴급유동성을 지원하여 개별금융기관 및 금융시장 전체의 안정을 유지해야 하는 책무를 지니고 있다. 예를 들어 어떤 금융기관이 건전한 데도 불구하고 근거 없는 악성 소문 등에 휩싸여 예금 인출사태에 직면했다고 하자. 이처럼 개별 금융기관이 직면한 뱅크 런 사태는 금융이 지니는 민감한 속성 때문에 경우에 따라 다른 금융기관으로까지 확산되어 전체 금융 시스템의 안정을 뒤흔들 수 있다.

이때 개별 금융기관에 엄청난 규모의 유동성을 적시에 공급해줌으로써 개별 금융기관이 유동성 위기사태에서 벗어나게 해줌은 물론 금융 시스템 전반의 안정을 도모할 수 있는 기관은 중앙은행밖에 없다. 중앙은행이 발권력을 독점하고 있기 때문이다. 이것이 바로 중앙은행의 최종대부자 기능이다.

최근 들어서는 전자통신수단의 발달로 나라 전체의 지급결제가 중앙은행을 중심으로 한 금융기관간 자금결제망에 의해 이루어지게 됨에 따라 특정 금융기관의 지급불능이 전체 금융 시스템의 기능을 마비시키는 가공할 만한 상황이 발생할 수 있다. 이 경우 사태의 수습은 결국 중앙은행의 긴급자금 지원에 의존할 수밖에 없으므로 중앙은행이 갖는 최종대부자 기능의 중요성은 최근 들어 더욱 증대되었다고 하겠다.

최종대부자로서의 역할을 잘 수행하려면 중앙은행은 어떤 기능을 가지고 있어야 할까? 무엇보다도 금융기관과의 직접 접촉을 통하여 평소 개별 금융기관이 어떻게 돌아가고 있는지 경영상태를 늘 정확하게 파악할 수 있어야 하며, 금융기관의 건전 경영에 문제가 있을 경우 초기단계에서 이를 바로 잡을 수 있도록 감시하고 지도할 수 있어야 한다. 그래야만 금융기관들이 중앙은행의 최종대부자 기능에 의존하는 사태가 발생하는 것을 미연에 방지할 수 있으며, 일단 긴급상황이 발생했을 때에도 중앙은행이 신속하게 최종대부자 기능을 수행함으로써 금융 시스템의 안정을 도모할 수 있다.

또 중앙은행이 통화신용정책을 효율적으로 수행하기 위해서는 금융기관의 경영 및 업무상황 분석 등을 통해 통화신용정책의 파급효과를 신속 정확하게 점검하고, 이 과정에서 얻어지는 현장 정보를 다시 정책 수립에 연결시킬 수 있어야 한다. 이밖에도 중앙은행은 일상적인 통화신용정책 업무의 하나로서 대출형태로 은행에 자금을 공여하고 있으므로 채권자인 중앙은행이 채무자인 은행의 건전 경영을 지도 감독할 수 있어야 함은 재론할 필요가 없다.

그런데 1997년 말의 한국은행법 개정으로 한국은행은 직접적인 은행감독 권한을 모두 금융감독위원회 및 금융감독원에 넘긴 터였다. 금융기관 감독권한이 없기 때문에 금융구조조정이나 기업구조조정의 주역으로 나설 수 없는 게 한국은행의 처지였다. 전 총재의 말대로 "밥상을 차려서 앞에서 적극적으로 나설 수 있는 입장"이 아니었다. 앞에서 맛있는 요리를 하고 밥 하고 상 차리고 하는 일들은 금융감독위원회와 금융감독원이 전담하고 있었다. 더욱이 금융감독기구와 금융기관은 평소 유기적인 협력관계를 맺고 있다. 수많은 문서와 보고서를 주고받으며 다양한 현안에 대해 의견을 교환한다. 엄청난 양의 정보가 쌍방향으로 흐르고 있다.

이와는 대조적으로 한국은행은 금융감독기구와 금융기관들이 그 동안 무엇을 어떻게 해 왔는지를 제대로 알 수 있는 위치에 있지 않다. 은행감독 권한을 금융감독위원회와 금융감독원으로 이양하면서 금융기관의 경영상태를 상시 파악하고, 문제가 있을 경우 이를 즉각 바로잡을 수 있는 권능을 상실하였기 때문이다. 오죽하면 한국은행에는 금융기관 직원들이 찾아올 일이 없는 절간처럼 되었다고 하여 기자들이 '한은사(韓銀寺)'라는 별칭을 붙여 주었을까?

이런 상황에서 이들 기관들이 주관하여 추진하는 금융 및 기업구조조정 과정에서 금융시장이나 개별 금융기관들에 큰 문제가 생겼다고 가정해 보자. 기관이든 개인이든 자기가 잘 알지 못하고 전혀 책임을 느낄 필요가 없다고 생각되는 사안에 대해서는 의외로 냉정하고 소극적인 태도를 보이기가 쉽다. 한국은행도 마찬가지일 수 있다. 당신들이 함께 도모하다가 생긴 일이니 당신들이 알아서 잘 수습하라고 모른 체 할 수도 있다.

　　그러나 금융시장 상황이 긴박하게 돌아가고 있어 가만히 둘 경우 국민경제의 안위가 걱정되는 상태라면 결국 한국은행이 나설 수밖에 없다. 엄청난 규모의 유동성을 제때 공급해 줄 수 있는 기관은 한국은행 이외에는 없기 때문이다. 따라서 한국은행이 금융감독 권한을 보유하고 있지 않은 관계로 최종대부자 기능을 최적상태에서 자신있게 수행할 태세가 되어 있지 못함에도 불구하고 긴박한 금융 상황에 내몰려 부득이 수행하게 되는 최종대부자 기능은 멋대로 먹다가 남긴 뼈다귀와 국물을 치우고 그릇을 씻는 설거지에 비견되는 일이 될 수 있다. 한국은행의 최종대부자 기능을 설거지에 비유했던 전 총재의 발언은 은행감독 권한을 상실한 상태임에도 불구하고 한국은행이 유사시 최종대부자로서의 책무를 성실히 수행할 수밖에 없는 어려운 입장에 있음을 솔직하고 적확하게 드러낸 발언이었다.

　　경제통인 정세균 의원이 이를 놓칠 리 없었다. 설거지 발언에는 최종대부자 기능에 임하는 전 총재의 복잡하고 착잡한 소회가 담겨 있다고 간파했다. 정세균 의원은 이를 심히 우려하고 추궁한 끝에 "한국은행이 금융시장 안정을 위해 적극 노력하겠다"는 전 총재의 다짐을 받아낸 것이다.

　　부엌에서 드러나지 않고 설거지만 하는 것을 좋아하는 사람은 없을 것이다. 정부 부처나 기관도 마찬가지다. 다들 밥상 잘 차려서 손님들한테 들고 들어가 칭찬을 받고 싶은 게 인지상정이다. 그런데 잔치가 끝난 후 설거지할 일이 남았다. 누가 이 일을 맡을 것인가? 요리 잘하고 상다리 부러지게 잘 차렸다고 칭찬 받은 사람이 설거지까지 맡아 일을 완결하는 것이 정의에 부합하는 일이다.

　　그럼에도 불구하고 현실 여건상 한국은행은 유일한 발권은행으로서 최종대부자 기능을 마다할 수 없다. 이것이 한국은행이 직면한 현실이다. 그러나 금융기관 감독권한이 부여되지 않는 가운데 의무로서만 부과되는 최종대부자 기능은 전 총재가 설거지라고 표현했던 데에서 알 수 있듯이, 기꺼이 능동적으로 신속하게 행사되는 데에는 한계가 있을 수 있다.

이러한 정서 문제를 뛰어넘어 최종대부자 기능을 수행하는 실무작업에 들어서면 문제가 더 심각해진다. 한국은행이 수행하는 최종대부자 기능은 발권력에 의존하는 것이기 때문에 너무 부족하게 금융기관을 지원해도 안 되고 너무 넉넉하게 지원해도 안 되는 내재적 한계에 직면한다. 너무 부족하게 지원하면 최종대부자 기능을 수행하는 의의가 없어지는 반면 지나치게 지원하면 발권력 남용의 문제가 제기되기 때문이다.

특기할 사항은 한국은행이 금융감독 권한을 보유하고 있지 않기 때문에 금융기관에 대해 정확하게 얼마를 어떻게 도와주어야 할지 산정하는 데 시간이 걸릴 수밖에 없다는 사실이다. 한국은행은 감독권한을 보유하고 있지 않은 관계로 금융기관의 경영실태 등 한국은행이 최종대부자 기능을 효율적으로 수행하는 데 긴요한 정보를 제대로 파악해 두지 못한다. 그 결과 최종대부자 기능과 관련된 일이 터지고 나서야 경영실태 파악에 착수하게 되는 것이다.

한국은행의 지원을 긴급히 필요로 하는 금융기관의 입장에서는 이런 점이 답답하게 보일 수 있다. 그러니까 "왜 한국은행의 지원이 한 박자, 두 박자 늦느냐?" 하는 말들이 나오게 되는 것이다.

최종대부자 기능이 최적상태에서 발동되지 못하면 개별 금융기관 및 금융 시스템 전반에 뜻하지 않은 불안이 야기될 수가 있다. 금융기관 직접 검사권 등이 한국은행에 부여되어야 할 이유가 바로 여기에 있는 것이다. 수고가 있으면 열매도 있는 법이다. 금융감독기구와 한국은행이 상호 협력과 경쟁의 틀을 갖추어 그 속에서 거시 및 미시부문에서의 금융감독 효율을 극대화해 나가는 한편, 금융기관들이 겪을 중복검사의 문제 등도 슬기롭게 해소해 나가는 지혜가 요구된다고 하겠다.

한국은행에 대한 금융기관 직접검사권 부여 문제

1999년 10월 11일 한국은행에 대한 국정감사에서 이상득 의원 등 의원들은 "종래 한국은행이 담당해 오던 은행감독기능을 금융감독원으로 이관할 때 말이 많았다"고 하면서 "한국은행법상 규정된 금융기관에 대한 자료제출 요구권과 금융감독원에 대한 검사 및 공동검사 요구권만으로 통화신용정책의 효율적인 수행과 최종대부자 기능이라는 중앙은행의 기본 업무를 수행하는데 별 문제가 없는지, 그렇지 않으면 어떻게 법 개정을 하면 좋은지 총재의 의견"을 물었다.[13]

전 총재는 이에 대해 "현행 한국은행법에서는 한국은행에 대하여 금융기관에 대한 자료제출 요구(제87조)와 금융감독원에 대한 금융기관 검사 또는 공동검사요구권(제88조) 등 제한적·간접적인 감독기능만을 부여하고, 건전성 규제 및 임점검사 등 직접적인 감독기능을 배제하고 있어 한국은행이 중앙은행 본연의 임무를 충실히 수행하기에는 많은 제약이 있다"고 답변했다. "따라서 기본적으로는 한국은행에도 최종대부자 기능의 수행과 관련된 최소한의 범위

---

13   한국은행에 대한 국정감사(1999. 10. 11), 재정경제위원회 회의록, p. 35.

내에서 직접적인 검사권 등 은행의 건전 경영지도 및 이에 수반되는 권한을 부여함이 바람직하다고 생각한다"고 밝혔다.[14]

전철환 총재는 1999년 국회 국정감사가 있었던 다음 날인 10월 12일 주한 유럽상공회의소가 주최한 강연에서도 한국은행이 금융기관에 대한 직접 검사권을 가질 수 있도록 한은법이 개정되어야 함을 주장한 것으로 보도되어 눈길을 끌었다. 이 강연의 제목은 '구조조정과 통화신용정책'이었다.[15]

그는 연설의 후반에서 '구조조정과 관련된 한국은행의 중재기능 수행'에 대해 언급하였다. 먼저 그는 영국과 미국의 사례를 소개하였다. 영국에서는 "영란은행이 1970년대부터 채권 금융기관들의 자발적인 요청에 의해 기업구조조정에 관여하기 시작하여 1990년대 중반까지 비교적 활발한 활동을 보였다"고 말하였다. "미 연준도 유동성 위기에 처한 몇몇 금융기관을 처리하는 과정에서 관련 당사자 간의 협의를 주도하는 등 구조조정의 중재자 역할을 수행하였다"고 언급하였다. 그리고 "영란은행이나 미 연준이 구조조정을 중재할 수 있었던 데에는 이들 중앙은행이 금융감독 기능을 보유하고 있었다는 사실이 중요한 요인 중 하나라고 생각한다"고 덧붙였다.

전 총재는 "금융기관과 기업, 그리고 개별 기업간의 관계가 서로 복잡하게 얽혀 있는 한국의 경우, 구조조정은 한 기업 또는 한 기관에 그치는 것이 아니고 광범위하게 이루어져야 하기 때문에 이를 효과적으로 추진하려면 금융기관과 기업의 실상을 정확히 파악하는 것이 무엇보다도 중요하다"고 하였다. 그런데 "현재 한국은행은

---

14   앞의 회의록(부록), pp. 99~100.
15   한국은행 보도자료, 「전철환 총재, 주한 유럽상공회의소 주최 강연」, 1999. 10. 13, pp. 8~9.

관련법의 개정에 따라 직접적인 금융감독기능을 수행할 수 없는 실정"이라고 밝혔다. 결론적으로, 그는 한국은행이 "구조조정에 필수적인 개별 금융기관 및 기업의 경영상태를 파악하는 데 한계가 있기 때문에 미국이나 영국과는 달리 구조조정 과정에서 중재자로서의 역할을 수행하기가 어렵다"고 하였다.

대한매일신문은 10월 13일자 기사에서 전철환 총재가 전날 국회 국정감사에서 재경부의 한은 예산승인권 문제를 공론화한 데 이어 한은이 금융감독원에 떼 준 금융감독권 문제에 대해 우회어법으로 언급했다고 썼다. 이 신문은 전 총재의 이날 연설 내용은 "금융시장 안정을 위해 한은이 뭘 하고 있느냐는 최근의 지적에 대한 '해명성' 발언이지만, 한은이 가지고 있는 금융기관에 대한 검사요구권만으로는 미흡하다는 것을 간접적으로 표현한 것이다"라고 평하였다.

2000년 11월 3일 한국은행에 대한 국정감사는 그 해에 터졌던 각종 금융비리 등의 여파로 금융감독 권한에도 견제와 균형의 논리를 적용하여 분산시켜야 한다는 여론이 비등한 가운데 시작되었다. 여러 의원들이 금융감독체계의 문제점에 대한 한국은행의 견해를 물었는데, 전철환 총재는 이때에도 한국은행이 금융기관에 대한 직접검사기능을 가져야 함을 다음과 같이 강조하였다.[16]

그는 먼저 "한은법의 개정으로 금융감독기능이 분리된 1998년 4월 이후 한국은행은 그 당시 우려했던 대로 정책의 효율성을 확보하는 데 필요한 정확한 정보의 수집에 많은 어려움을 겪고 있는 것이 사실"이라고 토로하였다. "현재 한국은행은 금융기관으로부터

---

16 한국은행에 대한 국정감사(2000. 11. 3), 재정경제위원회 회의록, p. 62.

대차대조표 등 영업활동에 관한 자료를 제출받고 있으나 이는 정형
화되고 개략적인 내용"에 그치고 있다며 한국은행이 겪고 있는 어
려운 실정을 솔직하게 설명하였다.

이어서 "실제 정책운용에 참고가 되는 금융기관의 영업방침,
위험관리에 관한 내부통제제도, 거래기업 여신상황 등 금융기관의
경영상태를 파악하는데 필요한 모든 정보를 입수하지 못하고 있
다"고 밝히면서 "감독 당국이 한국은행에 제공하고 있는 금융기관
검사결과도 그 내용이 대체로 개괄적으로 되어 있기 때문에 한국은
행이 필요로 하는 상세한 정보를 담지 않는 경우가 많다"고 술회하
였다.

전 총재는 이런 실정을 들면서 "한국은행이 통화신용정책 및 금
융시장 안정 기능의 수행에 필요한 금융시장 정보를 원활하게 수집
할 수 있도록 금융기관의 자금 수급상황 및 경영상태 등을 직접 검
사해서 확인할 수 있는 기능을 갖는 것이 바람직하다"고 밝히면서
한국은행이 이처럼 금융기관에 대한 직접검사권을 가질 경우 감독
권의 견제와 균형을 도모하는 데에도 도움이 될 것이라고 덧붙였다.

그러나 정세균 의원은 지난 해에 이어 한국은행이 그 동안 한국
은행법에 규정된 금융기관에 대한 자료제출요구권 및 검사요구권
등을 충분히 활용하지 않았다고 주장하였다.[17] 그는 "금감원이 지금
까지 독주해 왔다고 하는 것이 일반적으로 많은 사람들이 생각하는
부분인데, 지금 한은법에서 부여하고 있는 자료제출요구권이나 검
사요구권이나 재의요구권을 잘 활용하면 금감원의 독주를 어느 정
도 견제할 수 있다고 본다"고 말하고 "전철환 총재가 답변에서 그런

---

17   앞의 회의록, pp. 58~59.

점은 전혀 인정을 안 하는 것 같다”고 아쉬워했다.

전철환 총재는 이에 대해 한국은행이 금융기관들에 자료제출을 요구하거나 금감원에 검사해 줄 것을 요구하려고 해도 법에 ‘통화신용정책 수행을 위하여 필요한 경우’로 한정되어 있고, 한국은행법상 한국은행의 목적은 물가안정으로 좁게 설정되어 있는 근본적 한계가 있음을 지적하였다. 그렇기 때문에 금융기관의 자료제출 대상 및 한국은행의 요구에 의한 금감원의 금융기관 검사 대상 범위도 매우 협소하게 됨으로써 한국은행이 필요로 하는 긴요한 정보를 확보하는 데 어려움이 있음을 역설하였다.

그러나 정세균 의원은 “본 의원이 느끼기에는 지금까지 주어진 권한도 제대로 행사해 보지 않고 이것 가지고는 안 되겠다고 말씀하는 것으로 들린다”고 반박하였다. 그는 “한은법 제1조에 나와 있는 한국은행의 목적 조항을 잘 해석해 보면 그렇게 아주 축소해서 거의 운신의 폭이 없는 정도로만 생각하기에는 어렵지 않은가 생각할 수 있을 것 같다”고 첨언하였다.

결론적으로 2000년 한국은행에 대한 국정감사가 시작될 때만 해도 금융비리 사건의 영향으로 한국은행의 금융감독 권한을 어떤 형태로든 강화해 주는 데 대해 의원들 간에 긍정적인 여론이 어느 정도 조성될 것처럼 보였다. 그러나 국정감사장에서 행해졌던 의원들의 발언에 비추어 볼 때 그러한 예측은 근거가 취약했던 것으로 드러났다. 국회가 한국은행의 논리 및 주장을 받아들여 금융기관 직접검사권을 부여하는 방향으로 법 개정에 나설 확률은 당초부터 매우 낮았던 것이다.

2000년에 발생하였던 금융비리 사건을 계기로 일부 의원들은 견제와 균형의 논리를 금융감독제도에 접목해야 함을 주장하였으나 이러한 움직임이 법 개정으로 이어지지는 못하였다. 뿐만 아니라 당시 관계 부처 및 한국은행 등이 참여한 가운데 정부가 마련하여 2001년 4월 발표한 '금융감독체계 효율화 방안' 도 제대로 시행되지 못한 채 유야무야되어 버렸다.

한편 전철환 총재는 기회있을 때마다 한국은행법의 문제점과 그로부터 파생되는 한국은행 업무 수행상의 한계를 피력하곤 하였다. 세상 사람들은 모두 자기를 PR하기 위하여 바쁘게 움직인다. 이런 허장성세의 분위기에서, 중요 국가기관의 수장이 자기 기관의 책임과 권한이 이렇게 좁게 한정되어 있다고 얘기하는 것은 부끄러운 일일 수 있다. 그러나 그는 국민들이 한국은행의 실상을 제대로 알 수 있도록 이를 진솔하게 얘기해야 한다고 생각하였다.

그는 한국은행이 실제 어떻게 운영되는지는 물론 한국은행 운영에 문제점이 있다면 그것들까지 국민들이 명명백백하게 알 수 있어야 한다고 생각하였다. 더 나아가 그러한 문제들이 내부경영의 불합리 등에서 나오는 것인지, 아니면 법규의 미비 등에서 초래되는 것인지에 대해서도 국민들이 판단할 수 있도록 정확한 정보를 제공하는 것이 긴요하다고 생각하였다. 그렇게 해야만 외부의 감시에 의해 기관 운영의 문제점을 초기에 바로잡을 수 있고, 한국은행법의 개정도 기약할 수 있다고 생각하였다.

2000년 8월 전 총재가 스리랑카 수도 콜롬보에서 개최된 제23차 SEANZA 총재회의에 참석했을 때의 일이다. SEANZA는 아시아 및 대양주 국가 중앙은행 간 협력기구를 말한다. 이 회의에는 한국, 호주, 중국, 홍콩, 인도, 뉴질랜드, 싱가포르 등 SEANZA 15개 회원국의 총재 또는 부총재 등이 참석하였다. 회의에 앞서 '중앙은행의 독립성' 을 주제로 심포지움이 열렸다. 에디 조지(Eddie George) 영란은행 총재의 기조연설에 이어 각국 참석자들은 자기 나라의 경험을 바탕으로 중앙은행의 독립성과 관련된 이슈에 대하여 토론에 들어갔다. 전철환 총재는 한국은행의 경험을 토대로 자료를 준비하고 이를 발표하였다.

그는 먼저 "한국은 현재 금융 및 기업 구조조정이 광범위하게 진행되고 있기 때문에 그 과정에서 일시적으로 금융시장 불안이나 금융 시스템의 불안정 현상 등이 나타날 수 있다"고 전제하고 "이와 관련된 정보를 기민하게 수집하는 것이 통화정책을 보다 효과적으로 수행하는데 매우 긴요하다"고 설명하였다. 전 총재는 이어서 "그런데 1997년 말의 한은법 개정으로 은행감독권한이 신설된 금융감독위원회와 금융감독원으로 이관되고, 한국은행은 금융기관을 검사해 주도록 금융감독원에 요구하거나 금융감독원과 금융기관을 공동으로 검사하는 권한만을 부여받고 있다"며 "그 결과 한국은행은 금융정보를 수집하는 데 어려움을 겪고 있으며 통화정책 수행에도 많은 제약이 있다"고 소개하였다.

다음으로 그는 한국은행 경비예산에 대한 정부의 승인권 문제를 거론하였다. 그는 "한은법 개정 이후 한국은행의 예산은 금융통화위원회의 의결로 확정되지만, 이중 경비예산만은 재경부장관의 승인을 받도록 되었다"고 밝혔다. 그는 "중앙은행의 예산을 정부가 승인하면 중앙은행의 업무활동을 사전적으로 통제하게 되므로 중앙은행이 예산을 독자적으로 결정하고 그 집행에 대해서만 사후적으로 외부감사를 받는 것이 바람직하다"는 의견을 개진하였다.

본인이 총재로 있는 한국은행이 실질적인 은행감독 기능을 가지고 있지 못하며, 경비예산도 재경부 승인을 받아야 쓸 수 있도록 되어 있다는 것을 국제회의에서 발표하는 것은 부끄러운 일일 수 있다. 그러나 전 총재는 다르게 생각하였다. 다른 나라들도 한국의 예를 좇아 은행, 증권회사 및 보험회사를 모두 감독하는 통합 감독기구의 설치를 검토할 수 있다는 데 주목하였다. 그러므로 국제회의 등을 통해 한국의 경험을 솔직하게 알려줌으로써 다른 나라들의 중앙은행제도 개편시 참고하도록 하는 것이 좋겠다고 판단하였던 것이다.

당시 전 총재를 수행하여 그 회의에 참석했던 필자는 심포지엄에서 흥미로운 점을 발견하였다. 전철환 총재는 앞에서 본 대로 중앙은행이 독립적으로 운영되려면 법적 독립성(legal independence)의 확보가 긴요함을 강조했는데, 이와는 대조적으로 에디 조지 영란은행 총재는 "중앙은행의 독립성은 관련 법규보다는 전문능력을 갖춘 업무처리의 완벽성과 객관성에 기초를 둔다"고 언급하였다. 중앙은행의 독립이 운영상의 독립(operational independence)임을 강조한 것이다.

다시 말해, 중앙은행의 독립성은 "정부가 중앙은행의 의견을 얼마나 가치있게 받아들이느냐 하는 '정부에 대한 중앙은행 조언의 질'에 따라 결정되기 때문에 중앙은행은 업무처리의 완벽성(integrity) 및 객관성(objectivity), 기술적 분석능력(technical competence)을 함양하도록 부단히 노력해야 한다는 것이다. 영국이 불문법제도를 채택하고 있는 데다 정부 형태도 내각책임제이기 때문에 우리나라와 직접 비교하는 데는 제약이 있지만, 영국 재무부와 영란은행 간에 원활한 상호 신뢰 및 협조체제가 잘 확립되어 있음을 시사하는 발언이라고 느껴졌다.

한편 전 총재는 심포지엄 자리에서 조지 총재에게 질문을 던졌다. 한국은행의 경우 은행감독권한이 없어서 통화정책 수행에 필요한 금융정보를 확보하는 데 어려움이 많다고 얘기하고, 영란은행의 경우는 어떠한지 물었다. 영란은행도 한국은행과 마찬가지로 1998년 통합감독기구인 금융감독청(Financial Supervisory Authority)이 출범하면서 여기에 은행감독 권한을 넘겨준 터였다.

조지 총재는 영란은행과 금융감독청 간에는 긴밀한 협조체제가 구축되어 있기 때문에 영란은행이 금융감독청으로부터 필요한 정보를 얻는 데에는 아무런 문제가 없다고 답변하였다. 한국은행이 법에 규정된 바에 따라 금융기관들로부터 필요한 자료를 받으려고 했을 때나 금융감독원과의 금융기관 공동검사를 시작하려고 할 때 얼마나 어려움이 많았던가? 한국은행은 한국은행법이 개정된 후 처음으로 2000년 4월 한빛은행, 6월에는 외환은행에 대해 금융감독원과 함께 공동검사를 실시한 바 있다. 영국의 경우와 한국의 현실이 대비되면서 여러 가지 상념이 스쳐 지나갔다.

그러나 영국도 별 재간은 없는 나라인 모양이다. 우리들과 같은 평범한 사람, 이기적인 조직 등이 활동하는 동네라는 말이다. 그 동안 한국은행 런던사무소 근무를 마치고 귀국한 직원들로부터 영란은행과 금융감독청 간의 업무 협조가 예전과 같지 못하고 불협화음이 많이 난다는 얘기를 듣고 있던 터였다. 당초 같은 뿌리에 기반을 둔 조직이라고 할지라도 지배구조가 달라져 버리면 사람이 바뀌어가면서 원활하던 기관 간의 협조도 기대하기가 어려워지는 게 인간 세계의 모습이다.

그러다가 2008년 글로벌 금융위기가 발발하면서 영국은 다른 선진국에 비해 그 영향을 더 크게 받은 데다 위기 대응과정에서도 금융 시스템 상의 취약점을 노출하였다. 영란은행의 감독기능 부재, 결제 시스템 감시기능의 미흡, 비효율적인 부실은행 정리제도 등이

문제점으로 지적되었다.[18] 최근에는 금융 시스템 분석을 담당하는
영란은행과 통합감독기관인 금융감독청 간에 유기적 관계가 없어
금융위기에 효과적으로 대응하지 못했다는 반성을 토대로 두 기관
간의 거시건전성 감독 공조방안이 적극 모색되고 있다. 영국의 사례
를 타산지석으로 삼아야 할 것이다.

18   박진호, 「최근 영국의 금융 시스템 및 통화정책 운영방식 개편과 시사」, 한국은행, 한은조사연구
      2009-6, 2009. 4.

미완의 결말과
예상되는 금리인상의 험로

금리인하 조치, 잘했던 정책으로 평가됨

2001년 10월 11일 개최될 금융통화위원회를 앞두고 금융시장에서는 한국은행이 다시 콜금리를 0.25%포인트 인하할 것이라는 기대가 형성되었다. 이것은 수출과 내수 설비투자 등 경기를 뒷받침하는 각종 경제지표가 개선되지 않는 가운데 미 연준이 10월 2일(현지시간) 연방기금금리를 0.5%포인트 전격 인하하였기 때문이다.

금리인하 기대감을 반영하여 시장금리는 연일 급락세를 보였다. 10월 4일 3년만기 국고채 수익률은 연 4.34%로 전일대비 0.11%포인트 하락하였다. 10월 8일(한국시간) 새벽 미국은 아프가니스탄에 대한 공습을 시작으로 테러세력에 대한 보복 공격에 나섰다. 시장에서는 10월 11일 개최될 금융통화위원회에서 금리를 추가 인하할 가능성이 한층 높아진 것으로 예측하였다.

금융통화위원회를 앞두고 내외경제신문만이 10월 5일 금리조정 문제를 사설로 다뤘다. 이 신문은 '미국 금리인하에 꼭 따라야 하나'라는 제목으로 금리인하에 반대하는 사설을 게재하였다. 미 연준이 금리를 인하하면 우리나라도 거기에 따라가야 한다는 식으로 생각하던 시기였기 때문에 이 사설은 경청할 만한 가치가 있었다. 사설은 "우리 경제여건이 미국과 많이 다르기 때문에 우리나라가 미국의 금리인하에 동조한다고 같은 효과가 나는 것은 아니다. 우리는 우리 실정에 맞게 금리정책을 취해야 한다"고 주장하였다.

10월 11일의 금통위를 앞두고 이번에도 집권 여당 쪽에서 금리인하를 희망하는 발언들이 나왔다. 민주당 강현욱 정책위의장은 10월 8일 "금리 추가인하 등을 관련 부처와 비공식 접촉을 갖고 협의해 갈 것"이라고 밝힌 데[19] 이어 10월 9일에는 "당정이 긴급 재정조치와 함께 금리인하를 적극 검토키로 했다"며 금리인하를 기정사실화한 것[20]으로 보도되었다. 강운태 정조위원장도 "저금리 기조 속에서 금융통화신용정책을 탄력적으로 운용하는 것이 필요하다는 게 기본 입장"이라며 "독립기구인 금통위의 결정을 지켜보고 이를 존중하겠다"고 발언한 것으로 보도되었다.[21] 이러한 집권여당 인사들의 연이은 발언은 채권시장에서 한국은행의 콜금리 인하를 기정사실화하는 데 일조하였다.

10월 11일 한국은행은 금융통화위원회를 열고 시장의 기대와 달리 콜금리를 4.0% 수준에서 동결하기로 의결하였다. 전철환 총재는 금통위가 끝난 후 기자간담회에서 콜금리의 동결 배경을 설명하였다. 7, 8월에 이어 9월 19일 콜금리 목표를 큰 폭으로 인하한 바 있고, 미국의 군사행동이 대내외 경제에 미치는 영향을 지켜볼 필요가 있다고 말했다. 그 동안의 콜금리 인하의 영향으로 시장금리 및

---

19   국민일보, 2001. 10. 9자.
20   한국경제신문, 2001. 10. 11자.
21   파이낸셜뉴스, 2001. 10. 8자.

은행 여수신금리가 큰 폭으로 떨어지는 등 금융시장이 대체로 안정세를 유지하고 있는 점도 콜금리를 동결하는 데 고려하였다고 밝혔다. 3.4분기 경제성장률을 묻는 질문에 대해서는 8월과 9월의 경제활동이 예상보다 조금 나아짐에 따라 3.4분기 성장률이 당초 예측했던 0.5%보다 높은 1%에 근접하게 될 것이라고 답변하였다.

언론은 한은의 콜금리 동결 사실을 평이하게 보도하였으며, 이를 사설로 취급한 곳은 없었다. 몇몇 언론이 기자 칼럼이나 외부인사 칼럼 형태로 이를 취급하였을 뿐이다. 연합뉴스는 10월 12일 '한은, 콜금리 동결로 독자 위상 과시' 라는 제목으로 칼럼을 게재하였다. 이 칼럼은 "한국은행이 10월 11일 콜금리를 동결키로 결정한 것을 두고 시장에서는 한은이 당정 등 주변의 시선에 아랑곳하지 않고 독립적인 의사결정을 한 것으로 평가하는 분위기"라고 보도하였다. 아울러 "이번 금통위를 앞두고 당정에서 종전과는 달리 금리인하를 예단케 하는 직접적인 언급이 없었던 것도 지난 국정감사 때 여야와 전 총재 3자간 논란이 '약' 이 됐던 것으로 금융계는 보고 있다"고 썼다.

파이낸셜뉴스는 10월 12일 "정부와 여당 관계자들은 금통위 회의를 앞두고 '월권행위' 라는 비판을 감수하면서까지 연일 금리인하가 필요하다는 발언을 지속했다"고 상기하면서 "한국은행이 10월 11일 콜금리 동결을 결정한 데는 더 이상 금리를 내릴 경우 한은 독립성이 완전히 훼손될 것이란 위기의식이 작용한 것으로 분석되고 있다"고 보도하였다.

한국은행은 10월에 콜금리를 동결한 데 이어 11월 이후에도 경기회복세가 점차 뚜렷해짐에 따라 전철환 총재가 임기를 마친 2002년 3월까지 콜금리를 변경하지 않았다. 여기에는 미국이 수행하는 대테러전쟁의 부정적 영향이 그다지 크지 않았던 데다 전쟁의 조기 종결 가능성 등으로 미국경제의 호전 조짐이 가시화되는 등 대외여건이 개선되고 있는 점도 고려되었다.[22]

경기회복이 가시화되면서 금리인하에 대한 기대도 그만큼 약화되었다. 2001년 11월 이후 2002년 2월 말까지 재경부장관 등 정부 인사와 정치권 인사의 직접적인 콜금리 관련 발언이 없었다. 다만 언론에서는 11월 9일 개최될 금융통화위원회를 앞두고 콜금리 인하와 동결을 주장하는 견해들이 함께 제기되었다.

예를 들어, 한국경제신문과 파이낸셜뉴스는 11월 8일 사설을 통해 미 연준이 11월 6일 연방기금금리를 0.5%포인트 인하한 데 상응하여 한국은행도 금리를 인하할 것을 주장하였다. 반면 같은 날 서울경제신문은 '미 금리인하 카드 약효 있을까' 라는 제목의 사설에서 우리나라는 구조조정을 통한 경쟁력 강화에 나서야 함을 주장하면서 금리인하에 대해서는 언급하지 않았다. 한국은행이 콜금리를 동결한 직후인 11월 15일 내외경제신문은 '초저금리의 함정들'이라는 제목의 칼럼에서 한국은행이 미국의 금리인하 조치를 뒤따르지 않고 콜금리를 동결한 것을 평가하였다.

11월 22일 한국은행은 2001년 3.4분기 GDP 성장률이 전년 동기 대비 1.8%로 추계되었다고 발표하였다. 분기별 성장률로 볼 때 1999년 1.4분기 이후 가장 낮은 실적이었지만 9.11 테러사태 직후 1% 안팎으로 예상하였던 데 비해서는 높은 수준이었다. 특히 4.4분기 성장률은 전년 동기 대비 2% 이상으로 높아질 것으로 전망됨에 따라 언론은 경제전문가들을 인용하여 3.4분기가 경기저점일 가능

---

22   한국은행, 『통화신용정책보고서』(2001. 1~ 2002. 2), p. 3.

성이 크다고 점쳤다. 그렇다면 한국경제는 2001년 11월 말 현재 이미 경기저점을 통과하였다는 얘기가 된다. 이와 같이 2001년 3.4분기 경제성장률이 당초 예상했던 것보다 양호한 것으로 나오면서 금리인하 주장은 힘을 잃기 시작했다.

매일경제신문은 12월 21일, 2001년 추진된 정부정책 중 가장 잘한 상위 5개 정책(Best 5)과 가장 잘못한 상위 5개 정책(Worst 5)을 선정하여 발표하였다. KDI를 비롯한 주요 연구기관의 경제전문가들로부터 평가를 받아 집계한 결과였다. 경제전문가들은 올해 정부가 실시한 경제정책 중 '저금리 기조 유지'에 가장 후한 점수를 주었다.

서울경제신문이 12월 26일 '2001년 경제 10대 뉴스'를 선정하여 발표한 데에도 '초저금리시대 돌입·증시회생'이 포함되었다. 이 신문이 발표한 10대 뉴스에는 'IMF 경제신탁 3년 앞당겨 졸업' 항목도 포함되어 있었는데, 여기에는 전철환 총재가 IMF 차입금을 최종 상환하는 서류에 서명하는 사진이 함께 실렸다.

2002년 첫 금융통화위원회는 1월 10일로 예정되어 있었다. 정례 금통위를 앞두고 한국경제신문은 1월 7일 한국은행이 2002년 중에는 통화정책면에서 개점휴업 상태일 것으로 전망하는 기사를 실었다. 이 신문은 그 근거로 "이미 작년에 금리를 내릴 만큼 내린 데다 경기 바닥 탈출 신호가 뚜렷하기 때문"임을 들고 "한은은 경기회복이 본격화될 때 거꾸로 선제적인 금리인상 시기를 놓고 고심할 입장"일 것으로 예측하였다.

한국은행은 1월 10일 금융통화위원회를 열고 1월중 콜금리를 4.0%로 동결키로 결정하였다. 이날 회의에 의안으로 상정되진 않았지만 금통위 안건만큼이나 중요한 현안이 있었다. 그것은 2001년중 한국은행이 물가안정목표를 지키지 못한 데 따른 대국민 사과 문제였다. 한국은행은 연초에 물가안정목표를 근원소비자물가 기준으로 연평균 2~4%로 책정하여 발표하였으나 실제는 4.2% 올라 물가안정목표를 지키지 못했던 것이다.

전철환 총재는 기자설명회에서 "물가안정목표를 지키지 못한 데 대해 원인이 어디에 있든 대단히 죄송스럽게 생각한다"며 국민들에게 사과했다. 1998년 물가안정목표제를 채택한 이래 한국은행이 이를 못 지킨 것은 처음 있는 일이었다. 대한매일신문과 한겨레신문은 1월 11일자에서 전 총재의 이런 사죄는 보도진에 배포한 자료에 나와 있던 '유감' 수준을 뛰어넘는 것이었다고 보도하였다.

언론은 사설 등을 통해 이 문제를 다루었다.[23] 이 사설들은 한국은행이 물가안정목표를 지키지 못한 원인과 이유 등을 철저하게 분석해 국민들에게 밝힘으로써 이번 일을 물가안정목표제를 정착시키는 계기로 삼아야 한다고 주장하였다. 아울러 현재 1년 단위로 설정되어 있는 물가안정목표제의 시계(視界)를 중장기로 전환하는 등 물가안정목표제를 보완하는 계기로도 삼을 것을 제안하였다.

가계신용 및 부동산가격 급등 경고

한국은행은 2001년 중반 이후 콜금리를 연이어 인하하면서 금리인하의 부작용에 대해서도 계속 관심을 기울이는 한편 이를 경고하였다. 전철환 총재는 2001년 7월 28일 열린 한국표준협회 주최 최고경영자전략세미나에서 '현재의 경제상황과 정책대응' 이라는 제

---

23   매일경제신문, 한국경제신문, 2002. 1. 11자; 세계일보, 2002. 1. 12자.

목으로 강연하였다.[24] 전 총재는 강연에서 물가가 금년도 목표수준을 계속 상회하고 있는 가운데 최근 전세가격이 급등하고 주택매매가격도 상승하고 있어 인플레이션 기대심리의 유발 가능성에 유의할 필요가 있음을 경고했다.

돌이켜 생각해 보면, 전 총재의 전세 및 주택매매가격 상승에 관한 우려 표명은 한국은행이 2001년 통화정책 기조를 금융완화로 전환한 이후 부동산시장에 '상당한 수준으로' 주의를 기울이고 있음을 공개적으로 선언하였다는 점에서 의의가 있었다. 경제여건상 경기활성화가 시급한 상황이므로 한국은행이 금리인하로 대처하고 있지만, 부동산시장의 불안이 야기되어 인플레이션 기대심리가 높아져서는 안된다는 한국은행의 의지가 표명된 강연이었다. 한국은행이 콜금리 인하를 통한 금융완화 정책을 추진하는 데 있어 일종의 금지선(red line)을 제시한 선언이었다고 볼 수 있었다.

한국은행은 2001년 10월 이후 콜금리를 동결했지만 가계신용 급증과 부동산시장의 불안에 대해서는 계속 관심을 기울이며 경고의 목소리를 높였다. 전 총재는 10월 26일 은행회관에서 시중 은행장과 가진 오찬 간담회에서 "최근 가계대출 및 신용카드 연체율이 크게 높아져 가계대출 부실이 우려된다"고 경고하였다.[25]

전 총재는 "은행들이 개인 신용을 효율적으로 평가할 수 있는 평가 시스템을 개발해 가계대출이 부실화되지 않도록 관리해야 한다"고 강조하였다. 당시 한국은행의 조사결과 가계대출 연체율은 2000년 말 2.04%에서 2001년 6월 말에는 1.65%로 낮아졌다가 8월

---

24 한국은행, 총재 강연 및 기고문, 「전철환 한은 총재, 한국표준협회 초청 강연」(2001. 7. 28), 2001. 7. 30, pp. 20~21.
25 한국은행 보도자료, 「전철환 한은 총재, 은행장과의 간담회 개최」, 2001. 10. 26.

말에는 2.45%로 다시 크게 높아진 것으로 나타났다. 신용카드 연체율(카드론과 물품구입 결제금액 포함)도 2000년 말 7.33%에서 2001년 8월 말에는 9.07%로 계속 높아지는 추세를 보였다.

한국은행은 10월 28일 「최근 저금리기조에 대한 평가」라는 조사보고서를 발표하였다.[26] 이 보고서는 한국경제가 고성장 · 고물가에서 저성장 · 저물가로 전환하는 과정에서 당분간 저금리 추세가 지속되는 것이 불가피함을 전제하였다. 그러나 저금리가 유발할 부동산가격 상승과 이에 따른 부동산 투기, 금리생활자의 소득감소, 일부 금융기관의 역마진 등 부작용에 대해서는 대책이 필요하다고 주장하였다. 동아일보는 10월 29일 "국내 금리정책을 총괄하는 한국은행이 저금리 시대의 긍정적인 면과 함께 '그늘'을 지적하고 대책수립을 공식적으로 촉구한 것은 이례적인 일"이라고 보도하였다.

전철환 총재는 2002년 1월 7일 한경 비즈니스와의 인터뷰에서 부동산시장 과열 등 금리인하의 부작용에 대한 대비책을 묻는 질문에 "한국은행은 통화정책을 결정할 때 부동산가격을 직접적인 고려대상으로 넣고 있지는 않지만, 부동산시장 과열이 인플레이션 기대심리를 자극할 수 있다는 점에서 그 추이를 예의주시하고 있다"라고 답변하였다. 당시는 서울 강남지역의 아파트를 중심으로 수도권지역의 아파트 가격이 큰 폭으로 상승하고 있던 때였다.[27]

2002년 3월중 통화정책 방향을 결정하는 금융통화위원회가 3월 7일 개최되었다. 9.11 테러사태와 같은 비상상황이 발생하지 않는

---

26   이 자료는 한국은행 주간보도계획(2001. 10. 19~10. 29)에는 제목이 수록되어 있으나, 현재 한국은행 홈페이지 보도자료에는 내용이 등재되어 있지 않다. 따라서 당시 동아일보 10월 29일자 보도를 그대로 인용하였다.
27   국민은행, 「도시주택가격조사」, 2002. 1. 9(국민일보, 2002. 1. 9자에서 재인용).

한 전 총재로서는 임기만료 이전에 통화정책 방향을 결정하는 마지막 회의였다.[28] 금통위원들은 가계부채 급증과 부동산가격의 급상승을 우려하였다. 그러나 회의가 열렸던 3월 7일까지만 하여도 수출환경이 여전히 불확실했을 뿐 아니라 경기가 본격적으로 회복되었음을 확인할 수 있는 경제지표들도 발표되고 있지 않았다.

따라서 한국은행은 이날 회의에서 콜금리를 동결하였으나 의결문을 통해 가계신용이 계속 늘어나고 있음을 우려함과 아울러 부동산가격의 상승이 인플레 기대심리로 이어지지 않도록 다각적인 부동산시장 안정대책이 강구되어야 함을 강조하였다.[29] 한국은행은 이날 배포한 보도자료에서 위의 의결문에서 언급된 내용보다 강한 톤으로 부동산가격의 상승을 우려하고, 필요시 통화정책 면에서도 대응해 나가겠다고 밝혔다.[30]

한국은행은 이 자료에서 부동산가격이 1월 8일 정부의 주택가격 안정대책 발표 등의 영향으로 상승세가 다소 둔화되기는 하였으나 2월 들어서도 여전히 높은 오름세를 보이고 있음을 우려하였다. 한국은행은 이러한 부동산가격 상승이 대체로 두 가지 경로를 통해 물가상승 요인으로 작용하게 된다고 보았다.

첫째, 부동산가격 변동은 소비자물가지수 편제대상인 집세를 통해 직접 소비자물가에 반영되는데, 집세가 소비자물가에서 차지하는 비중이 13% 정도에 달하기 때문에 그 영향이 큰 편이다.

둘째, 부동산가격이 지속적으로 상승할 경우 경제주체들의 인

---

28 전철환 총재와 임기 만료 시기가 비슷하였던 윤정용 위원과 황의각 위원은 4월중 통화정책 방향을 결정하기 위한 2002년 4월 4일 금통위에 참석한 후 4월 7일에 퇴임하였다.
29 한국은행, 「2002년 3월중 통화정책방향」, 2002. 3. 7.
30 한국은행, 「2002년 3월중 통화정책방향(기자간담회)」, 2002. 3. 7, p. 3.

플레이션 기대심리를 자극하여 여타 상품이나 서비스가격에도 상승요인으로 작용하게 된다. 한국은행은 물가안정을 위해서는 부동산가격의 안정이 긴요하다고 판단되는 만큼 향후 부동산가격 동향을 예의주시하면서 적절한 대책을 정부에 건의하는 한편 필요시 통화정책 면에서도 대응해 나가겠다고 이 자료에서 밝혔다.

한국은행은 2001년 2월 이후 네 차례에 걸쳐 총 1.25%포인트의 콜금리 인하를 이끌어냈으며, 이것은 2001년 4.4분기 이후 경기회복을 앞당기는 데 기여하였다. 2001년중 우리나라의 GDP 성장률은 1.4분기 3.7%, 2.4분기 2.9%, 3.4분기 1.9%로 계속 낮아지다가 4.4분기 들어 콜금리 목표 인하, 재정지출 확대 등 그 동안 실시한 경기대책의 효과가 나타나면서 3.7%로 높아졌다.[31]

그러나 국민경제가 장기간에 걸쳐 안정성장을 구가하려면 경제 각 부문 간은 물론이거니와 거시경제변수들 간에도 균형관계를 유지하는 것이 긴요하다. 금리가 조금씩 인하되더라도 몇 차례에 걸쳐 금리인하가 계속되면 그 효과가 누적되어 경제 내부에서 엄청난 위력을 발휘하게 된다. 그 결과 국민경제는 종전의 균형상태에서 벗어나 새로운 균형상태로 진입한다. 종전과는 전혀 다른 새로운 모습으로 국민경제가 바뀌는 것이다.

이렇게 하여 태동된 새로운 국민경제의 모습이 우리가 바라는 것과 같다면 더 이상의 금리 조정은 필요가 없다. 그러나 새롭게 만들어진 경제 모습에 바람직하지 못한 요소들이 보인다고 판단되면 지체없이 이를 교정하여 바람직한 새로운 균형상태로 이끌고 가야 한다. 가계신용이 크게 늘어나고 부동산가격이 큰 폭으로 오르는 현

---

31   한국은행, 『2001년 연차보고서』, pp. 4~5.

상들이 이러한 바람직하지 못한 모습에 해당될 수 있을 것이다. 이를 바로잡는 것은 바로 정부와 중앙은행의 책임이다. 이때 금리 등 거시경제변수의 조정은 필수조건일 수 있다.

그러나 금리는 내리기는 쉬워도 올리기는 정말 어려운 게 우리나라 실정이다. 경제의 안정적 성장을 확보하기 위해서 금리 인상이 긴요한 데도 불구하고 정부나 국민들이 금리인상을 환영하는 것은 기대하기 힘들다. 금리인상이 필요한 시점인 데도 불구하고 정부는 이런저런 이유를 들며 금리인상 기도를 와해시키려고 애쓰는 모습을 보여 왔다. 여론을 보더라도 금리를 인하할 때에는 과단성있는 조치라며 환영하는 목소리가 드높지만, 금리를 인상하려 할 때에는 비난과 질책의 목소리로 돌변할 수 있음을 한국은행은 잘 알고 있었다. 2001년 내내 콜금리 인하 조치를 취할 때마다 한국은행의 고민과 시름이 더욱 깊어질 수밖에 없는 이유가 여기에 있었다.

경기회복을 앞당기기 위하여 단기간에 1.25%포인트 큰 폭으로 내렸던 콜금리를 다시 바람직한 국민경제 모습에 걸맞은 균형금리 수준으로 조정하는 과제는 이제 차기 총재 이후로 넘겨졌다. 전철환 총재의 임기가 2002년 3월 말에 만료되었기 때문이다. 전반적인 대내외 경제여건의 변화에 대응하면서 앞으로 금리인상이 요구될 때 한국은행이 과연 금리를 적시에 올릴 수 있을지 여부는 결국 다음의 세 가지 문제로 귀결되고 있었다.

- 금리를 인상하더라도 이를 감내하며 순조롭게 항해할 수 있을 정도로 국민경제가 역동성있는 모습으로 성장 발전하고 있는가?
- 한국은행 임직원들이 출중한 역량을 갖추고 있으며 경제안

정을 위한 사명감은 투철한가?

― 정부가 한국은행의 자주적인 정책 결정을 존중해 주는 품위
와 양식을 지니고 있는가?

이런 문제들을 뒤로 하고 전철환 총재는 2002년 3월 31일 4년
간의 임기를 마쳤다.

한 중앙은행가(中央銀行家)의 퇴장

전철환 총재의 임기가 2002년 3월 말에 끝나게 되어 있었으므로 3월에 들어서자 언론은 전 총재의 연임 여부 등 거취문제와 아울러 후임에 어떤 인물이 물망에 오르내리는지에 대하여 보도하기 시작하였다. 전 총재는 기자들이 총재의 거취에 관하여 질문을 할 때마다 절제되고 담백한 어조로 간결하게 답변하였다. 3월 12일자 중앙 이코노미스트와의 인터뷰에서 본인의 거취와 관련하여 답변한 내용은 이를 잘 보여준다.

기자는 먼저 연임과 대학으로의 복귀 중 어느 쪽을 희망하는지 물었다. 이에 대해 그는 "한은 총재 같은 자리의 임면과 관련해 개인의 희망을 운위하는 건 적절치 않다. 3월 말까지 아직 임기가 남아 있다. 임기를 마치는 날까지 최선을 다하고 싶다"라고 선을 그었다. 다음으로 한은을 떠난다면 무슨 일을 하고 싶은지 물었다. 그는 "현직에 있으면서 퇴직 후의 거취에 관심을 두게 되면 자칫 직무를 수행하면서 이해상충의 문제를 야기할 수 있다. 공인으로서 바람직한 자세가 아니다. 그래서 취임과 동시에 학교에 사표도 내고 왔고, 그 날로 수리됐다"는 말로 답변을 대신하였다.

그의 향후 거취 및 후임 하마평에 대한 기사와 더불어 자연히 총재 재임중 공과에 대해서도 많은 보도들이 있었다. 무엇보다도 언론은 전 총재가 3월 말로 4년 임기를 마치게 된 사실 자체가 1998년 이후 한국은행이 독립하였음을 웅변으로 보여주는 것이라고 평가하였다. 이것은 한국은행의 역사를 돌아볼 때 수긍이 가는 평가였다. 한국은행은 1950년에 설립되어 2002년까지 52년이 흘렀지만 전 총재 이전에 임기를 완전히 채운 총재는 4명[32] 뿐이었다. 특히 1990년대 들어 취임하였던 총재들은 역사적 격랑 속에서 불행하게도 임기를 채우지 못하고 퇴임하였다. 언론은 대체로 전 총재가 재경부에 맞서 한국은행의 독립성을 크게 높였다고 평가하였다.

전철환 총재는 3월 30일 오전 10시 30분 한국은행 강당에서 이임식을 가졌다. 3월 31일이 임기 만료일이었지만 일요일이라 이임식을 3월 30일에 가진 것이다. 그는 이임사를 통하여 "취임할 때에는 안타깝게도 우리나라가 IMF 관리체제 하에 놓여 있었으나 다행히 경제위기가 수습되고 경제가 활력을 회복하고 있는 시점에서 임기를 마치게 되었다"고 회고하였다.[33] 또 그는 "최근 한국경제가 물가안정 속에 성장세가 회복되고 있고 국민들도 점차 미래에 대한 자신감을 되찾고 있다"고 말하였다. "(외환위기 직후) 거의 붕괴되었던 대부시장, 채권시장, 그리고 증권시장의 3대 금융시장도 조화롭게 정립되고 안정을 회복하여 실물경제를 뒷받침하고 있다"고 평가하고 "이는 우리 경제가 앞으로 역동적인 모습으로 꾸준히 발전할 수 있는 큰 동력이 될 것"이라고 전망하였다.

그는 "오늘날 자유민주주의와 시장경제체제에서는 민주적 의

---

32 김유택(1951~56), 김세련(1963~67), 김성환(1970~78, 연임), 김건 총재(1988~92) 등 4명이다.
33 전철환총재 연설문집 『변환성장을 위한 새 패러다임 2』, 한국은행, 2002, pp. 401-405.

사결정체제와 시장의 익명성이 절묘하게 조화되어 역동성과 효율성을 발휘함으로써 지속적 발전을 이끌어 간다"고 전제하면서도 "민주주의와 시장경제제도의 성공은 역설적으로 경제적 불확실성과 불안정성을 야기할 수 있음"을 경고하였다. 따라서 "한국은행의 통화신용정책은 시장경제제도에 대한 믿음을 바탕으로 하되 예측력과 대응력을 발휘하여 시장의 취약점인 불확실성과 불안정성을 극소화하는 데 초점을 두어야 할 것"이라고 충고하였다.

그는 재임기간 동안 도와준 한은 직원들의 노고에 감사하면서 "1998년 이후 경제위기를 수습하고 안정 성장을 달성하는 과정에서 우리 은행의 위상이 높아졌다면 그것은 철저히 우리 직원 여러분들의 몫이었다고 평가한다"고 치하하였다. 본인이 4년 임기 동안 대과 없이 중책을 마치게 된 은공을 한국은행 직원들에게 돌리면서 최고의 찬사로서 감사함을 표한 것이다. 또한 "재임 중 한국은행 직원들에게 구조조정과 조직개혁 등으로 많은 고통을 안겨준 데다가 한국은행 직원들의 기대만큼 한국은행의 위상을 높이지 못한 점을 아쉽게 생각한다"고 밝혔다.

전 총재는 한은 직원들에 대한 당부의 말도 잊지 않았다. 역사학자 E. H. 카의 주장을 인용하면서 "사회지도층이 시장경제 구축을 위한 원칙을 주장하고 정도를 얘기하고 공동선을 강조하지만 어떤 경우에는 이런 것들이 기득권층의 집단이기주의를 옹호하기 위한 방패에 불과한 경우가 있을 수 있다"며 직원들의 경각심을 촉구하였다. 그러면서 전 총재는 "이처럼 현실세계에는 비합리적 속성이 있을 수 있기 때문에 한은 직원들은 이에 슬기롭게 대처하여야 한다"며 다음과 같이 당부하였다.

한국은행이 보편성의 원칙에 입각하여 공동선을 위한 정책을 수
립·시행하기 위해서는 먼저 주도면밀하고 조리정연한 이론과 실
무경험을 바탕으로 외부의 도전에 대해서 지혜롭게 대응하여야 한
다. 특히 힘의 논리에 효율적으로 맞설 수 있어야 한다. 그렇지 않
으면 대의를 지킬 수 없으며, 우리 은행의 위상을 높일 수 없다. 물
론 한국은행도 항상 자신을 엄격히 돌이켜 보면서 뼈를 깎는 자기
관리에 힘써야 함은 새삼 강조할 필요가 없다.

전 총재의 말에는 재임 4년간 격변하는 대내외 여건 하에서 경
제의 안정성장을 달성하기 위하여 최적의 통화정책을 수행하려고
애썼던 한 중앙은행가(central banker)의 고뇌가 담겨 있었다. 또한
간헐적으로 정부와의 대립과 갈등을 겪으면서 뼈저리게 느꼈던 소
회가 녹아있기도 하였다.

한국은행이 각고면려하여 슬기롭게 준비하고 대처해 나갈 때
그 위상을 높여나갈 수 있다는 격려의 찬사인 동시에 그렇지 않을
경우 현재의 위상도 지켜 나가기 힘든 어려운 상황에 직면할 수도
있음을 우려하는 경고였다고도 생각된다. 그래서 전 총재는 '힘의
논리에 효율적으로 맞설 수 있어야 함'과 아울러 '뼈를 깎는 자기관
리에 힘써야 함'을 함께 역설하였다.

이런 원려 때문이었을까. 전 총재는 이임사에서 다시 한 번 한
은 직원들의 '생생한 현실인식과 참된 용기'를 강조하였다. 기원전
5세기 아테네의 민주정치 지도자 페리클레스의 연설문[34]을 인용하

---

34 우리는 흔히 전쟁에서 적의 일부와 교전하여 이기면 마치 모든 전쟁을 이긴 것처럼 우쭐대고,
이러한 국지전에서 패배하면 모든 전쟁에서 완패한 것처럼 좌절하기 쉽다. 그러나, 고달픈 훈련
과 법으로 강요된 용기에 기초해서가 아니라, 마음에서 우러나는 용기로 어떤 전쟁에든 나아가
싸우기를 원한다면 우리에게 다가오는 고통이 아무리 클지라도 부분적인 패배에 좌절하지 말고
당당히 맞서야 한다.

면서 한은 직원들이 소소한 싸움에서의 승패에 따라 우쭐대거나 좌절하지 말고 큰 싸움에서 이겨 나갈 것을 당부하였다. 아울러 '고달픈 훈련과 법에 의해 억지로 강요된 용기' 가 아니라 아테네 시민들이 지녔던 것과 같이 '마음에서 우러나는 용기' 를 지니고 앞으로 달려 나갈 것을 기대하였다.

이임사의 끝에서는 한은 직원들이 "높은 지적 풍토를 역동화하고 한은에 대한 긍지를 높일 것"을 당부하였다. 아울러 "물가안정을 통해 국민들의 재산가치를 지키는 파수꾼으로서, 또 조화있는 국민경제의 성장과 균형을 달성하는 매개자로서 국민으로부터 높은 신뢰와 존경을 받게 되기를" 기원하였다.

이날 이임식에서 한국은행 직원들은 52년 역사상 처음으로 전 직원이 성금을 모아 마련한 '행운의 열쇠' 를 기념품으로 증정하였다.

전 총재가 임기 4년을 마치고 퇴임하게 되자 언론은 이를 '아름다운 퇴장' 이라고 불렀다. 이 표현에는 한은 총재로서 최선을 다하여 업적을 쌓았음과 아울러 훌륭한 인품으로 한국은행 임직원들은 물론 주변 사람들의 마음을 따뜻하게 해 주었던 소탈하고 겸손한 그의 인간성에 대한 평가가 담겨 있었다. 그의 인품에 대해서는 에피소드들이 너무 많아 열거하기가 힘들 정도다. 총재 재임중 장남과 차남 결혼식을 행내외에 알리지 않고 가까운 친족들과 충남대 교수 등 친지만 초청하여 간소하게 치렀던 일은 잘 알려진 얘기다.

퇴임 후에는 고문으로 위촉되어 한국은행 강남본부에 있는 사무실에서 연구와 집필활동에 전념하다가 2004년 6월 심장수술을 받던 중 서거하였다. 전 총재는 전북 익산에 있는 선영에 모셔졌다. 주요 도서 및 유품은 평생 봉직하였던 충남대학교에 기증되었다. 거기에 그의 호를 딴 '솔뫼 문고' 가 있다.

金利戰爭

인터뷰

1998년 5월 11일 저녁식사 약속을 마치고 밤 늦게 귀가하였을 때 한국은행 인사 라인의 한 분으로부터 전화를 받았다. 내일 오전에 전철환 총재께 업무 브리핑을 드리라는 지시였다. 당시 필자는 한국은행 금융경제연구소에서 국제금융팀장으로 근무하고 있었다. 금융경제연구소는 소속 직원들의 독립적인 연구를 장려하는 차원에서 팀원들이 쓴 논문이나 보고서를 팀장인 필자가 첨삭 보완하더라도 총재 등 임원에 대한 보고는 철저히 연구자 본인이 하도록 하고 있었다. 필자는 금융경제연구소의 이러한 내부방침을 설명한 후 최근 직접 수행한 연구가 없기 때문에 총재께 업무를 브리핑하기가 마땅치 않음을 말씀드렸다. 인사 라인에서는 팀원이 만든 보고서도 좋으니 브리핑해 드리라고 말했다.

5월 12일 오전 9시 보고드릴 자료를 들고 총재실에 들어갔다. 전철환 총재는 필자가 들어오는 것을 보고 "아, 전에 우리 봤잖아요" 라고 하였다. 총재는 업무 브리핑을 받을 생각은 하지 않고 가족상황 등에 대해 몇 가지를 묻고는 돌아가라고 하였다. 나중에 알고 보니 이것은 비서실장을 선정하기 위한 인터뷰였다. 전 총재는 인사 라인에 비서실장 후보로 두 사람을 추천하게 하였고, 필자는 그중의 하나였다.

총재실을 나오면서 이 면담이 곧 있게 될 한국은행 인사와 관련이 있을 것이라는 느낌을 가졌다. 나중에 들은 애긴데 전 총재는 인사 라인에 외국에서 공부도 하고 국제화 경험도 많은 직원을 추천해 달라고 하였다고 한다. 필자와 함께 추천되어 인터뷰를 했던 직원도 미국에서 석사학위를 받고 해외사무소 근무경력이 있던 직원이었다. 전 총재는 영국 맨체스터 대학교에서 경제학 석사학위를 취득하였고 영어에도 능통하였지만, 국제회의에 참석하고 외국 손님들을 잘 맞으려면 국제화가 잘 된 비서실장의 보좌를 받는 게 좋을 것이라고 판단하였던 것으로 짐작된다.

첫 번째 만남

필자는 전 총재가 한국은행 총재로 취임한 지 한 달이 지나지 않았던 3월 31일, 총재를 뵌 적이 있었다. 당시 필자가 쓴 조사연구 자료인 「미국 연방준비제도의 역량」을 드리러 총재실을 방문했을 때였다. 이 자료는 한국은행 금융경제연구소가 1998년 3월 '금융경제연구 시리즈'의 일환으로 발간하였던 64쪽의 논문이다. 필자가 1994년 4월부터 1996년 10월까지 워싱턴 사무소에서 근무했던 경험을 토대로 작성하였다. 이 자료는 미 연준이 미국 국민들로부터 두터운 신뢰를 받으며 미국은 물론 전 세계 금융시장에 막강한 영향력을 미칠 수 있도록 역량이 크게 확충된 배경을 분석한 것이다.

전철환 총재는 1998년 3월 31일 한국은행 조사부장(현 조사국장), 조사2부장(현 경제통계국장), 금융경제연구소장(현 금융경제연구원장) 등과 구내식당에서 오찬을 한 바 있는데, 이 자리에서 미 연준이 주된 화제로 떠올랐다. 전 총재는 오찬 말미에 미 연준에 대하여 연구한 논문이나 자료가 있는지 물어보았다. 금융경제연구소장이 연구소에서 최근 펴낸 자료가 있으므로 보내드리겠다고 말씀드렸다. 필자의 이 자료는 3월 초 발간되었지만 어찌 된 일인지 총재실에는 배포되지 않았거나, 배포되었더라도 총재께서 보지 못했던 것 같다.

필자는 이 자료를 들고 총재실에 들어갔다. 필자는 총재께 이 논문을 쓰게 된 배경을 먼저 말씀드렸다. 필자는 워싱턴에서 2년 반 근무하면서 미 연준이 국민들로부터 높은 신뢰를 받고 있음을 알고 크게 놀랐다. 그렇기 때문에 미 연준이 이처럼 국민들로부터 존경과 사랑을 받게 된 배경이 무엇인지 알아보는 것이 워싱턴에 체류하는 동안 필자의 화두였다. 귀국한 이후에도 미 연준에 대하여 꾸준히 관심을 가지고 많은 책을 읽었다. 한국은행 연수원에서 직원들을 대상으로 특강을 할 때도 '미 연준의 통화정책과 역량'이라는 제목으로 하였다. 그런데 수강했던 직원들로부터 호응이 좋아 그 내용을 정리하여 발간했던 것이다.

보고가 끝나자 총재는 미국에서 연준 의장이 백악관이나 재무부장관과 어떤 형태로 회합을 가지는지 물었다. 취임 직후였기 때문에 한은 총재로서 청와대와 재경부장관과의 관계를 어떻게 설정해 나갈 것인가에 대해 여러 가지 생각을 하고 있었던 것으로 여겨졌다. 필자는 직접 보고 들었거나 책에서 읽었던 대로 소상하게 말씀드렸다. 전 총재는 좋은 논문을 쓰느라고 수고가 많았다고 치하하였다. 이날 30분 정도 계속된 면담은 이렇게 끝났다.

비서실장 직무

1998년 5월 14일 필자는 비서실장으로 발령받았다. 이로써 전철환 총재를 모시는 일이 시작되었다. 비서실장으로 발령받은 것은 필자에게 큰 영광이었다. 기라성 같이 훌륭한 선배들이 거쳐 간 곳이 비서실장 자리였다. 당시 필자는 부국장으로 승진하여 1년 6개월밖에 지나지 않았으므로 국장급(1급) 선배들이 비서실장직을 맡아 온 것을 생각하면 이것은 상당한 발탁 인사였다. 물론 외환위기 직후 한국은행의 기구축소 등 감량경영 차원에서 비서실장 직급을 부국장(2급)으로 낮춘 데 힘입은 것이었지만, 아무튼 발탁은 발탁이었다.

더욱이 출생지역이나 출신 학교 등 어느 면에서도 총재와는 인연이 없었기 때문에 직원들이 보기에는 의외의 인사라고 할 수 있었다. 전 총재는 전북 익산에서 출생하여 전주고등학교와 서울대 경제학과를 졸업하였고, 필자는 제주에서 출생하여 오현고등학교와 연세대 경제학과를 졸업하였다. 전 총재가 충남대 경제학과 교수로 재직하면서 6년간 금융통화운영위원을 겸직한 바 있지만, 그 기간에도 필자는 한 번도 전 총재를 뵌 적이 없었다. 여하튼 한은 총재로 취임하기 전까지 필자는 전 총재와 일면식이 없던 터였다.

비서실장으로 임명받았을 때 필자는 비서실장의 사명이 무엇인가에 대하여 생각하였다. 무엇보다도 전철환 총재가 4년 임기를 훌륭하게 마무리할 수 있도록 모든 능력을 다하여 보필하는 것이 그 임무라고 생각되었다. 1990년대에 임명되었던 전임 총재들은 모두 시대의 격랑 속에서 한국은행법에 규정된 4년 임기를 마치지 못하고 중도에 그만두어야만 하였다.

전철환 총재는 1997년 말의 한은법 개정으로 한국은행이 통화정책의 수립과 집행을 책임지게 되는 등 독립성이 강화된 한국은행의 첫 번째 총재였다. 필자는 어깨가 무거워짐을 느꼈다. 열과 성을 다하여 총재를 보필하여 독립된 한국은행을 반석 위에 올려놓아야 한다고 다짐하였다. 고인이 되신 당시 인사 담당 임원은 필자의 분발을 당부하면서 이렇게 말씀하셨다. "한국은행 비서실장 명함이면 대외관계에서 안 되는 일이 없을 것이다."

이렇게 하여 전 총재와의 4년이 시작되었다. 비서실장으로서 필자의 직무는 총재 일정을 관리하고, 한국은행 내부 및 외부에서의 한국은행에 대한 의견과 여론 등을 파악하여 총재에게 대처방안을 말씀드리며, 한국은행의 해당 부서에서 비서실로 보내온 총재 연설문과 강연 원고를 검토하여 필요시 의견을 총재에게 제시하는 일 등이었다.[*] 바로 이 책에 그 4년간의 직무에 관한 기록이 녹아 있다.

회 상

필자는 전철환 총재가 2002년 3월 말 임기를 마친 직후 국제협력실장으로 자리를 옮겼으며. 다음으로 경제교육센터 원장을 역임한 후 2008년 11월 한국은행을 퇴직하였다. 지금 생각해도 한국경제의 격변기이자 한국은행의 중대 전환기였던 1998년 초부터 4년간

---

[*] 한국은행이 2001년 업적평가를 수행하기 위하여 작성한 비서실장의 직무책임은 다음과 같이 7개 항목으로 되어 있었으며, 각각의 항목에는 ( )내와 같은 가중치가 부여되어 있었다. ①집행간부 업무활동의 편의성 제고(30%) ②집행간부의 주요 일정 및 행사계획안 수립(20%) ③집행간부 연설문에 대한 조언(15%) ④정보 및 여론에 대한 대처방안의 제안(15%) ⑤유관기관과의 협력관계 강화(10%) ⑥부하직원의 육성(5%) ⑦비서실 운영의 적정성 확보(5%) 등이었다. 집행간부라 함은 총재, 부총재, 부총재보(5인)를 가리키며, 연설문에 조언하는 업무의 업적목표는 연설문이 왜곡보도되거나 잘못 해석되지 않도록 하는 데 있었다.

비서실장으로서 통화정책 등 경제정책이 결정되는 현장에 가까이 있을 수 있었던 것은 크나큰 보람이자 영광이었다. 이러한 소중한 경험이 토대가 되어 천학비재한 필자가 이 책을 쓰게 되었으니 감회가 더욱 새롭다. 필자로서는 책 쓰는 재미 이외에 고인이신 전철환 총재를 추억할 수 있는 시간을 더 많이 가질 수 있어서 좋았다.

전 총재는 필자가 비서실장으로 있는 동안 언제나 동등한 인격체로서 필자를 귀하게 대접해 주셨다. 총재를 모시고 식사할 일들이 많았다. 특히 평일 점심 약속이 없는 경우 총재는 거의 예외없이 15층에 있는 간부직원 식당을 이용하였는데, 필자는 이때 항상 수행하였다. 직원들은 총재와 식사하면서 이야기 상대가 되려면 힘들겠다고 걱정을 많이 해 주곤 했다.

그러나 총재를 모시고 식사하는 것은 조금이라도 부담이 되거나 어려운 일이 아니었다. 총재는 식사시간에 아주 가벼운 이야기, 또는 필자가 대답하기에 적합한 주제를 주로 화제로 삼아 주었다. 예를 들면 필자의 고향인 제주에서 요즈음은 무슨 생선이 주로 잡히는지, 제주도 날씨는 요즈음 어떤지 등등 필자가 대답하기 편한 얘기를 꺼내주곤 하였다.

때로는 다소 윤리적인 주제들도 대화의 소재가 되었다. 예를 들어 예수님이 어째서 "오른손이 하는 것을 왼손이 모르게 하라"고 말씀하셨는지에 대해서 물은 적이 있었다. 필자는 남을 돕더라도 은밀하게 도와야 은밀한 중에 보시는 하나님이 이를 갚아주신다고 하셨다고 성경 말씀을 인용하여 대답하였다.

전 총재는 이를 좀 다른 각도에서 해석하고 있었다. 사람들은 기본적으로 자존심이 강하기 때문에 다른 사람으로부터 도움을 받으면 당장은 고맙게 생각할지라도 궁극적으로는 도움을 준 사람으로부터 오히려 멀어지려는 속성이 있다고 하였다. 이것은 인간의 본성에 관한 문제라는 것이다. 따라서 자기가 평소 정말로 아끼는 사람을 도와줄 때에는 도와준 결과 그 사람을 잃지 않도록 모르게 도와주는 것이 좋다는 것이다. 그래야 자존심이 지켜져 예전과 마찬가지로 가깝고 친숙한 관계를 계속 유지하게 된다는 것이다. 총재는 가까운 지인을 도와줄 때에는 당사자가 알 수 없도록 하려고 애쓴다고 하였다.

총재를 수행하고 다니다 보면 알 만한 사람인데도 총재에게 아무 인사도 없이 지나가는 경우가 있었다. 그래도 총재는 사람들이 자기를 몰라본다고 조금도 서운해 한 적이 없었다. 본인과 관계가 없는 사람들이 자기를 몰라주거나, 심지어 험담하거나 비방하는 것은 아무 문제가 아니라고 말하였다. 이 어렵고 황량한 세상에서 생존해 나가기 위해 자기 이익을 위하여 남을 험담할 수도 비방할 수도 있다고 하였다. 진실로 가슴 아픈 일은 믿고 신뢰하는 사람이 배신하는 것이라고 하였다. 전혀 관계없는 사람이 자기를 몰라주거나 욕하는 것은 아무 일도 아니기 때문에 개의할 필요가 없다는 것이다.

인간의 신뢰에 대하여 얘기를 나눌 때 필자는 "사람은 믿음의 대상이 아니라 사랑의 대상"일 뿐이라고 말씀드린 바 있다. 인간은 본디 약하고 허물이 큰 존재이기 때문에 상황이 자기에게 불리하게 되면 종전에 했던 말이나 약속을 저버리게 되는 게 인지상정이라고 말씀드렸다. 그러므로 결점과 흠이 많은 인간을 사랑으로 감싸야 하며 믿음의 대상은 영원하신 하나님이어야 함을 말씀드렸다. 그러나 총재는 인간관계에서 신의를 워낙 중히 여겼기 때문에 사람들 간에 신뢰가 없다면 어떻게 되겠느냐고 끝까지 필자의 의견에 동의하지 않았다. 목에 칼이 들어와도 신의와 지조를 지켰던 옛 선비의 풍모를 지닌 분이셨다.

　원고를 마무리하고 나니 다시 한 번 전철환 총재와 헤어지는 것 같아 아쉬움도 크지만, 모처럼 내 할 일을 다 했다는 후련함도 남는다. 총재님! 총재님의 뜻을 이어 받은 많은 사람들이 한국은행에서 열심히 일하고 있습니다. 부디 하늘나라에서 편히 쉬소서!

ㄱ

ㅊ

학민글밭75

대청제국

지은이 : 마스이 츠네오 지음 / 이진복 옮김
가　격 : 15,000원

중원중심의 漢族의 콧대를 꺾고
당근과 채찍으로 250여년 간 중국 대륙에 문화를 꽃피웠던
변방 오랑캐 만주족의 大淸帝國!
2천년 황제통치의 종결이자 유교문화의 막장이었던
淸代史의 겉과 속을 파헤친다.

마스이 츠네오 지음

마스이 츠네오(增井經夫 : 1907~95)동경제국대학 문학부 동양사학과 졸업(청대사 전공). 일본대학, 동경외국어대학, 명치학원대학 등에서 강사를 한 이후, 金澤大學 에서 교수 역임. 『아시아의 역사와 역사가』,『중국의 역사와 민중』의 저서와 『사통 - 당대의 역사관』,『분서 -명대 이단의 서』,『태평천국』 등의 역서가 있다.

이진복 옮김

『유목민이 본 세계사』,『중국전사 상/하』
성균관대학교 중문학과 졸업
동대학원 사학과 졸업(문학박사)
성균관대학교와 한양대학교, 청주대학교 강사
현재 한국과학기술원 대우교수
전화 031-398-5294 열린사회연구소

학민사 　전화 | 02-716-2759　팩시밀리 | 02-703-1495　홈페이지 | www.hakminsa.co.kr

최근 세계 일주기

지은이 : 이순탁
가　격 : 12,000원

우리나라에 근대 경제학을 도입하고 그 뿌리를 내리게 한 민족주의 경제학자 이순탁 선생은 1933년 1년간 세계일주 길에 오르면서 그 나라의 정치·경제·사회·문화 현상들을 꼼꼼히 관찰·분석한 일종의 논문형태의 여행기를 남겼다.

암울했던 식민지 시절, 한반도의 한 진보적 지식인의 눈에 비친 격동의 세계사 현상 분석의 면면이 지금도 그 시의성을 잃지 않고 있다.

지은이 이순탁

이순탁 선생은 1897년 11월 7일 전남 해남에서 태어났다.

선생은 1922년 일본 경도제국대학 경제학부를 졸업하고, 1923년 연희전문학교 상과 교수로 부임.

이 땅에 근대 경제학을 도입하고 그 뿌리를 내리게 한 일제하 가장 우수했던 경제학자이다. 또한 조선물산장려운동, 신간회운동 등에도 적극 참여, 끊임없이 민족의식에 고취에 앞장섰으며, 1933년 에는 1년간 세계일주 여행길에 올라 일본·중국 등지와 구미 제국의 제국주의 현장을 들러보며 피압박 민족의 고난을 살피고 제2차 대전의 발발을 정확히 예측했다.

1938년 선생은 반일사상교육과 치안유지법 위반 혐의인 소위 연전(延專) 상과 사건으로 백남운·노동규 교수 등과 함께 구속되어 근 3년간 옥고를 치렀으며, 출옥 후에는 세브란스 병원의 직원으로 적을 두면서 해방되기까지 일제 말기 폭압을 견뎌냈다.

해방 후에는 미군정 입법의원, 연희대학교 초대 상경대학장, 대한민국 기획처 초대 기획처장, 대한금융조합 연합회 회장직을 역임했으며, 좌우 합작·민족대단결의 원칙 하에 정치활동에도 참여했으나 그 뜻을 이루지 못했다.

선생은 1950년 6·25직전 모든 정치·사회활동을 정리하고 연희대 학교 상경대학 교수로 복귀했으나 수도 서울이 북한군에 점령되는 와중에서 납북되어 현재 생몰을 확인하지 못하고 있다.

학민사　전화 | 02-716-2759　팩시밀리 | 02-703-1495　홈페이지 | www.hakminsa.co.kr